WALTER FLEISCHMANN-BISTEN (HG.)

Papstamt – pro und contra

Geschichtliche Entwicklungen und ökumenische Perspektiven

V&R

VANDENHOECK & RUPRECHT
IN GÖTTINGEN

BENSHEIMER HEFTE
Herausgegeben vom Evangelischen Bund
Heft 97

Die Deutsche Bibliothek – CIP-Einheitsaufnahme

Fleischmann-Bisten, Walter:
Papstamt – pro und contra : geschichtliche Entwicklungen und ökumenische Perspektiven : Walter Fleischmann-Bisten (Hg.) – Göttingen: Vandenhoeck und Ruprecht, 2001
(Bensheimer Hefte; H. 97)
ISBN 3-525-87188-0

Göttingen · Vandenhoeck & Ruprecht · 2001
Umschlaggestaltung: Reinhart Braun, Berlin
Herstellung: Ph. Reinheimer, Darmstadt
ISSN-Nr. 0522-9014
ISBN 3-525-87188-0

FÜR ILLA MARON

Inhalt

Vorwort

In den letzten drei Jahrzehnten sind die Päpste und damit zugleich der römische Katholizismus immer präsenter in den sogenannten Massenmedien geworden. Nicht selten wurde daran berechtigte, gelegentlich auch neidvolle Kritik geübt. Eine neue Variante zeigte sich aber seit dem Frühjahr 2001, als über mehrere Monate hinweg auch das Papstamt selbst starke Beachtung in den kirchlichen und säkularen Medien fand. Die alte, aber im ökumenischen Zeitalter eben unter anderen Aspekten, Erkenntnissen und Interessen erneut gestellte Frage nach einem Sprecher für die gesamte Christenheit hat für einen medienwirksamen Wirbel und Schlagabtausch geführt. Wenn evangelische Bischöfinnen und Bischöfe in der Öffentlichkeit für diese Position an einen (freilich mit neuen Rechten und Pflichten ausgestatteten) Papst denken oder dies entschieden ablehnen, brechen Identitätsängste aus. Mit konfessionellem Herzblut wird über die Kirche, ihre Wurzel und Anfänge, über ihre Ämter, Dienste und Strukturen diskutiert. Nach den voraussehbar ausbleibenden raschen Konsequenzen der „Gemeinsamen Erklärung zur Rechtfertigungslehre" (31.10.1999) und nach den ökumenischen Ernüchterungen und theologischen Klarstellungen durch die vatikanische Erklärung „Dominus Iesus" (6.8.2000) steht fest: Das Papstamt ist jedenfalls schon lange kein internes Thema der römisch-katholischen Kirche mehr oder auf die Beratungen hochrangiger ökumenischer Fachgremien und Konferenzen beschränkt. Auch wenn es vom Blinkwinkel evangelischer Theologie aus betrachtet wichtigere Themen als Amt und Papstamt gibt, jetzt muß hierüber auch in den Gemeindekreisen und im Religionsunterricht in reformatorischer Freiheit und ökumenischer Offenheit gesprochen werden. Dazu will dieser Band als Arbeitshilfe für die Praxis wie für den akademischen Unterricht einen Beitrag leisten.

Herzlich danke ich alle Autoren für ihre Mitarbeit und Frau Helga Schmolinsky für die Hilfe bei den Korrekturarbeiten. Ein besonderer Dank gilt dem Evangelischen Bund Hessen und Nassau. Er hat mit einer Fortbildungstagung zusammen mit dem Evangelischen Bund in Österreich im Mai dieses Jahres in St. Pölten den Rahmen für dieses Projekt vorgegeben. Und er hat mit einem erheblichen finanziellen Zuschuß dazu beigetragen, daß dieses Bensheimer Heft dank eines günstigen Ladenpreises weite Verbreitung finden kann.

Gewidmet ist dieser Band Illa Maron in Kiel zu ihrem Geburtstag am 16. Juli 2001. Sie hat seit rund 50 Jahren durch ihre Arbeit für den Kindergottesdienstverband und für den Evangelischen Bund dazu beigetragen, reformatorische Theologie in den Gemeinden, ihren Gottesdiensten und bei zahllosen kirchlichen Fortbildungstagungen lebendig werden zu lassen.

Bensheim-Auerbach, im Juli 2001

Walter Fleischmann-Bisten

„Ecclesia Romana semper habuit primatum"

Die Entwicklung des päpstlichen Primats im ersten Jahrtausend

Peter Gemeinhardt

I. Der „Primat des ersten Jahrtausends" als Symbol ökumenischer Hoffnung

„Rom muß vom Osten nicht *mehr* an Primatslehre fordern, als auch im ersten Jahrtausend formuliert und gelebt wurde."[1] Mit dieser programmatischen Äußerung weckte vor einem Vierteljahrhundert der damalige Regensburger Theologieprofessor und heutige Präfekt der Glaubenskongregation, Joseph Kardinal Ratzinger, ökumenische Hoffnungen. Zwar erklärte Ratzinger, für die römisch-katholische Theologie stehe die geltende Primatslehre nicht zur Disposition. Aber es könne „unmöglich die Primatsgestalt des 19. und 20. Jahrhunderts für die einzig mögliche und allen Christen notwendige" angesehen werden. „Wenn Patriarch Athenagoras am 25. Juli 1967 beim Besuch des Papstes im Phanar diesen als Nachfolger Petri, als den ersten an Ehre unter uns, den Vorsitzer der Liebe, benannte, findet sich im Munde dieses großen Kirchenführers der wesentliche Gehalt der Primatsaussagen des ersten Jahrtausends – und mehr *muß* Rom nicht verlangen."

Ratzinger hat seinerzeit allerdings nicht entfaltet, was „Rom" als konkrete Gestalt des Primats im ersten Jahrtausend legitimerweise verlangen *darf*. Aufgrund dieser Unbestimmtheit konnten seine Überlegungen in verschiedenen Dialogkontexten aufgegriffen werden; richteten sie sich ursprünglich an die Orthodoxie, so wurden sie auch im römischen Ge-

[1] *Joseph Ratzinger*, Prognosen für die Zukunft des Ökumenismus, in: Ökumene, Konzil, Unfehlbarkeit (Pro Oriente 4), Innsbruck u. a. 1979, 208-215; dieses und die folgenden Zitate: 211f.

spräch mit der anglikanischen Kirche[2] und mit den orientalisch-orthodoxen Kirchen rezipiert[3], und ebenso haben verschiedentlich Dialoge mit protestantischen Theologen daran angeknüpft[4], zuletzt die im September 2000 vorgestellte lutherisch-katholische Studie „Communio Sanctorum".[5] Auch

---

[2] *Ders.*, Probleme und Hoffnungen des anglikanisch-katholischen Dialogs, in: IKaZ 12 (1983), 244-259, hier 254f.; vgl. *Heinrich Döring*, Das Dienstamt der Einheit des Bischofs von Rom in der neueren ökumenischen Literatur, in: *Albert Rauch/Peter Imhof* (Hgg.), Das Dienstamt der Einheit in der Kirche. Primat – Patriarchat – Papsttum (Koinonia IX), St. Ottilien 1991, 449-505, bes. 473-481; *Henry Chadwick*, Papstamt und Einheit der Christen aus anglikanischer Perspektive, in: *Peter Hünermann* (Hg.), Papstamt und Ökumene. Zum Petrusdienst an der Einheit aller Getauften, Regensburg 1997, 70-79, bes. 78f.

[3] The Vienna Dialogue. 5 Pro Oriente-Consultations with Oriental Orthodoxy, hg. von *Alfred Stirnemann/Gerhard Wilflinger*, Bd. 4: On Primacy. First Study Seminar (June 1991), Wien 1993, 85-87.

[4] Vgl. neuerdings *Heinz Schütte*, Um eine erneuerte Form der Primatsausübung, in: *ders.* (Hg.), Im Dienst der einen Kirche. Ökumenische Überlegungen zur Reform des Papstamtes, Paderborn/Frankfurt 2000, 13-28, hier 26f., und *Wolfhart Pannenberg*, Evangelische Überlegungen zum Petrusdienst des römischen Bischofs, in: aaO., 172-187, hier 174 (ähnlich *ders.*, Das Papsttum und die Zukunft der Ökumene. Anmerkungen aus lutherischer Sicht, in: *Vasilios von Aristi u. a.*, Das Papstamt. Dienst oder Hindernis für die Ökumene?, Regensburg 1985, 139-149, hier 147; vgl. bereits sein Diskussionsvotum in: Papsttum als ökumenische Frage, hg. von der Arbeitsgemeinschaft ökumenischer Universitätsinstitute, München – Mainz 1979, 308); kritisch zu Pannenberg: *Martin Ohst*, Protestantischer Ökumenismus, in: Befreiende Wahrheit. FS *Eilert Herms*, hg. von *Wilfried Härle/Mathias Heesch/Reiner Preul* (MThSt 60), Marburg 2000, 467-490, hier 478f. Eine explizite Bezugnahme auf Ratzinger findet sich z. B. auch bei *Ulrich Kühn*, Papsttum und Petrusdienst. Evangelische Kritik und Möglichkeiten aus der Sicht reformatorischer Theologie, in: Cath(M) 50 (1996), 181-192, hier 191 mit Anm. 33.

[5] Bilaterale Arbeitsgruppe der Deutschen Bischofskonferenz und der Kirchenleitung der Vereinigten Evangelisch-Lutherischen Kirche Deutschlands, Communio Sanctorum. Die Kirche als Gemeinschaft der Heiligen, Paderborn/Frankfurt 2000; zum Petrusdienst des römischen Bischofs (Nr. 153-200) vgl. quasi als Prolegomena aus protestantischer Sicht *Ulrich Kühn*, Gesamtkirchlicher Petrusdienst? Evangelische Erwartungen, in: US 53 (1998), 30-39. Zur kritischen Auseinandersetzung vgl. *Peter Gemeinhardt*, Ökumene nach „Dominus Iesus"? Warum das Miteinander immer noch mit der Rechtfertigungslehre steht und fällt, in: US 56 (2001), 74-82, sowie *Gunther Wenz*, Die Kirche als Gemeinschaft der Heiligen, in: KuD 47 (2001), 42-66; zum katholisch-protestantischen Dialog insgesamt *Michael Hardt*, Papsttum und Ökumene. Ansätze eines

die Ökumenismus-Enzyklika „Ut unum sint" (1995) bezeugt die Wirkung der Thesen Ratzingers.[6]

Die Berufung auf die „Primatsausübung des ersten Jahrtausends" setzt voraus, daß die altkirchliche „Traditionsgestalt" von Kirche, in der die Kirchen des Ostens verblieben seien, „als solche legitim ist und rechtverstanden keinen Widerspruch zu den weitergehenden Entwicklungen [sc. im Westen] enthält, die ja nur entfalten, was auch in der Zeit der ungeteilten Kirche schon angelegt war".[7] Die Frage, die ich im folgenden stellen und kursorisch beantworten möchte, lautet: Läßt sich diese *ekklesiologische* Prämisse *kirchengeschichtlich* verifizieren? Ist es historisch möglich, in theologischer Reflexion und kirchlicher Wirklichkeit die postulierte, Ost und West gemeinsame Traditionsgestalt von Kirche zu identifizieren? Gab es im ersten Jahrtausend eine übereinstimmende Auffassung von einer *gesamtkirchlichen* Gestalt, Funktion und Vollmacht des römischen Primats, an die heute angeknüpft werden könnte?

Neuverständnisses für einen Papstprimat in der protestantischen Theologie des 20. Jahrhunderts (BÖT 20), Paderborn 1981; *Wolfgang Klausnitzer*, Das Papsttum im Disput zwischen Lutheranern und Katholiken. Schwerpunkte von der Reformation bis zur Gegenwart (ITS 20), Innsbruck – Wien 1987; *Döring* (wie Anm. 2), 450-473.

[6] Nr. 95, als Präzisierung eines Zitats aus UR 14 (LThK.E II [1967], 96f.); vgl. *Peter Hünermann*, „Una cum". Zu den Funktionen des Petrusdienstes aus katholischer Sicht, in: *ders.* (wie Anm. 2), 80-101, hier 81. Die ökumenische Literatur zur Primatsfrage ist uferlos; aus der neuesten Diskussion seien neben *Schütte* (wie Anm. 4) genannt: Das Papstamt: Anspruch und Wirklichkeit. Zum Stand des ökumenischen Dialogs über das Papstamt, hg. vom Johann-Adam-Möhler-Institut, Münster 1996; Die ökumenische Zukunft des Petrusdienstes, hg. von *Bernd J. Hilberath*, in: ThQ 178 (1998), 81-166; The Papacy: Stumbling Block or Stepping Stone to Christian Unity? Selected Papers from the 1997 Conference of the North American Academy of Ecumenists, in: JES 35 (1998), 357-386; Petrine Ministry and the Unity of the Church. „Toward a Patient and Fraternal Dialogue", hg. von *James F. Puglisi*, Collegeville/MN 1999.

[7] *Ratzinger* (wie Anm. 2), 254f. Analog hielt *Damaskinos Papandreou*, Überlegungen zur Primatsfrage, in: *Heinrich Stirnimann/Lukas Vischer* (Hgg.), Papsttum und Petrusdienst (ÖkPer 7), Frankfurt 1975, 51-56, hier 52, eine Anerkennung des römischen Primats für möglich, weil „der Westen trotz der Primatslehre prinzipiell die episkopale Struktur der alten Kirche nicht verlassen hat, auch wenn sie [sic!] einen zusätzlichen Faktor aufnahm, dessen Notwendigkeit von der östlichen Kirche her nicht zu erkennen ist."

Die These der vorliegenden Studie besagt: Eine solche übereinstimmende Primatsvorstellung hat es im ersten Jahrtausend *nicht* gegeben. Wohl gab es konkrete kirchliche Gemeinschaft, am deutlichsten erkennbar an den „ökumenischen" Konzilien. Die ekklesiologischen Begründungen für diese ekklesiale Wirklichkeit divergierten jedoch von dem Moment an, ab dem überhaupt von *universalkirchlichen* Instanzen gesprochen werden kann, d. h. seit der konstantinischen Reichskirche. Daß Rom in den ersten christlichen Jahrhunderten ein *Ehrenvorrang* als Stadt der Apostelgräber zukam, belegt keineswegs schon eine konkret definierte, die eigene Gemeinde übergreifende Funktion des dortigen Bischofs.[8] Das Konzil von Chalkedon (451) spiegelt hingegen bereits die ekklesiologische Fundamentaldifferenz zwischen dem unipersonalen Primat und der Pentarchie, d. h. der kollegialen Leitung der Gesamtkirche durch die Bischöfe von Rom, Konstantinopel, Alexandrien, Antiochien und Jerusalem (II.). Ebenso beanspruchten die Päpste zwar schon früh die Rolle einer Appellationsinstanz für die Gesamtkirche; gerade am konstantinopolitanischen Widerstand gegen diesen Anspruch zeigt sich aber dessen grundsätzliche Problematik (III.). Mit dem hochmittelalterlichen Reformpapsttum wurde schließlich der Primat

---

[8] Das 1967 vom Ökumenischen Patriarchen zitierte und seitdem gerne aufgegriffene Wort des Ignatius von Antiochien über den „Vorsitz in der Liebe" richtet sich an die Kirche, „die im Gebiet der Römer den Vorsitz führt" (IgnRöm prol.), also gerade nicht an einen Bischof mit Vollmachten über seine eigene Gemeinde hinaus! Zum NT vgl. *Franz Mußner*, Petrusgestalt und Petrusdienst in der Sicht der späten Urkirche. Redaktionsgeschichtliche Überlegungen, in: *Joseph Ratzinger* (Hg.), Dienst an der Einheit. Zum Wesen und Auftrag des Petrusamtes (SKAB 85), Düsseldorf 1978, 27-45; *Joachim Gnilka*, Der Petrusdienst – Grundlegung im Neuen Testament und Ausprägung in der frühen Kirche, in: *Hünermann* (wie Anm. 2), 9-24; *Erich Gräßer*, Neutestamentliche Grundlagen des Papsttums? Ein Diskussionsbeitrag, in: Papsttum als ökumenische Frage (wie Anm. 4), 33-58; zur vornizänischen Papstgeschichte: *Wilhelm de Vries*, Die Entwicklung des Primats in den ersten drei Jahrhunderten, in: aaO., 114-133; *ders.*, Das Petrusamt im ersten Jahrtausend, in: *Karl Lehmann* (Hg.), Das Petrusamt. Geschichtliche Stationen seines Verständnisses und gegenwärtige Positionen, München – Zürich 1982, 42-66; *Myron Wojtowytsch*, Papsttum und Konzile von den Anfängen bis zu Leo I. (440-461). Studien zur Entstehung der Überordnung des Papstes über Konzile (PuP 17), Stuttgart 1981, 19-65; *Gert Haendler*, Zur Frage nach dem Petrusamt in der Alten Kirche, in: *ders.*, Die Rolle des Papsttums in der Kirchengeschichte bis 1200, Göttingen 1993, 69-98.

zur *conditio sine qua non* der kirchlichen Gemeinschaft und damit zum entscheidenden Faktor des sukzessiven Bruchs zwischen Ost und West (IV.). Es wird zu zeigen sein, daß mit den primatialen Ansprüchen, die Nikolaus I. und Leo IX. im 9. und 11. Jahrhundert erhoben, nicht einfach nur ein übersteigerter Primat des *zweiten* Jahrtausends seine Schatten vorauswarf, sondern daß der päpstliche Primatsanspruch und sein Konflikt mit dem Konzept der Pentarchie *gleichursprünglich* sind.[9]

II. Petrinisches und politisches Prinzip: Das Papsttum und die Ökumenischen Konzilien

Wenn es im ersten Jahrtausend eine übereinstimmende Ekklesiologie gab, dann läßt sich diese vor allem an der Institution des Ökumenischen Konzils ablesen, bei dem die Reichskirche durch das Verfahren selbst ihre Einheit zum Ausdruck brachte. „Ökumenisch" ist freilich ein Prädikat, das den frühen Reichssynoden erst aufgrund ihrer universalen *Rezeption* zugesprochen wurde[10]: So waren 325 in Nizäa nur wenige

[9] Dabei kann die Auseinandersetzung mit der Forschung nur punktuell erfolgen. *Klaus Schatz* (Der päpstliche Primat. Seine Geschichte von den Ursprüngen bis zur Gegenwart, Würzburg 1990) bietet eine erste Synthese der zahlreichen Spezialuntersuchungen (vgl. auch schon *Franz Dvornik*, Byzanz und der römische Primat, Stuttgart 1966; *Yves Congar*, L'ecclésiologie du haut Moyen-Age. De Saint Grégoire le Grand à la désunion entre Byzance et Rome, Paris 1968, bes. 187-246, und jetzt *Michele Maccarrone* [Hg.], Il primato del vescovo di Roma nel primo millennio [Pontificio Comitato di Scienze Storiche. Atti e Documenti 4], Città del Vaticano 1991). Die Glaubenskongregation selbst hat sich 1996 auf einem eigenen Kongreß mit der Thematik befaßt: Il successore di Pietro. Atti del simposio teologico (Roma, 2-4 dicembre 1996), Città del Vaticano 1998. Zur Idee und Wirklichkeit der Pentarchie vgl. die differenzierte Studie von *Ferdinand R. Gahbauer*, Die Pentarchietheorie. Ein Modell der Kirchenleitung von den Anfängen bis zur Gegenwart (FThSt 42), Frankfurt 1993.

[10] Dazu *Klaus Schatz*, Die Rezeption ökumenischer Konzilien im ersten Jahrtausend – Schwierigkeiten, Formen der Bewältigung und verweigerte Rezeption, in: *Wolfgang Beinert* (Hg.), Glaube als Zustimmung. Zur Interpretation kirchlicher Rezeptionsvorgänge (QD 131), Freiburg u. a. 1991, 93-122; *Hermann-Josef Sieben*, Konzilsrezeption im Rahmen des altkirchlichen Traditionsverständnisses, in: *ders.*, Vom Apostelkonzil zum I. Vatikanum. Studien zur Geschichte der Konzilsidee (KonGe.U [4]), Paderborn 1996, 63-93.

Bischöfe des Westens und gar keine Vertreter Roms anwesend, und die Zusammenkunft 381 in Konstantinopel wurde ausschließlich vom griechischen Episkopat besucht. Erst die Synode von Chalkedon 451 verlieh dem Konzil von 381 „ökumenischen" Rang, weil damals der Glaube von Nizäa in allgemein verbindlicher Weise expliziert worden sei. Das Nizäno-Konstantinopolitanum, das heute von (fast) allen Kirchen anerkannt wird, erhielt erst jetzt normativen Status – gemeinsam mit der Definition der Synode von Ephesus 431 über die Rolle Marias als „Gottesgebärerin" – als Präludium für die neue christologische Formel, die in der Tat „ökumenisch" war, insofern das Konzil dafür den Lehrbrief von Papst Leo I. mit der Unionsformel von Ephesus 433 zu einem neuen – in der Folgezeit allerdings heftig umstrittenen – Konsens christologischen Denkens verband.[11]

Anfangs bezeichnete der Begriff „Ökumene" hierbei das Territorium des *Imperium Romanum*, womit ein *politisches* Kriterium angelegt wurde. Erst in der Zeit nach Chalkedon entwickelten sich auch *theologische* Kriterien der Ökumenizität einer Synode, wobei auf die dogmatischen Kontroversen des 4. und 5. Jahrhunderts als abgeschlossener Komplex zurückgeblickt wurde.[12] Bezeichnend ist der Ausspruch Papst Gregors I. (590-604): „Wie die vier Bücher des heiligen Evangeliums, so anerkenne und verehre ich die vier Konzilien, weil auf diesen wie auf einem vierfachen Grundstein das Gerüst des heiligen

---

[11] Ob die Formel von Chalkedon eher „leonisch" oder – wie in der neueren Forschung hervorgehoben wird – „kyrillisch" zu interpretieren ist, mag hier auf sich beruhen, insofern die Synodalen deutlich zum Ausdruck brachten, daß dies (anders als die Primatsfrage) für sie gerade keine Differenz darstellte! Zur umwegreichen Rezeptionsgeschichte von Chalkedon vgl. neuerdings *Hanns Christof Brennecke*, Chalkedonense und Henotikon. Bemerkungen zum Prozeß der östlichen Rezeption der christologischen Formel von Chalkedon, in: *Johannes van Oort/Johannes Roldanus* (Hgg.), Chalkedon: Geschichte und Aktualität. Studien zur Rezeption der christologischen Formel von Chalkedon, Leuven 1997, 24-53, und *Dietmar Wyrwa*, Drei Etappen der Rezeptionsgeschichte von Chalkedon im Westen, in: aaO., 147-189.

[12] Bereits der *Codex encyclius* des Kaisers Leon I. (457) bezeugt das Bewußtsein von der Zusammengehörigkeit der ersten vier Synoden (ACO II 5, 62,35-63,2; vgl. *Sieben* [wie Anm. 10], 77f.). Dagegen kannte das *Decretum Gelasianum* (492/96) ursprünglich nur die Synoden von Nizäa, Ephesus und Chalkedon (IV 1,1-4; TU 38/4, 8,161-173); Konstantinopel wurde in Rom erst seit 534 dazugezählt (*Mansi* VIII, 806D).

Glaubens beruht" – und zwar deshalb, weil die Definitionen dieser Konzilien „in allgemeiner Übereinstimmung" (*universali consensu*) ergangen seien.[13] Was diese Allgemeinheit für Gregor bedeutete, erklärt sich aus seinem Schreiben an den alexandrinischen Patriarchen Eulogius, in dem er sich vehement gegen die Anrede als *„universalis papa"* wehrt: „Ich kann nicht als Ehre ansehen, was meinen Brüdern ihre Ehre zu nehmen droht. Denn meine Ehre ist die Ehre der gesamten Kirche ... Nur so werde ich angemessen geehrt, wenn den anderen die schuldige Ehre nicht verwehrt wird. Denn wenn du mich als ‚universalen Papst' ansprichst, bestreitest du, was du selbst bist."[14] Ebenso deutlich kritisierte Gregor aber auch seinen Amtskollegen in Konstantinopel, der sich selbst als „ökumenischen Patriarchen" bezeichnen wollte.[15]

Daß Ökumenizität im Verständnis der Reichskirche aus synodaler Kollegialität resultierte, zeigt die explizite Reflexion des zweiten Konzils von Nizäa (787) über seine eigene Validität. Nach einem halben Jahrhundert der Herrschaft der Ikonoklastenkaiser sollte diese Synode die Bilderverehrung wiederherstellen – genauer: als unverzichtbare Tradition der Kirche allererst begründen, lag doch die *particula veri* der ikonoklastischen Theologie darin, daß die Bilderverehrung überhaupt erst zum Gegenstand theologischer Reflexion avan-

---

[13] Reg. I 24 (MGH.Epp. I, 36,18-33); vgl. *Hans-Joachim Schulz*, Bekenntnis statt Dogma. Kriterien der Verbindlichkeit kirchlicher Lehre (QD 163), Freiburg u. a. 1996, 139-142.

[14] Reg. VIII 29 (MGH.Epp. II, 31,27-31); vgl. reg. V 41 (aaO., 332,20f.): *„Si unus patriarcha universalis dicitur, patriarcharum nomen caeteris derogatur."*

[15] Vgl. bes. reg. IX 156 (MGH.Epp. II, 157,14f.): *„superbum et pestiferum oecumenici hoc est universalis vocabulum sibi usurpasse"*; dazu *Peter Gemeinhardt*, Die Filioque-Kontroverse zwischen Ost- und Westkirche im Frühmittelalter, Diss. theol. Marburg 2001, 267f. „Oikoumenikos" hatte im Griechischen freilich keineswegs die von Gregor kritisierte *privative* Bedeutung. Noch Leo IX. wies aber gegenüber Michael Kerullarios den Titel für sich selbst zurück: *„Ipse princeps apostolorum non inveniatur dictus universalis apostolus"* (ep. I 9; hg. von *Cornelius Will*, Acta et scripta quae de controversiis ecclesiae graecae et latinae saeculo undecimo composita extant, Leipzig – Marburg 1861, 70a,11f.). Erst Gregor VII. forderte 1075, „daß alleine der römische Bischof ‚universal' genannt werde" (dictatus papae 2; MGH.ES II/1, 202,8); vgl. *Stephan Kuttner*, Universal Pope or Servant of God's Servants: The Canonists, Papal Titles and Innocent III, in: RDC 31 (1981), 109-149, hier 110-124.

cierte, als sie angegriffen wurde.[16] Entsprechend hatte sich die ikonoklastische Synode von Hiereia (754) als „ökumenisch" bezeichnet. Für das Konzil von Nizäa war zunächst die Repräsentation der gesamten Pentarchie das entscheidende Kriterium der Ökumenizität (der „horizontale Konsens"), in erster Linie durch die Beteiligung Papst Hadrians I., dessen Gesandte den Vorsitz führten, was in Hiereia nicht der Fall gewesen war. Die dogmatische Definition zur Bilderfrage beanspruchte weiterhin den „vertikalen Konsens": die Übereinstimmung mit der Schrift, der Tradition und den ersten sechs Konzilien.[17] Beide Kriterien wurden Hiereia kategorisch abgesprochen:

„Was aber ist dies für eine große und allgemeine Synode, welche die Häupter der anderen Kirchen weder rezipiert noch ihr zugestimmt, sie vielmehr mit dem Anathem belegt haben? Ebensowenig wirkte an ihr der Bischof der Römer mit oder die Bischöfe seines Gebietes, weder durch Gesandte noch durch ein Synodalschreiben, wie es für die Synoden vorgeschrieben ist. Auch die Patriarchen des Ostens – aus Alexandrien, Antiochien und aus der Heiligen Stadt – haben ihr nicht zugestimmt, ebensowenig ihre Priester und Bischöfe ... Weder ist nach apostolischer Sitte ihr Urteil ‚in alle Welt hinausgegangen oder ihre Worte bis an die Enden der bewohnten Erde' [Ps 18,5], wie es bei den sechs heiligen allgemeinen Synoden der Fall war ... Wie kann sie also die siebte sein, wenn sie doch mit den sechs heiligen und allgemeinen Synoden vor ihr nicht übereinstimmt?"[18]

---

[16] Vgl. *Hans Georg Thümmel*, Bilderlehre und Bilderstreit. Arbeiten zur Auseinandersetzung über die Ikone und ihre Begründung vornehmlich im 8. und 9. Jahrhundert (ÖC 40), Würzburg 1991, 37f. Die erste kirchenamtliche Äußerung zur Bilderfrage stellt can. 82 des Konzils von 692 (!) dar (hg. von *Friedrich Lauchert*, Die Kanones der wichtigsten altkirchlichen Concilien nebst den Apostolischen Kanones [SQS 12], Freiburg – Leipzig 1896, 132,21-30; zitiert in Nizäa 787: *Mansi* XII, 1126AB).

[17] Zu dieser Terminologie vgl. *Hermann-Josef Sieben*, Die Konzilsidee der Alten Kirche (KonGe.U [1]), Paderborn u. a. 1979, 312f. Die Kongruenz mit Schrift und konziliarer Tradition benennt auch Leo I. als Kriterium der Orthodoxie (ep. 103; ACO II 4, 111,24-26).

[18] *Mansi* XIII, 208E-209B. Entsprechend begründete die Synode von Konstantinopel 879/80 die Definition der Ökumenizität von Nizäa selbst (*Mansi* XVII, 493E-496C; vgl. *Gemeinhardt* [wie Anm. 15], 205f.).

Als „ökumenisch" sollte ein Konzil also genau dann gelten dürfen, wenn dabei Rom aktiv beteiligt war, die übrigen Pentarchen den Beschlüssen beipflichteten und diese sich an den rezipierten Synoden ausweisen ließen.[19] Die Unerläßlichkeit der Mitwirkung Roms und die Traditionsbindung betonte bereits Papst Gelasius I. (492-496), für den eine Synode ökumenisch war, wenn sie „gemäß der Heiligen Schrift, der Tradition der Väter, den kirchlichen Kanones, zum Nutzen des katholischen Glaubens und der ‚communio' veranstaltet wurde, eine Synode, die vor allem vom Apostolischen Stuhl gebilligt wurde".[20] Dem römischen Primat wies auch Patriarch Nikephoros I. von Konstantinopel (806-815) bei der Verteidigung der Bildersynode eine unverzichtbare Rolle zu, „da ohne Rom kein in der Kirche diskutiertes Dogma, mag es auch sonst längst als Rechtssatzung und heiliger Brauch gelten, endgül-

---

[19] Allerdings traten seinerzeit Anspruch und Wirklichkeit auseinander (vgl. *Stefan Otto Horn*, Das Verhältnis von Primat und Episkopat im ersten Jahrtausend. Eine geschichtlich-theologische Synthese, in: *Schütte* [wie Anm. 4], 51-69, hier 58 Anm. 19): Die östlichen Patriarchen waren aus politischen Gründen nicht persönlich anwesend, und der Papst ließ sich durch zweitrangige Kleriker vertreten. Dieses Problem wird bei *Schatz* (wie Anm. 10), 114 („ein klassisches Konzil der Pentarchie"), zu schnell abgetan. Zur Stellung Roms innerhalb der Pentarchie vgl. *Congar* (wie Anm. 9), 357-370; *Gahbauer* (wie Anm. 9), 132-137.

[20] Gelasius I., ep. ad episcopos Dardaniae 31 (CSEL 35/1, 380,1-11; vgl. *Erich Caspar*, Geschichte des Papsttums von den Anfängen bis zur Höhe der Weltherrschaft, Bd. II: Das Papsttum unter byzantinischer Herrschaft, Tübingen 1933, 61f.; *Sieben* [wie Anm. 17], 275-282; *Vittorio Peri*, La synergie entre le Pape et le Concile oecuménique. Note d'histoire sur l'ecclésiologie traditionnelle de l'Église indivise, in: Irén. 56 [1983], 163-193, bes. 168-172). Entsprechend betonte Nikolaus I. 865 gegenüber Kaiser Michael III., „daß jene Synoden, die nicht die Zustimmung des römischen Bischofs haben, ihre Gültigkeit verlieren" (ep. 88; MGH.Epp. VI, 473,14f.); vgl. *Gemeinhardt* (wie Anm. 15), 145f. Signifikanterweise entzündete sich Kritik an dieser Konzeption zuerst im Westen, so daß „die Grenzlinie zwischen ‚alter' und ‚neuer' Konzilstheorie nicht zwischen Alt- und Neurom, nicht zwischen griechischer und lateinischer Kirche, sondern zwischen dem Frankenreich und der restlichen Christenheit verläuft" (*Sieben*, aaO., 323f.). Einschlägig ist das *Opus Caroli regis contra synodum* (*Libri Carolini*), das Nizäa kritisierte, da die Synode *„sine conhibentia plurimarum catholicarum et Deo fidelium ecclesiarum adgregatam"* sei (III 11; MGH.Conc. II/Suppl. I, 377,25f.); dazu *Gemeinhardt*, aaO., 66-69.

tige Billigung [finden kann]. Denn Rom fiel bezüglich des Priesteramtes die Führerrolle zu."[21]

Dieser *kollegial eingebettete Primat* wird aber durch die Einbindung in die Pentarchie *limitiert*: Auch der Papst kann ohne die anderen Pentarchen keine allgemein verbindlichen Dekrete erlassen oder gar Glaubensdefinitionen verkünden. Dies zeigt eine genauere Analyse der gerne als Beleg für einen östlicherseits akzeptierten „Petrusdienst" herangezogenen Akklamation der Synodalen von Chalkedon (451) nach der Verlesung des christologischen Lehrbriefes Leos I.: „Petrus hat durch Leo gesprochen!"[22] Der Papst selbst hatte sein Schreiben als endgültige Darlegung angesehen, der die Konzilsväter lediglich zustimmen sollten, und entsprechend bemühten sich seine Legaten, jede Diskussion über eine neue Glaubensformel zu unterbinden.[23] Es waren vor allem der Kaiser und die (der römischen Christologie distanziert gegenüberstehenden) Anhänger Kyrills von Alexandrien, die dagegen ein eigenes, den Lehrbrief aufgreifendes, aber darüber hinausgehendes Dekret einklagten, das Leo *zusammen mit Kyrill* als Garant der Orthodoxie verkündete, insofern *beide* in der Tradition der frühe-

---

[21] Nikephoros I., Apologeticus pro sacris imaginibus 25 (PG 100, 597AB); dazu *Gahbauer* (wie Anm. 9), 114-118; vgl. zur Sache auch *Jean Gouillard*, L'Église d'Orient et la primauté romaine au temps de l'iconoclasme, in: Ist. 21 (1976), 25-54.

[22] ACO II 1,2, 81,26 u. ö.; vgl. die Bezeichnung des Papstes als „Dolmetsch Petri" (ACO II 1,3; 116,24-27); dazu *Wilhelm de Vries*, Die Struktur der Kirche gemäß dem Konzil von Chalkedon, in: OCP 35 (1969), 63-122, bes. 102-107; *Stefan Otto Horn*, Petrou Kathedra. Der Bischof von Rom und die Synoden von Ephesus (449) und Chalcedon (KKTS 45), Paderborn 1982, 181-184.

[23] Epp. 47.52 (ACO II 4, 48,23-29; 51,32-52,8; ähnlich auch ACO II 1,2, 93,20-31); vgl. *de Vries* (wie Anm. 22), 69-72; *Horn* (wie Anm. 22), 136-140. Zur Primatsausübung Leos I. vgl. *Erich Caspar*, Geschichte (wie Anm. 20), Bd. I: Römische Kirche und Imperium Romanum, Tübingen 1930, 423-564; *Walter Ullmann*, Leo I. and the Theme of Papal Primacy, in: JThS N.S. 11 (1960), 25-51; *Sieben* (wie Anm. 17), 103-147, bes. 142f.; seine Haltung zum Osten beleuchten *Basil Studer*, Leo der Große und der Primat des römischen Bischofs, in: Unterwegs zur Einheit. FS *Heinrich Stirnimann*, hg. von *Johannes Brantschen/Pietro Selvatico*, Fribourg 1980, 617-630, bes. 625-629; *Wojtowytsch* (wie Anm. 8), 304-350; *Peter Stockmeier*, Universalis ecclesia. Papst Leo der Große und der Osten, in: Kirchengemeinschaft – Anspruch und Wirklichkeit. FS *Georg Kretschmar*, hg. von *Wolf-Dieter Hauschild u. a.*, Stuttgart 1986, 83-91.

ren Synoden stünden.[24] Daß die Konzilsväter in Leos Lehrschreiben „das Kerygma der Kathedra Petri" erblickten[25], bezeichnet die *notwendige* Bedingung des horizontalen und vertikalen Konsensus – als *hinreichend* zur authentischen Darlegung des Glaubens erachtete die Synode erst die eigene Definition. Was 787 in Nizäa ekklesiologisch reflektiert wurde, kommt bereits hier zum Ausdruck: Ohne Beteiligung und Billigung Roms war eine verbindliche Entscheidung in Glaubensdingen nicht möglich – aber einen Primat im Sinne einer abschließenden Lehrautorität hatten die in Chalkedon versammelten Synodalen keinesfalls im Sinn.[26] Leo akzeptierte die christologische Formel, ohne auf der Suffizienz seines Lehrbriefes zu insistieren, und trug so entgegen seinem ekklesiologischen Programm der ekklesialen Realität Rechnung.[27]

Die fundamentale Divergenz der Auffassungen von kirchlicher Autorität zeigte sich in der Diskussion über die jurisdiktionelle Struktur der Kirche. Nachdem 27 disziplinäre Dekrete übereinstimmend verabschiedet worden waren, faßten die griechischen Konzilsväter ohne die römischen Legaten einen Beschluß, der später als 28. Kanon gezählt wurde:

„In allem den Bestimmungen der heiligen Väter folgend und in Kenntnisnahme des vorher verlesenen Kanons der 150 gottgeliebten Bischöfe, die sich unter dem großen Theodosius frommen Andenkens, des früheren Kaisers, in der Kaiserstadt Konstantinopel, dem neuen Rom, versammelt haben, bestimmen und beschließen auch wir das gleiche betreffs der Vorrechte der heiligsten Kirche desselben Konstantinopel, des neuen Rom. Denn auch dem Thron des alten Rom haben die

---

[24] ACO II 1,2, 124,29: „Leo hat wie Kyrill gesprochen!"

[25] ACO II 1,3, 113,31-38; vgl. *Horn* (wie Anm. 22), 169f.

[26] Nach *Monald Goemans* (Chalkedon als „Allgemeines Konzil", in: *Alois Grillmeier/Heinrich Bacht* [Hgg.], Das Konzil von Chalkedon, Bd. I: Der Glaube von Chalkedon, Würzburg 1951, 251-289, hier 272) habe Kaiser Markian dagegen durch die Berufung auf Leos *Tomus* „den universalkirchlichen Führungsanspruch Roms anerkannt. Für einen nur zu flüchtigen Augenblick sind Kirche und Staat, Kaiser und Papst, Abendland und Morgenland harmonisch verbunden."

[27] Vgl. ep. 64 (ACO II 4, 70,21-71,8) sowie das Urteil über die Validität von Chalkedon in ep. 99 (aaO., 106,32): *„Sancta decreta ex evangelico et apostolico manifestum sit fonte prodire"*; vgl. *Goemans* (wie Anm. 26), 283f.; *de Vries* (wie Anm. 22), 85; *Wojtowytsch* (wie Anm. 8), 343-349.

Väter, weil jene Stadt Kaiserstadt war, zu Recht die Vorrechte zuerkannt, und von der nämlichen Erwägung bestimmt, haben die 150 gottgeliebten Bischöfe die gleichen Vorrechte dem heiligsten Thron des neuen Rom zuerteilt, indem sie mit Recht urteilten, daß die Stadt, die der Anwesenheit des Kaisers und des Senates gewürdigt ist und die gleichen Vorrechte wie das alte Rom, die Kaiserstadt, genießt, auch im kirchlichen Bereich wie jene verherrlicht werden müsse, indem sie nach ihr die zweite ist."[28]

Bereits die Synode von Konstantinopel (381) hatte festgesetzt, daß der Bischof der neuen Kaiserstadt „den Ehrenprimat nach dem römischen Bischof" habe, „weil diese Stadt das neue Rom ist".[29] Waren seinerzeit dabei noch keine Rechtsvollmachten impliziert – der Kanon war vielmehr zur Ordnung der kirchenpolitischen Verhältnisse im Osten gedacht und sollte dort die Stellung Alexandriens beschneiden –, so wurden 451 damit konkrete Befugnisse verbunden: Der konstantinopolitanische Bischof erhielt die Weihegewalt über die Diözesen Pontus, Asia minor und Thrakien und wurde damit faktisch zum Obermetropoliten in Analogie zu den „Patriarchen" von Alexandrien (für die Diözese Aegyptus) und Antiochien (für die Diözese Oriens). Über den Ehrenprimat hinaus schuf Chalkedon damit die patriarchale Stellung Konstantinopels – aufgrund der *politischen* Bedeutung dieses Sitzes ohne apostolische Tradition.

Genau dies war der Grund, weshalb Leo I. scharf gegen die Rangerhöhung Konstantinopels protestierte: Die Synode von Nizäa (325) habe lediglich den Bischöfen von Alexandrien und Antiochien eine gleiche kirchliche Stellung wie dem Papst zuerkannt – und zwar (so die römische Lesart) aufgrund des

---

[28] COD³, 99,29-100,38; vgl. *Emil Herman*, Chalkedon und die Ausgestaltung des konstantinopolitanischen Primats, in: *Alois Grillmeier/Heinrich Bacht* (Hgg.), Das Konzil von Chalkedon, Bd. II: Geschichte und Gegenwart, Würzburg 1953, 459-490, bes. 463-472.

[29] COD³, 32,16-19. Ebenso hatte schon ein kaiserliches Reskript von 421 verfügt, daß sich Konstantinopel „der Prärogativen des alten Roms erfreuen möge" (Cod. Iust. I 2,6, in: Corpus Iuris Civilis, hg. von *Paul Krüger u. a.*, Bd. II, Berlin 1954, 12); vgl. *Thomas Owen Martin*, The Twenty-Eighth Canon of Chalcedon: A Background Note, in: *Grillmeier/Bacht* (wie Anm. 28), 433-458, bes. 436-438.

petrinischen Ursprungs dieser Sitze![30] Damit trafen zwei divergierende Begründungsstrategien für innerkirchliche Rangordnungen aufeinander: das „politische Prinzip" der Angleichung an die staatliche Struktur des *Imperium Romanum* und das „petrinische Prinzip" der Gründung der jeweiligen Kirche durch Petrus (bzw. durch dessen Schüler Markus).[31] Freilich ist die beiderseitige Berufung auf die *„antiqua consuetudo"* kritisch zu lesen: Nicht nur das „politische Prinzip" war eine Neuerung des 4. Jahrhunderts unter den Bedingungen einer nunmehr reichsweit zusammengehörigen Kirche; auch die dezidierte Berufung der Päpste auf die Petrusnachfolge entstammt erst jener Zeit.[32] Am Streit um Kanon 28 von Chalkedon wird somit deutlich, wie unterschiedlich das mit der Reichskirchenwerdung gegebene Strukturproblem bewältigt wurde: Gefordert war die Vereinigung eines schon politisch kaum beherrschbaren, sprachlich, kulturell und theologisch diversifizierten Gebildes. Im Osten wurde – unter massivem Druck der Kaiser – die institutionelle Struktur der Kirche der staatlichen Diözesangliederung nachempfunden, die eine Mehrzahl gleichberechtigter Leitungsinstanzen vorsah; im Westen – ohne direktiv auftretendes Kaisertum – begriff sich Rom als personales, durch die Tradition des Petrussitzes legitimiertes Zentrum der kirchlichen Einheit. So betonte Leo gegenüber dem Kaiserpaar: *„Alia ratio est rerum saecularium, alia*

---

[30] Can. 6 (COD[3], 8,38-9,7); vgl. epp. 54.55 (ACO II 4, 56,20-27; 58,33-35); *Wojtowytsch* (wie Anm. 8), 170f. Entsprechend hatte bereits sein Vorgänger Damasus auf den zitierten Kanon von Konstantinopel repliziert: Decretum Gelasianum III 3 (TU 38,4, 7,146-155); vgl. *Wilhelm de Vries*, Die Beziehungen zwischen Ost und West in der Kirche zur Zeit des ersten Konzils von Konstantinopel (381), in: OS 22 (1973), 30-43, hier 36; *Rudolf Schieffer*, Der Papst als Patriarch von Rom, in: *Maccarrone* (wie Anm. 9), 433-451, bes. 441f.446-448 (mit weiteren Belegen für die „petrinische Trias" vom 5. bis 11. Jh.).

[31] So *Anton Michel*, Der Kampf um das politische oder petrinische Prinzip der Kirchenleitung, in: *Grillmeier/Bacht* (wie Anm. 28), 491-562; ebenso *Pierre-Thomas Camelot*, Ephesus und Chalcedon (GÖK 2), Mainz 1963, 184. Dagegen will *Stefan Otto Horn* (Die Stellung des Bischofs von Rom auf dem Konzil von Chalcedon, in: *Rauch/Imhof* [wie Anm. 2], 111-129, hier 124f.) diese Differenz entschärfen.

[32] *Schatz* (wie Anm. 9), 44-46.

divinarum", und beanspruchte, den Kanon *„per auctoritatem beati Petri apostoli"* aufheben zu dürfen.[33]

Wie sehr dieses Selbstbewußtsein bereits ausgeprägt war, bezeugt der Einspruch der Legaten gegen die Rangerhöhung für Konstantinopel: Sie zitierten Kanon 6 von Nizäa in einer erweiterten Fassung, der quasi als Präambel vorangestellt war, daß „die römische Kirche seit jeher den Primat innehatte" (*ecclesia Romana semper habuit primatum*).[34] Beides zusammen – die petrinische Begründung der Stellung Roms und die Einordnung in das Gefüge von „Petrusstühlen" – bildet die Spezifik der „leonischen" Primatsauffassung. Entsprechend berief sich Nikolaus I. nach 865 gegenüber Konstantinopel auf die apostolische Qualität Roms, Alexandriens und Antiochiens – „denn von diesen drei herausragenden Kirchen erwartet der [Glaubens-] Eifer aller Kirchen zweifellos die Richtschnur der seligen Apostel Petrus und Paulus".[35] Darin tritt die Differenz zutage, die schon zwischen den oben zitierten Voten des Gelasius und des zweiten Nizänums besteht: Für letzteres war eine primatiale Stellung Roms nur im Rahmen der Fünfzahl der höchsten Patriarchate gegeben; ersterer ließ dagegen offen,

---

[33] Ep. 54 (ACO II 4, 56,15); ep. 55 (aaO., 58,35); vgl. *Dvornik* (wie Anm. 9), 58-61.

[34] EOMIA I, 121,1f. = ACO II 1,3, 95,16 = ACO II 3,3, 109,19f. Daraufhin wurde der Originalkanon *ohne* diese Behauptung vor der Synode verlesen (ACO II 1,3, 95,30-37 = ACO II 3,3, 109,34-110,7); vgl. dazu *Eduard Schwartz*, Der sechste nicaenische Kanon auf der Synode von Chalkedon, in: SPAW.PH, Berlin 1930, 611-640, bes. 627-632; zu Leos Stellung zu Nizäa insgesamt: *Sieben* (wie Anm. 17), 113-115.

[35] Ep. 88 (MGH.Epp. VI, 475,30f.). Gegenüber dem Bulgarenfürsten Boris behauptete Nikolaus, es gebe gemäß can. 6 von Nizäa überhaupt nur drei wahrhaftige Patriarchen, nämlich die von Rom, Alexandrien und Antiochien (ep. 99; 596,32-35). Der Bischof der Kaiserstadt sei dagegen nur *„favore principum potius quam ratione"* (596,41f.) Patriarch; der Bischof von Jerusalem trage den Titel lediglich *„salva metropoli propria dignitate"* (597,5f. = can. 7 von Nizäa; COD[3], 9,24f.); vgl. *Michel* (wie Anm. 31), 515f.; *Friedrich Kempf*, Primatiale und episkopal-synodale Struktur der Kirche vor der gregorianischen Reform, in: AHP 16 (1978), 27-66, hier 57 Anm. 102; *Gahbauer* (wie Anm. 9), 345f. Auch Gregor I. stellte gelegentlich der Fünfzahl der Patriarchen (epp. app. III 3; MGH.Epp. II, 459,7-460,28) diese „petrinische Triarchie" gegenüber (reg. VI 58; MGH.Epp. I, 432,27-30); vgl. *Gahbauer*, aaO., 342f., und jetzt *Francesca Cocchini* Gregorio Magno e la dottrina della „triarchia petrina", in: Studia Patristica, Bd. XXXVIII, hg. von *Maurice F. Wiles*/*Edward J. Yarnold*, Leuven 2001, 377-384.

welche Bischöfe im Ökumenischen Konzil eine besondere Funktion einnahmen, solange der Vorrang Roms gesichert war. Noch im 11. Jahrhundert wurde diese „nizänisch-petrinische" Patriarchalstruktur von Leo IX. dem Osten entgegengehalten – und dort entsprechend scharf kritisiert.[36] Sogar die amtierende vatikanische Glaubenskongregation hat jüngst wieder auf die „Funktion der apostolischen Sitze in der Alten Kirche" hingewiesen, „vor allem jener, die als petrinisch betrachtet werden – Antiochien und Alexandrien – und Bezugspunkte der apostolischen Tradition sind, in deren Umkreis sich das Patriarchatssystem entwickelt hat. Dieses System ist Teil der Vorsehung, mit der Gott die Kirche leitet, und es trägt seit den Anfängen die Verbindung mit der petrinischen Tradition in sich."[37]

Das Konzil von Chalkedon zeigt hingegen, daß schon 451 – mitten im ersten Jahrtausend der „ungeteilten Kirche"! – divergierende, *sit venia verbo:* „petrinische" und „politische" Kriteriologien des Kirche-Seins existierten, die im synodalen Verfahren nur angesichts der drängenden christologischen Lehrdifferenzen noch integriert werden konnten.[38] Auch wenn Rom den umstrittenen Kanon 28 niemals offiziell rezipierte, war in der Folgezeit – in Übereinstimmung mit der Kirchengesetzgebung Justinians[39] – selbstverständlich der byzantini-

---

[36] Leo IX. an Petrus von Antiochien (c. 4; *Will* [Anm. 15], 169b,24-29); vgl. dagegen dessen Schreiben an Dominicus von Grado (c. 4; aaO., 212,2f.); dazu *Gahbauer* (wie Anm. 9), 185-188; weitere Belege bei *Michel* (wie Anm. 31), 504-511. Die römische Berufung auf die Apostolizität ihres Sitzes ließ seit dem 10. Jh. die Legende von der Gründung des Bistums Konstantinopel durch den Apostel Andreas populär werden, der als erster berufen worden sei (Joh 1,40; anders Mt 4,18-20 parr.!) und auch früher als sein Bruder einen Bischofssitz installiert habe (Näheres dazu bei *Dvornik* [wie Anm. 9], 122-125).

[37] Der Primat des Nachfolgers Petri im Geheimnis der Kirche. Erwägungen der Kongregation für die Glaubenslehre, in: Osservatore Romano (deutsch) Nr. 28/50 vom 11.12.1998, Nr. 6.

[38] *Horn* (wie Anm. 31), 128f., hält es für „schwer zu entscheiden, ob die Probleme, die in Chalcedon nicht gelöst werden konnten, die Kirchengeschichte des ersten Jahrtausends stärker bestimmten als die sich dort zeigende grundlegende Einmütigkeit, welche der Kirche vor allem in Krisenzeiten half, die Einheit des Glaubens zu wahren."

[39] Vgl. nov. 109 prol.; 123,3 (Corpus Iuris Civilis [wie Anm. 29], Bd. III, 518,1-8; 597,10-13) zur Fünfzahl der Patriarchate; nov. 131,2 (aaO., 655,9-14) zur Gleichordnung Konstantinopels mit Rom; ebenso in can. 36 des Quinisextums von 692 (*Lauchert* [wie Anm. 16], 117,2-6).

sche Patriarch der Ansprechpartner Roms im Osten, zumal dort die Reichskirche seit dem 7. Jahrhundert durch den Vormarsch des Islam faktisch auf das Patriarchat von Konstantinopel reduziert war. Daß die Integration beider Konzeptionen nach Nizäa (787) faktisch nicht mehr gelang, lag an einer zweiten Dimension des „Primats des ersten Jahrtausends": dem Jurisdiktionsprimat.

III. Auf dem Weg zum Jurisdiktionsprimat: Rom als universale Appellationsinstanz

Der Rekurs auf die „Primatsausübung des ersten Jahrtausends" problematisiert vor allem die Papstdogmen des I. Vaticanums. Dabei wird zwar die Unfehlbarkeit personaler päpstlicher Lehrentscheidungen *ex cathedra* auch katholischerseits weitgehend dem Primat des *zweiten* Jahrtausends zugeordnet, jedoch gerne daran festgehalten, daß schon seit jeher der Papst als *gesamtkirchliche Appellationsinstanz* fungierte, was 1870 daher zu Recht bekräftigt worden sei. So stellt es geltendes kanonisches Recht dar, daß es „aufgrund des Primates des Papstes jedem Gläubigen freisteht, seine Streit- und Strafsache ... dem Heiligen Stuhl zur Entscheidung zu übergeben oder bei ihm einzubringen." Ein laufendes Verfahren ist zu unterbrechen, „wenn der Apostolische Stuhl dem Richter zu erkennen gibt, daß er die Sache an sich gezogen hat."[40]

Der Anspruch, Appellationen entgegennehmen oder Streitfälle an sich ziehen zu dürfen, wurde tatsächlich schon im ersten Jahrtausend programmatisch formuliert, jedoch umgehend im Namen der kollegialen Pentarchie angefochten. Wiederum ist es Nikolaus I., an dem die Zwiespältigkeit der Primatsausübung deutlich wird: Im Frühjahr 860 berichtete der byzantinische Kaiser Michael III. dem Papst, der Patriarch Ignatius sei 858 aufgrund seiner Verwicklung in eine Ver-

---

dizierbarkeit des Papstes); dazu *Schatz* (wie Anm. 9), 90-95; zu der im ökumenischen Gespräch oft vernachlässigten, für die römisch-katholische Perspektive aber unverzichtbaren kirchenrechtlichen Dimension des Primats vgl. *Ilona Riedel-Spangenberger*, Der Jurisdiktions- und Lehrprimat des Papstes in der Diskussion. Bemerkungen aus der Perspektive des Kirchenrechts u. der Ökumene, in: AKathKR 165 (1996), 25-55.

schwörung gegen den Herrscher abgesetzt und verurteilt worden; ihm sei Photius (858-867/877-886) nachgefolgt.[41] Geflohene Parteigänger des Ignatius überzeugten Nikolaus jedoch davon, daß der neue Patriarch unkanonisch geweiht worden sei, was der Kaiser nun nachträglich mit päpstlichem Segen legitimieren wolle. So antwortete Nikolaus empört, Ignatius hätte niemals ohne die Zustimmung des römischen Bischofs abgesetzt werden dürfen, wie die heiligen Väter festgesetzt hätten. Römische Legaten sollten „vermittels einer eingehenden Untersuchung herausfinden, ob in dieser Angelegenheit das kanonische Verfahren gewahrt worden ist oder nicht; und dann, wenn dies unserem Vorsteheramt bekanntgegeben worden ist, werden wir mit apostolischem Urteil festlegen, was zu geschehen hat, damit Eure Kirche, die täglich von so großen Wirren betroffen wird, wieder unverletzlich und unerschütterlich sei."[42]

Nikolaus behauptete also, kraft seines apostolischen Amtes eine Untersuchung höherer Instanz einleiten und sich den letztgültigen Urteilsspruch vorbehalten zu dürfen. Diese Rechtsauffassung basierte auf den Kanones der Synode von Serdika (342/43)[43] – sowohl für die Kritik, daß Photius die Weihegrade in unzulässiger Eile durchlaufen habe[44], als auch für die Rolle Roms als Appellationsinstanz. In Serdika sollte seinerzeit über die Gültigkeit der Verurteilung des Bischofs

---

[40] CIC can. 1417 §§ 1.2; vgl. auch can. 1444 sowie can. 1404 (Nichtju

[41] Zum folgenden vgl. die Quellen- und Literaturangaben bei *Gemeinhardt* (wie Anm. 15), 131-142.

[42] Ep. 82 (MGH.Epp. VI, 436,32-37).

[43] Vgl. zum folgenden *Caspar*, Bd. I (wie Anm. 23), 131-165; *Wilhelm Gessel*, Das primatiale Bewußtsein Julius' I. im Lichte der Interaktionen zwischen der Cathedra Petri und den zeitgenössischen Synoden, in: Konzil und Papst. FS *Hermann Tüchle*, hg. von *Georg Schwaiger*, München u. a. 1975, 63-74; *Wojtowytsch* (wie Anm. 8), 105-116; speziell zu den Kanones: *Hamilton Hess*, The Canons of the Council of Sardica a.d. 343. A Landmark in the Early Development of Canon Law, Oxford 1958; *Klaus M. Girardet*, Kaisergericht und Bischofsgericht. Studien zu den Anfängen des Donatistenstreites (313-315) und zum Prozeß des Athanasius von Alexandrien (328-346 [Antiquitas I 21]), Bonn 1975, 107-132; *Hermann-Josef Sieben*, Sanctissimi Petri apostoli memoriam honoremus. Die Sardicensischen Appellationskanones im Wandel der Geschichte, in: ThPh 58 (1983), 501-534; *S.N. Troianos*, Der apostolische Stuhl im früh- und mittelbyzantinischen kanonischen Recht, in: *Maccarrone* (wie Anm. 9), 246-259, bes. 248-251.

[44] Can. 13 (EOMIA I/2,3, 472,3-473,11).

von Alexandrien, Athanasius, entschieden werden, den 335 auf Betreiben Kaiser Konstantins eine Synode in Tyrus abgesetzt hatte, weil er sich hartnäckig einer Versöhnung mit dem 325 in Nizäa zum Häretiker erklärten, mittlerweile aber rehabilitierten Arius widersetzte. Die nach Serdika einberufene Synode geriet freilich zu einem Fiasko: „Eine östliche und eine westliche Rumpfsynode exkommunizierten sich gegenseitig, und das sich seit längerem ankündigende Schisma zwischen Ost und West wurde Wirklichkeit."[45] Der Westen mit Rom an der Spitze bekannte sich zu Athanasius und dem selbst als Häretiker verurteilten Markell von Ankyra – was der Osten als Provokation auffaßte – und begründete dies nun eben mit dem *Appellationsrecht aller Gläubigen an Rom*: Der Fall eines von seiner Provinzsynode verurteilten Bischofs dürfe dorthin überwiesen werden, wo über Bestätigung oder Neueinleitung des Verfahrens zu entscheiden sei.[46] Damit beanspruchte Rom letztinstanzliche Funktion im kirchlich-jurisdiktionellen Gefüge, was Nikolaus ein halbes Jahrtausend später den „traditionellen" Ansatzpunkt bot, die Rechtmäßigkeit der Ernennung des Photius anzufechten.[47]

---

[45] *Adolf Martin Ritter*, Dogma und Lehre in der Alten Kirche, in: *ders./Carl Andresen* (Hgg.), Handbuch der Dogmen- und Theologiegeschichte, Bd. I, 19992, 99-283, hier 174; vgl. *Wilhelm Schneemelcher*, Serdika 342. Ein Beitrag zum Problem Ost und West in der Alten Kirche (1952), in: *ders.*, Gesammelte Aufsätze zum Neuen Testament und zur Patristik, hg. von *Wolfgang A. Bienert/Knut Schäferdiek* (Analecta Vlatadon 22), Thessaloniki 1974, 338-364; *Georg Schwaiger*, Päpstlicher Primat und Autorität der Allgemeinen Konzilien im Spiegel der Geschichte, München u. a. 1977, 27.

[46] Nach *Vincent Twomey*, Apostolikos Thronos. The Primacy of Rome as reflected in the Church History of Eusebius of Caesarea and in the Historico-Apologetic Writings of Saint Athanasius the Great (MBTh 49), Münster 1982, 456-458, wurde damit in Serdika das traditionelle „apostolische" Prinzip der Kirchenleitung gegen die konstantinische Reichskirche verteidigt. Doch selbst wenn sich Athanasius und Julius in der „petrinischen" Begründung der Autorität ihrer Sitze trafen, kann daraus keineswegs eine alte Tradition päpstlicher Ansprüche hergeleitet werden (vgl. *Wilhelm de Vries*, Die Ostkirche und die Cathedra Petri im IV. Jahrhundert, in: OCP 40 [1974], 114-144, hier 116.120).

[47] Damit ging er allerdings über Serdika hinaus, wonach diese Entscheidung ausnahmslos vor Ort zu treffen war, und zwar durch die Bischöfe der Nachbarprovinz oder durch römische Delegierte, die kraft der Autorität des Papstes sprechen sollten (can. 7; EOMIA I/2,3, 461,10-462,27). Zu Nikolaus' Primatsauffassung vgl. *Congar* (wie Anm. 9), 206-226.

In Konstantinopel war man sich allerdings keines Verstoßes gegen anerkanntes Recht bewußt: „Wie sollen Kanones übertreten worden sein, die die Kirche von Konstantinopel bis heute niemals rezipiert hat?", antwortete Photius.[48] Zwar hatte man hier 692 auch Serdika in die Reihe der normativen Synoden aufgenommen – die griechische Überlieferung bezog das Recht der Appellation jedoch nur auf Papst Julius (337-352), nicht auf Rom überhaupt. Und nur „um dem heiligen Petrus und dem allerheiligsten Papst Nikolaus die Ehre zu geben", ließ der Kaiser eine Wiederaufnahme des Verfahrens gegen Ignatius durch Nikolaus' Gesandten zu, die vergeblich für sich reklamierten, auf der Basis anerkannten kanonischen Rechts zu agieren.[49]

Als Hintergrund dieser Auseinandersetzung ist die kirchenpolitische Topographie des Frühmittelalters zu berücksichtigen: Seit der Mitte des 8. Jahrhunderts hatte die konstantinisch-justinianische Reichskirche – und damit die Grundlage der Pentarchietheorie und des Ökumenischen Konzils – faktisch zu bestehen aufgehört. Die Hinwendung der Päpste zu den Frankenkönigen und die Erhebung Karls des Großen zum „Römischen Kaiser" implizierten nicht nur die politische Unabhängigkeit von Byzanz, sondern ließen Rom im Westen in eine konkurrenzlose innerkirchliche Stellung einrücken. In der Merowingerzeit hatte hier das Metropolitansystem weitgehend zu existieren aufgehört; schon die Englandmission Gregors I. zielte auf strikte Romorientierung, wie auch später die Ger-

[48] Ep. 290 (Epistulae et Amphilochiae, hg. von *B. Laourdas/Leendert G. Westerink*, Bd. III, Leipzig 1985, 128,128-131); vgl. *Daniel Stiernon*, Interprétation, résistances et oppositions en Orient, in: *Maccarrone* (wie Anm. 9), 661-705, bes. 689-692.

[49] Die Akten der Revisionssynode von 861 sind nur bei dem römischen Kanonisten Deusdedit aus dem 11. Jh. überliefert. Vgl. den Wortwechsel zwischen Theodor von Laodizea und den Gesandten: *„Ecclesia nostra alias consuetudines habet quam uestra. Set [sic!] imperator sanctus uoluntati uestre obsequitur. Nos iuxta consuetudinem nostram iudicare non uolumus set iuxta canonicam auctoritatem et constitutionem Romane ecclesie"* (can. IV 429; hg. von *Viktor Wolf von Glanwell*, Paderborn 1905, 606,24-28).

manenmission durch Bonifatius und seine Nachfolger.[50] Eine eigenständige Kirche mit einem gegenüber Rom selbstbewußten Episkopat, wie in der Spätantike die afrikanische, existierte nicht mehr.[51] An der Auseinandersetzung um die Gewaltenabgrenzung von Metropolit und Papst zwischen Hinkmar von Reims und Nikolaus I. wird streiflichtartig die Diskussionslage deutlich: Hinkmar hatte den ihm unbequemen Bischof Rothad von Soissons 862 von einer Synode seiner Kirchenprovinz absetzen lassen. Rothad wandte sich nach Rom, wo ihn Nikolaus – gestützt auf das serdikensische Appellationsrecht – rehabilitierte und Hinkmar vorwarf, er habe gegen „viele und schwerwiegende Dekretalen" verstoßen.[52] Nikolaus stützte sich bei dieser Behauptung auf die „pseudoisidorischen Dekretalen", eine im Frankenreich entstandene Sammlung von (größtenteils gefälschten) Papstdekreten, während Hinkmar nur „die von den heiligen Konzilien aufgenommenen und gebilligten Dekretalen der römischen Bischöfe beachten und ihnen ergeben folgen [wolle], sofern ihnen gefolgt werden müsse".[53] In diesem Vorbehalt traf sich Hinkmar zwar mit der byzanti-

---

[50] Bezeichnend dafür ist die Erhebung des Palliums von einem „vom Papst verliehenen Ehrenzeichen" zum rechtsverbindlichen „Amtsmerkmal und zur Voraussetzung der Amtsausübung" (*Kempf* [wie Anm. 35], 46f.; *Horst Fuhrmann*, Widerstände gegen den päpstlichen Primat im Abendland, in: *Maccarrone* [wie Anm. 9], 707-736, hier 722). Pointiert urteilt *Michel* (wie Anm. 31), 539f.: „So hat die Völkerwanderung dem Papsttum freies Feld für den Kampf gegen das Reichskirchenregiment geschaffen. Sie hat das spätere Schisma entscheidend gefördert."

[51] So hatte ein Konzil von Karthago um 420 jede Appellation nach Rom verboten: *„Ut nullus ad Romanam ecclesiam audeat appellare"* (CChr.SL 149, 266,476); vgl. *Charles Munier*, Un canon inédit du XXe concile de Carthage: „Ut nullus ad Romanam ecclesiam audeat appellare", in: RevSR 40 (1966), 113-126, bes. 114f.125f.; *Wojtowytsch* (wie Anm. 8), 254-261.

[52] Ep. 69 (MGH.Epp. VI, 393,25f.); vgl. *Horst Fuhrmann*, Einfluß und Verbreitung der pseudoisidorischen Fälschungen. Von ihrem Auftauchen bis in die neuere Zeit, Bd. II (MGH.SRI 24/II), Stuttgart 1973, 257-263. Nikolaus berief sich dafür auf die *„canonica paterna traditio"* und die *„specialis praerogativa apostolicae sedis"* (a.a.O., 385,19f.); vgl. *Johannes Haller*, Nikolaus I. und Pseudoisidor, Stuttgart 1936.

[53] Flodoard von Reims, historia ecclesiae Remensis III 21 (MGH.SS XIII, 515,14-16). Vgl. *Kempf* (wie Anm. 35), 41f.; *Fuhrmann* (wie Anm. 50), 722-726; zu Ps.-Isidor: *Congar* (wie Anm. 9), 226-232; *Schatz* (wie Anm. 9), 90-95, sowie die magistrale Studie von *Fuhrmann* (wie Anm. 52), bes. 586-624.

nischen Kritik an Nikolaus' Ansprüchen – tatsächlich mißlang aber am Ende dieser letzte Versuch, im Westen die Metropolitanrechte gegenüber Rom zu behaupten.

Im Streit zwischen Rom und Byzanz verbanden sich die konziliare und die jurisdiktionelle Dimension: Fast gleichzeitig starb Nikolaus, wurde Kaiser Michael III. ermordet und Photius abgesetzt (Herbst 867). Der neue Kaiser Basilius rief den alten Patriarchen Ignatius zurück und wandte sich mit der Bitte eines Einigungskonzils an den neuen Papst Hadrian II.[54] Es ist eine Ironie der Papstgeschichte, daß die alsbald einberufene Synode in der Kaiserstadt 869/70 die formelle Anerkennung der Pentarchie durch Rom erbrachte[55], zugleich aber durch die Art des Auftretens der päpstlichen Gesandten diese Anerkennung gründlich desavouierte: Hadrian II. hatte seinen Legaten eingeschärft, lediglich das Urteil einer römischen Synode vom Frühsommer 869 über die *causa Photii* zu exekutie-

---

[54] Zum folgenden vgl. *Gemeinhardt* (wie Anm. 15), 186-214. Die Synode von 869/70 wird bis heute von Rom in der Liste der 21 Ökumenischen Konzilien gezählt, obwohl bis zur Zeit Gregors VII. ihre Annullierung allgemein akzeptiert wurde (aaO., 187 Anm. 260; *Peri* [wie Anm. 20], 175). Die Nachfolgesynode (Konstantinopel 879/80) gehört nicht zur traditionellen Siebenzahl der Konzilien in den Orthodoxen Kirchen, genoß allerdings als „Unionssynode" stets hohes Ansehen und wurde mindestens zeitweise als achtes allgemeines Konzil gezählt (*Franz Dvornik*, Which councils are ecumenical?, in: JES 3 [1966], 314-328, bes. 316-319). Die römisch-katholisch/orthodoxe Dialogkommission berief sich in „Glaube, Sakramente und die Einheit der Kirche" (1987, in: *Harding Meyer u. a.*, Dokumente wachsender Übereinstimmung. Sämtliche Berichte und Konsenstexte interkonfessioneller Gespräche auf Weltebene, Bd. II: 1982-1990, Paderborn – Frankfurt 1992, 542-551, hier 551) signifikanterweise auf „das 879/80 gemeinsam durch die beiden Kirchen gefeierte Konzil von Konstantinopel", konkret auf can. 2 (*Mansi* XVII, 489B), wonach jeder Sitz seine hergebrachten Traditionen bewahren solle. Auf das ökumenische Potential dieser gemeinsamen Erinnerung wies schon *John Meyendorff*, Rom und die Orthodoxie – Autorität oder Wahrheit?, in: *Albert Brandenburg/Hans-Jörg Urban* (Hgg.), Petrus und Papst. Evangelium – Einheit der Kirche – Papstdienst, Bd. II, Münster 1978, 159-175, bes. 164-166, hin.

[55] Can. 21 (COD^3, 182,14-32 = DH 661); vgl. *Wilhelm de Vries*, Die Struktur der Kirche gemäß dem IV. Konzil von Konstantinopel (869/70), in: AHP 6 (1968), 7-42, bes. 34-39; *Gahbauer* (wie Anm. 9), 157-167. Anastasius Bibliothecarius verglich die Pentarchie mit den fünf Sinnen des Menschen, wobei Rom der Gesichtssinn, also die Leitungsfunktion, zukomme (MGH.Epp. VII, 409,2-12); dazu *de Vries*, aaO., 34f.; *Gahbauer*, aaO., 346-348; *Gemeinhardt* (wie Anm. 15), 192.

ren. Auf Druck des Kaisers akzeptierten die anderen Patriarchen den primatialen Gestus der Römer, wenn auch im Bewußtsein, daß die angestrebte Einigung zwischen „Ignatianern" und „Photinianern" auf diesem Weg nicht zu erreichen sein würde.[56] Als nach Ignatius' Tod 877 sein Rivale wiederum auf den Patriarchenthron erhoben wurde, fühlte man sich offensichtlich nicht mehr an diesen aufoktroyierten Beschluß gebunden: Schon im Winter 879/80 versammelte Kaiser Basilius I. eine „Unionssynode", um die – bereits erfolgte – Wiedereinsetzung des Photius zu legitimieren, und Papst Johannes VIII. – angewiesen auf byzantinische Militärhilfe gegen sarazenische Angriffe auf Rom – blieb nichts anderes übrig, als durch seine Legaten daran mitzuwirken. In *östlicher* Sicht lag der Sinn der römischen Primatsausübung darin, wie schon in Chalkedon als Katalysator für die Wiedervereinigung zerstrittener innerbyzantinischer Gruppierungen zu dienen; zehn Jahre zuvor hatte dagegen die Exekution der *römischen* Primatsvorstellungen die Gräben noch vertieft.

Im Konflikt um die jurisdiktionelle Vollmacht Roms tritt deutlich das Problem zutage, die Idee der pentarchischen Struktur der Kirche mit der Behauptung einer letzten, von den anderen Patriarchen nicht mehr anfechtbaren und unter Umständen sogar souverän gegen diese urteilenden Instanz zu vermitteln. Der Rekurs auf Serdika zeigt, daß dieses Problem in die Zeit zurückreicht, in der die Frage nach einer gesamtkirchlichen Appellationsfunktion überhaupt erst akut werden konnte. Es ist in einem dritten und letzten Schritt zu fragen, wie es von der hier beobachtbaren Entfremdung zur „schismatischen" Konstellation kommen konnte – wie also der römische Primatsanspruch beim Übergang ins zweite Jahrtausend endgültig zum *Hindernis* der Einheit avancierte.

[56] Gefordert wurde die Unterzeichnung eines *Libellus* (*Mansi* XVI, 27D-28E), der von den Bischöfen das Abschwören ihrer pro-photianischen, d. h. „schismatischen" Haltung verlangte, womit eine „ekklesiologische Generalbereinigung" angezielt wurde (*Schatz* [wie Anm. 9], 79).

IV. An der Schwelle des zweiten Jahrtausends: Leo IX. und das Schisma von 1054

Die Idee der Pentarchie genoß im Westen niemals wirkliche Popularität. Erst 1215 rezipierte das V. Laterankonzil endgültig die Fünfzahl der Patriarchen samt der Einordnung Konstantinopels an zweiter Stelle, jedoch unter der Prämisse eines Gegenübers von römischem Primat und ostkirchlicher „Tetrarchie", insofern „nach der Römischen Kirche, die auf Anordnung des Herrn als Mutter und Lehrerin aller Christgläubigen den Vorrang der ordentlichen Vollmacht über alle anderen innehat, die konstantinopolitanische den ersten, die alexandrinische den zweiten, die antiochenische den dritten und die Jerusalemer den vierten Rang innehat".[57] Den entscheidenden Schritt zu dieser Auffassung – und damit zum definitiven Auseinanderbrechen der ekklesiologischen Konzeptionen in Ost und West – vollzog in der Mitte des 11. Jahrhunderts das römische Reformpapsttum: Leo IX. (1049-1054) beanspruchte im Gefolge Nikolaus' I., „daß alle größeren und komplizierteren Angelegenheiten der Kirchen durch den heiligen und vorgeordneten Sitz des Heiligen Petrus von dessen Nachfolgern zu entscheiden sind"[58] – hätten doch schon die Väter festgelegt, „daß allein der Bischof des römischen Sitzes der *primas* der universalen Kirche und [als] apostolisch [zu bezeichnen] sei".[59] Mit diesem Selbstbewußtsein trat Leo auch Konstantinopel gegenüber, wo Patriarch Michael Kerullarios Kritik an der lateinischen Praxis geübt hatte, bei der Euchari-

---

[57] DH 811; vgl. *Schieffer* (wie Anm. 30), 449f.; zu diesen Transformationen der römischen Ekklesiologie vgl. jetzt auch *Dietrich Korsch*, Innozenz III. und der Formwandel der Kirche, in: Papst Innozenz III., Weichensteller der Geschichte Europas, hg. von *Thomas Frenz*, Stuttgart 2000, 157-172, bes. 167-170.

[58] Ep. 83 an Erzbischof Thomas von Karthago (17.12.1053; PL 143, 728D); vgl. *Gemeinhardt* (wie Anm. 15), 259f. Daß die *causae maiores* – allerdings *„post iudicium episcopale"* – in Rom zu entscheiden seien, forderte schon Innozenz I. (ep. II 3,5; PL 20, 473A); dazu *Caspar*, Bd. I (wie Anm. 23), 307f.; *Schwaiger* (wie Anm. 45), 105f.; *Wojtowytsch* (wie Anm. 8), 205-211. Nach Leo I. mußte aber keineswegs *jeder* Fall dorthin gelangen (aaO., 314f.; vgl. ep. 13,1; PL 54, 664A-665A).

[59] Anselmus monachus, Historia dedicationis ecclesiae S. Remigii apud Remos (PL 142, 1432C).

stie ungesäuertes Brot (Azymen) zu verwenden. Dieser Vorwurf treffe die lateinische Kirche und vor allem die *cathedra Petri*:

„War es nicht der Sitz des Apostelfürsten, die römische Kirche, von wo aus durch Petrus und durch seine Nachfolger alle Bemühungen der Häretiker zurückgewiesen, überführt und vernichtet und die Herzen der Brüder im Glauben des Petrus gefestigt wurden, der niemals im Glauben wankte oder wanken wird?“[60]

Dagegen seien alle Häresien „aus dem Gebiet der Griechen“ hervorgegangen, angefangen bei der östlichen Teilsynode von Serdika bis zu der Infamie des „neuen“ Konstantinopel, die Bräuche des apostolischen Sitzes selbst mit dem Anathem zu belegen.[61] Dabei hätten sich die Päpste stets dafür eingesetzt, „daß der konstantinopolitanische Vorsteher – ohne die althergebrachte Würde der ersten und apostolischen Sitze anzutasten – wie der Bischof der Kaiserstadt geehrt würde“.[62] Hier werden also explizit petrinisch-apostolische und politische Begründung einander koordiniert – nun jedoch auf der Grundlage, daß Rom in *beiden* Hinsichten „Mutter aller Kirchen“ sei: Die Basis der Argumentation besteht in der „Konstantinischen Schenkung“, d. h. in dem mittelalterlichen Konstrukt, wonach Konstantin der Große zur Vermeidung von Gewaltenkonflikten anno 330 an den Bosporus ausgewichen sei und den Päpsten geradezu imperiale Machtfülle hinterlassen habe. Für deren Position gelte entsprechend:

– Die kirchliche Macht des Stellvertreters Petri sei der kaiserlichen Macht gleichzuachten, ja sogar noch mehr als diese zu ehren (*politischer Primat*).

– Ebenso habe der Papst die kirchliche Leitung der patriarchalen Sitze von Alexandrien, Antiochien, Jerusalem und Konstantinopel inne (*ekklesiologischer Primat*).

---

[60] Leo IX., ep. I 7 (*Will* [Anm. 15], 68b,35-42); vgl. zum Folgenden *Gemeinhardt* (wie Anm. 15), 265-274.

[61] Humbert von Silva Candida, dialogus 3 (*Will* [Anm. 15], 94b,34-37); responsio sive contradictio contra Nicetae libellum 34 (aaO., 149b,43-150a,8).

[62] Leo IX., ep. I 28 (aaO., 80b,7-10); vgl. *Gahbauer* (wie Anm. 9), 349f. Johannes XIII. behauptete 967 gar: *„Praedecessores nostri Constantinopolim statuerunt“* (PL 135, 953B; vgl. *Kempf* [wie Anm. 35], 54).

– In Rom sei mit der *cathedra Petri* die Instanz lokalisiert, die in Petri Namen rechtliche Entscheidungen für die ganze Kirche zu fällen habe (*jurisdiktioneller Primat*).[63]

Die Bannbulle gegen Michael Kerullarios, welche die römische Delegation unter Humbert von Silva Candida am 16. Juli 1054 in der Hagia Sophia niederlegte, berief sich auf die einzigartige Stellung des römischen Stuhls, „dem wie einem Haupt in besonderer Weise die Sorge für alle Kirchen zukommt".[64] Daraus folgte die radikale Abgrenzung: „Wer hartnäckig dem Glauben des heiligen und apostolischen Sitzes von Rom widerspricht, der sei ausgeschlossen und nicht mehr als katholischer Christ zu bezeichnen – Maranatha!" Damit erhielt die Primatsausübung eine neue Qualität: Zur Rechtgläubigkeit gehörte fortan die Anerkennung des Primats.[65] Indem dieser zum Fundament des Kirche-Seins überhaupt avancierte, wurde die Differenz von petrinischer und politischer Begründung der innerkirchlichen Autorität unterlaufen. Was Leo I. und Nikolaus I. postuliert hatten, wurde erfüllt und gleichzeitig überboten:

– Die Übereinstimmung mit dem Glauben des Petrusnachfolgers war für die Synodalen von Chalkedon eine zwar notwendige, aber nicht hinreichende Bedingung für die Ökumenizität des Konzils gewesen; nun aber erhielt dieser Glaube *kriteriologische Funktion* für Fragen des Glaubens, ohne selbst an ein Konzilsvotum gebunden zu sein.

---

[63] Leo IX., ep. I 13 (aaO., 72b,13-73a,6) = Constitutum Constantini 11f. (MGH.F 10, 81,160-83,180). Zum römischen Selbstverständnis vgl. auch ein Humbert zugeschriebenes Fragment (hg. von *Percy Ernst Schramm*, Kaiser, Rom und Renovatio. Studien und Texte zur Geschichte des römischen Erneuerungsgedankens vom Ende des karolingischen Reiches bis zum Investiturstreit, Leipzig – Berlin 1929, 128,1-4): *„Sancta Romana et apostolica ecclesia priuilegio specialis auctoritatis diuinitus et humanitus caput omnium ecclesiarum post Christum Ihesum effecta secundum antistitis uel rectoris sui qualitatem et ualitudinem afficit totius Christianitatis membra"* (kritisch zu dieser Zuweisungm allerdings: *Fuhrmann* [wie Anm. 52], 503f. Anm. 215); ähnlich bereits Leo I., ep. 112 (ACO II 4, 156,21-25); dazu *de Vries* (wie Anm. 22), 88.

[64] Excommunicatio I (*Will* [wie Anm. 15], 153a,21-b,3). Vgl. *Gemeinhardt* (wie Anm. 15), 281f.

[65] Vgl. *Yves Congar*, Die Lehre von der Kirche (HDG III/3c-d), Freiburg u.a. 1971, 62f.

– Rom wurde nicht nur als Appellations- und Revisionsinstanz für gravierende und umstrittene Rechtsfragen gesehen; vielmehr sollten *alle* Fragen von Gewicht *von vorneherein* dem römischen Bischof zur autoritativen Entscheidung vorgelegt werden.

Dem Diktum Gregors VII. („Niemand kann als katholisch bezeichnet werden, der nicht mit der römischen Kirche übereinstimmt“[66]) vorgreifend, setzte Leo IX. gegenüber Michael Kerullarios den Schlußpunkt unter die römische Primatsausübung des ersten Jahrtausends: „Die römische Kirche ist nicht eine einzelne oder, wie du meinst, eine unter vielen, denn welches Volk auch immer im ganzen Erdkreis sich hochmütigerweise von ihr trennt, ist überhaupt nicht und niemals Kirche zu nennen oder für eine solche zu halten – vielmehr ist es ein Pseudokonzil der Häretiker und ein Haufen Schismatiker und eine Synagoge des Satans!“[67]

V. Schluß: *Vom ökumenischen Nutzen historischer (Re-)Konstruktionen*

„Obgleich uns nicht gegeben ist, die Geschichte stillzustellen, den Weg von Jahrhunderten zurückzunehmen, darf man doch sagen, daß heute nicht christlich unmöglich sein kann, was ein Jahrtausend lang möglich war.“[68] In der Tat ist das Christentum auf dem Weg in die Zukunft stets an seine eigene Vergangenheit verwiesen, um in der Geschichte der Auslegung des Evangeliums nach Formen zu suchen, die für die heutige Gestaltung von Kirchengemeinschaft Impulse zu geben vermögen. Daß dabei die historische Rekonstruktion immer auch den Charakter einer *Konstruktion* trägt, insofern sie eine spezi-

---

[66] Dictatus papae 26 (MGH.ES II/1, 207,12f.); dazu jetzt *Uta-Renate Blumenthal*, Gregor VII. Papst zwischen Canossa und Kirchenreform, Darmstadt 2001, 7-14.220-233.

[67] Leo IX., ep. II (*Will* [wie Anm. 15], 92a,4-9). Im Gegenzug übte Theophylakt von Achrida scharfe Kritik daran, daß sich der Papst faktisch zum Objekt von Verehrung erhöht habe (proslalia 14, hg. von *Paul Gautier* [CFHB 16/1], Thessalonike 1980, 275,14-16; in euang. Matth. 16,18f.: PG 123, 320B-D; vgl. *Gemeinhardt* [wie Anm. 15], 402f.).

[68] *Ratzinger* (wie Anm. 1), 212.

fische Selektion aus den verfügbaren Daten darstellt und somit nur perspektivisch möglich ist, stellt im Zeichen nachaufklärerischer Geschichtswissenschaft einen Gemeinplatz dar, der freilich in der Auseinandersetzung um die historische Verifizierbarkeit als „traditionell“ ausgewiesener ekklesiologischer Strukturen immer wieder ins Bewußtsein zu heben ist. Daher ist abschließend zweifach zu fragen: Welches Bild – zugegeben fragmentarisch – läßt sich aus den mitgeteilten Beobachtungen zum päpstlichen Primat bis zum 11. Jahrhundert zeichnen? Und unterstützt dieses Bild die Hoffnungen, die sich mit dem Schlagwort „Primatsausübung des ersten Jahrtausends“ verbinden?

Zunächst ist festzuhalten, daß sich auf allen Seiten die Primatsauffassungen im Fluß befinden. Daß dem Sitz, an dem sich die Apostelgräber befinden, eine besondere Dignität eignet, ist kaum je bestritten worden; daß daraus aber besondere *rechtliche* Prärogativen hervorgehen sollten, war nicht einmal in der lateinischen Hälfte des römischen Reiches – im nachmaligen Patriarchat des Westens – unmittelbar einleuchtend. Ebensowenig sahen die Konzilsväter von Konstantinopel und Chalkedon einen antipäpstlichen Affront darin, den jurisdiktionellen Rang der *Nova Roma* im Gefüge der östlichen Metropolitansitze zu stärken. Im Rahmen der Pentarchie nahm der römische Sitz eine *relativ* exponierte Position ein – innerhalb des Kollegiums der anderen Patriarchen, so daß die Ökumenischen Konzilien zwar nicht ohne Rom abzuhalten, aber durch dessen Vorgaben nicht widerspruchslos gebunden waren. Auch die zentrale Rolle Leos I. für das Konzil von Chalkedon beruhte nicht auf einer besonderen Rechtsstellung, sondern auf der Anerkenntnis der in Rom unversehrt bewahrten apostolischen Tradition – die in der konkreten Situation eines heillos zerstrittenen östlichen Episkopats fruchtbar gemacht werden konnte. Das Konzil beschränkte sich aber nicht auf die ihm von Leo zugedachte *definitio* gegen Dioskur und Eutyches, sondern legte auch – faktisch in Konkurrenz zur päpstlichen Intention – eine eigene *praedicatio* in der Tradition der vorausgegangenen Konzilien vor. Die Päpste von Leo I. bis zu Hadrian I. haben sich dieser Struktur eingepaßt – wenn auch mit wachsendem Widerstand, der sich aus der konkurrenzlosen Stellung im eigenen „Patriarchat“ als einziger und normativer Instanz der Traditionswahrung und Rechtssetzung speiste. Hier war die jurisdiktionelle Vollmacht Roms seit dem Frühmittelalter anerkannt, und in Analogie dazu wollte Nikolaus I. seine Appellations- und Revisionskompetenz im Osten exekutieren – gegen den Widerstand Konstantinopels. Beide Entwicklungen zusammen – das römische Bewußtsein von der *letztgültigen Verantwortung in Glaubens- wie in Rechtsfragen* – markieren die Herausbildung des Primates des zweiten Jahrtausends, wie ihn Leo IX. proklamierte und das IV. Lateranum kanonisierte. Schon in der Spätantike wurden aber die Vorboten dieser Auffassung angefochten, so daß der Anspruch der letzten Glaubens- und Rechtsverantwortung tatsächlich *gleichursprünglich mit seiner Bestreitung* ist. Von Anfang an existierten also mehrere, nicht aufeinander reduzierbare Konzeptionen, wie mit der Herausforderung einer seit dem 4. Jahrhundert empirisch erfahrbaren Universalkirche umzugehen sei.[69]

Die vatikanische Glaubenskongregation hat jüngst behauptet, daß durch „die Geschichte der Kirche hindurch eine Kontinuität in der lehrmäßigen Entwicklung über den Primat“ bestehe. Die Kirche habe „von Anfang an und mit zunehmender Klarheit begriffen, daß ... der dem Petrus übertragene Dienst der Einheit zur fortdauernden Struktur der Kirche Christi gehört und daß diese Sukzession an den Ort seines Martyriums gebunden ist“. Dieser Primat „beinhaltet die Befugnis, der Einheit aller Bischöfe und aller Gläubigen wirksam zu dienen.“[70] An der Füllung des „wirksam“ scheiden sich bis heute

[69] Vgl. das konzise Fazit von *Wojtowytsch* (wie Anm. 8), 350, zu Chalkedon: „Nicht, daß hier [sc. im Osten] ein keimendes, in die gleiche Richtung strebendes Denken sich noch nicht so weit wie das römische entfaltet hätte. Vielmehr waren die Prinzipien, auf denen die Gedanken beider Seiten ruhten, im Wesentlichen unvereinbar.“

[70] Der Primat (wie Anm. 37), Nr. 2f.8; vgl. *Hermann Josef Pottmeyer*, Die Rolle des Papsttums im dritten Jahrtausend (QD 179), Freiburg u. a. 1999, 123-127. Dies entspricht der mittlerweile überholten Sicht bei *de Vries* (wie Anm. 8), 132, wonach sich der Primat „aus neutestamentlichen Keimen entwickelt“ habe, „aus denen eine langsam fortschreitende Tradition eine Vorrangstellung des Bischofs von Rom als des Nachfolgers des Petrus herausgearbeitet hat.“ Vgl. dagegen bereits *Gräßer* (wie Anm. 8), 54: „Vom Petrus der Bibel zum Papst der Ewigen Stadt führt kein Weg, sondern nur ein exegetischer Sprung. Aus dem fehlbaren Zeugen Jesu wird dabei der Vicarius Christi.“

die Geister. Je deutlicher damit römischerseits eine definitorische Kompetenz für Glauben und Recht verbunden wurde, um so vehementer regte sich Widerspruch. Diese Grundspannung prägt auch noch die gegenwärtige ökumenische Debatte: Als „primus inter pares“ im Sinne eines „Primates der Liebe“ wollten orthodoxe Kommentare zu dem Ratzinger'schen Vorstoß die Stellung des Papstes akzeptieren[71] – nicht als Instanz autoritativer Dogmenverkündigung und letztgültiger Urteilssprüche. Von protestantischer Seite erscheint das Insistieren auf einem personalen Amt der Einheit noch weniger einleuchtend, insofern die „Kontinuität“ dieser Lehrentwicklung als höchst kontingent anzusehen ist. Daß sich zumindest im Westen die bereits früh angelegten Machtansprüche Roms durchgesetzt haben, wird man schon angesichts der mit dieser Durchsetzung verbundenen Spaltungen nicht als geschichtstheologische Legitimierung des petrinischen Primats ansehen dürfen.

So bleibt festzuhalten: Am Anfang war nicht Petrus, sondern eine Mehrzahl von Gemeinden und Kirchen, als deren höchste umfassende Instanz sich die Synode herausbildete – der Ursprung einer kollegialen Kirchenleitung. Wenn eine Teilkirche dabei ihre Tradition auf Petrus zurückführt, muß das die anderen Kirchen nicht beunruhigen. Wenn diese *eine* Teilkirche sich aber auf die faktisch partikularisierende Petrustradition beruft, um damit ihren universalistischen Anspruch als „Garant der rechtmäßigen Verschiedenheit“ *aller* Kirchen zu legitimieren, ist dies ebenso paradox wie kirchengeschichtlich unausweisbar: Der so verstandene Petrus ist nicht Garant, sondern Anstoß der Pluralität. Ohne die Akzeptanz dieser Pluralität von Kirchen (!) und Ekklesiologien, welche die Primatsausübung des ersten Jahrtausends prägte, ist die Berufung

---

[71] *Damaskinos Papandreou*, Bleibendes und Veränderliches im Petrusamt. Überlegungen aus orthodoxer Sicht, in: *Ratzinger* (wie Anm. 8), 146-164; *Anastasios Kallis*, Petrus der Fels – der Stein des Anstoßes? Das „Petrusamt“ in der Sicht der Orthodoxie, in: Das Papstamt (wie Anm. 4), 43-64, bes. 58; *Evangelos D. Theodorou*, Der päpstliche Primat aus der Sicht der orthodoxen Tradition, in: *Rauch/Imhof* (wie Anm. 2), 183-217, bes. 205-210.

auf Ratzingers Vorstoß sinnentleert.[72] Im ersten Jahrtausend war der römische Bischof jedenfalls da, wo er den Anspruch auf petrinische Autorität konsequent einlösen wollte, gerade nicht „der letztentscheidende Wahrer der Glaubenseinheit und der grundlegenden Struktur der Kirche"[73], sondern letztlich das Hindernis kirchlicher Einheit.

---

[72] Zu dieser notwendigen Differenzierung vgl. *Schatz* (wie Anm. 9), 80f.; *Gahbauer* (wie Anm. 9), 432-434 mit Anm. 1504; vgl. dagegen das unausgewogene Konstrukt eines „Communio-Primats" bei *Pottmeyer* (wie Anm. 70), 123-151.

[73] *Horn* (wie Anm. 19), 68. Eine präzise systemtheoretische Analyse der Problematik der römischen Ekklesiologie des Hochmittelalters bietet postum *Niklas Luhmann*, Die Religion der Gesellschaft, hg. von *André Kieserling*, Frankfurt 2000, 350f.: „Jede Systematik sensibilisiert für spaltende Argumente, und alles, was streng gefaßt wird, produziert eine andere Seite, die sich dem nicht fügt ... Mehr als zuvor wird die Selbstbeschreibung damit zu einem Operationsmodus, der die Einheit des Systems sichern soll und sie dadurch gefährdet."

Das Papstamt aus der Sicht der Reformatoren

Jörg Haustein

I. Papsttum und „reformatio" im 15. Jahrhundert

Als 1518 in Rom die „causa Lutheri" aufgenommen wurde, geschah dies kaum in dem Bewußtsein, daß hier etwas völlig Neuartiges begann. Kritik am Papsttum war kein Novum, keine Erfindung eines Neuerers, sondern für die Kanonisten und Inquisitoren der römischen und anderer Kurien ein nicht unbekanntes Phänomen.

Im Gegenteil, Papsttum und Kurie hatten sich in den vergangenen 150 Jahren stets mit der Forderung einer „reformatio" auseinanderzusetzen, Papsttum und Reformation war quasi das ekklesologische Standardthema mehrerer Generationen von Päpsten und Theologen gewesen. Das Papsttum war mit wechselhaftem Erfolg durch diese Zeit gekommen. Um 1515 hatte sich seine Lage aber doch stabilisiert. Vielleicht war das mit ein Grund dafür, daß man nun auf Luther auf eine Art und Weise reagierte, die man gleichermaßen als nervös und hektisch wie auch als arrogant und selbstüberschätzend bezeichnen könnte.

Ein kurzer Rückblick: Ausgangspunkt dieser Epoche war bekanntlich das „Große Abendländische Schisma" von 1378-1415, in dem die Päpste den vermutlich verhängnisvollsten Fehler ihrer Geschichte machten durch den simplen Umstand, daß es ihrer zu viele gab, nämlich zwei. Das Schisma hatte zwei Folgen, eine juristisch-theologische und eine atmosphärische. Beide wirken sich bis heute aus.

Der juristisch-theologische Aspekt bestand darin, daß man sich vermehrt dem Problem der Lehr- und Leitungskompetenz in der Kirche zuwandte. Denn hier gab es große Rechtsunsicherheiten, und die ersten papalistischen Texte des Hochmittelalters hatten ja im Wesentlichen nur die Oberhoheit des römischen Bischofs über alle anderen geistlichen und die weltlichen Gewalten hervorgehoben. Die Lehrautorität kam hier weniger vor.

Der atmosphärische Aspekt scheint rückblickend der wirksamere gewesen zu sein. Die Welt (des lateinischen Westens) gewahrte auf allen Ebenen ein Papsttum, daß seiner eigenen Vorstellung völlig widersprach: Statt der über allem stehenden Verkörperung des einen Vertreters Christi als gleichzeitige Personifizierung der einen Christenheit, im steten Miteinander mit dem Kaiser des Reiches als dem Beherrscher der Welt, sah nun jedermann zwei recht weltliche Papsttümer, die mit den üblichen politischen Methoden des mittelalterlichen Feudalismus um Obödienzen (sprich: Machtbereiche) buhlten. Hierdurch kam zum ersten Mal seit der Konstituierung des römischen Papsttums im 11. Jahrhundert die Vorstellung auf, so wie es mit zwei Päpsten offenbar zu gehen schien, so könne es vielleicht auch ohne Papst gehen.

Dieser Gedanke keimte auf verschiedenen Ebenen, von religiösen Bewegungen, die das schon immer so sahen, bis hin zum Kaisertum, das seine schlimmsten Erfahrungen mit dem Papst zwar hinter sich hatte, aber die Narben noch spürte. Ohne diesen Hintergrund ist es schwer verständlich, daß Kaiser Karl V., nun nicht gerade ein Freund der Reformatoren, nach dem Krieg gegen den Papst und dem Saccho di Roma 1527 ernsthaft erwog, das römische Papsttum zu kassieren.

Vor diesem doppelten Hintergrund spielt also das erste Kapitel des Themas „Das Papsttum und die Reformatoren“, denn mit John Wiclif und Jan Hus begegnen zuerst Theologen, die gemeinhin als Vor-Reformatoren bezeichnet werden, und zwar, was für das Thema nicht unwichtig ist, weil sie vorzugsweise mit ihrer Papstkritik hervortraten. So schrieb Hus in seinem „Tractatus de ecclesiae“ (1412), Kap. 18: „Der apostolische Stuhl also ist die Vollmacht zu lehren und zu richten nach dem Gesetz Christi, das die Apostel gelehrt haben; auf dem sollen weise Männer sitzen, die den Herrn fürchten, in denen Wahrheit ist und die die Habsucht hassen. O, daß doch dieser Stuhl jetzt solche Männer hätte! Und wo kann man sie sehen? Gewiß in der römischen Kurie, wo sie dem Stuhl des heiligen Petrus vorsitzen, das ist, in der Vollmacht der Apostel sitzen, welche die Vollmacht ist, in geistlichen Dingen zu richten und das Gesetz des Herrn Jesu Christi zu lehren, wenn ausgeschlossen bleibt jene Habgier, Ungerechtigkeit, Überheblichkeit und heiliges Leben herrscht. Erwägen soll also jeder gläubige Jünger Christi, auf welche Weise ein Gebot vom

Papst ausgeht, ob es ausdrücklich das Gebot eines Apostels oder des Gesetzes Christi ist oder seine Begründung in Christi Gesetz hat; und wenn er dies erkennt, so soll er ehrfürchtig und demütig diesem Gebot gehorchen. Wenn er aber wirklich erkennt, daß ein päpstliches Gebot dem Gebot oder Rat Christi widerspricht oder der Kirche zum Schaden gereicht, so soll er ihm kühn entgegentreten, auf daß er nicht durch Zustimmung Teilnehmer an einem Verbrechen wird. Daher kann man feststellen, daß sich gegen einen vom rechten Weg abweichenden Papst auflehnen dem Herrn Christo gehorchen ist, was besonders bei den Einsetzungen zutrifft, die den Eindruck persönlicher Begünstigung machen. Darum rufe ich die Welt zum Zeugen, daß die päpstliche Pfründenausteilung in der Kirche weit und breit Mietlinge aussät und auf seiten der Päpste Gelegenheit gibt, durch jene die Macht der Stellvertretung zu erhöhen, zuviel Wert zu legen auf weltliche Würde und allzusehr zu trachten nach einer Heiligkeit, die auf Einbildung beruht. Jene Doktoren aber, die weltlichen Lohn vom Papst erwarten oder knechtisch seine Macht fürchten und darum sagen, daß er von unermeßlicher Macht sei, unfehlbar, keiner Kritik unterworfen, daß ihm erlaubt sei, alles zu tun, was er will, sind falsche Propheten und falsche Apostel des Antichrist."[1]

Fünf Merkmale kennzeichnen diese vorreformatorische Sicht: 1. Hus folgt zunächst einer prinzipiellen Anerkennung des Papsttums. 2. Er äußert dann Kritik an äußeren Makeln, besonders im Zusammenhang mit unmoralischen Geldgeschäften. 3. Er verweist auf die Diskussion um das Papsttum als Teil des akademische Diskurses. 4. In diesem Zusammenhang fällt ein Antichristvorwurf, der 5. sicherlich auf das eigentlich theologisch-reformatorische Argument zurückzuführen ist: Prinzipiell ist für Hus Christus der Maßstab und die Grenze der päpstlichen Vollmacht, und zwar ganz konkret. Der Fall des Ungehorsams gegenüber dem Papst ist für Hus nicht nur theoretisch vorstellbar, sondern er ist in der Praxis vielleicht sogar unumgänglich. Freilich ist das Beispiel, das er

[1] Heiko A. Oberman u. a. (Hgg.), Kirchen- und Theologiegeschichte in Quellen [KThQ], Bd. II: Mittelalter, ausgewählt und kommentiert von Reinhold Mokrosch/Herbert Walz, 193f.

nennt, dann doch wieder „nur“ aus dem ethischen Kontext genommen. Nur dieser letzte Aspekt ist wirklich eine theologische Weiterführung im Sinne der „reformatio“.

Die Reformkonzilien hatten sich drei Themen gestellt, deren eines die Reformation an Haupt und Gliedern war, also in nuce eine Reform des Papsttums. Die Konzilien haben sich dem Problem in mehreren Schritten zugewandt. Der erste Schritt war auf kaiserlichen Druck die Abschaffung des „Multipapsttums“: Es gelang den politischen Kräften, einen einzigen Papst akzeptabel zu installieren. Das war keine theologische, sondern eine politische Lösung, die keine strukturelle Verbesserung bringen konnte, sondern stets von der politischen Rahmenlage abhängig blieb. Immerhin hat es seither keine Gegenpäpste mehr gegeben. Aber das Papsttum war in die Abhängigkeit von staatlichen Gewalten zurückgekommen, bzw. es gab nun eine Wechselbeziehung von päpstlicher und staatlicher Macht, die in den Auseinandersetzungen der Reformationszeit immer präsent war. Der zweite Schritt war die Verurteilung der Reformatoren Wiclif und Hus, womit die theologische Anfrage an das Papsttum fürs erste erledigt war. Schließlich entwickelte man ein Modell der Kooperation von Synodal- und Papalstruktur, das theologisch-theoretisch interessant war, sich aber auf Dauer nicht durchsetzen konnte. Das lag daran, daß man letztlich die Reformation an Haupt und Gliedern dem Haupt überlassen hatte, das diese willkommene Gelegenheit nutzte und den Konziliarismus durch Einzelkonkordate mit den Staaten aushebelte. 1415 hatte das Dekret „Haec sancta“ festgelegt, daß „ein jeder, welcher Stellung, welchen Standes und welcher Würde auch immer, einschließlich der päpstlichen, der den Geboten, Satzungen und Anordnungen oder Vorschriften dieser heiligen Synode und eines jeden anderen rechtmäßig versammelten Konzils [...] verweigert, [...] bestraft wird.“[2] Leo X. konnte einhundert Jahre später in der Bulle „Pastor aeternus gregem“ (1516) unverblümt und ungehindert feststellen, „daß allein der Römische Bischof für die Dauer seiner Amtszeit kraft der ihm eigenen Autorität über die Konzilien das volle Recht und die Vollmacht hat,

[2] KThQ II, 199.

Konzilien einzuberufen, zu verlegen und aufzulösen".[3] Vor Beginn der Reformation hatte also eine erneute Steigerung der päpstlichen Ansprüche eingesetzt.

II. Die frühen Jahre der Reformatoren

1. Martin Luther: Papstkritik als Revision einer Revolution

Martin Luther hat viel gesagt und geschrieben, und zum Thema Papst und Papsttum hat er nun besonders viel gesagt und geschrieben.[4] Aus diesem möchte ich weniges herausgreifen, um folgende Entwicklung bei ihm darzustellen. Luther hat in seiner frühen reformatorischen Tätigkeit unterschiedliche Aussagen machen können, in seinen späteren Jahren äußert er sich fast nur noch ablehnend und mit großer Schärfe. Hier interessiert zunächst die Frühzeit.[5] Zunächst eine vielleicht überraschende, aber doch banale Feststellung: Martin Luther hat von den neun Päpsten seines Lebens keinen einzigen je gesehen und vermutlich von keinem gewußt, wie er aussah. Er hat in seinem Leben näheren Kontakt lediglich zu zwei direkten Papstvertretern gehabt, zum Legaten Thomas Cajetan bei seinem Verhör in Augsburg 1518 und zum Nuntius Paolo Vergerio 1535. Unter dem Eindruck der Begegnung mit Cajetan mußte er heimlich fliehen, um nicht verbrannt zu

---

[3] Heinrich Denzinger, Kompendium der Glaubensbekenntnisse und kirchlichen Lehrentscheidungen, hg. v. Peter Hünermann [DH], Freiburg i. Br. – Basel – Rom – Wien [37]1991, Nr. 1445.

[4] Dabei gibt es immerhin fünf Schriften, die sich mit dem Papsttum und seiner theologischen Bedeutung an sich befassen: Ad dialogum S. Prieriatis de potestate papae responsio (1518); Von dem Papsttum zu Rom wider den hochberühmten Romanisten zu Leipzig (1520); Wider den falsch genannten geistlichen Stand des Papsts und der Bischöfe (1522); Das Papsttum mit seinen Gliedern, gemalt und beschrieben (1526); Wider das Papsttum zu Rom, vom Teufel gestiftet (1545). Nicht zufällig ist die Lücke von zwei Jahrzehnten und die stete Betonung des „Wider". Auch die exkursartigen Ausführungen in der Weihnachtspostille von 1522, die als „Sonderdruck" unter dem Titel „Auslegung und Erklärung des Papsttums mit seinen Farben" erschienen, sind hier zu nennen.

[5] Vgl. Hubert Kirchner, Luther und das Papsttum, in: Helmar Junghans (Hg.), Martin Luther von 1526 bis 1546, Berlin [2]1985, 441-456 (Lit.!).

werden. Unter dem Eindruck Luthers schloß sich Vergerio der Reformation an. Die neun Päpste von Sixtus IV. bis Paul III. (1483-1546) zeigen die Wandlung des Papsttums vom späten Mittelalter über die Renaissancepäpste zum Konfessionellen Zeitalter an, sie sind papstgeschichtlich neun Päpste des Übergangs.

Luther ist wohl nie ein großer Papstanhänger gewesen. Das theologische Milieu, in dem er aufwuchs, gab ihm zumindest bereits Anfragen an die höchste Instanz des westeuropäischen Christentums mit. Und so gibt es aus der Zeit vor 1517 in Predigten und Vorlesungen kritische Aussagen etwa zur Verkommenheit der Kurie und daß auch das Papsttum selbst nicht von Mißbräuchen verschont sei. Doch es ist sicher richtig, wenn man diese Aussagen nicht überbewertet. Auch die Erinnerungen an seine Romfahrt zeigen Luther als einen, der eigentlich nicht am Papst interessiert war. In den 95 Thesen gegen den Ablaßhandel nun findet sich eine geschickt verpackte Kritik am Papst, wenn es etwa heißt: „Solche freche Ablaßpredigt macht, daß es auch gelehrten Männern schwer fällt, die dem Papste schuldige Ehrfurcht zu verteidigen gegen die böse Nachrede oder gegen die unzweifelhaft scharfen Einwendungen der Laien. Zum Beispiel: „Warum befreit denn der Papst nicht aus dem Fegfeuer rein aus dem Drange heiliger Liebe und bewogen von der höchsten Noth der Seelen – das wäre doch billig Ursache genug für ihn! – wenn er doch unzählige Seelen erlöst um elenden Geldes willen, zum Bau der Peterskirche gegeben, also um einer so leichtwiegenden Ursache willen? [...] Desgleichen: Warum erbaut der Papst, dessen Vermögen heutigen Tages fürstlicher ist als das der reichsten Geldfürsten, nicht lieber von seinen eigenen Geldern, als von denen armer Gläubigen, wenigstens diese eine St. Peterskirche? [...] Derartige bedenkliche Gegengründe der Laien nur mit Gewalt dämpfen und nicht vielmehr durch Angabe von Gründen heben zu wollen, heißt die Kirche und den Papst dem Gespött der Feinde preisgeben und die Christen unglücklich machen.“[6]

---

[6] Luthers Werke für das christliche Haus, hg. v. Georg Buchwald u. a. [Br], Bd. I, Leipzig ^{4}1924, 107f.

Die Gegner, die Luther nun entstanden, legten ihren Ehrgeiz darauf, ihn selbst für die Argumente haftbar zu machen, die er in seinen Thesen „den Laien" in den Mund legte (mit Recht!). Kennzeichen dieser frühem Phase ist, daß es sich um eine akademisch-publizistische Auseinandersetzung um das Papsttum handelt und somit um die Aufnahme bzw. Weiterführung eines vorgegebenen Themas. Was für Luther die Kritik an einem falschen Verständnis des Ablasses war, wurde dadurch rasch zu einer prinzipiellen Auseinandersetzung mit dem Papsttum gemacht. Nicht von ihm, sondern von anderen:

Johann Eck entlockte Luther auf der Leipziger Disputation die Behauptung, daß Päpste und Konzile irren könnten und schon geirrt hätten. Das Papsttum selbst stellt er keineswegs in Frage. Vielmehr ist er der Meinung, daß der Papst selbst sich seiner Kritik eigentlich anschließen müsse. Luther schickte Schriften nach Rom mit Begleitbriefen, in denen er sich ganz dem Urteil des Papstes unterwirft, mit Wendungen wie: „Christus erwarte ich als Richter, der durch den apostolischen Stuhl sprechen wird"[7] – „Derhalben, heiligster Vater, falle ich Ew. Heiligkeit zu Füßen und ergebe mich ihr sammt allem, was ich bin und habe. Verhängt Leben, verhänget Tod, saget zu, saget ab, bestätiget, verwerfet, wie euch beliebt: Eure Stimme werde ich als die Stimme Christi anerkennen, der in Euch regiert und redet [...]."[8] Ist es ein Widerspruch, wenn Luther im gleichen Brief sagt „Widerrufen kann ich nicht" und darauf verweist, daß er schließlich „durch Ew. Heiligkeit apostolische Gewalt ein Doctor der Theologie" sei, dem das Recht, die Freiheit, aber auch die Pflicht zukommt, „nach Gewohnheit aller Universitäten in der ganzen Christenheit zu disputiren [...]".[9]

Die Historiker streiten, ob diese Formulierungen nun ein Trick Luthers waren? Ob er doch tatsächlich ein Papist war? Ob er annahm, die beiden Aussagen seien vereinbar? Ich würde zu dieser letzten Annahme neigen. Eine Erklärung für die scheinbar widersprüchliche Haltung Luthers kann darin liegen, daß er seit Beginn seiner Vorlesungen als päpstlich ap-

[7] WA 1,527.
[8] Br 8,327.
[9] Br 1,326.

probierter Lehrer der Heiligen Schrift die Kirche als die unter Gottes Wort versammelte und von Gottes Wort getragene und erhaltene Christenheit sah. Die Autorität eines Papstes oder eines Konzils mußte sich daran messen lassen, ob sie gemäß dem Worte Gottes lehrte und verkündigte oder nicht. In zwei weiteren Briefen an Leo X. wird Luther zunehmend deutlicher. Der Papst müsse eigentlich seiner Meinung sein und die Mißbräuche abschaffen, es sei denn, er führe Schriftgründe an, die sein Verhalten rechtfertigten. Er könne sich aber keinesfalls an der nun bestehenden schriftgemäßen Kritik sozusagen „vorbeimogeln". Für Luther war dies ein Gehorsamskonflikt: Sollte er dem Papst gehorchen (als Mönch und Christ) oder der Schrift, die auszulegen der Papst ihm geboten hatte. Zwischen diesem hierarchischen Gehorsam und dem theologischen Gehorsam entschied sich Luther für den theologischen Gehorsam, und dies ist der Beginn der Reformation. Ein letztes Mal schreibt Luther an Leo X.: „Du, heiliger Vater Leo, [sitzt] wie ein Schaf unter Wölfen, [...] Und ob Dir schon drei oder vier gelerte oder fromme Kardinäle zufielen: was wäre das unter solchem Haufen? Ihr müßtet eher durch Gift unter gehen, ehe ihr vornähmt der Sache zu helfen. Es ist aus mit dem römischen Stuhl, Gottes Zorn hat ihn überfallen ohne Aufhören [...] er will sich nicht unterweisen noch reformiren lassen, und vermag doch sein wüthendes, unchristliches Wesen nicht zu hindern."[10]

Zu diesem Zeitpunkt erhärtet sich Luthers Verdacht, daß die bis ins hohe Mittelalter hinein geltende Lehre von der Heiligen Schrift als einziger Quelle und letzter Entscheidungskraft christlicher Lehre mehr und mehr von einer Überordnung des Papsttums abgelöst worden sei. Dann aber ging es natürlich nicht mehr um die Frage, wie man welche Mißbräuche bekämpft und wie sich der Papst an dieser Bekämpfung zu beteiligen hätte. Auch hat Luther das Papsttum nicht wegen der Lebensführung der Päpste seiner Kritik unterzogen. Aber bei der Frage nach der Überordnung des Papstes über die Schrift geht es um Sein oder Nichtsein des Christentums. Nur vor diesem Hintergrund ist die ab 1520 von Luther offen vorgetragene Vorstellung vom Papst als Antichrist zu sehen.

---

[10] Br 8,335.

Zum Verständnis ist zu wissen, daß es das ganze Mittelalter hindurch, verstärkt durch eine konkrete Erwartung der Endzeit, Überlegungen gab, wer und wo denn nun der „Antichrist“ sei. Im Neuen Testament warnt der 2. Thessalonicherbrief vor dem Widersacher, der „sich überhebt über alles, was Gott oder Gottes dienst heißt, also daß er sich setzt in den Tempel Gottes als ein Gott und gibt sich aus, er sei Gott“. Diese Haltung wurde nun ausgerechnet von den Päpsten des Hochmittelalters bei den Kaisern gesehen, und so galten Friedrich Barbarossa und andere in mancher römischen Polemik als Antichristen. Nach dem Fall Konstantinopels war der türkische Sultan Mehmet II. der Antichrist. Doch wurde der Antichrist auch immer wieder in Rom vermutet. In einem Brief an seinen Vertrauten Georg Spalatin schließt sich Luther 1519 diesem Verdacht an: „Ich beschäftige mich jetzt mit den päpstlichen Dekreten, und das sage ich dir ins Ohr, ich weiß nicht, ob nicht der Papst der Antichrist selbst oder wenigstens sein Sendbote ist, so erbärmlich wird Christus von ihm in den Dekretalen verderbt und gekreuzigt.“[11] Bereits ein Jahr später ist ihm dieser Verdacht so zur Gewißheit geworden, daß die Gleichsetzung von Papst und Antichrist eine stehende Wendung wird. „Wider die Bulle des Endchrists“ lautet seine Reaktion auf die Bulle Leos X., die ihm mit dem Kirchenbann droht. Der Kern von Luthers immer mehr reflektierten und durch historische Studien untermauerten Sicht ist eine „Verfallstheorie“: Erst durch die „Revolution“ im 11. Jahrhundert, mit der die Päpste etwa im „Dictatus Papae“ von 1075 die Welt auf den Kopf gestellt hätten, seien Christentum und Kirche korrumpiert worden. Die Päpste hätten sich über die Schrift und über den Kaiser erhoben und damit „ihren Platz“ verlassen. Reformation bedeutet, diesen Schritt wieder umzukehren, und zwar auch um den Preis eines vollständigen Verzichts auf ein Papsttum.

---

[11] WABr 1,359.

2. Philipp Melanchthon: Papstkritik aus Prinzip

Als Philipp Melanchthon 1518 nach Wittenberg kommt, ist dies gerade die Zeit, in der Luthers Papstkritik entsteht. Und der junge Humanist übernimmt hier schnell eine begleitende und unterstützende Funktion, die bereits in den Loci von 1521 zum Ausdruck kommt. Im locus „De lege" wird eindeutig festgehalten: „In Glaubensfragen haben die Päpste, die Konzilien und die gesamte Kirche kein Recht, etwas zu verändern oder festzulegen, sondern die Artikel des Glaubens müssen schlicht und einfach an der Vorschrift der heiligen Schrift überprüft werden."[12] „Ferner darf nicht als Glaubensartikel gelten, was Menschen, was die Kirche oder der Papst an der Schrift vorbei verordnet hat."[13]

Melanchthon argumentiert hier im weiteren bereits stark historisch: Die wichtigsten Konzilsentscheidungen (Nizäa, Verurteilung des Erzketzers Paul von Samosata) fanden ohne Päpste statt,[14] „Stephan VI. hat die Verfügungen des Papstes Formosus kraft der Autorität eines Konzils für ungültig erklärt. Diesen Beschluß hat wiederum Johannes X. in der Synode von Ravenna verworfen. Wenn sich hier Konzilien gegenseitig widersprechen, so muß eines von ihnen geirrt haben."[15] Argumente, die übrigens 1870 von Gegnern des Unfehlbarkeitsdogmas wie Bischof Hefele erneut aufgebracht wurden. Wichtig ist, daß Melanchthon wie auch Luther eben sowohl den Papalismus wie auch den Konziliarismus verwerfen: „Da es demnach – klarer als die Mittagssonne (luce meridiana clarius) feststeht, daß Konzilien oft geirrt haben und irren können, frage ich dich, Leser: Warum um Himmelswillen muß man etwas für einen Glaubensartikel halten, was von einem Konzil, ohne daß es mit der Schrift übereinstimmt, beschlossen wurde? Da es nun einmal klar ist, daß Konzilien irren können, warum werden ihre Beschlüsse nicht an der Schrift überprüft?"[16]

---

[12] Loci Communes 1521 [LC], hg. v. Lutherischen Kirchenamt der VELKD, Gütersloh [2]1997, 3,127.
[13] LC 3,130.
[14] Vgl. LC 3,141.
[15] LC 4,143.
[16] LC 3,149.

Doch nicht nur dieses hermeneutische Prinzip veranlaßt Melanchthon zu seiner eindeutigen Ablehnung. Er hat auch als dezidierter Ordnungstheologe das Papsttum verworfen, da er in ihm zugleich mit den Täufern eine angemaßte politische Dimension der Religion erblickte. So schrieb er etwa in seinem Nachruf auf Luther 1546: „Er [Luther] verabscheute nicht nur die rebellischen Lehrer dieser Zeit, Thomas Müntzer und die Wiedertäufer, sondern auch diejenigen Bischöfe in Rom, die mit ihren, ohne göttlichen Auftrag aufgestellten Dekreten äußerst dreist und unverschämt beteuerten, daß Petrus nicht nur das Amt der Evangeliumsverkündigung, sondern auch politische Befehlsgewalt übertragen worden sei."[17]

Schließlich konnte Melanchthon als Didaktiker der Reformation geradezu antithetisch das „Evangelische" und das „Päpstliche" gegenüberstellen, so in der kleinen Schrift „Die fürnemsten Unterscheid zwischen reiner christlicher lere des Evangeliums und der Abgöttischen Papistischen Lere": „Das Evangelium leret, Das die Schlüssel seind bevelh und gewalt, das Evangelium zu predigen, die Sacrament zu reychen, Offentliche sünder zu straffen [Mt 16,19], also das sie hören, das sie nicht gliedmas Christi sonder des Teufels und verdampt seind, so sie sich nicht bekeren, Item, die jenigen zu absolvieren, so sich bekeren. Und das die Schlüssel nicht seind gewalt, Menschen satzung zu machen, Weltliche herrschafft an sich zu ziehen, Die excommunication zu weltlicher regierung zu gebrauchen. Der Bapst füret die Schlüssel im Schild und schendet die selbigen schrecklich. Erstlich raubet er der gemeinen Kirchen jre gewalt und spricht: die Schlüssel sind dem Bapst fürnemlich gegeben, das er Herr und Richter uber alle Kirchen, Pfarherr, Bischoffe, Könige und Welt sein sol in geistlichen und weltlichen sachen, Das von jm alle Bischoffe sollen jr Ampt empfahen, Das er und andere Bischoffe in krafft dieser Schlüssel mögen Menschen satzungen machen, Newe Gottes dienst etc. Mögen mit dem Bann ein weltliche regierung anrichten, Könige setzen und entsetzen, Welches alles unrecht ist."[18]

---

[17] Philipp Melanchthon, Das Leben Martin Luthers, in: Melanchthon deutsch, hg. v. Michael Beyer u. a., Bd. 1 Leipzig 1997, 182.

[18] Zit. n. Jörg Haustein (Hg.), Philipp Melanchthon. Ein Wegbereiter für die Ökumene, Göttingen [2]1997, 246f.

Die Darstellung Melanchthons nach Luther mag etwas redundant gewirkt haben, doch schien sie mir notwendig, um im Blick auf das nun anschließende Kapitel schon hier zu zeigen, daß die beiden hinsichtlich des Papsttums weitgehend einer Meinung waren, beide verantworteten 1523 auch gemeinsam die nun sehr polemische Spottschrift „Deutung der zwei gräulichen Figuren, Papstesels zu Rom und Mönchskalbs zu Freiberg in Meißen", in der wiederum der Antichrist-Vorwurf begegnet.

3. Weitere reformatorische Stimmen

In der Kürze soll hier nur darauf verwiesen werden, daß schon die frühe Reformationszeit auf breiter Ebene dadurch gekennzeichnet ist, daß die endgültige Ablehnung des Papsttums sich rasch durchsetzte, die Begründungen im einzelnen aber unterschiedliche Akzente setzten:

Johannes Brenz etwa betont 1523 die unsichtbare Kirche der Auserwählten: „daß dieses nicht die rechte Kirche ist, wo Papst, Bischof und Priester zusammen kommen [...], sondern alle diejenigen, die im Geist und in der Wahrheit versammelt sind, sie seien Laien oder Priester".[19] Wenig später folgt noch ein christologisches Argument: „Darum kann kein Mensch, er sei Papst oder Bischof, ein Haupt der Kirche oder ein Vertreter Christi sein, da Christus nie von seiner Kirche sich entfernt hat, sondern durch seinen geist in ihr wohnt und gründlich in sich faßt [...]."[20] Die Beispiele ließen sich fortsetzen.

III. Von der CA bis zu den 39 Artikeln. Die Ablehnung des Papsttums als reformatorisches Bekenntnis

Kennzeichen der nun folgenden Phase der Reformationsgeschichte ist, daß die Reformatoren zurücktreten hinter Bekenntnisse. Diese sind naturgemäß weniger persönlich-wissenschaftlich, als eher juristisch (freilich mit persönlichem Hin-

---

[19] Ein Sermon an alle Christen von der Kirche [...] 1523, in: Klassiker des Protestantismus, Reformatorische Verkündigung und Lebensordnung, hg. v. Robert Stupperich, Bremen 1963, 247.
[20] AaO., 248.

tergrund). Die Aussagen der Reformatoren zum Papsttum werden nun offizieller, man ist gefordert, Verhandlungspositionen für verschiedene Ebenen (Reichstag, Konzil) zu erstellen, Fürsten und Räte (also Juristen) bestimmen die Inhalte mit. Und nicht nur sie, sondern auch die jeweilige politische Machtkonstellation.

1. Die Confessio Augustana in Augsburg und Schmalkalden

Die Confessio Augustana enthält bekanntlich keine direkten Aussagen zum Papsttum. Daß der Grund hierfür in erster Linie ein diplomatischer ist, ist ebenso bekannt wie es dann doch immer wieder ignoriert wird. Statt dessen werden die Mythen gepflegt vom standhaften Luther auf der Coburg und dem wankelmütigen Melanchthon in Augsburg. Zweifelsohne waren Luther und Melanchthon unterschiedliche Theologen und sicherlich wären die Verhandlungen in Augsburg mit einem anwesenden Luther anders gewesen als mit dem nur korrespondierenden. Und dennoch: Ob das Ergebnis anders gewesen wäre? Melanchthon war ja kein Subjekt des Reichstages, sondern ausführendes Organ. Was zur Disposition gestellt werden konnte und was nicht, war nicht allein in sein Belieben gestellt. Hinsichtlich der Frage nach dem Papsttum war die Linie der protestierenden Stände klar die, daß man das Thema unter den gegebenen Voraussetzungen ausklammern wollte, um den vorprogrammierten Eklat zu vermeiden. Für das vorliegende Thema bedeutet das zweierlei:

1. Alle theologisch heißen Eisen wurden angefaßt in dem Bewußtsein, hier bei einem gutwilligen Gegenüber, das selbst die Konfliktvermeidung anstrebt, Akzeptanz zu bekommen. Beim Thema Papsttum gingen alle davon aus, daß es hier, auch wegen der staatskirchenrechtlichen Konsequenzen, selbst beim besten Willen nicht weiterging.

2. Daraus folgt, daß das Schweigen der CA zum Papsttum nicht als schweigendes Konsentieren, sondern im Gegenteil als krasse Ablehnung gedeutet werden darf.

In dem Bewußtsein, daß die Diskussion hierüber noch nicht abgeschlossen ist, nur ein Hinweis. Luthers Satz über einen der Vorentwürfe Melanchthons (welchen, wissen wir im übrigen gar nicht), daß er „so leise nicht treten könne“, wird je nach Couleur als Vorwurf oder als Kompliment gedeutet. Selbst wenn es ein Vorwurf gewesen sein sollte, kann damit aber nicht das Schweigen zum Papsttum gemeint sein. Denn Luther selbst verfaßte auf der Coburg eine „Vermahnung an die Geistlichen, versammelt auf dem Reichstag zu Augsburg", in dem das Thema „Papsttum" ebenfalls ausgeklammert wird. Auch dies ist wie bei Melanchthon natürlich Rücksicht auf die diplomatische Situation, ebenso wie der Verzicht Luthers auf seinen ursprünglichen Plan, zum Reichstag einen eigenen Traktat „De Papa Antichristo" zu verfassen.

Im Kontext der lutherischen Bekenntnisbildung bedeutsamer ist aber der Umstand, daß auf dem Bundestag in Schmalkalden 1537 die CA nun doch ergänzt wurde um einen Artikel zum Papsttum, und das ausgerechnet von Melanchthon. Der von ihm verfaßte „Tractatus de potestate et primatu papae" ist ausdrücklich ein Zusatz zur CA und zur Apologie, und so ist er auch formal gestaltet. Er beginnt mit thetischen Formulierungen und Verwerfungen, ähnlich wie die Artikel der CA selbst, um dann in einer ausführlichen Argumentation fortzufahren, wie es auch in der Apologie geschieht. Da dies einer der maßgeblichen reformatorischen Texte zur Papstfrage ist und zugleich der unbekannteste, sei er vorgestellt: „Der Babst ruhmet sich zum ersten, daß er aus gottlichen Rechten der oberst sei uber alle andere Bischofe und pfarrherrn in der ganzen Christenheit. Zum andern, daß er aus gottlichen Rechten habe beide Schwert, das ist, daß er muge Konig setzen und entsetzen, weltliche Reich ordnen etc. Zum dritten sagt er, daß man solchs bei Verlust der ewigen Seligkeit zu glauben schuldig sei. Und dies sind die Ursachen, daß er Bapst sich nennet und ruhmet, er sei der Statthalter Christi auf erden. Diese drei Artikel halten und erkennen wir, daß sie falsch, ungottlich, tyrannisch und der christlichen Kirchen ganz schädlich sind."[21] Im Kontext heutiger Gespräche über Lehrverurteilungen bedeutet dies zunächst einmal, daß hier drei Sätze verworfen werden:

---

[21] Die Bekenntnisschriften der evangelisch-lutherischen Kirche [BSLK], Göttingen [8]1979, 471-472.

1. der Jurisdiktionsprimat des Papstes iure divino;
2. die Oberhoheit des Papstes über weltliche Gewalt;
3. die Heilsnotwendigkeit beider Sätze.

Diese bekenntnismäßige Eindeutigkeit Melanchthons ist zu beachten, wenn es nun an die zweite Bekenntnisschrift des Jahres 1537 geht, nämlich Luthers „Schmalkaldische Artikel".

2. Schmalkaldische Artikel

Der Artikel vier des zweiten Teils ist eine der meist zitierten und sicherlich tatsächlich eine der wichtigsten reformatorischen Aussagen zum Papsttum:

„Daß der Bapst ist nicht jure divino [aus göttlichem Recht] oder aus Gottes Wort das Häupt der ganzen Christenheit (denn das gehoret einem allein zu, der heißt Jesus Christus), sondern allein Bischof oder Pfarrherr der Kirchen zu Rom und derjenigen, so sich williglich oder durch menschliche Kreatur (das ist weltliche Oberkeit) zu ihm begeben haben, nicht unter ihm als einem Herren, sondern neben ihm als Brüder und Gesellen, Christen zu sein [...] Itzt aber tarr [darf] kein Bischof den Bapst „Bruder" heißen [...], sondern muß ihn seinen „allergnädigsten Herrn" heißen [...] Das wollen, sollen und konnen wir nicht auf unser Gewissen nehmen. Wer es aber tun will, der tu' es ohn uns [...] er brullet wie ein Lewe, daß kein Christ konne selig werden, er sei denn ihm gehorsam und untertan in allen Dingen, was er will, was er sagt, was er tut [...] So es doch offenbarlich ist, daß die heilige Kirche ohn Bapst gewest zum wenigsten uber funfhundert Jahren und bis auf diesen Tag die griechisch und viel anderer Sprachen Kirchen noch nie unter dem Bapst geweset und noch nicht sind. So ist's, wie oft gesagt, ein Menschengeticht, das nicht geboten, ohn Not und vergeblich; denn die heilige, christliche Kirche ohn solch Häupt wohl bleiben kann und wohl besser blieben wäre, wo solch Häupt durch den Teufel nicht aufgeworfen wäre, und ist auch das Bapsttum kein Nutz in der Kirchen; denn es ubet kein christlich Ampt, und muß also die Kirche bleiben und bestehen ohn den Bapst. Und ich setze, daß der Papst sich wollte des begeben, daß er nicht jure divino oder aus Gottes Gebot der Oberst wäre, sondern damit die Einigkeit der Christenheit wider die Rotten und Ketzerei deste baß erhalten wurde, mußte man ein Häupt haben, daran sich die andern alle hielten. Solchs Häupt würde nu durch Menschen erwählet, und stünde in menschlicher Wahl und Gewalt, dasselbe Häupt zu ändern, zu entsetzen[...] welchs doch unmuglich ist; denn er mußte sein ganz Regiment und Stand lassen umbkehren und zerstoren mit allen seinen Rechten und Buchern. Summa, er kann's nicht tun."[22]

Wenig später taucht dann auch in diesem Kontext das Verdikt auf, der Papst sei „der rechte Endechrist oder Widerchrist".[23] Trotzdem hat Luther doch wenigstens eine theoretische und theologisch vertretbare Möglichkeit des Papstamtes angedacht. Aber doch nur so, daß er ihre praktische Durchsetzung für unmöglich hielt. Insgesamt lassen sich aus den Schmalkaldischen Artikeln fünf Thesen Luthers zum Papsttum differenzieren:

1. Es kann aus christologischen Gründen keinen Primat iure divino geben, ein Primat ist weder von Gott gestiftet noch göttlicher Ordnung, noch in der Schrift gegründet.[24]

2. Die Kirche kann, ja muß ohne Papst und Primat auskommen.

3. Einen Primat iure humano könnte es aus theologischen Gründen geben, er wäre sogar wünschbar, ist aber aufgrund der römischen Primatskonstruktion nicht möglich.

4. Dieser Primat müßte ein Wahlamt und Abwahlamt sein und an synodale Strukturen gebunden.

5. Der Bischof von Rom hat keinen Universalprimat inne, sondern ist ein Kirchenoberhaupt auf der Basis konfessioneller Freiwilligkeit.

Unverkennbar besteht eine unaufgelöste Spannung zwischen der 2. und 5. These: Darf die Kirche bzw. ein Teil von ihr denn nun einen Papst haben oder nicht? Die Spannung ist vor dem Hintergrund der Entstehung und des Kontextes der Artikel zu sehen: Die Schmalkaldischen Artikel waren die protestantischen Verhandlungspositionen für das angekündigte Konzil von Mantua. Insofern sind auch sie wie die CA ein diplomatischer Text, der eine Marge im Verhandlungsgeschehen enthalten soll. Luthers Abschnitt: „Gesetzt den Fall" setzt diese Verhandlungsdynamik ebenso voraus wie Melanchthons

---

22 BSLK 427-429.

23 BSLK 430.

24 „nicht[...] jure divino oder aus Gottes Wort" (BSLK 427), „nicht jure divino oder aus Gottes Gebot" (BSLK 429).

berühmter Zusatz zu seiner Unterschrift, der ebenfalls näher zu betrachten ist: „vom Bapst aber halt ich, so er das Evangelium wollte zulassen, daß ihm umb Friedens und gemeiner Einigkeit willen derjenigen Christen, so auch unter ihm sind und kunftig sein möchten, sein Superiorität uber die Bischofe, die er hat jure humano, auch von uns zuzulassen sei."[25]

Bei flüchtigem Überlesen (was leider häufig geschehen ist) kann der Eindruck entstehen, Melanchthon vertrete hier eine von Luther grundsätzlich abweichende Position. Bei näherer Betrachtung seines Sondervotums aber ist rasch zu sehen, daß dies keineswegs der Fall ist. Um so mehr, als daß man zu Melanchthon ja nun auch dessen Traktat von der Gewalt und Obrigkeit des Papstes hinzuziehen muß, der im gleichen Kontext wie sein Votum entstanden ist. Es ist kaum anzunehmen, Melanchthon hätte innerhalb weniger Tage gegensätzliche Standpunkte in einer so zentralen Frage einnehmen können. Auch hier ist wieder eine thesenartige Differenzierung hilfreich:

1. Es kann aus christologischen Gründen keinen Primat iure divino geben.

2. Einen Primat iure humano kann es hingegen geben, aber nur unter Voraussetzungen: a) Der Papst anerkennt die reformatorische Rechtfertigungslehre. b) Die Anerkennung dieses Primates bedeutet nicht die Übernahme durch die eigenen Kirchen.

3. Der Bischof von Rom hat keinen Universalprimat inne, sondern ist ein Kirchenoberhaupt auf der Basis konfessioneller Freiwilligkeit.

Dies ist sozusagen noch das Äußerste, was der diplomatisch versiertere Melanchthon formulieren konnte. Inhaltlich gibt es keine Differenz zu Luther in diesem Punkt. Melanchthons Votum sollte vielmehr dahingehend interpretiert werden, daß er die oben festgestellte Spannung bei Luther gespürt hat und seinerseits die offenere Position der freiwilligen Unterordnung unter den Papst noch einmal herausstreichen wollte. Daß er die Schmalkaldischen Artikel insgesamt wegen ihres scharfen Tones nicht gemocht hat, steht auf einem anderen Blatt. Auf dem Bundestag in Schmalkalden wurde jedenfalls keine gravierende Unterschiedlichkeit angenommen.

---

25 BSLK 463f.

Die Unterschriftenliste unter die Schmalkaldischen Artikel, aber auch die Ergänzung Melanchthons, lassen klar erkennen, daß in dem Punkte der Einschätzung des Papsttums eine weite Übereinstimmung herrschte, die übrigens die reformierten Reformatoren in Oberdeutschland und der Schweiz einschloß. Weder römische noch protestantische Theologen konnten jahrhundertelang in den Positionen die Möglichkeit zur Verständigung sehen.

3. Die 39 Artikel der Kirche von England

Auch ein Blick über die Bekenntnisbildung im Reich kann das Thema weiter erhellen: Die Kirche von England hatte im Bereich der äußeren Ordnungen und Zeremonien Zurückhaltung geübt, Liturgie und Amtsstruktur waren der römischen sehr ähnlich. Auf der anderen Seite war in England keinerlei Rücksicht auf rom- und papstfreundliche Mächte zu nehmen, im Gegenteil, ein „Papist" war im Königreich England sehr gefährdet. So entstand hier eine Bekenntnisschrift, die im wesentlichen Martin Bucer zu verdanken ist und für uns zwei bedeutsame Merkmale aufweist: Sie ist streckenweise, vor allem in der Ekklesiologie, eine wörtliche Übernahme der CA, deren überregionaler Wert damit herausgestrichen wird. Und sie enthält einige dezidiert antipäpstliche Festlegungen, die sich sowohl auf die Lehrkompetenz als auch auf die Jurisdiktionsgewalt beziehen:

„20. Von der Kirche. Die sichtbare Kirche Christi ist eine Versammlung von Gläubigen, in welcher das Wort Gottes rein gelehrt wird und die Sakramente in allem, was notwendig dazu gehört, der Einsetzung Christi gemäß recht verwaltet werden. Wie die jerusalemer, alexandrinische und antiochenische Kirche geirrt hat, so hat auch die römische Kirche geirrt, und zwar nicht nur im Handeln und in den zeremoniellen Riten, sondern auch in Glaubenssachen.

36. Von der weltlichen Obrigkeit [...] Der römische Papst hat keine Jurisdiktion in diesem Königreich England [...]."[26]

---

[26] Übersetzt nach: Die Bekenntnisschriften der reformierten Kirche [BSRK], hg. v. Karl Müller, Leipzig 1903, 512,520.

Damit scheinen die 39 Artikel in ihrer prägnanten Kürze geradezu die papstfeindlichsten der reformatorischen Bekenntnisschriften zu sein. Und doch entspricht ihre Linie eigentlich genau der, die in Schmalkalden mit der Vervollständigung der CA durch den Traktatus verfolgt wurde. Einmal mehr gilt, daß der hermeneutische Schlüssel zur CA nicht allein der Kontext des Augsburger Reichstages ist, sondern auch die weitere lutherische und gemeinprotestantische Bekenntnisentwicklung.

IV. Kontroversen im Vorfeld des Konfessionellen Zeitalters

Die Phase der Bekenntnisbildung wird abgelöst durch die zunehmende auch sprachliche Verhärtung im beginnenden Konfessionellen Zeitalter. Hierzu nur kurz drei Aspekte:

1. Luthers Spätschriften

Oft zitiert und zu Recht auch kritisiert sind etliche maßlose Äußerungen Luthers über die Päpste und das Papsttum in den letzten Jahren seiner Wirkung. 1545, in seiner letzten großen Schrift „Wider das Papsttum, vom Teufel gestiftet", ist aus dem „Heiligen Vater" nun der „Höllische Vater" geworden, „er sei vom Teufel hintenaus geboren, voller Teufel, Lügen, Gotteslästerung, Abgötterei, Stifter derselben, Gottes Feind, Widerchrist, Verstörer der Christenheit, Kirchen räuber, Schlüsseldieb, Hurenwirth und Sodomvogt [...]. Das heißt aber nicht geurtheilt, gerichtet noch verdammt, sondern sind eitel Lobsprüche und Ehrenworte, damit Niemand zu loben und zu ehren ist, außer der Satanissimus, der Papst; und wäre fein, daß er sie müßte an seiner Krone und Stirn gebrannt tragen: das sollte seiner Satanitati viel ehrlicher anstehen, weil es die lautere, reine Wahrheit ist, denn daß er sich die Füße küssen läßt."[27]

Man könnte diese Schmähungen endlos weiterführen, auch mit Vergleichbarem aus Luthers früheren Schriften, ohne einen inhaltlichen und weiterführenden Ertrag. Sätze wie diese

[27] Br 4,234f.

waren schon im 16. Jahrhundert nicht hilfreich und dienten im 19. Jahrhundert dazu, römisch-katholischen Studenten schnell und wirksam die Unmöglichkeit Luthers vor Augen zu führen. So berichtet Ignaz Döllinger davon, daß im Würzburg seiner Studienzeit jene Papstschrift zur obligatorischen studieneinleitenden Lutherlektüre gehörte, um damit das Kapitel Martin Luther auch gleich ad acta zu legen.[28]

Festzuhalten bleibt inhaltlich-theologisch an dieser Stelle, daß Luther wie Melanchthon in allen ihren Aussagen das Papsttum insgesamt, als Institution meinen, nicht einzelne Päpste und ihre individuelle Pontifikatsausübung. Noch wichtiger ist aber dies: Luthers und Melanchthons Stellung zum Papsttum läßt sich nicht auf diese Polemik reduzieren. Es waren theologische Gründe, die zur Ablehnung des Papsttums und in Konsequenz zur Verweigerung seiner jurisdiktionellen und lehrmäßigen Autorität durch die Kirche in den protestantischen Territorien geführt haben.

2. Johannes Calvin

Bereits in den Beginn einer neuen Phase der Auseinandersetzung gehört das Werk Johannes Calvins, auf das nun noch einzugehen ist. Auf ihn gründet sich die reformierte Tradition des Protestantismus, die die dezidiert papstkritischste geworden und bis heute geblieben ist. Die Zusammenfassung seiner Stellung befindet sich in der Institutio von 1559, die als Calvins Hauptschrift aufgrund ihrer Wirkungsgeschichte natürlich von besonderem Interesse sein muß. Zentrale Aussagen finden sich auch hier im Kontext der Ekklesiologie im 4. Buch, im sechsten und siebten Kapitel: „Von der Obergewalt des römischen Stuhles“ (6) und „Vom Beginn und vom Wachstum des römischen Papsttums, bis es zu seiner heutigen Hoheit emporgestiegen ist, durch welche die Freiheit der Kirche unterdrückt und zugleich alles Maß umgestürzt worden ist“ (7). Die Überschriften zeigen an, daß es zunächst um

[28] Vgl. Jörg Haustein, Der Wandel des Döllingerschen Lutherverständnisses als Ausdruck seiner veränderten Sicht der Reformation, in: IKZ 90 (2000) 170.

einen mehr systematischen Teil geht und dann mehr um historische Argumentation.

Argumentation ist überhaupt das methodisch angemessene Stichwort für Calvins Vorgehensweise. Zurückführen lassen sich die beiden Kapitel auf eine knappe Auseinandersetzung mit 25 antireformatorischen Thesen der Sorbonne, die 1543 im Auftrag König Franz' I. erschienen und auf die Calvin ein Jahr später reagierte. These 23 handelte vom „Primat des römischen Stuhls". Die Institutio basiert an dieser Stelle also auf der direkten akademischen Auseinandersetzung. In der Anordnung des Stoffes – das Papsttum wird nach den anderen Ämtern verhandelt – differenziert Calvin bereits nach einem vorentscheidenden Kriterium: „Bisher haben wir diejenigen Rangstufen in der Kirche behandelt, die bereits bei der Regierung der Alten Kirche bestanden haben, hernach aber mit der Zeit verderbt und dann mehr und mehr verfälscht worden sind [...] die Spitze der ganzen Stufenordnung, nämlich die Obergewalt des römischen Stuhls hat ihren Ursprung weder aus der Einsetzung Christi noch aus der Gepflogenheit der Alten Kirche genommen."[29] Also: Priester, Bischöfe, Diakone und sogar Mönche können auf eine ungebrochene Tradition blicken, während einzig das Papstamt einen rein historischen Ursprung hat. Dieser eigenen Grundvoraussetzung wird nun gleich das römische Selbstverständnis entgegengehalten, das auch die heutige noch gültige Position ganz richtig erkennt, nämlich: „das vornehmste und nahezu einzige Band der kirchlichen Einheit sei dann gegeben, wenn wir dem römischen Stuhl anhingen und im Gehorsam gegen ihn verharrten. Die Stütze, sage ich, auf die sie vor allem bauen, wenn sie uns die Kirche absprechen und sie sich selber aneignen wollen, besteht in der Behauptung, sie besäßen eben das Haupt, von dem die Einheit der Kirchen abhinge und ohne das sie notwendig zerspringen müßte. Sie meinen das nämlich so: die Kirche sei gewissermaßen ein unvollständiger, verstümmelter Leib, wenn sie nicht dem römischen Stuhl, gleichsam als ihrem Haupte,

[29] Johannes Calvin, Unterricht in der christlichen Religion. Institutio christianae religiones, übersetzt und hg. von Otto Weber [Inst.], Neukirchen-Vluyn ²1963, IV,6,1.

unterworfen sei."[30] Aus den Gegengründen Calvins seien sechs genannt:

1. Calvin stellt das biblische Argument auf, Petrus hätte von Jesus nicht mehr zugestanden bekommen als alle Apostel, nämlich eine Binde- und Lösegewalt.

2. Neben diesem positiven Befund bringt Calvin ein bedenkenswertes „argumentum e silentio“: Wenn Paulus im Epheserbrief mahne: „ein Gott, ein Glaube, eine Taufe“, „weshalb fügt er in diesem Lobpreis der Einheit nicht auch gleich zu, es gebe auch einen obersten Bischof, der die Kirche in der Einheit erhalten solle? Es hätte gar nichts Passenderes gesagt werden können – vorausgesetzt nur, daß es sich in Wirklichkeit so verhielt!“[31]

3. Daß Paulus in Rom gestorben sein mag, gesteht Calvin zu. Jedoch: er war dort nicht Bischof, außer für kurze Zeit.

4. Nach dem Apostelkonzil war Petrus der Judenapostel, wir als Heidenchristen hätten damit genuin nichts zu tun: unser maßgeblicher Apostel sei Paulus geworden.

5. Ein soziologisch-ökumenisches Argument ist dieses: Petrus mag wohl das Haupt der in urchristlicher Zeit ja noch übersichtlichen Apostelschar gewesen sein. Daraus könne aber keine Analogie für die Großkirche gezogen werden: „Wenn nun über Zwölf ein einziger Mann gesetzt war – ergibt sich daraus etwa, daß auch über hunderttausend Menschen ein einziger Mann gesetzt werden müsse?“[32] Auch die für das Papsttum ins Feld geführte alttestamentliche Analogie, daß nämlich ganz Israel einen einzigen Hohepriester hatte, läßt er aus dem obigen Grund nicht gelten: „es gibt keinen zwingenden Grund, das, was in einem Volke von Nutzen war, auf die ganze Welt auszudehnen.“[33] Die Kirche braucht ebensowenig einen einzigen Führer wie das weltliche Regiment weltweit einen einzigen Führer braucht. Calvin denkt an dieser Stelle bewußt frühneuzeitlich, mit Blick auf die jüngere Vergangenheit und Gegenwart könnte man auch sagen: antiimperialistisch, antitotalitaristisch und antiglobalistisch. Er denkt hier

[30] Ebd.
[31] Inst. IV,6,10.
[32] Inst. IV,6,8.
[33] Inst. IV,6,2.

ganz anders als Luther in den Schmalkaldischen Artikeln, der gerade hier den einzigen Nutzen einer Papstfunktion sah.

6. Calvins Argumentation gipfelt freilich in einer überraschenden Behauptung: Das größte Problem des Papsttums sei, daß ausgerechnet Rom der Ort sei, an dem es vermutlich gar keinen Bischof und damit keine Kirche gebe. Denn der Papst übe die eigentlichen Bischofsfunktionen nicht aus, als da sind: Predigt des Worts Gottes, rechte Sakramentsverwaltung, Erbauung und Kirchenzucht.

Calvins Begründungen sind sehr stark historisch, sie sind weiter eine Ausarbeitung der Vorgaben für Kircheneinheit, die auch die CA vorsah: Predigt des Evangeliums und Sakramentsverwaltung. Die zunehmende Konfessionalisierung ist auch dadurch gekennzeichnet, daß sich hier wie da die Stellung zum Papsttum zum Schibboleth entwickelt. Calvin folgert: „Obgleich wir also den Papisten den Namen ‚Kirche' nicht rundweg zugestehen wollen, so leugnen wir doch nicht, daß es bei ihnen Kirchen gibt, sondern wir streiten mit ihnen allein über die wahre und rechtmäßige Gestaltung der Kirche, die sich einerseits in der Gemeinschaft an den Sakramenten findet, die die Zeichen des Bekenntnisses sind, andererseits aber vor allem in der Gemeinschaft der Lehre."[34] Der Hauptgrund des Vorbehalts der Anerkennung ist aber eben der Papst.

3. Der Papst und die Reformatoren: die Personifizierung der Konfessionen

Es gehört zu den folgenreichen Eigenarten der Reformationsgeschichte, daß die unterschiedlichen Parteien, aus denen dann die Konfessionskirchen hervorgingen, personifizierte Fremdbezeichnungen zugewiesen bekamen. Und es ist nicht zufällig, daß dies auf der einen Seite über die Namen Luther und Calvin ging, man also von Lutheranern und Calvinisten sprach, während die andere Seite die namenlose Funktion des Papstes zur Bezeichnung „Papisten" führte. Ebenso bezeichnend ist, daß die „Papisten" diese Bezeichnung stets als ehrenrührig empfanden, während man auf protestantischer Seite

[34] Inst. IV,2,12.

diese Nomenklatur rasch auch mit gewissem Stolz akzeptieren konnte, trotz Luthers einschlägig bekannter Forderung, sich nicht nach ihm zu benennen. Kurioserweise steht dieses Verhältnis von Bezeichnung und ihrer Akzeptanz in einer Art reziprokem Verhältnis: Namensbezeichnungen wie Lutheraner, Hussiten etc. entstammen der Ketzerpolemik, die damit Aus- und Abgrenzung vornahm. Die freiwillige Übernahme bedeutete auch, daß man dieses mittelalterliche System generell verwarf und statt dessen den Namen wie zum Trotz führte. Die „Papisten" vertraten mit ihrem Einsatz für die Suprematie des Papstes eigentlich eine legitime ekklesiologische Position, verwarfen aber den Namen, da sie sich und ihre Position als generell katholisch behaupteten, sie sich selbst also nicht als Teil, sondern als das alleinige Ganze betrachteten. Illustrierte Flugblätter der Zeit demonstrieren diese bis heute nicht aufgegebenen Personifizierungen sehr schön: „Luther, Papst, Calvin, diese drei, doch ist die Frage, wo das Christentum hier sei?" Oder in diesem schönen Flugblatt aus dem Jahr 1619: „Geistlicher Raufhandel. O schaw doch wunder mein lieber Christ/ wie der Bapst/Luther vnd Calvinist/ Einander in die Haar gefallen/ Gott helffe den Verjrten allen."[35]

V. Ertrag

Nach der Stellung der Reformatoren zum Papsttum fragen eröffnet die Möglichkeit, historisch-theologische Arbeit exemplarisch vorzustellen, indem nämlich synchrone und diachrone Aspekte herauszuarbeiten sind. Im Rahmen des Gesamtthemas heißt das: Welche Aspekte sind im heutigen zwischenkirchlichen Gespräch über das Papstamt noch relevant, welche sind rein historisch-zeitbedingt, welche sind damals noch gar nicht virulent gewesen?

---

[35] Zit. n. Harry Oelke, Die Konfessionalisierung des 16. Jahrhunderts im Spiegel illustrierter Flugblätter, Berlin – New York 1992, Abb. 51.

1. Entzerrung des Synchronen

Das letzte Beispiel zeigt, wo heute anzusetzen ist, nämlich bei dem publizistisch-polemischen Bereich. Die Nomenklatur spielt im ökumenischen Bereich eine große Rolle und ist ein sensibles Feld. So braucht es heute keine Personifizierung des konfessionellen Problems mehr zu geben. Im Falle der Namensgebung „Lutheraner" wird sich kaum eine Gewohnheit so schnell abschaffen lassen. Lutheraner könnten aber doch einmal verstärkt überlegen, was es bedeutet, wenn sie die einzige große Konfession sind, die sich in solcher Eindeutigkeit nach einem einzigen Menschen bezeichnet. Die Bezeichnungen „katholisch", „orthodox", „evangelisch", „reformiert" oder auch „methodistisch" drücken eine größere Weite aus. Obwohl alle Reformatoren mit Überzeugung und mit theologischen Gründen vom Papst als „Antichrist" gesprochen haben, sollte man heute auf diese Bezeichnung verzichten. Sie ist ökumenisch wenig hilfreich. Gleichwohl ist die theologische Argumentation der Reformatoren nicht einfach zu negieren. Sie besagte die auch für heutige evangelische Theologie und Konfessionskunde zu stellende Frage, ob sich nicht das Papsttum und seine Amtsvorstellung in einer Art und Weise mit christologischen Qualitäten umgibt, die die Hoheit Christi zurückzudrängen geneigt ist?

2. Bestätigung des Diachronen

Damit zu den noch immer aktuellen Elementen der reformatorischen Papstkritik: Sie war

1. nicht auf die Persönlichkeit der Päpste bezogen, sondern immer auf das Amt als Ganzes.

2. Sie war übereinstimmend der Meinung, daß es beim Papst immer um einen Funktionsträger geht, niemals um einen mit besonderen Wesenseigenschaften ausgestatteten Menschen. Es liegt ein funktionales anstelle eines ontologischen Amtsverständnisses vor.

3. Die Reformation hat eine inhaltliche Revision kirchlicher Lehr- und Leitungsstruktur angemahnt und in ihrem Einflußgebiet durchgesetzt. Gestaltungsfragen der Kirche sind nach übereinstimmender Meinung der Reformatoren historischen Entwicklungen unterworfen. Außer der Frage nach dem Nut-

zen eines Papstamtes gibt es kein Kriterium, auf dieses Struktur- und Leitungselement von Kirche nach 450 Jahren zurückzukommen.

4. Diesen Nutzen beurteilten Luther und Calvin unterschiedlich, aber beide mit heute noch bedenkenswerten Argumenten: a) Luther behauptet den Nutzen, bestreitet aber die Durchführung eines Ehrenprimates. b) Calvin bestreitet die Möglichkeit, alle Christen durch einen Menschen leiten zu lassen. Beide Einwände, dies ein persönliches Fazit, werden durch die Wahrnehmung der gegenwärtigen Ausübung des Papstamtes bestätigt. Ansprüche und ihre Undurchsetzbarkeit, Omnipräsenz und Überforderung des Amtsträgers, Verläßlichkeit hier und Unberechenbarkeit dort sind Spannungsfelder, die bereits die Reformatoren sahen.

5. Die größte Entwicklung hat das nachreformatorische und neuzeitliche Papsttum sicherlich im Hinblick auf seine weltlichen Ansprüche gemacht. Es will nicht mehr die Weltherrschaft, und Einsprüche auf dem Gebiet der Poltitk sind ihm ja ebenso erlaubt wie anderen gesellschaftlichen Gruppen. Freilich bleiben auch hier Anfragen: Darf der Papst verfassungsmäßige Grundlagen des neuzeitlichen Staates verurteilen, wie er es noch im 19. Jahrhundert vehement getan hat? Und angesichts der Reisepolitik des gegenwärtigen Amtsträgers ist die ökumenische Frage zu stellen: Ist die Vermischung von Kirchenoberhaupt und Staatsoberhaupt verantwortbar? Das Papsttum sucht sich sehr genau die Rosinen heraus: Mit der Größe und Struktur des Vatikanstaates wird begründet, daß man sich nicht an die Gepflogenheiten moderner Zivilisation (Wahlrecht, Gleichberechtigung etc.) zu halten braucht, andererseits kann sich der Papst als Staatsoberhaupt eines Staates überall dort einladen, wo er aus kirchlichen Gründen eigentlich unerwünscht ist (die Reisen in orthodoxe Länder sind ein Beispiel). Diese abschließende Frage führt gleichzeitig an den Beginn der „ökumenischen Frage" zurück: Mit den politisch-kirchenpolitischen Ansprüchen des Bischofs von Rom hat das Auseinanderbrechen der Christenheit ihren Anfang genommen.

Das Papstamt und die Ökumene

Entwicklungen und Perspektiven in den ökumenischen Dialogen

Michael Bünker

I. Der Ausgangspunkt

Die Diskussion über das Papstamt ist von den Inhabern dieses Amtes selbst initiiert worden. Es war Paul VI., der 1967 in einer Ansprache vor dem Sekretariat zur Förderung der Einheit der Christen gesagt hat: „Der Papst, wir wissen es, ist zweifelsohne das größte Hindernis auf dem Weg der Ökumene."[1]

Johannes Paul II. hat diese Erkenntnis aufgegriffen und in der Enzyklika „Ut unum sint" aus dem Jahr 1995 die folgenreiche Aufforderung ausgesprochen: „Als Bischof von Rom weiß ich sehr wohl, und habe das in der vorliegenden Enzyklika erneut bestätigt, dass die volle und sichtbare Gemeinschaft aller Gemeinschaften, in denen Kraft der Treue Gottes sein Geist wohnt, der brennende Wunsch Christi ist. Ich bin überzeugt, diesbezüglich eine besondere Verantwortung zu haben, vor allem wenn ich die ökumenische Sehnsucht der meisten christlichen Gemeinschaften feststelle und die an mich gerichtete Bitte vernehme, eine Form der Primatsausübung zu finden, die zwar keineswegs auf das Wesentliche ihrer Sendung verzichtet, sich aber einer neuen Situation öffnet" (Nr. 95). Für das Ziel dieser modifizierten, eventuell sogar neuen Form der Primatsausübung ergeht die Einladung zum Gespräch in Frageform: „Könnte die zwischen uns allen und bereits real bestehende, wenn auch unvollkommene Gemeinschaft nicht die kirchlichen Verantwortlichen und ihre Theologen dazu veranlassen, über dieses Thema mit mir einen brüderlichen, geduldigen Dialog aufzunehmen, bei dem wir

---

[1] AAS 59 (1967), 498.

jenseits fruchtloser Polemiken einander anhören könnten, wobei wir einzig und allein den Willen Christi für seine Kirche im Sinn haben und uns von seinem Gebetsruf durchdringen lassen: ‚Sollen auch sie eins sein, damit die Welt glaubt, dass du mich gesandt hast' (Joh. 17, 21)?" (Nr. 96)

Mit dieser Aufforderung hat Johannes Paul II. in der Tat einen neuen Weg eingeschlagen. Mit Freude nimmt er dabei auf, dass die Weltkonferenz der „Kommission für Glauben und Kirchenverfassung" des Ökumenischen Rates der Kirchen 1993 in Santiago de Compostela neue Untersuchungen „über die Frage eines universalen Dienstamtes an der christlichen Einheit" beschlossen hat. Dabei ist wohl zu beachten, dass in dieser Frage eine grundsätzliche Asymmetrie besteht, die in den weiteren Überlegungen bedacht werden soll. Während für die römisch-katholische Kirche das Papstamt wesentlich – iure divino! – zum Kirchenverständnis dazugehört, ist dies für die Gesprächspartner in der Ökumene durchaus nicht der Fall: Für evangelische Kirchen etwa wäre zwar ein Amt der Einheit mit der Bedeutung eines theologischen Adiaphorons „aus Gründen einer gewissen Zweckmäßgkeit"[2] denkbar, wobei aber auch dann noch durchaus offen bliebe, ob mit einem solchen Amt der Bischof von Rom betraut werden sollte oder könnte.

II. Entwicklungslinien im 20. Jahrhundert: 1928–1995

Es ist auf jeden Fall lehrreich, wenn wir die Enzyklika „Ut unum sint" von 1995 mit der ersten päpstlichen Enzyklika zum Anliegen der Ökumene vergleichen. Es war dies das 1928 von Pius XI. erlassene Lehrschreiben „Mortalium animos". In den rund siebzig Jahren zwischen 1928 und 1995 hat sich die Position wahrlich radikal gewandelt. In „Mortalium animos" wird – aus heutiger Sicht – ein massiv antiökumenischer Standpunkt eingenommen. Ökumenische Bemühungen werden pauschal abqualifiziert und diskreditiert, die in der ökumenischen Bewegung Engagierten abfällig als „Panchristen"

---

[2] Reinhard Frieling, Braucht die Kirche ein Amt der Einheit? Amt und Gemeinde 49 (1998) 98-104, 103.

bezeichnet. Was ist das Ziel von „Mortalium animos" in Bezug auf die Ökumene? Das Ziel ist die Einheit der Kirche, die wiederherzustellen ist. Die Mittel dazu sind entweder Einzelkonversionen oder die Rückkehr der getrennten Kirchen. Römisch-katholische Einheitsstrategie hieß damals Konversions- und Rückkehrstrategie. Karl-Josef Kuschel hat herausgearbeitet, dass sich in diesem Lehrschreiben ein Dreifaches zeigt: An erster Stelle steht die Beunruhigung über die Attraktion und den Erfolg der noch jungen ökumenischen Bewegung. Gerade die weltweite Dimension war Ursache, dass sich die römisch-katholische Kirche gegenüber dieser Entwicklung glaubte abkapseln zu müssen. Die ökumenische Bewegung bringt die Gefahr der „Identitätsdiffusion" mit sich. Um ihr zu begegnen, muss die römische Rückkehrstrategie untermauert und zementiert werden.

Folgerichtig steht an erster Stelle der Aufforderungen gegenüber den getrennten Kirchen, dass sie sich dem Vollmachtsanspruch des Papstes, wie er auf dem Vatikanum I festgelegt worden war, unterwerfen. „In dieser Kirche Christi kann niemand sein und niemand bleiben, der nicht die Autorität und die Vollmacht Petri und seiner rechtmäßigen Nachfolge anerkennt und gehorsam annimmt."[3]

Den öffentlichen Tiefpunkt erlangte diese Einstellung 1948, als es Pius XII. ablehnte, eine Vertretung nach Amsterdam zur Gründungsvollversammlung des Ökumenischen Rates der Kirchen zu senden. Statt dessen erließ er 1949 eine Instruktion über die ökumenische Bewegung, in der er die ernsthafte Gefahr des Indifferentismus beschwor und ein diffiziles Überwachungs- und Kontrollsystem aller ökumenischen Kontakte einforderte.[4]

Erst mit dem II. Vatikanischen Konzil und seinem Dekret „Unitatis redintegratio" und noch einmal mit der Enzyklika „Ut unum sint" nimmt die katholische Kirche Abschied von der Konversions- und Rückkehrökumene: „Mit dem Zweiten Vatikanischen Konzil hat sich die katholische Kirche unumkehrbar dazu verpflichtet, den Weg der Suche nach der Öku-

---

[3] Karl-Josef Kuschel, Sind Kirchenspaltungen überwindbar? EvTh 58 (1998) 252-261, 253.

[4] Vgl. ebd., 254.

mene einzuschlagen und damit auf den Geist des Herrn zu hören, der uns lehrt, aufmerksam die ‚Zeichen der Zeit' zu lesen" (Ut unum sint, Nr. 3). Das ist mittlerweile unbestritten. Allerdings: Die Gefahr des Indifferentismus und die Sorge um eine Identitätsdiffusion, wie sie die Einstellungen im Jahr 1928 prägten, scheinen heute nicht erledigt. Der Geist, der hinter manchen Formulierungen des Dokumentes „Dominus Iesus" steht, scheint zu belegen, dass die Gesinnung des Abgrenzens und Abmauerns, der eigenen Identitätssicherung durch Apologetik und der Rückkehrökumene lebendig blieb. „Der Gedanke der allein selig machenden Kirche scheint im Katholizismus so verinnerlicht zu sein, dass sich darin das Zurückholen anderer Christen auch als Sehnsucht ausdrückt. Das ist in sich verständlich. Aber wir müssen eben deutlich sagen, dass wir solchen Sehnsüchten nicht folgen können und wollen."[5] Es kann aber auch sein, dass es die unter dem Stichwort „Globalisierung" bezeichneten rasanten Veränderungen der letzten 30 Jahre sind, die ein Wiederaufleben überholt geglaubter Einstellungen bewirkt haben. Die Frage nach der ökumenischen Stellung des Papstamtes und seiner möglichen Anerkennung von anderen Kirchen wäre dann im Kern eine Frage nach der Stellung der Ökumene in einer Welt unter dem Kennzeichen der Globalisierung. So wird es von katholischen Stimmen auch gesehen: „Daß dem Papstamt eine wichtige Rolle zukommt, wird auch evangelischerseits zunehmend akzeptiert. Angesichts der weltweiten Globalisierung braucht es ein sichtbares Zeichen der Einheit."[6]

Ob diese Folgerung den Herausforderungen der Ökumene durch die rasanten Entwicklungen entspricht, soll nach einem knappen Überblick zum derzeitigen ökumenischen Diskussionsstand zur Frage des Papstamtes erörtert werden.[7]

---

[5] Christian Krause, „Mit" dem Papst sprechen, nicht „unter" ihm, DIE WELT 14. April 2001.

[6] Silvia Hell, Das Papstamt aus ökumenischer Sicht, in: Silvia Hell/Lothar Lies (Hgg.), Papstamt. Hoffnung, Chance, Ärgernis. Ökumenische Diskussion in einer globalisierten Welt, Innsbruck/Wien 2000, 191-210, 207.

[7] Als Grundlage hierfür dienten mir der in Anm. 6 genannte Sammelband sowie: Johann-Adam-Möhler-Institut (Hg.), Das Papstamt. Anspruch und Widerspruch. Zum Stand des ökumenischen Dialogs über das Papstamt, Münster 1996.

III. Die ökumenische Diskussion

Gerade durch das Wirken von Johannes Paul II. wurde die gesamte ökumenische Diskussion herausgefordert. Sein Einsatz für den Ökumenismus ist in der Tat eindrucksvoll. Der Besuch in Athen im Frühjahr 2001 mit der offensichtlich überraschend ergangenen Vergebungsbitte gegenüber der Orthodoxie hat es ebenso unter Beweis gestellt wie seine verschiedenen Besuche in evangelischen Kirchen. Es scheint ein besonderes Anliegen dieses Papstes zu sein, die Spuren des historisch Gewordenen neu zu lesen und Wege für eine gemeinsame Zukunft der christlichen Kirchen zu suchen. Nicht immer sind die dabei gewählten Formen unumstritten, immer aber sind es starke und medial sehr wirksame Ereignisse. Die Eröffnung der heiligen Pforte zu Beginn des Heiligen Jahres 2000 gemeinsam mit Vertretern des Protestantismus mag ebenso dazu zählen wie die diversen Vergebungsbitten mit dem markanten Höhepunkt des „Mea culpa" am ersten Fastensonntag im Jahr 2000. Das mag alles kritisiert und in Frage gestellt werden, es bleibt eine eindrucksvolle Bilanz, und das nicht nur im Blick auf die innerchristliche Ökumene. Johannes Paul II. hat als erster Papst eine Synagoge besucht, er hat als erster Papst in einer Moschee gebetet. Zu erwähnen ist in diesem Zusammenhang auch das Friedensgebet in Assisi Mitte der achtziger Jahre mit Vertretern verschiedener Religionsgemeinschaften aus aller Welt und im Zentrum – der Papst. Dieses über die Medien vermittelte Bild lässt erkennen, worauf es in diesem Zusammenhang auch ankommt: Rund um diesen Papst gruppiert sich nicht nur die Christenheit neu, sondern auch die Abrahams – Ökumene mit Judentum und Islam und schließlich die Gemeinschaft der Religionen überhaupt. Das Ziel dieses Weges ist noch nicht erreicht, große Schwierigkeiten gilt es noch zu bestehen: Die noch für 2001 geplante Reise in die Ukraine wird das virulente Problem mit der russischen Orthodoxie wegen der unierten Kirchen betreffen, die weiters geplante Reise nach Armenien anlässlich der 1700-Jahrfeier der Armenischen Kirche wird die Frage nach der Gemeinschaft mit den altorientalischen bzw. genauer den nicht-chalcedonensischen Kirchen stellen. In diesen Kontext gehört auch die Frage nach der Stellung und Anerkennung des Papstamtes. Dabei ist nicht die Amtsausübung des einen oder anderen Papstes im Vordergrund, sondern das Papstamt als solches. Es meint umgekehrt auch die nüchterne Einschätzung, dass es nicht nur um eine Modifizierung der konkreten Ausübung des Papstamtes geht, sondern um die Kernfrage selbst: „Die Frage nach dem ‚Amt der Einheit' ist also in der Tat gesamtökumenisch gestellt, und der Papst nimmt dieses wahr und ordnet es zu seiner eigenen Frage, wie das Papstamt gestaltet werden könnte, damit es wirklich ein Amt der Einheit wird, für die anderen Kirchen also akzeptabel. Allerdings, so bescheiden und zurückhaltend er seine Aussagen auch formuliert, so sehr er, auch dies sei nachhaltig betont, von der Liebe redet und nicht von der Macht, er redet nach wie vor von einem monarchischen Primat, also von einer Person, die berufen ist, an der Spitze der vereinten Kirche zu stehen. Damit wird aber auch die Grenze der Überlegungen des Papstes deutlich."[8]

In der Enzyklika „Ut unum sint" wird in bewährter langjähriger „Doppelstrategie"[9] deutlich differenziert zwischen der Orthodoxie (Nr. 59-61) und dem Protestantismus (Nr. 64-76). Das hat eine lange Tradition: Im selben Jahr, in dem Pius XI. in „Mortalium animos" sich vor allem gegen den Protestantismus richtete, veröffentlichte er „Rerum orientalium". In diesem Schreiben wird festgehalten, dass die Einheit zwischen der Orthodoxie und der römisch-katholischen Kirche abgesehen von einigen Punkten „vollkommen" sei. Wenn das schon 1928 so weit war, muss die Frage erlaubt sein, warum es dann keine Einheit bis heute gibt?

a) Die orthodoxe Tradition geht in ihrer Beurteilung des Papsttums davon aus, dass im Rahmen der allgemeinen bischöflich-kollegialen Kirchenleitung dem Bischof von Rom eine besondere Ehrenstellung zukommt. Damit wird auf eine Formulierung des Ignatius von Antiochien zurückgegriffen, der dem Bischof von Rom einen „Vorsitz der Liebe" zuerkannte. Abgekürzt gesagt ist eine Stellung des Bischofs von Rom als „Erster", nicht aber als „Höchster" unter den Bischöfen denkbar. Als Maßstab für weitere Überlegungen gilt der Stand des 1. Jahrtausends, als Form des Miteinanders das Mo-

---

[8] Johannes Dantine, Der Papst und die Ökumene, Schriftenreihe des Evangelischen Bundes in Österreich, Heft 139 (1995) 3-13, 12.
[9] So K.-J. Kuschel (wie Anm. 3), 257.

dell der „Pentarchie“ der Patriarchen von Rom, Konstantinopel, Alexandrien, Antiochien und Jerusalem, in der dem römischen Bischof eine Vorrangstellung zukomme. Soweit waren die bilateralen Gespräche bereits gediehen: Die Stationen auf diesem Weg sind schnell genannt: München (1982), Bari (1987) und Valamo (1993). Während für die Orthodoxie das im ersten Jahrtausend Erreichte immer deutlicher zur Norm zu werden scheint, konnte Rom mit der „Ratzinger-Formel“ von 1976 Ernst machen: „Rom muss vom Osten nicht mehr an Primatslehre fordern, als auch im ersten Jahrtausend formuliert und gelebt wurde.“[10] Trotzdem bleiben tiefgehende Fragen, etwa nach der Stellung der synodalen und konziliaren Dimension des Petrusdienstes, nach der Jurisdiktionsgewalt des Papstes und so weiter.

Mit der „Wende“ von 1989 und dem Ende des Kalten Krieges kamen plötzlich ganz andere Themen auf die Agenda des orthodox-katholischen Dialoges: Seit Freising (1990) geht es um das Problem des Proselytismus und der unierten Kirchen.

Von Metropolit Michael Staikos wird in diesem Zusammenhang an eine bahnbrechende Begegnung im Dezember 1975 im Vatikan erinnert: „Am 10. Jahrestag der Aufhebung der wechselseitigen Exkommunikationen zwischen Rom und Konstantinopel aus dem Jahr 1054 fand in der Sixtinischen Kapelle ein feierlicher Gottesdienst statt. Das ökumenische Patriarchat wurde durch den Metropoliten Meliton von Chalcedon vertreten. Nach den gegenseitigen Ansprachen und dem Schlusssegen von Papst Paul VI. kam der Auszug des Pontifex. Vor dem Vertreter des ökumenischen Patriarchates hielt er inne, kniete plötzlich nieder und küsste spontan seine Füße.“[11] Michael Staikos setzt bedauernd fort, dass dieser Akt mit allen Mitteln aus dem Gedächtnis der katholischen Kirchenwelt gestrichen worden sei und manchmal sogar als Heuchelei denunziert wurde. Er meint hingegen, dass es ein Zeichen gewesen wäre, das „aus dem Engpass des Gewordenen herausführte“, wie es Joseph Ratzinger einmal formuliert hatte.[12]

---

[10] S. Hell (wie Anm. 6), 226, Anm. 79.

[11] Statements aus persönlicher Sicht der Bischöfe, in: Silvia Hell/Lothar Lies (Hgg.), wie Anm. 6, 237-240, 239.

[12] Zit. n. ebd., 239, Anm. 5.

b) Im Dialog mit den Kirchen der Reformation scheint es nicht so einfach, aus den Engpässen des Gewordenen herauszukommen. In der Ökumenismus-Enzyklika „Ut unum sint“ werden fünf Punkte genannt, die zwischen den Kirchen der Reformation und der römisch-katholischen Kirche der weiteren Bearbeitung bedürfen:

„Die Beziehung zwischen heiliger Schrift als oberster Autorität in Sachen des Glaubens und der heiligen Tradition als unerläßlicher Interpretation des Wortes; die Eucharistie, Sakrament des Leibes und Blutes Christi, dargebracht zum Lob des Vaters, Gedächtnis des Opfers und Realpräsenz Christi, Ausgießung des Heiligen Geistes; die Weihe als Sakrament zum Dienstamt in seinen drei Stufen: Bischofsamt, Priestertum und Diakonat; das Lehramt der Kirche, dem Papst und den in Gemeinschaft mit ihm stehenden Bischöfen anvertraut, verstanden als Verantwortung und Autorität im Namen Christi für die Unterweisung im Glauben und seine Bewahrung; die Jungfrau Maria, Gottesmutter und Ikone der Kirche, geistliche Mutter, die für die Jünger Christi und für die ganze Menschheit Fürbitte leistet.“ (Nr. 79)

Wie es angesichts dieser Themenliste, die den Charakter von kirchentrennenden Hindernissen erhalten, zu einer gemeinsamen Verständigung kommen sollte, ist noch vollkommen offen. Es erhebt sich freilich auch die Frage, wie die lange Reihe von mittlerweile erarbeiteten Erklärungen, Konvergenz- und Konsenstexten, die zu den einzelnen Themen erarbeitet wurden, aufgenommen und umgesetzt wurden und werden. Hier ist die Schwierigkeit, dass es auf der Seite der römisch-katholischen Kirche die Verbindlichkeit des Lehramtes gibt, der auf der Seite der reformatorischen Kirchen so nichts gegenübersteht als der mühevolle Rezeptionsprozess durch synodale Entscheidungen. Aber sind das wirklich die Themen, die in unserem Zusammenhang dran sind? „Der eigentlich ‚harte Brocken‘, der bleibt, ist – so Walter Kasper – die Kirchenfrage und darin eingeschlossen die Amtsfrage.“ Warum ist das der harte Brocken? Weil es bei dieser Frage um die Autorität in der Kirche geht und so um ihr verbindliches Sprechen und Handeln. „Dies ist im heutigen pluralistischen, alles relativierenden Kontext eine Frage auf Leben und Tod.“[13] So wird dankbar auf die Ergebnisse des Malta Berichts von 1972 verwiesen und bei allem Wissen um die Schwierigkeiten einer weiteren

Verständigung der Vorschlag aufgegriffen, dass dem Papst für die Kirchen der Reformation schon jetzt eine gewisse moralische Autorität und eine Beachtung seiner öffentlichen Äußerungen und Handlungen zukommen könnte.

Auf welche Probleme hier zu achten sein wird macht die Studie „Communio Sanctorum" deutlich: Dieser Text ist von einer bilateralen Arbeitsgruppe der VELKD und der Deutschen Bischofskonferenz erarbeitet worden und im Jahr 2000 im Druck erschienen.[14] Unter Punkt VI,4 wird auf immerhin 30 Seiten der Petrusdienst verhandelt. Dabei geht „Communio Sanctorum" ganz im Sinne der gewohnten konsensorientierten Lehrökumene vor, d. h., dass nach einem Rückblick auf die neutestamentlichen Grundlagen und die Ausprägungen des Petrusdienstes in der Geschichte auf heutige Fragestellungen eingegangen wird. Dabei wird so vorgegangen, dass zuerst die unterschiedlichen Standpunkte herausgearbeitet werden, um dann zu versuchen, Gemeinsamkeiten zu formulieren. Die erste Gemeinsamkeit, die in „Communio Sanctorum" formuliert wird, lautet: „Ein universalkirchlicher Dienst an der Einheit und der Wahrheit der Kirche entspricht dem Wesen und Auftrag der Kirche, die sich auf lokaler, regionaler und universaler Ebene verwirklicht. Er ist daher grundsätzlich als sachentsprechend anzusehen. Dieser Dienst repräsentiert die gesamte Christenheit und hat eine pastorale Aufgabe an allen Teilkirchen."

Mit dieser Formulierung scheint vorausgesetzt, dass auch die evangelisch-lutherische Tradition einen solchen „Dienst an der Einheit" für geboten hält, was über seine Einschätzung als der eines Adiaphorons hinausginge. Ist ein solcher Dienst an der Einheit von den Grundlagen der lutherischen Kirche her zu begründen? Die Confessio Augustana sieht in Artikel 7 als notwendige und hinreichende Kennzeichen für die wahre Einheit der Kirche die Predigt „nach reinem Verstand des Evangeliums" und die Sakramentsverwaltung „dem göttlichen Wort gemäß": „Denn dies ist genug zu wahrer Einigkeit der

[13] Walter Kasper, Situation und Zukunft der Ökumene, FAZ Nr. 20 (24.1.2001) 13.

[14] Communio Sanctorum. Die Kirche als Gemeinschaft der Heiligen, Paderborn/Frankfurt/Main, 2000.

christlichen Kirche, daß da einträchtig nach reinem Verstand das Evangelium gepredigt und die Sakramente dem göttlichen Wort gemäß gereicht werden" (CA 7). Ganz ähnlich übrigens auch Johannes Calvin: „Denn überall, wo wir wahrnehmen, dass Gottes Wort lauter gepredigt und gehört wird und die Sakramente nach der Einsetzung Christi verwaltet werden, lässt sich auf keiner Weise daran zweifeln, dass wir eine Kirche Gottes vor uns haben. Denn die Verheißung des Herren kann nicht trügen: ‚Wo zwei oder drei versammelt sind in meinem Namen, da bin ich mitten unter ihnen' (Matth. 18, 20)" (Institutio IV, 1, 9). Auch die bereits zitierte Äußerung der „Kommission für Glauben und Kirchenverfassung" von 1993, dass zur „Frage eines universalen Dienstamtes an der christlichen Einheit" weitere Überlegungen angestellt werden sollen, darf nicht dazu verleiten, als wäre es für die Kirchen der Reformation ausgemacht, dass ein solches Amt überhaupt notwendig ist. Es geht um die Frage, wie und wer die Funktion der Einheit wahrnehmen kann und soll. In den evangelischen Kirchen wird dies durch die Synoden ausgeübt, in der orthodoxen Tradition ist es die Gemeinschaft der Bischöfe bzw. der Patriarchen. Freilich gibt es gerade auch in den evangelischen Kirchen einzelne, die sich dieses Dienstamt der Einheit im Sinne eines monarchischen Petrusamtes vorstellen können. Aber das ist nicht Konsens. In diesem Zusammenhang sei die heftige Kritik erwähnt, die „Communio Sanctorum" im Jahresbericht des Evangelischen Bundes erfuhr: Es gilt als Dokument der Distanz einer „Kommissions-und Konsensökumene am grünen Tisch" von der kirchlichen Wirklichkeit und als „Ende einer ökumenisch-theologischen Methode, die theologische Realitäten aus dem Auge verloren hat".[15]

Es ist also für die evangelische Tradition durchaus nicht ausgemacht, dass ein wie immer geartetes Amt der Einheit notwendig ist. Im Unterschied dazu ist die katholische Kirche spätestens seit dem I. Vaticanum der Auffassung, dass auch die Jurisdiktionsgewalt und der Lehrprimat des Papstes integrale und ihrem Wesen nach unaufgebbare Bestandteile der römisch-katholischen Ekklesiologie sind. Schon allein aus diesen

[15] Jörg Haustein, Der Evangelische Bund und die Ökumenische Situation, epd-Dokumentation Nr. 2a/2001, 1-10, 8f.

grundlegenden Gegensätzen herrscht im Gespräch über den Petrusdienst eine Asymmetrie, die bedacht werden muss. Daran ändert auch nichts, dass die römisch-katholische Kirche hinsichtlich der konkreten Ausformungen des Papstamtes gesprächsbereit und wohl auch zu Veränderungen und Neuinterpretationen in der Lage ist.

c) Eigens erwähnt werden soll der Dialog zwischen der römisch-katholischen und der anglikanischen Kirche (ARCIC: Anglican/Roman-Catholic International Commission – vereinbart 1966). Anders als in den anderen Kirchen der Reformation hat die anglikanische Kirche das Bischofsamt und die bischöfliche Verfassung der Kirche so bewahrt, dass eine breitere Basis für das Gespräch über den Petrusdienst gegeben ist. Die Differenzen sind vornehmlich nicht theologisch, sondern historisch bedingt, folgerichtig konzentrierten sich die Gespräche anfangs auf den Jurisdiktionsprimat des Papstes. Unter dem Leitbegriff der Communio/Koinonia wird der Primat behandelt. Eingebunden in die synodale bzw. konziliare Struktur der Kirche ist seine Annahme für eine sichtbare Kirchengemeinschaft wichtig. Im jüngsten Dokument dieses Dialogs „The Gift of Authority" von 1999 wird der Weg geebnet für ein Verständnis dieser Primatsfunktion auch iure divino. Freilich bleibt aus römisch-katholischer Sicht auch dieses Dokument hinter den Formulierungen von Vatikanum I und II zurück. Die anglikanische Kirche zeigt sich zudem (nicht nur in Fragen der Frauenordination) als in sich vielfältig, was den Dialog für die römische Seite nicht erleichtert. „The Gift of Authority" fand auf jeden Fall nicht nur Zustimmung, sondern eine durchaus geteilte Aufnahme.

d) Hinsichtlich der Freikirchen, der evangelikalen Gemeinden und der pentekostalen Gemeinschaften und Kirchen beschränkt sich die römisch-katholische Kirche auf Dialoge zum Thema des Dienstes und des „gemeinsamen Zeugnisses", also vornehmlich auf die Wahrnehmung ethischer Fragen. In Bezug auf das Gespräch zum Papstamt ist in dieser Konstellation die schon mehrmals angesprochene Asymmetrie besonders deutlich zu spüren. So fragt der Superintendent der Methodistenkirche in Österreich, Helmut Nausner, nach einem Überblick über die Gesprächsergebnisse zwischen römisch-katholischer und Methodistenkirche auf Weltebene seit 1967: „Die Frage drängt sich für mich auf [...], ob das Papstamt in seiner jetzigen Gestalt eine ökumenische Zukunft hat?" und setzt fort: „Wir sind an einem Dialog und einer gelebten Gemeinschaft mit der Römisch-katholischen Kirche interessiert und reden über das Papstamt, weil es für unsere Gesprächspartner wichtig ist, nicht weil wir es für eine für das Leben der Kirche wesentliche Frage halten."[16]

Zusammenfassend zum Stand der ökumenischen Diskussion lässt sich eine beachtliche Bandbreite feststellen. Für die Kirchen der Reformation und da insbesondere für die lutherische Kirche scheint es notwendig, dass in die Diskussion einiges an Klarheit eingebracht wird.

Die Diskussion beruht insgesamt auf Voraussetzungen, die zwar an vielen Orten diskutiert, aber insgesamt nicht hinreichend geklärt erscheinen.

Allein die Frage, ob die Kirchen überhaupt ein solches universales Amt der Einheit brauchen, ist umstritten. Dabei wäre vorab zu klären, was die Kirchen gemeinsam unter „Einheit" verstehen wollen oder können. Dazu sind im Laufe der Zeit und der fortschreitenden Differenzierungen sehr unterschiedliche Vorstellungen entwickelt worden (U. Körtner 1996, 68ff), von der konziliaren Gemeinschaft bis hin zur versöhnten Verschiedenheit. Im Sinne einer ökumenischen Hermeneutik wäre zuerst in einem Vorgang des gegenseitigen Verstehens zu klären, was die jeweiligen Dialogpartner unter „Einheit" verstehen, um erst dann gemeinsam ein Verständnis von „Einheit" zu entwickeln (gemeinsames Verständnis). Da dieses gemeinsame Verständnis nie konfliktfrei und auf Anhieb einmütig wird sein können, wird es notwendig sein, Formen gemeinsamer Verständigung über dieses gemeinsame Verstehen zu entwickeln. Hinderlich auf diesem Weg sind Aussagen über das unaufgebbare Wesen des je eigenen Standpunktes, wobei ausgesprochen oder unausgesprochen mitschwingt, dass dieses je eigene unaufgebbare Wesen im Grund alle anderen abqualifiziert. Kirchen sind Erzähl- und Interpretationsgemeinschaften und bleiben bzw. werden lernfähig im gemeinsamen Verstehen.

[16] Helmut Nausner, Aus persönlicher Sicht, in: Silvia Hell/Lothar Lies (Hgg.), (wie Anm. 6), 257-262, 262.

Aber auch dieser hermeneutische Ansatz setzt voraus, dass das Machtgefälle zwischen den Gesprächspartnern abgebaut ist. Eine wirkliche Einheit der Kirche im Sinne der partizipatorischen Koinonia, von der in Canberra 1991 auf der 7. Vollversammlung des Ökumenischen Rates der Kirchen die Rede war, wird es nur geben, wenn die jeweiligen Machtpositionen preisgegeben sind. Diese Einsicht führt fast notwendigerweise zur Forderung nach gegenseitiger Anerkennung, weil das Geltenlassen des Anderen als Anderen die Voraussetzung für die partizipatorische Koinonia abgeben kann. In Canberra 1991 heißt es: „Das Ziel der Suche nach voller Gemeinschaft ist erreicht, wenn alle Kirchen in den anderen die Eine heilige, katholische und apostolische Kirche in ihrer Fülle erkennen können. Diese volle Gemeinschaft wird auf der lokalen wie auf der universalen Ebene in konziliaren Formen des Lebens und Handelns zum Ausdruck kommen. In einer solchen Gemeinschaft sind die Kirchen in allen Bereichen ihres Lebens auf allen Ebenen miteinander verbunden im Bekennen des Glaubens und im Zusammenwirken in Gottesdienst und Zeugnis, Beratung und Handeln." Wenn darüber Einigkeit erreicht wäre, ließe sich überlegen, ob der neutestamentliche Petrusdienst, in welcher Form auch immer, Ausdruck eines solchen universalen Amtes sein könnte. Wenn auch dies zu übereinstimmenden Antworten geführt hat, kann schließlich (aber nicht früher) überlegt werden, ob das historisch gewachsene Papsttum ein sinnvoller Ausdruck dieses Petrusdienstes ist. Nach allem, was heute dazu zu sagen ist, wird die Antwort aus evangelischer Sicht verneint werden müssen. Das hat auch ganz schlicht historische Erfahrungen zum Hintergrund: Auch wenn man sachlich ein „Amt der Einheit" wünscht, empfiehlt sich dafür nicht unbedingt Rom. Historisch gesehen sind von Rom mehr Exkommunikationen als Vereinigungen ausgegangen, weshalb dieses Modell vielleicht als praktisch kontraproduktiv gelten muss. Es scheint in der Diskussion verwirrend, dass alle drei Fragen zugleich behandelt werden. In der logischen Abfolge der Überlegungen wäre mit der ersten der drei Fragen zu beginnen. Allerdings hat auch diese ihre Voraussetzung: Die Einheitsvorstellungen zwischen den Kirchen der ökumenischen Bewegung und dem römisch-katholischen Ökumenismus sind bekanntlich nicht identisch. Freilich gibt es auch innerhalb der ökumenischen Bewegung unterschiedliche Meinungen. Der wesentliche Differenzpunkt liegt in der grundsätzlichen Asymmetrie, die sich aus dem römisch-katholischem Kirchenverständnis ergibt. Solange nicht die volle Anerkennung der Gesprächspartner als Kirchen im vollen Sinn des Wortes möglich ist, wird das Gespräch immer wie auf einer schiefen Ebene ablaufen. D. h., dass allen Beteuerungen des endgültigen Abschieds von der Rückkehrökumene zum Trotz es für Rom ausgemacht scheint, dass die Einheit der Kirchen ohne das Papsttum nicht vorstellbar ist. Es geht also de facto nicht um eine Rückkehr zum Rom Pius' XI., wohl aber u. U. um eine Heimkehr zu einem modifizierten, neuinterpretierten, dialogfähig beschriebenen Papsttum. Als mögliches Modell erscheint ja, dass Rom das Papsttum von allen späteren „Engpässen des Gewordenen" befreit und zurückführt auf das, was es im ersten Jahrtausend war (Ratzinger-Formel). Im Gegenzug quasi zu einer solchen „Reform" des Papsttums könnten die nicht-römisch-katholischen Kirchen zu einer „communio" bereit sein, freilich nicht *sub*, sondern nur *cum Petro*. Das heißt konkret und zuerst: Nicht nur Neuinterpretation und Relektüre der Beschlüsse des I. Vatikanums, sondern vor allem: die volle Anerkennung der anderen Kirchen als Kirchen. Immer wieder kommt der ökumenische Dialog auf diese Forderung zurück, sie wird zur *conditio sine qua non* für die weiteren Schritte auf dem Weg.

IV. Die Diskussion um das Papsttum als Reflex auf die Globalisierung

„Tatsache ist, dass der evangelischen Christenheit schon lange ein wirksamer Sprecher fehlt, der in der Öffentlichkeit wahrgenommen wird. Brauchen die Christen in Zeiten der Globalisierung nicht mehr denn je eine Persönlichkeit, die für sie spricht? Bei allen Vorbehalten, die man gegen Johannes Paul II. haben kann – er hat der römisch katholischen Kirche wieder eine Stimme gegeben. Glaubensthemen finden ein zunehmendes Interesse. Je unsicherer unsere Welt wird, desto größer wird die Suche nach Orientierung." So kommentiert ein deutschsprachiger Journalist die derzeitige Diskussion und kann schließen: „Aus diesem Blickwinkel war für mich das

Gedankenspiel von Landesbischof Friedrich alles andere als eine lutherische Leisetreterei."[17]

Wie dem mit der Leisetreterei auch sein mag: Im Kommentar ist fast alles enthalten an Stichworten, um die jetzige Diskussion in einem ganz anderen Licht als dem rein theologischer Überlegungen und ekklesiologischer Konsensbemühungen erscheinen zu lassen. Es geht auch darum, wie die Kirchen in einer globalisierten Mediengesellschaft ihren Platz finden.

Es ist verschiedentlich schon festgestellt worden, dass die derzeitige Diskussion rund um den Petrusdienst bzw. das Papstamt einen tiefen inneren Zusammenhang verrät mit den allgemeinen Entwicklungen der Globalisierung. Konrad Raiser, der derzeitige Generalsekretär des Ökumenischen Rates der Kirchen in Genf, charakterisiert dabei das Schlagwort von der Globalisierung mit drei grundlegenden Phänomenen:[18]

– Das wachsende Bewusstsein der ökologischen Gefährdung. Gleichzeitig nimmt die Einsicht zu, dass der Mensch verantwortlich ist für die Bewahrung des Lebens auf der Erde.

– Die elektronische Revolution, die bereits jetzt die Formen der Kommunikation, die Produktion und vor allem die Verknüpfung der Finanzmärkte radikal verwandelt hat. Ihre Bedeutung ist für die Zukunft noch gar nicht absehbar. Alle Schul- und Bildungskonzepte gehen aber bereits jetzt davon aus, dass die Menschen im Bereich der Informations- und Kommunikationstechnologien am meisten zu lernen haben werden.

– Das Ende des Kalten Krieges mit seinen vielfältigen Folgen, in denen die gewohnte, vertraute Bipoliarität durch das Aufkommen einer verwirrenden Pluralität ersetzt worden ist.

Im weiteren ist die ambivalente Stellung von Kirchen und ChristInnen zur Globalisierung zu beschreiben: Es ist ohne Zweifel zuzugestehen, dass die Globalisierung in einer gewissen Weise durch die Forcierung von Informations- und Kommunikationstechnologien zu einer stärkeren Verbundenheit der Menschen führt. Damit werden – paradoxerweise! – alte

---

[17] Jürgen Hoeren vom Südwestfunk in „Kirche intern" 05/2001, 23.

[18] Konrad Raiser, Überholt die Globalisierung die ökumenische Entwicklung? EvTh 58 (1998) 92-99, 94.

Visionen der ökumenischen Bewegung aufgenommen. Seit den ökumenischen Konferenzen von Genf 1961 und vor allem Uppsala 1968 wird die Einheit der Kirchen als Mittel und Dienst für eine künftige und anzustrebende Einheit der Menschheit verstanden und beschrieben. Die Einheit der Kirche ist ein „Zeichen der zukünftigen Einheit der Menschheit". Allerdings braucht heute die Vereinheitlichung der Menschheit durch ökonomische Globalisierung den lauten Einspruch der Kirchen. Der Gegensatz zwischen Armen und Reichen nimmt rapide zu, die sozialen und ökologischen Auswirkungen des neoliberalen Wirtschaftens und des globalen Kapitalismus sind offenkundig und stehen diametral dem entgegen, was Kirchen im Konziliaren Prozess für ein Zusammenleben in Gerechtigkeit, Frieden und Bewahrung der Schöpfung gelernt haben.

Von daher ist die ökumenische Bewegung hinsichtlich der Globalisierung in einer ambivalenten Situation. Im Bereich von Religion und Kultur ist die Globalisierung in erster Linie ein Prozess der wachsenden Beschleunigung und vor allem ein Prozess zunehmender Pluralisierung. Die Herausforderung ist bekannt. Wolfgang Huber beschreibt sie so: „Die Globalisierung als wirtschatlich verursachter Prozeß kann nicht mit einer Provinzialisierung des Bewußtseins beantwortet werden. Auch der christliche Glaube, so sehr er sich in der Zugehörigkeit zu einer konkreten Gemeinde mit der Erfahrung lokaler Beheimatung verbindet, hat von seinem Wesen her einen grenzüberschreitenden Zug."[19] Dabei verbinden sich für Huber im Glauben verschiedene Funktionen: Er gibt Antworten auf persönliche Lebensfragen, vermittelt Orientierung in der lokalen Gemeinschaft und lehrt Solidarität über die Grenzen hinaus.

Es ist also die Aufgabe gestellt, durch die ökumenische Bewegung eine Vision anzubieten, die Menschen und Gemeinschaften unter dem Eindruck von Globalisierung und Pluralität einen Sinnhorizont vermittelt. Dazu hat schon die achte Vollversammlung der Ökumenischen Rates der Kirchen 1998 in Harare Stellung genommen:

---

[19] Wolfgang Huber, Kirche in der Zeitenwende, München 1998, 260.

„Die Vision hinter der Globalisierung steht in Konkurrenz zur Vision der Oikumene, der Einheit der Menschheit und der ganzen bewohnten Erde. Die globalisierte Oikumene der Herrschaft bildet einen Gegensatz zur Oikumene des Glaubens und der Solidarität, die die motivierende Kraft und Triebfeder für die ökumenische Bewegung darstellt. Die Logik der Globalisierung muss durch ein alternatives Lebenskonzept der Gemeinschaft in Vielfalt in Frage gestellt werden. Pluralität und Vielfalt innerhalb der ökumenischen Bewegung werden nicht mehr als Hindernis für die Einheit der Kirchen und für ein Überleben der Menschheit angesehen. Die Vielfalt bietet reiche Ressourcen und Optionen für durchführbare Lösungen, wenn die Geschichten, Erfahrungen und Traditionen anderer Menschen anerkannt werden, und einzelne Christen, ökumenische Gruppen und Kirchen gemeinsam nach Alternativen suchen, die das Leben auf der Erde bejahen und erhalten."

Über diese allgemeinen Einsichten hinaus stellt sich die Frage: Was sind die ökumenischen Verpflichtungen am Anfang des 21. Jahrhunderts angesichts von Globalisierung und Pluralität? Da – so Konrad Raiser – ist es naheliegend, weiter zu fragen: „Kann man nicht gemeinsam eine neue Gestalt finden, in der diese unterschiedlichen Ausprägungen christlichen Lebens auf der Weltebene so miteinander ins Gespräch kommen, dass wir uns regelmäßig gemeinsam über das verständigen, was Auftrag des christlichen Zeugnisses in der Welt des 21. Jahrhunderts ist, dass wir also nicht gegeneinander, im Wettbewerb miteinander, sondern in offener Kooperation und im offenen Austausch miteinander arbeiten können?"[20] Konkret meint Raiser hier das Modell des Forums, mit dem der Ökumenische Rat der Kirchen angesichts weiterer Pluralisierungen und Differenzierungen zu einem gemeinsamen Handeln gelangen möchte. Freilich könnte ein solches Forummodell auch ausgeweitet werden auf die Kirchen, die nicht im Ökumenischen Rat integriert sind, nämlich einerseits auf die pfingstlich-charismatischen Kirchen und andererseits auf die römisch-katholische Kirche. Das Forummodell nimmt reali-

---

[20] Konrad Raiser, Provokation kann hilfreich sein, JK 62 (2001) 40-45, 44.

stisch zur Kenntnis, dass keine der bisherigen Organisationsformen von Kirche und auch nicht die bisher erprobten Organisationsformen von Ökumene geeignet sind, in der Zukunft allein bestehen zu bleiben. Raiser ist sehr ernüchternd: „Weder das byzantinische Modell von ökumenischen Reichskonzilien noch das vatikanische Modell der päpstlichen Konzilien oder auch das protestantische Modell demokratischer Synoden bietet bereits eine überzeugende Antwort auf die heute gestellten Zukunftsfragen. In historischer Perspektive läßt sich jedoch feststellen: Die Konziliarität der Kirche hat sich immer wieder neu geformt, aktiviert, regeneriert und gestaltet. Daran weiterzuarbeiten ist die Aufgabe, die der ökumenischen Bewegung heute gestellt ist."[21]

Innerhalb der ökumenischen Bewegung war dieser Gegensatz immer gegeben: auf der einen Seite zum Beispiel die Ökumene der konfessionellen Weltbünde mit ihren Lehrgesprächen und eindrucksvollen – nicht selten auch eindrucksvoll folgenlosen! – Konsensdokumenten (Jürgen Moltmann nennt dies die „direkte" Ökumene), auf der anderen Seite die regional konzentrierte „verortete" Ökumene, in der es viel stärker um soziale, politische und entwicklungspolitische Aufgaben ging und geht (nach Moltmann die „indirekte" Ökumene). Diese beiden waren miteinander schon bisher viel zu wenig verbunden. Deshalb blieben die mühevoll erarbeiteten Dokumente auch merkwürdig gespenstisch, folgenlos, wurden nicht in die Kirchenwirklichkeiten umgesetzt. Und umgekehrt: Kaum in einem Lehrgespräch konnte einfließen, was im Engagement gelernt worden war – auch theologisch! Die direkte Ökumene bleibt ohne die indirekte langweilig und konservativ, weil sie selbstbezogen bleibt, meint Jürgen Moltmann und setzt fort:. „Der Prozeß der kirchlichen Vereinigung muß mit dem Prozeß der kirchlichen Erneuerung verbunden werden, um Gerechtigkeit, Freiheit und Frieden in der Welt zu fördern, denn schließlich hat Christus nicht eine neue Religion gestiftet, sondern neues Leben in die Welt gebracht."[22] In diesem Horizont stellt sich die Frage nach dem glaubwürdigen

---

[21] K. Raiser (wie Anm. 18), 99.
[22] Jürgen Moltmann, Ökumene im Zeitalter der Globalisierungen, EvTh 58 (1998) 262-268, 264.

gemeinsamen Zeugnis und Dienst der Kirchen in der Welt. Im Kontext dieser Herausforderung ist – nach Johannes Dantine – die Frage, unter welchen Bedingungen ein Papstamt etwa auch für Kirchen der Reformation akzeptabel wäre, nur eine Facette.[23]

[23] J. Dantine (wie Anm. 8), 12.

Das Papstamt in orthodoxer Sicht*

Grigorios Larentzakis

Im folgenden kann ich zu diesem Thema nur skizzenhaft einige orthodoxe Bemerkungen machen und eine mögliche Perspektive aus dem Blickwinkel der Orthodoxen Kirche wagen. Daß dieses Thema eine zentrale ökumenische Bedeutung hat, ist für alle selbstverständlich. Bereits Papst Paul Vl. sagte im Jahre 1967: „Wir wissen es wohl: Der Papst ist ohne Zweifel das schwierigste Hindernis auf dem Wege des Ökumenismus."[1] In der Tat sah die Römisch-Katholische Kirche als einzige Möglichkeit zur Wiederherstellung der kirchlichen Gemeinschaft die Rückkehr unter die Jurisdiktion des Papstes. Eine Rückkehr wünschte sich auch Papst Johannes XXIII., wie er in seiner ersten Radiobotschaft am 30. Oktober 1958 u. a. an die Adresse der Orthodoxen gerichtet formulierte.[2] Gab es

---

* Erstveröffentlichung (mit erweiterter Einleitung) in: Silvia Hell/Lothar Lies (Hgg.), Papstamt. Hoffnung, Chance, Ärgernis. Ökumenische Diskussion in einer globalisierten Welt, Innsbruck/Wien 2000, 115-146; wir danken der Verlagsanstalt Tyrolia für die Abdruckgenehmigung.

[1] Ansprache Papst Pauls VI. bei der Jahresversammlung des Sekretariates für die Einheit der Christen (28. April 1967). In: The Secretariat for Promoting Christian Unity. Vatican City. Information Service 2 (1967) 4f. Zu dieser Äußerung des Papstes sagte Ekkart Sauser: „Diese Worte gehören sicher zu den tragischsten Aussprüchen Pauls VI. Sie stellen zugleich die schärfste Selbstkritik dar, die je ein Papst in Richtung Ökumene geübt hat." E. Sauser, So nahe steht uns die Ostkirche. Frankfurt am Main 1980, 84. Vgl. G. Alberigo, Für ein zum Dienst an der Kirche erneuertes Papsttum. In: Concilium 11 (1975) 524 (Endn. 25): „Eine so schwerwiegende Erklärung kann nicht nur eine bloße Zwischenbemerkung sein."

[2] „Wir umarmen die gesamte Kirche des Ostens genauso wie die des Westens mit warmer väterlicher Liebe; und auch jene, die von diesem apostolischen Stuhl getrennt sind, wo Petrus in seinen Nachfolgern, bis zum Ende der Welt' lebt (Mt 28,20) und den Auftrag Christi ausführt, alles auf Erden zu binden und zu lösen (Mt 16,19) und die gesamte Herde des Herrn zu weiden (Job 21,15-17), auch jenen öffnen wir voll Liebe unser Herz und unsere Arme. Wir wünschen glühend ihre Heimkehr in das Haus des gemeinsamen Vaters ... So möge eine Herde und ein Hirt' werden (Job 10,16)." In: Herder-Korrespondenz 13 (1958/59) 115.

jemals eine Zeit, in der auch alle Kirchen des Ostens, also die heutigen Orthodoxen Kirchen, unter der Jurisdiktion des Bischofs von Rom standen, damit von Rückkehr gesprochen werden kann?

Der Hauptadressat, der damalige Ökumenische Patriarch Athenagoras von Konstantinopel, antwortete darauf in einer bedeutenden Neujahrs-Botschaft am 1.1.1959. Er begrüßte den Aufruf zur Einheit und schlug eine Begegnung vor im „Geiste der Gleichheit, Gerechtigkeit, geistlichen Freiheit und gegenseitiger Achtung".[3] Also keine Rückkehr, keine Unterordnung unter einen „Oberhirten" der Gesamtkirche, sondern Dialog und Begegnung.[4] Das Jahr 1959 und diese Botschaft des Patriarchen Athenagoras betrachte ich als den Beginn des „Neuen Klimas".Am 17. März 1959 schickte der Patriarch den früheren Erzbischof von Amerika Jakobos nach Rom zu Papst Johannes XXIII.[5]

Bei diesem Besuch erwähnte der Erzbischof den Wunsch des Patriarchen Athenagoras, „daß die Aufforderung zur Rückkehr nicht wiederholt werden muß". Papst Johannes XXIII. antwortete darauf: „Wenn die Parole der französischen Revolution: Freiheit, Gleichheit, Brüderlichkeit, nicht die Oberhand gewinnt, wird weder Friede zwischen den Nationen noch Einheit zwischen den Kirchen erreicht werden. Sagen Sie es dem Patriarchen. Vergewissern Sie ihn meiner Dankbarkeit und meiner brüderlichen Liebe."[6] Diese Initiative des Ökumenischen Patriarchen Athenagoras und seine deutliche Sprache bewirkten die Änderung der Auffassung des mutigen Papstes Johannes XXIII. Nun befinden sich u. a. auch unsere Kirchen, die Römisch-Katholische und die Orthodoxe seit

[3] G. Larentzakis, Die Neujahrsbotschaft von 1959 des Ökumenischen Patriarchen Athenagoras I. In: Ostkirchliche Studien 21 (1972) 187-197.

[4] „Dieser Vorschlag war für Rom so unerhört neu, ja so unvorstellbar, daß er zunächst gar nicht registriert wurde." I. Totzke, Der Ökumenische Patriarch. In: Una Sancta 19 (1964) 96.

[5] Es war der erste Besuch eines Vertreters des ökumenischen Patriarchen nach dem Jahr 1547 im Vatikan, als Papst Paul III. den Vertreter des Ökumenischen Patriarchen Dionysios II., den Metropolit von Käsarea Metrophanes empfing.

[6] Das Gespräch in: A. Panotis, Παῦλος Στ'-'Αθηναγόρας Α' Εἰρηνοποιοί. Athen 1971, 42.

1979/1980 im offiziellen Theologischen Dialog.[7] Die volle kirchliche und sakramentale Gemeinschaft beider Kirchen ist das erklärte Ziel als ein Beitrag für die Wiederherstellung der Einheit aller Kirchen und für den Frieden zwischen den Völkern.[8] Das Papstdogma bleibt nach wie vor das schwierigste Problem. Seine Formulierungen beim I. Vatikanum wie auch beim II. Vatikanum sind bekannt. Damit müssen wir uns im Ökumenischen Dialog befassen, um eine gemeinsame, für alle akzeptable Lösung zu finden. Dies forderte ja bis jetzt vier Mal auch Papst Johannes Paul II.[9]

Dieses Thema hat sehr viele Aspekte und Dimensionen: biblische, historische, dogmengeschichtliche, auch konziliengeschichtliche, also zunächst eine Dimension, die auf alle Fälle das erste Jahrtausend betrifft, dann auch eine systematisch-dogmatische im Bereich des Bischofsamtes (Verhältnis der Bischöfe bzw. des Bischofskollegiums zum Papst), der Ekklesiologie (Verhältnis der Universal- und Orts- bzw. Regio-

---

[7] Mehr darüber siehe G. Larentzakis, 10 Jahre offizieller Dialog zwischen orthodoxer und katholischer Kirche – Eine Bilanz. In: Pro Oriente Band XVI. In verbo autem tuo. Die Ökumene unter Kardinal Groër. Hg. A. Stirnemann und G. Wilflinger. Innsbruck/Wien 1994, 46-77.

[8] Die gesamte Dokumentation des Besuches des Papstes Johannes Paul II. in Konstantinopel siehe G. Larentzakis/J. Greifeneder, Der Besuch des Papstes Johannes Paul II. beim Ökumenischen Patriarchen Dimitrios I. (29.-30. November 1979). In: Ostkirchliche Studien 29 (1980) 165-190.

[9] Dies sagte er beim Besuch des früheren Ökumenischen Patriarchen Dimitrios in Rom im Jahre 1987, bei seinem Besuch in Österreich in der Evangelischen Christuskirche in Salzburg beim Ökumenischen Gottesdienst 1988, in seiner Ökumene-Enzyklika „Ut unum sint" (Nr. 95) von 1995. Dem Papst ist allerdings auch bewußt, daß es sich dabei um keine leichte Arbeit handelt. In der genannten Enzyklika sagte er: „Eine ungeheure Aufgabe, die wir nicht zurückweisen können und die ich allein nicht zu Ende bringen kann. Könnte die zwischen uns allen bereits real bestehende, wenn auch unvollkommene Gemeinschaft nicht die kirchlichen Verantwortlichen und ihre Theologen dazu veranlassen, über dieses Thema mit mir einen brüderlichen, geduldigen Dialog aufzunehmen, bei dem wir jenseits fruchtloser Polemiken einander anhören könnten, wobei wir einzig und allein den Willen Christi für seine Kirche im Sinne haben und uns von seinem Gebetsruf durchdringen lassen: ... sollen auch sie eins sein, damit die Welt glaubt, daß du mich gesandt hast (Joh 17, 21)?" (Nr. 96) Auch bei seinem Besuch am Sinai im Februar 2000 wiederholte er seinen Willen dazu. In: J. Schidelko, Der Papst auf dem Sinai. Biblische Spurenfolge und ökumenische Anstöße. In: KNA-ÖI 10/11 (29. Februar 2000) 4.

nalkirche), der Soteriologie (ist Heil nur in einer Kirche unter dem Bischof von Rom möglich?) usw. Bei einem historischen Rückblick wird deutlich, was die Orthodoxe Kirche zum Papstamt beiträgt.[10] Über die große Bedeutung des ersten Jahrtausends sprachen Papst Paul VI. mit dem Patriarchen Athenagoras[11] und Papst Johannes Paul II. in seiner Ökumene-Enzyklika „Ut unum sint". Auch der jetzige Kardinal und Präfekt der Glaubenskongregation Joseph Kardinal Ratzinger sagte: „Rom muß vom Osten nicht mehr an Primatslehre fordern, als auch im ersten Jahrtausend formuliert und gelebt wurde."[12] Auch Bischof Walter Kasper betonte in Graz diese Bedeutung des ersten Jahrtausends.[13] Wie war aber dieses erste gemeinsame Jahrtausend der Kirche wirklich? Wie wurde das Petrus-

---

[10] W. de Vries sagte: „Die Struktur (der Kirche) mag in gewissem Umfang wandelbar sein. Aber ich kann mir nicht denken, daß wesentliche Elemente dieser Struktur erst tausend Jahre, nachdem Christus seine Kirche gründete, völlig neu auftauchen. Die ersten Jahrhunderte, das erste Jahrtausend sind für die Lösung unserer Frage von entscheidender Bedeutung". W. de Vries, Die Kollegialität auf Synoden des ersten Jahrtausends. In: Orientierung 33 (1969) 243.

[11] „Indem sie diese Geste vollziehen, hoffen sie, daß diese Gott gefalle ... und daß sie von der ganzen christlichen Welt, vor allem aber von der gesamten Römisch-Katholischen und Orthodoxen Kirche gewürdigt werde als Ausdruck eines ehrlichen beidseitigen Willens zur Versöhnung und als Einladung, im Geist des Vertrauens, der gegenseitigen Achtung und Liebe den Dialog fortzusetzen, der sie mit der Hilfe Gottes dahin bringen wird, zum größeren Heil der Seelen und zum Anbruch des Reiches Gottes von neuem in der vollen Gemeinschaft des Glaubens, der brüderlichen Eintracht und des sakramentalen Lebens zu leben, wie sie im Lauf des ersten Jahrtausends des Lebens der Kirche zwischen ihnen bestand." Tomos Agapis, Nr. 127. W. de Vries, Auf dem Weg zur Einheit des Glaubens. Hg. Pro Oriente. Innsbruck 1976, 88 versichert: „Wir wollen nicht eine Rückkehr ins Vaterhaus, sondern die Union, die Wiederherstellung der Einheit des ersten Jahrtausends."

[12] J. Ratzinger, Prognosen für die Zukunft des Ökumenismus. In: Ökumenisches Forum 1 (1977) 36-37.

[13] Walter Kasper sagte, daß der vom Papst Johannes Paul II. gewünschte „ökumenische Dialog" nur dann sinnvoll geführt werden kann, wenn er zu einer neuen geschichtlichen Gestaltwerdung des Petrusamtes führt, die vermutlich der Gestalt, welche es im ersten Jahrtausend hatte, nahekommen bzw. sie in einer den gewandelten Zeit- und Kirchenverhältnissen entsprechenden Weise erneuern wird. Zur Theologie und Praxis des bischöflichen Amtes. In: Bischofsbestellung. Mitwirkung der Ortskirche? Hg. B. Körner, M. Aigner, G. Eichberger. Mit einer kommentierten Bibliographie zum Thema Demokratie in der Kirche von P. Inhoffen und M. Hölzl. Graz 2000, 31f.

amt bzw. das Papstamt damals verstanden und konsequenterweise praktiziert? Was sagen uns die Hl. Schrift, die Kirchenväter und die Praxis der Ökumenischen Konzilien? Hat man an den Papst als eine kirchenrechtliche Appellationsinstanz wirklich appelliert? Hat der Papst interveniert, als die höchste „richterliche Instanz"?

Eines muß auf alle Fälle festgestellt werden: Die Dogmatisierungen der Papstfrage im Ersten und Zweiten Vatikanum haben die Auffassung über den Bischof von Rom des ersten Jahrtausends nicht nur graduell weiterentwickelt. Dies geschah bereits um die Wende zum 11. Jahrhundert mit der Reformbewegung von Cluny. Aus konkreten Gründen wurden durch die damaligen Reformatoren die Macht und der Einfluß des Papstes erhöht. Franz Dvornik schreibt, daß damals schon tatsächlich in der römischen Kirche etwas Neues passiert ist, das mit der Tradition der Kirche nicht übereinstimmte.[14]

1. Katholische Neuinterpretationen der Quellen; ost-westliche Annäherung?

Zum biblischen Befund schreibt Bischof Walter Kasper, daß „Primat und Unfehlbarkeit des Papstes aus der Schrift und der frühen Tradition mit den Mitteln heutiger historisch-kritischer Methode nicht direkt abgeleitet werden können".[15] Bei dieser Auffassung kann heute, so glaube ich, deutlich eine gewisse Annäherung zwischen den theologischen Positionen un-

---

[14] F. Dvornik, Byzanz und der römische Primat. Stuttgart 1966, 159f: „Die Pamphlete und Briefe (des Kardinals) Humbert brachten den Byzantinern zum ersten Male die Grundsätze der Reformbewegung zur Kenntnis. Bisher hatten sie sich keinerlei Vorstellung von den Wandlungen machen können; die in der Mentalität der römischen Kirche vor sich gegangen waren. Offen gesagt: Sie begriffen sie nicht ... so müssen wir anerkennen, daß die Ausdehnung der absoluten und direkten Autorität des Papstes über alle Bischöfe und Gläubigen, wie die Reformatoren sie predigten, für die byzantinische Mentalität im Widerspruch zu der Tradition stand, die Byzanz vertraut war. Diese Ausdehnung führte zur Aufhebung der Autonomie seiner Kirchen."

[15] W. Kasper in: Theol. Quartalschrift 162 (1982) 65. Vgl. J. B. Bauer, Primat des Papstes. In: Die heißen Eisen in der Kirche. Hg. J. B. Bauer. Graz/Wien/Köln 1997, 212.

serer Kirchen festgestellt werden.[16] Ähnliches gilt auch für die Patristik. Es seien hier z. B. genannt: der 1. Klemensbrief[17], der hl. Ignatius von Antiochien mit seinem „προκαθημένη τῆς ἀγάπης“, „Vorsitzender in der Liebe“[18], und der hl. Irenäus von Lyon mit seiner viel zitierten und viel diskutierten, ja viel umstrittenen Stelle Adversus Haereses III, 3,2. Dabei wurde eine erfreuliche Annäherung erzielt.[19] Zu ähnlichen Ergebnissen kommen viele römisch-katholische Theologen, wie z. B. N. Brox, J. B. Bauer[20], J. McCue[21],

---

[16] H. Häring, Unfehlbarkeit. In: J.B. Bauer (Hg.), Die heißen Eisen von A bis Z. Ein aktuelles Lexikon für den Christen. Graz 1972, 368-375, besonders 371f.

[17] Zum bekannten 1. Klemensbrief an die Korinther (um 96) bemerkt B. Altaner: „Die besonders in Handbüchern der Dogmatik und Apologetik übliche Benützung des Clemensbriefes im Dienste des Primatsdogmas ist selten frei von übertreibenden und darum unhistorischen Behauptungen, die der Entwicklung der Lehre vom päpstlichen Primat vorauseilen.“ B. Altaner, Der 1. Clemensbrief und der römische Primat. In: B. Altaner, Kleine patristische Schriften. Hg. G. Glockmann. Berlin 1967, 538. H. R. Drobner schreibt in seinem Lehrbuch der Patrologie: „Mit Sicherheit kann aber nicht von einem ersten Zeugnis römischen Primatsanspruchs die Rede sein, da dazu noch sowohl der monarchische Episkopat, als auch die erforderliche Jurisdiktion fehlte.“ H. R. Drobner, Lehrbuch der Patrologie. Freiburg/Basel/Wien 1994, 40.

[18] Selbst L. Scheffczyck (Das Unwandelbare. In: Petrusamt. Berlin 1971, 51) sagt zu dieser Stelle: „Eine hohe Wertschätzung der römischen Christengemeinde läßt sich weiter an dem Brief des Ignatius von Antiochien († um 117) an die Römer ablesen, wenn er dieser Gemeinde in einer freilich nicht ganz eindeutigen Formulierung, den Vorsitz in der Liebe' (Röm 3,1) einräumt, was aber nicht juridisch verstanden werden kann.“

[19] Mehr darüber siehe: G. Larentzakis, ‛Η 'Εκκλησία Ρώμης καί ὁ ἐπίσκοπος αὐτῆς. Συμβολή εἰς τήν ἔ ρευναν τῶν σχέσεων 'Ανατολῆς καί Δύσεως βάσει πηγῶν (Εἰρηναῖος, Βασίλειος, Χρυσόστομος), 'Ανάλεκτα Βλατάδων 45. Thessaloniki 1983. N. Brox stellt eine grundsätzliche Einstellung klar und macht paradigmatisch an dieser Irenäus-Stelle eine fundamentale Aussage: „Wenn Aussagen aus dem Zusammenhang dieser Apostelträditionen des 1. und 2. Jahrhunderts in die Geschichte des römischen Primats unmittelbar als Dokumente für dessen Vorhandensein eingeordnet werden, dann ist das ein nicht nur methodisch heikler, sondern auch inhaltlich, d. h. ekklesiologiegeschichtlich irreführender Vorgriff. Ich mache das an einem Beispiel klar, an dem auch die Misere der diesbezüglichen Quellenbehandlung in der Forschung illustriert werden könnte.“ N. Brox, Probleme einer Frühdatierung des römischen Primates. In: Kairos 18 (1976) 90.

[20] J. B. Bauer, Das Verständnis der Tradition in der Patristik. In: Kairos 20 (1978) 204.

[21] J. McCue, Der römische Primat in den drei ersten Jahrhunderten. In: Concilium 7 (1971) 247.

R. Eno[22], H. J. Pottmeyer[23], W. de. Vries[24], P. Stockmeier[25] und W. Kasper. Letzterer sagt deutlich: „Das alles sind beileibe noch keine Primatsansprüche im späteren Sinn."[26] Orthodoxe Theologen haben sich eigentlich immer so geäußert wie die neuere Forschung innerhalb der römisch-katholischen Theologie. Um nur einige Namen zu nennen: Ham. Alivisatos[27], Dimitrios Balanos[28], Panagiotis Trempelas[29], Johannes Anastasiou[30], Panajiotis Christou[31], Athanasios Jevtic[32], Johannes Meyendorf[33], Georg Mantzaridis[34], Metr. Damaskinos Papandreou[35] u. a. Zu der Reihe der Kirchenväter, die für das Papsttum herangezogen wurden, gehört auch der hl. Basilius und

---

[22] R. Eno, Bewahrung und Interpretation. In: Concilium 12 (1976) 417f.

[23] H. J. Pottmeyer, Unfehlbarkeit und Souveränität. Die päpstliche Unfehlbarkeit im System der ultramontanen Ekklesiologie des 19. Jahrhunderts (Tübinger Theologische Studien 5). Mainz 1975, 355.

[24] W. de Vries, Die Entwicklung des Primats in den ersten drei Jahrhunderten. In: Papsttum als ökumenische Frage. Hg. v. der Arbeitsgemeinschaft ökumenischer Universitätsinstitute. München/Mainz 1979, 124.

[25] P. Stockmeier, Das Petrusamt in der frühen Kirche. In: Zum Thema Petrusamt und Papsttum. Hg. G. Denzler. Stuttgart 1970, 65f.

[26] W. Kasper, Bleibendes und Veränderliches im Petrusamt. In: Concilium 11 (1975) 527.

[27] H. Alivisatos, Ἡ σημασία τοῦ ἐπισκοπικοῦ ἀξιώματος κατὰ τὸν Εἰρηναῖον. In: Νέα Σιών 10 (1910) 336-355.

[28] D. Balanos, Patrología. Athen 1930, 115.

[29] R. Trempelas, Δογματική τῆς Ὀρθοδόξου Καθολικῆς. Ἐκκλησίας Bd. 2. Athen 1959, 398f. Ders., Περί τό πρωτεῖον τοῦ Επισκόπου Ρώμης.
Athen 1965, 9.

[30] J. Anastasiou, Αἱ πρό τῆς Συνόδου τῆς Νικαίας ἀντιλήψεις περὶ τοῦ Ἀξιώματος τοῦ Ἀποστόλου Πέτρου. In: ΕΕΘΣΠ Thessaloniki 17 (1972) 30.

[31] P. Christou, Εἰρηνῖος. In: ΘΗΕ 429.

[32] A. Jevtic, Ἐκκλησία, Ὀρθοδοξία καὶ Εὐχαριστία παρά τῷ Ἁγίῳ Εἰρηναίω. In: ΚΛΗΡΟΝΟΜΙΑ 3 (1971) 222f, bes. 222, Anm. 4.

[33] J. Meyendorf, Die Lehrautorität in der Tradition der Orthodoxen Kirche. In: Concilium 12 (1976) 427.

[34] G. Mantzaridis, Das Prinzip der Kircheneinheit nach den Kirchenvätern bis zum 3. Jahrhundert. In: Ökumene, Konzil, Unfehlbarkeit. Hg. v. Pro Oriente. Innsbruck/Wien/München 1979, 117-129.

[35] Metr. D. Papandreou, Bleibendes und Veränderliches im Petrusamt. Überlegungen aus orthodoxer Sicht. In: Dienst an der Einheit. Zum Wesen und Auftrag des Petrusamtes. Hg. J. Ratzinger. Düsseldorf 1978, 149.

zwar so, daß er sogar „Rom als höchstes Gericht anerkannt hätte".[36] Mit dieser Frage habe ich mich eingehend befaßt[37] und kann eine Annäherung der römisch-katholischen und der orthodoxen Auffassung feststellen, so daß heute nicht behauptet werden kann, der hl. Basilius sei ein Zeuge für die Definition des Papstdogmas. Im Gegenteil.[38]

Auch der hl. Johannes Chrysostomos hat nach seiner Verurteilung nicht an den Papst Innozenz I. appelliert, wie behauptet wird.[39] Neuere römisch-katholische Theologen stellen fest, daß durch die Schreiben von J. Chrysostomos „an Papst Innozenz I. nicht die Anerkennung des Papstes als oberste Appellationsinstanz herausgelesen werden kann".[40] In der letzten Ausgabe der Patrologie Altaners von A. Stuiber ist zu lesen: „Nirgends ist bei Johannes eine klare, unzweideutige Anerkennung des römischen Primats zu finden."[41] Vergleicht man nun mit diesen neueren Interpretationen des Johannes Chrysostomos auch die orthodoxen, die eigentlich immer gleich geblieben sind, von Chrysostomos Papadopoulos[42], Konstantin

---

[36] P. P. Iohannou, Die Ostkirche und die Kathedra Petri (Päpste und Papsttum 3). Stuttgart 1972, 15.

[37] Larentzakis: Ἡ Ἐκκλησία Ρώμης καί ὁ ἐπίσκοπος αὐτῆς (s. Anm. 19) 69ff.

[38] Vgl. G. Larentzakis, Die Notwendigkeit der Zusammenarbeit der Bischöfe des Ostens und des Westens nach dem Hl. Basilius. In: Ἀναφορά εἰς μνήμην Μητροπολίτου Σάρδεων Μαξίμου 1914-1986. Bd. 3. Hg. v. Orthodoxen Metropolit der Schweiz und der Stiftung für die christliche Einheit Atef Danial. Genf 1989, 273ff.

[39] G. Rauschen, Grundriß der Patrologie mit besonderer Berücksichtigung des Lehrgehalts der Väterschriften. Hg. J. Wittig. Freiburg im Br. [7]1921, 6f. A. Thiermeyer in: K. Gamber, Orientierung an der Orthodoxie. Die Tradition der Ostkirche als Richtschnur in Liturgie und Verkündigung. Regensburg 1981, 24. 189.

[40] G. Rauschen, Patrologie, die Schriften der Kirchenväter und Ihr Lehrgehalt. Hg. B. Altaner. Freiburg i. Breisgau [11]1931, 257. Vgl. Chr. Baur, Der hl. Johannes Chrysostomos und seine Zeit. Bd. 1. München 1929, 291.

[41] B. Altaner-Stuiber, Patrologie, Leben, Schriften und Lehre der Kirchenväter. Freiburg i. Breisgau [8]1978, 330.

[42] Chr. Papadopoulos, Τό πρωτεῖον τοῦ Ἐπισκόπου Ρώμης. Athen [2]1964, 30f. Ders., Σχέσις τοῦ Ἰωάννου τοῦ Χρυσοστόμου πρός τήν Ρώμην. In: Νέα Σιών 3 (1906) 225f. u. a.

Mouratidis[43], Johannes Karmiris[44], Pan. Trempelas[45] bis zu Grigorios Pitsiounis[46], muß man feststellen, daß dieser Kirchenvater der gesamten Christenheit nicht als Zeuge für die später entwickelte Lehre des Papsttums gewonnen werden kann.[47] Papst Innozenz I. hat sich wirklich und intensiv für Johannes Chrysostomos eingesetzt. Leider ist es ihm nicht gelungen, ihn zu rehabilitieren.[48] Außerdem hat Johannes Chrysostomos den gleichen Brief an drei Bischöfe des Westens geschickt.

Die Beispiele aus der Patristik, die hier erwähnt wurden[49], zeigen deutlich, daß diese Zeugnisse heute, aufgrund von neueren Forschungen, nicht mehr ohne Widerstand auch innerhalb der Römisch-Katholischen Kirche dafür verwendet

---

[43] K. Mouratidis, 'Απεδέχετο ὁ ἱερός Χρυσόστομος τό Παπικόν πρωτεῖον. Athen 1959. Ders., 'Η Οὐσία καὶ τό πολίτευμα τῆς 'Εκκλησίας κατὰ τήν διδασκαλίαν 'Ιωάννου τοῦ Χρυσοστόμου. Athen 1958 u. a.

[44] J. Karmiris, 'Η 'Εκκλησιολογία τῶν τριῶν 'Ιεραρχῶν. Athen 1962, 138f u. a.

[45] Trempelas, Περί τό πρωτεῖον (s. Anm. 29) 21. 26. 79f.

[46] G. Pitsiounis, Johannes Chrysostomos über den Vorrang des Bischofs von Rom. In: Philoxenia. FS B. Kötting. Hg. A. Kallis. Münster 1980, 247-258.

[47] J. Korbacher, Außerhalb der Kirche kein Heil? Eine dogmengeschichtliche Untersuchung über Kirche und Kirchenzugehörigkeit bei Johannes Chrysostomos. München 1963, 77: „Den Primat des Papstes hingegen hatte er (d. h. Johannes Chrysostomos) zwar wahrscheinlich irgendwie im Bewußtsein, sprach ihn aber nirgends deutlich aus." Von dieser Hypothese kommt er aber zu einer festen, positiven Aussage: „Es dürfte feststehen, daß er (Chrysostomos) Petrus einen Rechtsprimat über die Gesamtkirche zuerkannte" (ebd).

[48] K. Baus, Die Reichskirche nach Konstantin dem Großen. In: Handbuch der Kirchengeschichte, Bd. II/l. Hg. H. Jedin. Freiburg i. Breisgau. 1973, 267: „... die Behandlung der von Papst (Innozenz) und Kaiser entsandten Delegation nach Konstantinopel – sie wurde schon auf der Anreise von östlichen Beamten respektlos behandelt, beim Kaiser nicht vorgelassen und gewaltsam nach Italien zurückbefördert – zeigte deutlich die Grenzen auf, die einem Bischof von Rom im ostkirchlichen Bereich gesetzt waren. Der Versuch des Papstes, in einem ostkirchlichen Konflikt eine eigenständige Initiative zu entfalten, schlägt fehl; er begegnet ernsten Schwierigkeiten bei den führenden Bischöfen des Ostens (Alexandrien und Antiochien) ... So blieb Innozenz nur der formale Protest und das ihn ehrende Festhalten an der Kirchengemeinschaft mit Chrysostomos."

[49] Mehr Stimmen aus der Patristik siehe: E. Theodorou, Der Päpstliche Primat aus der Sicht der orthodoxen Tradition. In: Θεολογία 62 (1991) 286-293. 427-444.

werden können. Auch die viel zitierten Interventionen des Papstes im Osten bzw. für die Gesamtkirche als ihre höchste Instanz in Sachen des Glaubens und der Sitten haben nicht stattgefunden.

2. Die gemeinsamen Konzilien des ersten Jahrtausends, der Papst und der Kaiser

Die Untersuchungen von orthodoxen, wie auch von vielen römisch-katholischen Theologen zeigen ganz klar, daß die Ökumenischen Konzilien über jedem einzelnen Bischof und Patriarchen und Papst standen und daß sie sowohl für die Einberufung als auch für die Beschlußfassung nicht der Zustimmung bzw. auch nicht der formal juridisch verstandenen Bestätigung des Papstes bedurften. Es war auch allen klar, daß Päpste und Patriarchen unter dem Urteil der Konzilien standen und daß Patriarchen und Päpste von Ökumenischen Konzilien beurteilt und auch der eine oder andere als Häretiker verurteilt wurden. Diesbezüglich gibt es historische Fakten aus der Geschichte der gemeinsamen Ökumenischen Konzilien des ersten Jahrtausends, die zugänglich sind.

Persönlich haben die Päpste die Einberufung der Konzilien durch den Kaiser normal akzeptiert, genauso wie die anderen Bischöfe und Patriarchen der Gesamtkirche, und sie haben ihre Legaten zu diesen Konzilien geschickt, zu denen sie eingeladen wurden, denn es war eine Reichskirche im Osten und im Westen. Diese und andere Handlungen der Kaiser waren keine ostkirchliche, „byzantinische" Angelegenheit, wie immer wieder im Westen behauptet wird. Es ist unhistorisch, wenn behauptet wird: Es war eine Reichskirche im Osten und eine Papstkirche im Westen (!) mit getrennten unterschiedlichen Strukturen. Die Konzilien haben auch ohne die Anwesenheit von Päpsten bzw. ihren Delegierten gehandelt und ohne die Mitwirkung von Päpsten Beschlüsse gefaßt. Die Meinung: Das Kollegium darf, kann nie ohne den Papst handeln, ist eine spätere, innerhalb der Römisch-Katholischen Kirche entwickelte, einseitige Auffassung.

Auch Papst Leo hat sich, trotz seiner Ansprüche, letztendlich den Kaisern und den Konzilien gegenüber gleich verhalten wie die anderen Kirchenoberhäupter. Das Vierte Ökumenische Konzil von Chalzedon (451) wird von den Apologeten des Papsttums sehr intensiv zur Unterstützung ihrer Auffassung über den Primat, vor allem aber über die Unfehlbarkeit des Papstes herangezogen. Die genauere Untersuchung der Struktur der Kirche gemäß diesem Konzil hat doch ein anderes Bild ergeben, das auch für uns heute hilfreich sein kann.[50] Was die Rolle des Papstes in Sachen des Glaubens betrifft, wird immer wieder die Akklamation der Synodalen von Chalzedon zitiert: „Petrus hat durch Leo gesprochen", um dann zu sagen, daß das Konzil die Lehrautorität des Papstes gelehrt hat. Es wird dabei aber nicht erwähnt, daß die Synodalen von Chalzedon den Tomos Leonis überprüften und, nachdem sie ihn für rechtgläubig befunden hatten, diese Akklamation machten. Das Konzil hat sich für befugt gehalten, auch die Auffassungen eines Papstes zu prüfen. Das Konzil hat außerdem einen neuen Text durch eine Kommission verfassen lassen, was den päpstlichen Legaten auch nicht gefallen hat. Beim endgültigen Text der dogmatischen Definition des Konzils von Chalzedon überwiegt der Einfluß des Cyrill von Alexandrien. Neuere Forschungen haben dies eindeutig nachgewiesen[51], im Unterschied zu manch tendenziösen Interpretationen, und Darstellungen, die in dieser Definition einen Triumph des Papstes Leo gesehen haben.[52] „Dementsprechend bedeutsam sind die Forschungsergebnisse von Halleux, Martzelos, Grillmeier und anderen, die belegen, daß die Definitio Chalcedonensis vor allem cyrillianisch (mit einem leonischen Kurz-Einschub) ist", wie Dietmar Winkler in seiner lesenswerten Dissertation feststellt.[53] „Entscheidend für die Interpretation der Akklamation ‚Petrus hat durch Leo gesprochen' ist – schreibt W. de Vries – die Art und Weise, wie das Konzil mit

---

[50] Dazu W. deVries, Die Struktur der Kirche gemäß dem Konzil von Chalcedon. In: Orientalia Christiana Periodica 35 (1969) 63-115.

[51] Vgl. D. W. Winkler, Koptische Kirche und Reichskirche. Altes Schisma und neuer Dialog. Innsbruck/Wien 1997, 85f.

[52] H. R. Drobner, Lehrbuch der Patrologie. Freiburg/Basel/Wien 1994, 389.

[53] Winkler, Koptische Kirche (s. Anm. 51) 86. Vgl. G. Martzelos, Γένεση καί πηγές τοῦ ὅρου τῆς Χαλκηδόνας. Συμβολή στήν ἱστορικοδογματική διερεύνηση τοῦ ὅρου τῆς Δ' Οἰκουμενικῆς Συνόδου. Thessaloniki 1986.

dem Tomus Leonis verfährt. Tatsächlich ist die Art des Vorgehens der Synode nicht vereinbar mit der Annahme, es habe die absolute Lehrautorität Leos anerkannt ... Der Tomus Leonis wird also formell zur Diskussion gestellt. Das Konzil urteilt aufgrund seiner eigenen Autorität darüber, ob Übereinstimmung besteht zwischen den alten anerkannten Lehrautoritäten und dem Brief Leos. Für das Konzil ist also die Lehräußerung Leos nicht eine aufgrund der Lehrautorität des Papstes aus sich selbst schon unbedingt gültige und unanfechtbare Wahrheit, wie dies der Fall sein müßte, wenn Leo im Namen und in der Autorität des Petrus gesprochen hätte ... Nirgendwo wird zur Begründung der Annahme des Tomus auf eine etwaige unbedingte Lehrautorität Leos verwiesen. Dem Brief Leos kommt nach Auffassung des Konzils Autorität nur zu, insofern er von der Synode angenommen wurde."[54] In Sachen des Glaubens wollte aber Papst Leo intervenieren und den Fall als entschieden betrachten, was auch seine Legaten immer wieder beim Konzil versucht haben, allerdings ohne Erfolg. Wilhelm de Vries dazu: „Es ist klar, daß sich Leo mit seiner fundamentalen Forderung auf diskussionslose Annahme seines Tomus nicht durchsetzte."[55]

Sehen wir aber auch, was mit der Disziplin auch in der strukturellen Frage im Zusammenhang mit diesem 4. Ökumenischen Konzil geschehen ist. Schon für die Einberufung dieses Konzils gab es große Differenzen. Kaiser Markianos hat am 17. Mai 451 das Konzil einberufen, weil er es für die Lösung der dogmatisch-kirchlichen Probleme für nötig hielt. Papst Leo war aber anderer Meinung und schrieb an den Kaiser schon am 23. April, daß er ein Konzil für überflüssig halte. Diesen Brief hatte aber der Kaiser am 17. Mai noch nicht erhalten. Deshalb schrieb Papst Leo noch einen Brief an den Kaiser am 9. Juni 451, worin er sich noch deutlicher gegen den Konzilsplan äußerte. Schließlich mußte aber der Papst nachgeben.[56] Er schickte dann auch seine Legaten zum Konzil, in der Annahme, daß allein durch sein Schreiben, den Tomus

---

[54] W. de Vries, Die Struktur der Kirche gemäß dem Konzil von Chalcedon (s. Anm. 50) 103f.
[55] Ebd. 73.
[56] Ebd. 65.

Leonis, selbstverständlich alle anstehenden Fragen von den Synodalen für gelöst betrachtet würden. Das Konzil handelte aber anders.

Den Vorsitz beim 4. Ökumenischen Konzil führten nicht die Legaten des Papstes, obwohl er dies gefordert hatte, sondern außer der dritten Sitzung, der Patriarch von Konstantinopel Anatolios und die kaiserlichen Kommissare. Auch die Abklärung der Richtigkeit des Osterfestdatums für das Jahr 455 ist charakteristisch. Rom hielt den 17. April für richtig, Alexandrien hingegen den 24. April. Papst Leo ersuchte den Kaiser Markian um Intervention beim Bischof von Alexandrien Proterios, der schließlich auf die Richtigkeit des Datums von Alexandrien bestand. Dies schrieb Proterios auch an Papst Leo, der schließlich das alexandrinische Datum übernahm und sich beim Kaiser Markian bedankte. Warum hat sich also Papst Leo an den Kaiser gewandt und ihn immer wieder ersucht, sobald er von Alexandrien eine Antwort habe, möge er ihn doch sofort informieren?[57] Beim 5. Ökumenischen Konzil von Konstantinopel (553) haben wir den Fall, daß das Konzil „ohne und gegen den Papst (Vigilius) getagt und ihn praktisch exkommuniziert hat".[58] Seine Nachfolger akzeptieren auch dieses Konzil bis heute als Ökumenisches Konzil. Fast tausend Jahre lang wurde diese synodal-konziliare Praxis in der Gesamtkirche des Ostens und des Westens praktiziert.[59]

---

[57] Mehr dazu siehe in: G. Larentzakis, Das Osterfestdatum nach dem 1. Ökumenischen Konzil von Nikaia (325). Die Rolle von Alexandrien und Rom. In: ZKTh 101 (1979) 67-78.

[58] W. de Vries, Das zweite Konzil von Konstantinopel (553) und das Lehramt von Papst und Kirche. In: Orientalia Christiana Periodica 38 (1972) 332.

[59] Vgl. G. Larentzakis, Die Relevanz der kirchlichen Ost-West-Beziehungen für Europa: Gestern – Heute – Morgen. In: Das Europa-Verständnis im orthodoxen Südosteuropa (Grazer Theologische Studien 21). Hg. G. Larentzakis/H. Heppner. Graz 1996, 49-77.

3. Polyzentrische, föderative kirchliche Struktur der Patriarchate der Gesamtkirche des Ostens und des Westens im ersten Jahrtausend und die Ökumenischen Konzilien

Verwaltungsmäßig wurden von den Ökumenischen Konzilien die selbständigen Schwesterkirchen anerkannt und bestätigt, die dann als Patriarchate bekannt sind. Beim Ersten Ökumenischen Konzil von Nizäa (325) werden durch Kanon 6 die ersten drei, Rom, Alexandrien und Antiochien, bestätigt. Durch den 3. Kanon des Zweiten Ökumenischen Konzils (381) bekommt die Kirche von Konstantinopel die gleichen Ehrenrechte wie die Kirche des Alten Rom und den zweiten Platz nach ihr. Beim 4. Ökumenischen Konzil von Chalzedon (451) wird die Autonomie der Kirche von Jerusalem beschlossen. So haben wir Mitte des 5. Jahrhunderts die kirchliche Struktur der Gesamtkirche mit den selbständigen fünf wichtigsten kirchlichen Zentren als autonome Kirchen (Patriarchate) mit der Bezeichnung „Pentarchie“. Die Rangordnung wurde auch bestimmt: Rom, Konstantinopel, Alexandrien, Antiochien und Jerusalem, also in einer polyzentrischen Form mit einem Ersten an der Spitze, dem Bischof von Rom als primus inter pares. Es ist also unhistorisch, wenn behauptet wird, daß im ersten Jahrtausend die Patriarchate im „byzantinischen Osten“ existierten, im Westen dagegen die Papstkirche. Innerhalb der Pentarchie, also der fünf Patriarchate, war die Kirche von Rom eines von diesen fünf Patriarchaten. Die Differenzierung der Papstkirche begann allmählich im 10. bzw. im 11. Jahrhundert.

4. Das erste Jahrtausend, die Ökumenischen Konzilien und die Wahl der Bischöfe

Bei den Ökumenischen Konzilien wurde auch durch Kanones die Art und Weise geregelt, wie die Bischöfe nicht gesamtkirchlich, sondern regional, d. h. in den Metropolitanregionen durch Mehrheitsbeschlüsse synodal zu wählen sind.[60] Dies galt

---

[60] Dazu vgl. G. Larentzakis, Wie wird man Bischof in der Orthodoxen Kirche? In: Demokratie und Kirche. Erfahrungen aus der Geschichte. Hg. M. Liebmann. Graz/Wien/Köln 1997, 107-135. Hier gibt es einen historischen Rückblick auf die Dokumente und die Kanones der gemeinsamen Praxis der Frühkirche.

sowohl für den Osten als auch für den Westen. Zu nennen sind hier z. B. die Kanones 4[61] und 6[62] des Ersten Ökumenischen Konzils von Nizäa (325).

Das Dritte Ökumenische Konzil von Ephesos (431) befaßte sich in seinem 8. Kanon mit der autonomen Wahl und Weihe der Bischöfe von Zypern.[63]

Der 28. Kanon des Vierten Ökumenischen Konzils von Chalzedon (451) behandelte auch die Frage der Zuständigkeit der Wahl und Weihe der Bischöfe. Wir stellen also auch hier fest, daß die Bestellung von Bischöfen eine regionale Angelegenheit ist, die, wie dieser Kanon sagt, die alte kirchliche Praxis darstellt.[64] Vom siebten Ökumenischen Konzil von Nizäa (787) wurde im Kanon 3 das gleiche beschlossen.[65]

---

[61] G. A. Ralli und M. Potli, Σύνταγμα τῶν θείων καὶ Ἱερῶν Κανόνων. Bd. 2. Athen 1852 (Nachdruck: Athen 1992), 122. „Grundsätzlich soll ein Bischof von allen (Bischöfen) der Eparchie (Provinz) eingesetzt werden. Wenn dem aber eine dringende Notwendigkeit oder die Länge der Reise entgegensteht, dann müssen sich zumindest drei (Bischöfe) zusammenfinden, um die Weihe (χειροτονία) vorzunehmen; doch müssen sie eine schriftliche Zustimmung der Abwesenden besitzen. Die Bestätigung der vollzogenen Konsekration und Einsetzung steht in jeder Eparchie dem Metropoliten zu." Die deutsche Übersetzung in: I. O. de Urbina, Nizäa und Konstantinopel. Mainz 1964, 289. Der griechische Ausdruck τῶν γινομένων in diesem Kanon wird von I. O. de Urbina ergänzt mit: „der vollzogenen Konsekration und Einsetzung" wiedergegeben, wobei der Vorgang der Wahl nicht erwähnt wird. Der Vorgang ist also hier eindeutig klar. Auch kommentiert er diesen Kanon und schreibt: „Es ist interessant festzustellen, daß die Anzahl von drei Bischöfen, die bis auf unsere Zeit bewahrt worden ist, mit der Tatsache zusammenhängt, daß die Bischöfe zuerst Wähler waren, ehe sie Konsekratoren wurden, was diese Vielzahl erforderlich macht" (ebd. 113).

[62] Ralli, Σύνταγμα τῶν θείων καὶ Ἱερῶν Κανόνων. Bd 2 (s. Anm. 61) 128. Deutsche Übersetzung in: I. O. de Urbina, Nizäa und Konstantinopel (s. Anm. 61) 290. „Der alte Brauch für Ägypten, Libyen und die Pentapolis soll beibehalten werden, wonach der Bischof von Alexandrien die Jurisdiktion über alle (diese Provinzen) ausübt; denn auch für den Bischof von Rom gilt der gleiche Brauch. Ebenso sollen auch der Kirche von Antiochien und den anderen Eparchien ihre althergebrachten Rechte gewahrt bleiben. Es ist selbstverständlich, daß das große Konzil jedem, der ohne Approbation durch seinen Metropoliten Bischof geworden ist, befiehlt, auf seine Bischofswürde zu verzichten. Wenn aber die Wahl von allen mit Umsicht und gemäß den Regeln der Kirche getroffen worden ist und nur zwei oder drei aus reinem Widerspruchsgeist opponieren, dann soll die Mehrheit den Sieg davontragen."

[63] Ebd. 203.

[64] Ebd. 280f.

[65] Ebd. 564.

All das, die polyzentrische Struktur der Kirche, die Autonomie der „Patriarchate" in der Koinonia der Pentarchie, die Wahl der Bischöfe regional usw., war die übliche Praxis mit dem geltenden Recht der Gesamtkirche des Ostens und des Westens tausend Jahre lang. Bis heute gilt dieses Recht in der Orthodoxen Kirche nach wie vor.

5. Die dogmatische Dimension der Papstfrage

Die Frage des Papsttums ist nicht nur eine historische, auch nicht nur eine juridische, eine Verwaltungsangelegenheit, wie da und dort gemeint wird, sondern sie hat auch dogmatische Aspekte, die schwerwiegend sind.

5.1 Christologische Problematik – Vicarius Christi?

Vicarius Christi ist nicht nur ein Titel des Papstes. Dieser Titel will viel mehr zum Ausdruck bringen. Papst Innozenz III. hat als erster Papst diesen Titel Vicarius Christi verwendet.[66] Ferdinand Holböck, ein früherer Dogmatiker von Salzburg, hat sich bereits im Jahre 1967 mit den „acht Titeln des Papstes" befaßt.[67] Im Bezug auf den Titel Vicarius Christi stellt er eine Frage, die natürlich auch wir stellen können: „So vertraut und teuer uns dieser Titel für den Papst von Kindheit an ist, so fragen wir uns heute doch unwillkürlich: Kann denn einer über die werkzeugliche Vertretung Christi hinaus, wie sie jedem geweihten Priester und Bischof speziell in der Sakramentenspendung, vor allem bei der Ausübung der Sündenvergebungs- und Konsekrationsgewalt zukommt, in so einzigartiger Weise Christus vertreten, daß er schlechthin als ‚Vicarius Jesu Christi' betitelt werden kann?"[68]

Joseph Ratzinger erwähnt ein anderes christologisches Problem im Zusammenhang mit der Ekklesiologie und der Pneumatologie, das aber auch mit dem hier besprochenen Problem

[66] Vgl. Geschichte der Katholischen Kirche. Hg. J. Lenzenweger/P. Stockmeier/K. Amon u. a. Graz 1986, 246.
[67] F. Holböck, Die acht Titel des Papstes. In: Österreichisches Klerusblatt, 100. Jahrgang, 7. Okt. 1967, Nr. 19/20, 1f.
[68] Ebd. 1.

zu tun hat. Es zeigt tatsächlich eine Dimension, die bei der Frage der Fundierung des römisch-katholischen Papsttums mitberücksichtigt werden muß. Aufgrund von einer bestimmten westlichen Betrachtung des Heiligen Geistes „wurde Kirche nun nicht mehr pneumatisch-charismatisch, sondern ausschließlich von der Menschwerdung her, allzu irdisch geschlossen verstanden und schließlich ganz von den Machtkategorien weltlichen Denkens her ausgelegt. Auf diese Weise wurde aber auch die Lehre vom Heiligen Geist ortlos."[69] Das heißt: Es gibt ohne Zweifel eine Beziehung zwischen der Christologie und der Pneumatologie im Zusammenhang mit der Papstfrage.

5.2 Ekklesiologische Problematik

Mit dem Papstamt hängt natürlich auch die ekklesiologische Frage nach der Universal- bzw. Lokalkirche, nach ihrem Wesen bis hin zu ihrer Struktur und Verwaltung zusammen, und damit auch die Frage: Wer gehört also zur wahren Kirche? Nicht selten wurde die Frage nach der richtigen Kirchlichkeit und der rechtgläubigen Kirchenzugehörigkeit, wie auch nach der Heilsmöglichkeit in Verbindung mit dem Papsttum beantwortet. Nämlich wer sich dem Bischof von Rom, dem Papst nicht unterordnen will, gehört nicht der wahren Kirche an. In analoger Weise wurde auch festgehalten, daß eine Kirche, die sich nicht unter die Jurisdiktion des Papstes unterordnen will, das wahre Kirche-Sein nicht hat bzw. der wahren Kirche Christi nicht angehört. Selbst im Ekklesiologie-Skriptum[70], das ich vor ca. 30 Jahren hier in Innsbruck benutzt habe, konnte ich diese These lesen.[71] Und genau das ist das

---

[69] J. Ratzinger, Einführung in das Christentum. Vorlesungen über das Apostolische Glaubensbekenntnis. München [10]1968, 276f.

[70] H. Zeller, Die Kirche Christi, Übersetzung. (Der vorliegende Text ist eine rein private, nicht authentische Übersetzung und erhebt nicht den Anspruch, fehlerfrei zu sein. Die Übersetzung wurde angefertigt als Studienhilfe zum [lateinischen] Original-Skriptum, das vom Dozenten selbst herausgegeben wurde.) Innsbruck, am 17. März 1968, 43.

[71] Ebd. 43. „Prima via – via Primatus. Ecclesia romano-catholica est vera Christi Ecclesia, quia unica primatum conservat". Argumente: „1. Die wahre Kirche Christi muß am Primat festhalten (determinatio criterii). Nun aber: unter allen rivalisierenden christlichen Kirchen hält nur die

größte Problem der Ekklesiologie, der Soteriologie und der Ökumene, das wir nun gemeinsam intensiv zu untersuchen begonnen haben. Auch das II. Vatikanum hat ähnliche Auffassungen formuliert.[72]

6. Das II. Vatikanum und die „Kirchlichkeit" der Orthodoxen Kirche[73]

Im Ökumenismusdekret heißt es: „Ebenso sind diese getrennten Kirchen und Gemeinschaften trotz der ‚Mängel', die ihnen nach unserem Glauben anhaften, nicht ohne Bedeutung ..."[74] Die Bedeutung der anderen Kirchen wird von der Katholischen Kirche hergeleitet[75]: „Denn nur durch die katholische Kirche Christi, die das allgemeine Hilfsmittel des Heils ist, kann man Zutritt zu der ganzen Fülle der Heilsmittel haben."[76] J. Feiner konkretisiert in seinem Kommentar: Der Orthodoxen Kirche „fehlt nur die verbindende Beziehung zum Träger des Petrusamtes als dem hierarchischen Faktor der Einheit aller Einzelkirchen".[77] Das Petrusamt, also das Papstamt als Grundvoraussetzung der wahren Kirchlichkeit auch

---

röm-kath. Kirche an dieser Form fest (applicatio criterii). Also ist die röm.-kath. Kirche die wahre Kirche Christi ... 2. Alle übrigen Kirchen haben keinen Primat; Orientalen, Protestanten, Presbyterianer ..." Das Ergebnis ist also klar. Diese Kirchen sind nicht die wahre Kirche.

[72] Vgl. G. Larentzakis, Das Vaticanum II nach 25 Jahren aus dem Blickwinkel eines orthodoxen Theologen. In: Catholica 45 (1991) 214-235.

[73] Vgl. Stylianos Harkianakis (jetzt Erzbischof von Australien und Kopräsident des offiziellen Theologischen Dialogs zwischen der Orthodoxen und der Römisch-Katholischen Kirche), Τό περὶ 'Εκκλησίας Σύνταγμα τῆς B' Βατικανῆς Συνόδου. Εἰσαγωγή-Κείμενον-συστη-ματική ἀνάκρισις. Thessaloniki 1969, 171f. Ders., Περί τό ἀλάθητον τῆς 'Εκκλησίας ἐν τῇ ὀρθοδόξῳ θεολογία. Athen 1965. Ders., Orthodoxe Kirche und Katholizismus. Ähnliches und Verschiedenes. Mit einem Vorwort von J. Ratzinger. München 1975, 32ff.

[74] Ökumenismusdekret 1, 3.

[75] „Denn der Geist Christi hat sich gewürdigt, sie (d. h. die getrennten Kirchen und Gemeinschaften) als Mittel des Heils zu gebrauchen, deren Wirksamkeit sich von der der katholischen Kirche anvertrauten Fülle der Gnade und Wahrheit herleitet" (ebd).

[76] Ebd.

[77] J. Feiner, Kommentar zum Ökumenismusdekret. In: LThK, Das Zweite Vatikanische Konzil, Teil 11. Freiburg/Basel/Wien 1967, 55.

für die Orthodoxe Kirche! Nach den Formulierungen des II. Vatikanum wird der Begriff „katholisch“ für die Römisch-Katholische Kirche verwendet. Oder nicht? Die Apostolizität der Kirche gewährt die Richtigkeit des Glaubens, der von Jesus Christus durch die Apostel weitergegeben wurde. Aus diesem Grunde muß gesagt werden, daß die Apostolizität der Kirche nicht nur von einem Apostel, dem Apostel Petrus, abhängig gemacht werden darf, wie auch die Apostolische Sukzession nicht Petrinische Sukzession bedeutet.[78]

7. Ortskirche und Universalkirche

Jede Ortskirche ist qualitativ eine katholische Kirche. Die Ortskirche beinhaltet alle ekklesialen Wesensmerkmale, die das Heil der Menschen ermöglichen, unabhängig von ihrer Größe, Rangordnung, unabhängig von ihrem Stand. Die Universalkirche besteht demnach nicht durch das Addieren von ergänzungsbedürftigen „Teilkirchen“, sondern sie existiert als Communio Ecclesiarum. Man darf die Existenzweise der Kirche nicht derart relativieren, als ob die Universalkirche als „Gesamtkirche das Ergebnis der gegenseitigen Anerkennung der Teilkirchen“ sei, wie das Dokument der Glaubenskongregation „Über einige Aspekte der Kirche als Communio“ befürchtet.[79] Die Universalkirche und die Ortskirchen existieren zugleich. Außerdem haben die Kirchen als Ortskirchen und die Communio Ecclesiarum ihren eigentlichen Ursprung und ihre eigentliche Quelle beim Dreieinigen Gott selbst. Das ist

---

[78] In der Kirche wurde die apostolische Sukzession nicht nur auf einen Apostel zurückgeführt. Es gibt die „apostolischen Sukzessionen“. Chrysostomos Konstantinidis, Metropolit von Myra (jetzt Geron Metropolit von Ephesos), Αἱ ἱστορικο-δογματκαί προϋποθέσεις τῆς Οἰκουμενικότητος τῆς ‘Αγίας Β᾽ Οἰκουμενικῆς Συνόδου. ’Εν: Μνήμη Συνόδου ‘Αγίας Β᾽ Οἰκουμεικῆς (’Εν Κωνσταντινουπόλει 381), τόμος Α᾽, Οἰκουμεικόν Πατριαρχεῖον, Πατριαρχικοῦ ’Ιδρυμα Πατερικῶν Μελετῶν. Θεσσαλονίκη 1983, 130.

[79] Der Text in: HK 46 (1992) 319-325. Hier Nr. 8. Vgl. auch H. J. Pottmeyer, Kirche als Communio. Eine Reformidee aus unterschiedlichen Perspektiven. In: Stimmen der Zeit 117 (1992) 583.

die orthodoxe Grundauffassung.[80] Es handelt sich hier um die perichoretische, d. h. in gegenseitiger Durchdringung, auf der Liebe fundierte Gemeinschaft. „Wenn wir jetzt dies in ekklesiologische Kategorien übertragen wollen, so heißt das, daß bei der Lösung der trinitarischen Frage sowohl das Prinzip der Kollegialität in der Einheit, wie das Prinzip der Autokephalie in den drei Personen zu erkennen ist."[81] Wichtig ist primär die soteriologische Dimension jeder Ortskirche, d. h. die Möglichkeit des Heils in jeder Ortskirche, in der Eucharistie gefeiert werden kann. So ist die Hl. Eucharistie kirchenkonstitutiv.[82] Somit hängt die Ekklesiologie mit der Soteriologie, die Kirchenlehre mit der Heilslehre sehr eng zusammen. Von daher hat sie auch ihre Existenzgrundlage und -berechtigung und nicht nur von der juridischen und institutionellen Beschaffenheit. Die Schlußfolgerung kann also nie heißen: Der Bischof von Rom, der Papst von Rom ist mit dem universalen Jurisdiktionsprimat für die Gesamt- bzw. Universalkirche zuständig, während alle andere Bischöfe im qualitativ und quantitativ geringeren Sinn zuständig sind für die ergänzungsbedürftigen Teilkirchen unter dem Papst.

Wenn es beim II. Vatikanum heißt, daß der Bischof von Rom „kraft seines Amtes als Stellvertreter Christi und der ganzen Kirche volle, höchste und universale Gewalt über die ganze Kirche hat und sie immer frei ausüben kann"[83], entstehen viele Fragen sowohl innerhalb der Römisch-Katholischen Kirche als auch in der Ökumene. Denn vom selben II. Vatikanum wird formuliert, daß auch den Bischöfen bzw. dem Bischofskollegium (der Römisch-Katholischen Kirche?) die Sorge für die Gesamtkirche aufgetragen ist.[84] M. E. beschreibt

[80] Vgl. G. Larentzakis, Über die Bedeutung der Ortskirche in der orthodoxen Theologie. In: Orthodoxes Forum 2 (1988) 235f. Vgl. auch ders., Trinitarisches Kirchenverständnis. In: Trinität. Aktuelle Perspektiven der Theologie. Hg. W. Breuning. Freiburg/Basel/Wien, 1984, 86f. Auch St. Harkianakis, Die Entwicklung der Ekklesiologie in der neueren griechisch-orthodoxen Theologie. In: Catholica 28 (1974) 9.

[81] St. Harkianakis, Die Entwicklung der Ekklesiologie in der neueren griechisch-orthodoxen Theologie. In: Catholica 28 (1974) 9.

[82] Vgl. Larentzakis, Über die Bedeutung der Ortskirche (s. Anm. 80) 233f.

[83] Vat. II: Lumen Gentium (= LG 23), vgl. Christus Dominus (= CD) 2.

[84] LG 23, vgl. CD 617. Vgl. Kasper, Zur Theologie und Praxis des bischöflichen Amtes (s. Anm. 13) 31.

das II. Vatikanum hier nur die Struktur der Römisch-Katholischen Kirche; ich schließe aber nicht aus, daß gerade hier doch auch die Rolle des Papstes als Stellvertreter Christi über die „ganze Kirche" Jesu Christi, also über alle christlichen Kirchen, mit seiner vollen, höchsten und universalen Gewalt gemeint ist. Wenn das tatsächlich so ist, dann haben wir eben gerade hier das größte ökumenische Problem.

Wenn mit der Formulierung „die ganze Kirche" nur die ganze Römisch-Katholische Kirche gemeint ist, dann liegt die Problematik innerhalb der Römisch-Katholischen Kirche, in der die Verhältnisbestimmung von Universal- und Partikular- bzw. Ortskirche und zwischen dem Papst und dem Bischofskollegium noch nicht zufriedenstellend gelöst wurde. Aber das wäre zunächst einmal ein inner-römisch-katholisches Problem. Bischof Walter Kasper sieht zu Recht dieses Problem und meint: „So handelt es sich in Wirklichkeit lediglich um zwei inadäquat zu unterscheidende Subjekte der höchsten Gewalt. Die Frage ist aber, ob die Autorität und Initiative des Kollegiums nicht praktisch zu einer bloßen Fiktion wird, wenn der Papst sie jederzeit unterbinden kann, wenn aber umgekehrt er jederzeit auch ohne formelle Mitwirkung des Kollegiums – nicht als persona privata, sondern als Haupt dieses Kollegiums – entscheiden und handeln kann."[85]

Außerdem fällt bei dieser Gegenüberstellung des II. Vatikanums, auf der einen Seite die absolute Gewalt des Papstes, auf der anderen Seite die Autorität des Bischofskollegiums, doch auf, daß die Institution des „Ökumenischen Konzils", das für die Gesamtkirche des ersten Jahrtausends ohne Zweifel die höchste Instanz war und die höchste Gewalt ausübte, nicht einmal erwähnt wird.

Zur Frage des Verhältnisses zwischen der Universal- und der Ortskirche sagt Bischof Walter Kasper: „Die Teilkirchen sind in Wahrheit Kirche Jesu Christi. Teilkirche und Universalkirche realisieren sich perichoretisch ineinander; sie sind sich gegenseitig innerlich (‚in quibus')."[86] Die Übereinstimmung der orthodoxen Position und der von Bischof Walter Kasper ist

---

[85] Kasper, Zur Theologie und Praxis des bischöflichen Amtes (s. Anm. 13) 31.
[86] Ebd. 32f.

hier offensichtlich, was uns für den weiteren Dialog am gemeinsamen Weg hilft. Ebenfalls hilfreich ist seine kritische Auseinandersetzung mit dem Schreiben der Glaubenskongregation „Über einige Aspekte der Kirche als Communio".

Schwierig nachzuvollziehen ist z. B. die Bedingung der höchsten Autorität des Bischofskollegiums, „gemeinsam mit seinem Haupt, dem Bischof von Rom, und niemals ohne dieses Haupt"[87] zu handeln, als Wesenselement sowohl der Gesamtkirche als auch jeder Teilkirche[88], wenn dieses Schreiben unter Gesamtkirche nicht nur die Römisch-Katholische Kirche, sondern die Kirche Jesu Christi schlechthin meint und somit auch alle anderen nicht-römisch-katholischen Kirchen. Das Problem wird aber noch deutlicher, wenn immer wieder in diesem Schreiben betont wird, daß der Primat des Bischofs von Rom bzw. das Amt des Petrusnachfolgers zum Wesen jeder Kirche gehört bzw. „innerlich zum eigentlichen Kirchesein jeder Teilkirche".[89] Noch schwieriger zu verstehen ist die Abhängigkeit der Eucharistie und deren Gestalt von Petrus, wie im genannten Schreiben so apodiktisch formuliert wird: „Die Einheit der Eucharistie und die Einheit des Episkopates cum Petro et sub Petro (mit Petrus und unter Petrus) sind nicht unabhängig voneinander Wurzel der Einheit der Kirche, denn Christus hat die Eucharistie und das Bischofsamt als wesentlich verbundene Wirklichkeiten eingesetzt."[90] Zwischen Bischöfen und Eucharistie besteht tatsächlich eine enge Verbindung. Der Bischof jeder Diözese wird bei der Eucharistiefeier auch in den Orthodoxen Kirchen kommemoriert, wie auch jeder Bischof seinen Erzbischof bzw. Patriarchen kommemoriert. Die hier aber in diesem Schreiben hergestellte strukturelle Abhängigkeit der Eucharistie und der Einheit der Gesamtkirche cum et sub Petro verursacht viele Aporien und ökumenische Schwierigkeiten, die den Prozeß der Verständigung verhindern. Feststellungen von Joseph Ratzinger, die die Grundelemente der Kirchlichkeit zum Ausdruck bringen, unterscheiden sich zweifellos von den Feststellungen des Schrei-

---

[87] LG 23, 1 usw.

[88] Schreiben an die Bischöfe der Katholischen Kirche über einige Aspekte der Kirche als Communio Nr. 13.

[89] Ebd.

[90] Ebd. 14.

bens der Glaubenskongregation an die Bischöfe der Katholischen Kirche über einige Aspekte der Kirche als Communio, wie sie vorher erwähnt wurden.[91]

Die Frage, die in diesem Zusammenhang also offen bleibt und geklärt werden muß, ist die Frage, inwiefern „katholische Kirche", „Römisch-Katholische Kirche" und „Gesamt- bzw. Universalkirche" identisch sind. Welche ist also diese Eine Kirche, die von Anfang an „in und aus" Ortskirchen bestand? Eine Frage, die nicht nur innerhalb der Römisch-Katholischen Kirche, aus innerkirchlichen Interessen, geklärt werden muß, sondern auch für die ökumenische Problematik selbst. Denn auch hier ist es verständlich, daß Bischof Walter Kasper sich dieser Frage stellt und eine bestimmte Tendenz für sehr problematisch hält. Er sagt: „Vollends problematisch wird die Formel, wenn die eine universale Kirche unter der Hand mit der römischen Kirche, de facto mit Papst und Kurie, identifiziert wird. Geschieht dies, dann muß man das Schreiben der Glaubenskongregation nicht als Hilfe zur Klärung der Communio-Ekklesiologie, sondern als deren Verabschiedung und als Versuch einer theologischen Restauration des römischen Zentralismus verstehen. Dieser Prozeß scheint in der Tat im Gange zu sein. Das Verhältnis von Orts- und Universalkirche ist aus der Balance geraten."[92] Gehören auch die nicht-römisch-katholischen Kirchen der Universalkirche an oder nicht?

8. Die Griechisch-Katholischen bzw. Unierten Kirchen und das Papsttum

Die Frage des Papstamtes in Verbindung mit der Ekklesiologie, ja sogar der Soteriologie tangiert auch eines der schwierigsten ökumenischen Probleme zwischen der Orthodoxen und der Römisch-Katholischen Kirche, nämlich das der Grie-

---

[91] Vgl. J. Ratzinger (s. Anm. 69) 287f. Vgl. auch ders., Eucharistie Mitte der Kirche. München 1978, 29f.: „Es gibt nur einen Christus. Wo immer Eucharistie gefeiert wird, da ist er ganz da. Deswegen ist auch in der ärmsten Dorfkirche, wenn Eucharistie stattfindet, das ganze Geheimnis der Kirche, ihre lebendige Mitte, der Herr anwesend."

[92] Kasper, Zur Theologie und Praxis des bischöflichen Amtes (s. Anm. 13) 34.

chisch-Katholischen bzw. Unierten Kirchen. Denn die Hauptbedingung für diese Unionen war die Anerkennung der Jurisdiktion des Bischofs von Rom, also des Papstes. Alles andere, ihre Tradition, ihre Spiritualität, ihre Liturgie usw. durften diese Kirchen relativ behalten, soweit nicht im Laufe der Jahrhunderte versucht wurde, das eine oder andere zu „latinisieren" bzw. zu absorbieren, wogegen auch von den Angehörigen dieser mit Rom Unierten Kirchen immer wieder Widerstand und Proteste angemeldet wurden.

Der ekklesiologische und soteriologische Exklusivismus waren eigentlich die Hauptargumente bei den Bemühungen der „Missionare" und der „Verhandler", bis sie diese Unionen erreicht haben. Alle diejenigen, die außerhalb der einzigen wahren Kirche unter dem Bischof von Rom standen, gehörten nicht der wahren Kirche an und standen somit auch außerhalb der Heilsmöglichkeit, denn die Eine Kirche wurde exklusiv mit der Römisch-Katholischen Kirche unter dem Papst identifiziert. Heute kann man nicht feststellen, daß katholischerseits eine solche ekklesiologische und soteriologische Exklusivität vertreten wird, man muß aber viele Unklarheiten genauer im ökumenischen Dialog diskutieren.

Die Perspektive zur Lösung des Problems der Griechisch-Katholischen bzw. Unierten Kirchen wäre auch eine echte Akzeptanz des Prinzips von gleichwertigen „Schwesterkirchen", ekklesiologisch und soteriologisch in einer Communio Ecclesiarum unter Wahrung ihrer Autonomie. Damit könnte auch diese Perspektive mit der Frage der Gründung von neuen „Patriarchaten" bzw. Schwesterkirchen oder in der Realisierung der Gemeinschaft zwischen der Römisch-Katholischen und der Orthodoxen Kirche durch gegenseitige Anerkennung als Schwesterkirchen in Verbindung gebracht werden.

9. Perspektiven

Ich werde versuchen darzustellen, wie ich mir als orthodoxer Theologe in einer zukünftigen Situation der Wiederherstellung der kirchlichen und sakramentalen Gemeinschaft zwischen der Römisch-Katholischen und der Orthodoxen Kirche einen Petrusdienst vorstelle, der auch von der Orthodoxen

Kirche akzeptiert werden könnte. Grundlegende Positionen der Gesamtkirche aus dem ersten Jahrtausend sind für mich Bezugspunkte auch für die gemeinsame Zukunft.

9.1 Bischöfe von Rom als gemeinsame Heilige des Ostens und des Westens

Wenn also die beiden Kirchen, die östliche und die westliche, ca. 1000 Jahre lang in Gemeinschaft gelebt haben, bedeutet das von der Soteriologie ausgehend, daß die großen Heiligen der Kirche aus dieser Zeit auch die gemeinsamen Heiligen sind. Dieser gemeinsame Schatz an Heiligen ist für uns bis heute sehr kostbar und stellt ein unersetzliches ökumenisches Fundament dar, welches für die Bewußtmachung und Wiederherstellung der kirchlichen Koinonia unserer Kirchen noch nicht ausreichend geschätzt und herangezogen wurde.

Es wird hier nicht behauptet, daß immer alles ideal und harmonisch war. Aber die vorhandenen positiven Beziehungen zwischen dem Osten und Westen bzw. zwischen dem Alten und dem Neuen Rom dürfen nicht bewußt oder unbewußt relativiert oder entstellt werden. Deshalb spreche ich hier von den gemeinsamen Heiligen bis heute. Dazu gehören auch viele Bischöfe und Päpste von Rom, die hoch geschätzt und verehrt werden, eben als Heilige der Kirche Jesu Christi, d. h. auch als Heilige der Orthodoxen Kirche bis heute. Der heilige Petrus ist als Apostel für alle Kirchen, wie auch alle Apostel zu sehen. Gefeiert werden: Linus 5. November, der erste Bischof von Rom, Klemens I. 24. November, Xystus 10. August, Cölestin 8. April, Martin I. 13. April, Agapetos 17. April, Stephanus I. 3. August, Fabian 5. August, Xystus oder Sixtus 10. August, Liberius 27. August, Sylvester 2. Jänner, Leo der Große 18. Februar, Agathon 20. Februar, Gregor I., der Dialogos, am 12. März.

9.2 Die Ökumenischen Konzilien des ersten Jahrtausends sind normativ

Neben dem soteriologischen Fundament hat die gemeinsame Kirchengeschichte des ersten Jahrtausends einen normativen Charakter, und zwar sowohl was den Inhalt unseres

Glaubens betrifft, als auch die kirchlichen Strukturen. Denn beides wurde bei den gemeinsamen Ökumenischen Konzilien klargestellt, definiert, bestimmt oder bestätigt. Das heißt: Die Auffassungen und das Leben dieses ersten Jahrtausends auch im Zusammenhang und in Verbindung mit den Ökumenischen Konzilien, wie ich vorher versucht habe darzustellen, geben uns auch heute viele Wegweisungen für die gemeinsame Zukunft in einer lebendigen und dynamischen Weise.

9.3 Ein Versuch der Konkretion

Hier möchte ich eine kleine Vision versuchen für eine positive, annehmbare Entwicklung aus der Sicht eines orthodoxen Theologen, d. h. auch aus der Sicht der Struktur der autonomen Kirchen des gemeinsamen ersten Jahrtausends und unter Einbeziehung der letzten gemeinsamen Feststellungen aus der Zeit des ökumenischen Dialogs und der ökumenischen Verständigung. Das heißt: Das, was ich hier versuche, ist keine neue Idee von mir, sondern das Zusammentragen aus den Fakten der gemeinsamen Kirchengeschichte vor allem des ersten Jahrtausends, die eigentlich allen bekannt sein dürfte. Der Weg der gemeinsamen Kirchengeschichte auf der einen Seite und der Weg der Entfaltung des Papstamtes innerhalb der westlichen bzw. der Römisch-Katholischen Kirche andererseits sind rekonstruierbar, so daß daraus auch viele Probleme gelöst werden können. Wenn der Papst nun immer wieder betont, daß durch den Ökumenischen Dialog die Formen des Papsttums gesucht werden müssen, die von allen anerkannt werden können, muß zunächst festgestellt werden, was in der bis heute einseitig entwickelten Form des Papsttums von den anderen nicht-römisch-katholischen Kirchen und konkret von der Orthodoxen Kirche nicht anerkannt werden kann.

Aus dem bisher Gesagten ist klar, was hier gemeint ist: die Auffassung und die Praxis des päpstlichen absoluten Jurisdiktionsprimates und der päpstlichen Unfehlbarkeit, wenn auch nur ex cathedra (ex sese et non ex consensu ecclesiae)[93], die im Sinne der Dogmatisierung des I. und des II. Vatikanums bis

---

[93] Trotz der verschiedenen Interpretationsmöglichkeiten und Interpretationsversuche.

heute innerhalb der Römisch-Katholischen Kirche auf der ganzen Welt angewandt werden, wobei dies sogar als göttliches Recht, als jus divinum begründet und als unerläßliche Bedingung für die Realisierung der kirchlichen Einheit betrachtet wird. Wir müssen auf alle Fälle die verschiedenen Interpretationsmöglichkeiten der letzten Jahre auch gemeinsam besprechen.[94] Ein kleines, aber doch konkretes Beispiel: Es ist nicht vorstellbar, auch theologisch, dogmatisch und kirchenrechtlich nicht begründbar, daß, als Bedingung bzw. als Folge der Wiederherstellung einer kirchlichen Einheit, die Bischöfe für die Kirche von Kreta vom Papst selbst in Rom ernannt und nicht wie jetzt von der Synode von Kreta autonom gewählt würden. Das wird von niemandem verlangt, kann eingewandt werden. Trotzdem möchte ich es gesagt haben.

Als Joseph Ratzinger in Graz seinen zitierten Satz ausgesprochen hat, „Wenn Patriarch Athenagoras am 25.7.1967 beim Besuch des Papstes im Phanar diesen als Nachfolger Petri, als den ersten an Ehre unter uns, den Vorsitzenden der Liebe, benannte, findet sich im Mund dieses großen Kirchenführers der wesentliche Gehalt der Primatsaussagen des ersten Jahrtausends, und mehr muß Rom nicht verlangen“[95], wußte Ratzinger, was Patriarch Athenagoras meinte, denn eineinhalb Jahre vorher hat Joseph Ratzinger beim Ekklesiologischen Kolloqium in Wien im April 1974 gesagt: „Es ist klar, daß der Patriarch damit nicht den ostkirchlichen Boden verläßt und sich nicht zu einem westlichen Jurisdiktionsprimat bekennt. Aber er stellt deutlich heraus, was der Osten über die Reihenfolge der an Rang und Recht gleichen Bischöfe der Kirche zu sagen hat und es wäre nun doch der Mühe wert zu überlegen, ob dieses archaische Bekenntnis, das vom ‚Jurisdiktionsprimat‘ nichts weiß, aber eine Erststellung an Ehre (timé) und Agape bekennt, nicht doch als eine dem Kern der Sache genügende Sicht der Stellung Roms in der Kirche gewertet werden

---

[94] Vgl. neuerlich L. Lies, Welche Einheit wollen wir? Zur Frage nach den ökumenischen Leitlinien. „Die von der Einheit des Vaters und des Sohnes und des Heiligen Geistes her geeinte Einheit des Volkes Gottes“ (LG 4). In: Christentag 1999. Wien. Ökumenisches Symposion, Sonne der Gerechtigkeit. Hg. vom Ökumenischen Rat der Kirchen in Österreich 1999, 28.

[95] J. Ratzinger, Prognosen für die Zukunft des Ökumenismus. In: Ökumenisches Forum 1 (1977) 36-37.

könnte."[96] Wenn also Ratzinger eineinhalb Jahr später in Graz nicht mehr nur hypothetisch spricht („es wäre der Mühe wert zu überlegen"), sondern positiv als bereits überlegt, schlägt er doch vor, daß Rom die Primatsform des I. Vatikanums vom Osten nicht verlangen muß. Ich finde, daß diese Feststellungen des jetzigen Präfekten der Glaubenskongregation, die mit den orthodoxen Positionen übereinstimmen[97], als Fundament unseres ökumenischen Dialogs zu diesem Thema und für die gemeinsamen Perspektiven genommen werden können und nicht die Formulierungen des Schreibens der Glaubenskongregation an die Bischöfe der katholischen Kirche über einige Aspekte der Kirche als Communio. Auch die innerkatholischen Kommentare und Fragen im Zusammenhang mit dem genannten Schreiben, z. B. die bereits erwähnte von Bischof Walter Kasper oder von Hermann Pottmeyer[98], müssen auch zunächst innerkatholisch beantwortet werden. Das ist ein internes Problem der Römisch-Katholischen Kirche, wo ich mich nicht einmischen möchte. Wenn aber die gesamtkirchliche Sicht der Maßnahmen die Grenzen der Römisch-Katholischen Kirche überschreiten sollte, haben wir ein sehr ernstzunehmendes Problem.

9.4 Konkrete Konsequenzen des Ökumenischen Dialogs

Als erste notwendige quellenmäßige Konsequenz des Ökumenischen Dialogs muß also die Existenz von Schwesterkirchen sehr ernst genommen werden.[99] Das bedeutet, daß die

[96] J. Ratzinger, Anathema – Schisma. Die ekklesiologischen Folgerungen der Aufhebung der Anathemata. In: Auf dem Weg zur Einheit des Glaubens. Hg. v. Pro Oriente. Innsbruck 1976, 110.

[97] Auch Metropolit Damaskinos Papandreou betont: „Dieses archaische Bekenntnis weiß natürlich nichts vom Jurisdiktionsprimat und bedenkt nur einen Erweis von Ehre (timé) und Agape." Das Papsttum im Dialog zwischen der rörnisch-katholischen und der orthodoxen Kirche. In: Una Sancta 34 (1979) 41. Ders., Bleibendes und Veränderliches im Petrusamt (s. Anm. 35) 159. Vgl. auch G. Larentzakis, Ἡ Ἐκκλησία Ρώμης καί ὁ ἐπίσκοπος αὐτῆς (s. Anm. 19) 2217.

[98] H. J. Pottmeyer, Kirche als Communio. Eine Reformidee aus unterschiedlichen Perspektiven. In: Stimmen der Zeit 117 (1992) 579ff.

[99] Heinrich Döring sieht im Bereich des katholisch-lutherischen Dialogs die Möglichkeit zu einem Ziel als Schwesterkirchen. Nahziel: Schwesterkirchen. Zum Stand des offiziellen katholisch-lutherischen Dialogs. In: Ökumenische Rundschau 34 (1985) 265ff.

Regionalkirchen, die als Patriarchate in der Frühkirche des ersten Jahrtausends existiert haben, und die anderen, die im Laufe des zweiten Jahrtausends als solche existieren, mit ihrer jeweiligen Autonomie, jedoch in der vollen kirchlichen und sakramentalen Gemeinschaft als gleichwertige Schwesterkirchen nach der Überwindung der wesentlichen Schwierigkeiten wieder anerkannt werden müssen.

Auch Papst Johannes Paul II. erwähnt in seiner Ökumene-Enzyklika die Existenz der Schwesterkirchen. Allerdings muß hier erwähnt werden, daß die Gleichwertigkeit und die Autonomie der Patriarchate, dieser Schwesterkirchen, gewahrt bleiben muß und nicht die mittelalterliche westliche Auffassung von den Patriarchaten herangezogen wird, nach der diese Patriarchate alle ihre Rechte vom Papst ausgestattet und von ihm verliehen bekommen würden und von Rom aus weisungsgebunden sind. Auch nicht durch Teilunionen und Unterordnungen von „Teilkirchen" unter der Jurisdiktion des Bischofs von Rom, wie es mit den Griechisch-Katholischen Kirchen geschehen ist. Das dadurch entstandene Problem muß noch behandelt und darf nicht als unantastbares Thema oder als abgeschlossene Sache einseitig betrachtet werden. Auch hier ist die Anwendung des ekklesiologischen Prinzips der Koinonia von gleichwertigen Schwesterkirchen erforderlich, wodurch m. E. sehr viele akute ökumenische Probleme gelöst werden können.

In der Verwirklichung der Koinonia von mehreren autonomen oder in der heutigen Sprache der Orthodoxen Kirche von mehreren Autokephalen Schwesterkirchen kann es einen Ersten für alle Schwester-Kirchen Christi geben, aber nicht einen Höchsten als absoluten Souverän auf der einen Seite und weisungsgebundene Untergebene, Patriarchen und Erzbischöfe auf der anderen. Es kann also einen primus inter pares zwischen den Patriarchen und Erzbischöfen im Dienste der Gesamtkirche, mit allen Möglichkeiten einer diakonischen Aufgabe geben. Und das würde heißen: Von orthodoxer Seite ist es selbstverständlich und wird es keinerlei Widerstand geben, daß nach einer Regelung aller trennenden kontroversiellen Fragen durch den ökumenischen Dialog Rom wieder ohne jede Diskussion, ohne Wenn und Aber, für alle Kirchen den ersten Platz als πρωτόθρονος bekommt, gefolgt an zweiter Stelle von Konstantinopel, dem jetzigen primus inter pares innerhalb der Orthodoxie, und weiters von 3. Alexandrien, 4. Antiochien und 5. Jerusalem usw. Die Ergebnisse des Ökumenischen Dialogs mit den anderen Kirchen müßten auch konkrete Konsequenzen miteinschließen.

Nach der autonomen Wahl des jeweiligen Ersten, Patriarchen oder Erzbischofs, innerhalb ihrer jurisdiktionellen Grenzen, wird diese Wahl den anderen Amtskollegen offiziell durch einen Inthronisations- oder Friedensbrief mitgeteilt, wie es in der Frühkirche Praxis war und heute zwischen den orthodoxen Oberhäuptern praktiziert wird, mit anschließender Aufnahme des jeweils neuen Amtsbruders in die Diptychen, als Zeichen der sichtbaren Koinonia. Die Amtseinführung bzw. die Inthronisation auf den Thron des Ersten, sei es innerhalb einer Autonomen bzw. Autokephalen Kirche, sei es auf den Thron des Ersten innerhalb der Communio aller Schwesterkirchen, stellt keinen sakramentalen Akt zusätzlich zur Bischofsweihe dar.

Der Primus, der Erste der Gesamtkirche in der Communio der Schwesterkirchen, der Bischof und Papst von Rom, hätte nicht nur einen bloßen Ehrenprimat, sondern konkrete Pflichten und Aufgaben, ja auch Rechte im Dienste der Gesamtkirche[100]: das Einberufungsrecht, das Vorsitzrecht, das Koordinationsrecht usw. oder was immer in einer gemeinsamen Sache für wichtig und notwendig in der heutigen Zeit für die Gesamtkirche Christi und für das Heil aller Menschen gemeinsam noch vereinbart wird, bis hin zur Einberufung und Abhaltung eines echten, für die Gesamtkirche geltenden Ökumenischen Konzils. Der Papst von Rom kann den Vorsitz führen, wie es in der Frühkirche auch möglich war.[101] Ideal ist

[100] Vgl. E. Theodorou, Der päpstliche Primat aus der Sicht der orthodoxen Tradition. In: Das Dienstamt der Einheit in der Kirche. Primat – Patriarchat – Papsttum. Hg. A. Rauch/P. Imhof. St. Ottilien 1991, 183ff. Interessant ist dieser ganze Band.

[101] Yves Congar z. B. (Fünfzig Jahre der Suche nach Einheit. In: Ökumenische Rundschau 26 [1977] 281) schlägt folgendes vor: „Wir wissen alle, und Papst Paul VI. selbst hat es mehrfach gesagt, daß das Papstamt die größte Schwierigkeit auf dem Wege zur Einheit darstellt, während es innerhalb der Römisch-Katholischen Kirche als Prinzip der Einheit angesehen wird. Es geht dabei aber um eine Realität, über die gegenwärtig bei uns historisch und theologisch viel gearbeitet wird und im nicht-römisch-katholischen Bereich Überlegungen angestellt werden, die vor

die Zusammenarbeit zwischen dem Ersten und dem Kollegium auch bei den Ökumenischen Konzilien. Aber das Kollegium war schon in der Frühkirche konziliar und synodal auch ohne den Ersten handlungsfähig. Und wir wissen, daß auch Patriarchen und Päpste dem Urteil der Ökumenischen Konzilien unterstanden. Dies muß auch für die Zukunft in einer praktizierten Gemeinschaft aller Kirchen nach eingehenden und sorgfältigen Beratungen Geltung haben. Die Meinung, daß der Papst bei Konzilien nicht überstimmt werden darf, ist ein neuer Gedanke, der zwar gut gemeint, aber problematisch ist.[102] Was die Ökumenischen Konzilien betrifft, ist die Differenzierung durch Papst Paul VI. zwischen den Ökumenischen Konzilien des ersten Jahrtausends und den Generalsynoden der Römisch-Katholischen Kirche des zweiten Jahrtausends, die er im Jahre 1974 anläßlich des Jubiläums des „Unionskonzils" von Lyon (1274) gemacht hat, sehr hilfreich.[103] Nach dieser Differenzierung wäre es ökumenisch sehr wichtig, daß nach den gemeinsam anerkannten sieben Ökumenischen Konzilien des ersten Jahrtausends das Unions-Konzil von Konstantinopel aus dem Jahre 879/880 als das gemeinsame 8. Ökumenische Konzil formell anerkannt werden könnte.[104]

Das Prinzip der Autonomie und der Nichteinmischung in innere Belange der selbständigen Schwesterkirchen muß auch respektiert werden. Auch der Primas hat nicht das Recht, sich in die inneren Probleme der Autonomen Kirchen einzumi-

---

Johannes XXIII. undenkbar gewesen wären, nämlich zur Frage eines universalen Amtes, das ohne weiteres in der Person des Bischofs von Rom lokalisiert wird. Ein Papsttum, so wie es von der Geschichte geschaffen wurde, zentralisierend, imperial, im engen Sinn autoritär – nein! Ein Papstamt, das der Gemeinschaft und der Einheit in einem kollegialen und konziliaren System präsidiert: warum nicht? Präsident Kennedy hat einmal die Bemerkung gemacht: Man muß nicht ‚Warum?' fragen, sondern ‚Warum nicht?' Damit ändert man die Perspektive. Offenkundig stehen wir erst an der Schwelle der neuen Möglichkeiten. Aber sie sind doch da, sie liegen vor uns."

[102] Vgl. P. Wess, Eine kollegiale Gestalt des Papstamtes? Zeichen und Werkzeug der Einheit. In: Die Furche, Nr. 10, 9. März 2000, 6.

[103] Mehr darüber in: G. Larentzakis, Konziliarität und Kirchengemeinschaft. Zukunftsüberlegungen. In: Ökumenisches Forum 10 (1987) 173-192.

[104] Vgl. G. Larentzakis, Vielfalt in der Einheit aus der Sicht der orthodoxen Kirche. Versuch einer Selbstdarstellung. In: Ökumenisches Forum 8 (1985) 65-87.

schen. Der Ökumenische Patriarch von Konstantinopel, der Erste innerhalb des Verbandes der Orthodoxen Kirchen, hat auch nicht das Recht, sich willkürlich in die internen Probleme der anderen Autokephalen Kirchen einzumischen. Diese regionale Autonomie, die die synodale und kollegiale Behandlung und Regelung der eigenen Probleme erlaubt, umfaßt die synodale Wahl des jeweiligen Ersten, Patriarchen oder Erzbischofs, bis hin zur synodalen Wahl der Bischöfe.[105] Das wichtige Prinzip des jeweiligen Ersten mit seinen Kollegen innerhalb einer regionalen kirchlichen Ordnung beschreibt bzw. bestimmt in ausgezeichneter Weise auch der 34. apostolische Kanon.[106]

Der Erste der Gesamtkirche, also im Falle einer Wiederherstellung der kirchlichen Einheit, der Bischof und Papst von Rom, ist ebenfalls das Oberhaupt und der Erste einer autonomen Schwesterkirche unter vielen, des Patriarchates des Westens, und er hat alle Rechte und Aufgaben zunächst innerhalb der konkreten Grenzen seiner Jurisdiktion, genauso wie die anderen Ersten im Rahmen ihrer Jurisdiktionen, ohne daß jemand von den anderen Schwesterkirchen das Recht hätte, sich dabei einzumischen. Eine solche Autonomie wäre also von allen zu achten und einzuhalten.

Seitens der Orthodoxen Kirche wird das respektiert sowohl innerhalb der jetzigen Grenzen der Jurisdiktion der Römisch-Katholischen Kirche als auch in einer eventuellen, von vielen römisch-katholischen Theologen gewünschten bzw. geforderten Neustrukturierung der Römisch-Katholischen Kirche in Patriarchaten mit allen Konsequenzen, d. h. in einer

---

105 Für die Praxis in der Orthodoxen Kirche mit dem historischen Rückblick auf die Frühkirche siehe: Larentzakis, Wie wird man Bischof in der Orthodoxen Kirche? (s. Anm. 60) 107-135.

106 „Die Bischöfe eines jeden Volkes (ἔθνος) sollen den ersten unter ihnen anerkennen und ihn als Oberhaupt betrachten und nichts Außergewöhnliches ohne seine Zustimmung tun; jeder soll nur das tun, was sich auf seine Diözese (παροικία) und zu ihr gehörigen Bezirke (ὑπ 'αὐ τὴν χώραις) bezieht. Aber auch jener soll nichts ohne die Zustimmung aller tun. So wird Einmütigkeit herrschen, und Gott wird durch den Herrn im Heiligen Geist verherrlicht: der Vater, der Sohn und der Heilige Geist." Deutsche Übersetzung von A. Jensen, Die Zukunft der Orthodoxie. Konzilspläne und Kirchenstrukturen. Mit einem Vorwort von Metropolit Damaskinos. Zürich/Einsiedeln/Köln 1986, 372.

erneuerten Struktur.[107] Kardinal Joseph Ratzinger sagte in seinem Grazer Referat: „Wer auf dem Boden der katholischen Theologie steht, kann gewiß nicht einfach die Primatslehre als null und nichtig erklären ... Aber er kann andererseits unmöglich die Primatsgestalt des 19. und 20. Jahrhunderts für die einzig mögliche und allen Christen notwendige ansehen."[108] Auch Bischof Walter Kasper sagte in Graz am 19. 11. 1998 im Rahmen eines Symposions der Grazer Theologischen Fakultät über „Bischofsfindung – Bischofsprofil. Mitbestimmung der Ortskirche?", daß die jetzige Form des Papsttums nicht die einzig mögliche sei.[109]

Ob innerhalb der Römisch-Katholischen Kirche bzw. ob bestimmte Regionen aus der Römisch-Katholischen Kirche als neue Patriarchate mit eigener, autonomer Jurisdiktion entstehen sollen, ist zunächst eine Frage, die innerhalb dieser Kirche gelöst werden muß. Sie würde dann in der ökumenischen Gemeinschaft von Schwesterkirchen auch die anderen Kirchen interessieren, aber eben dann in der Zukunft. Bischof Walter Kasper: „Die Frage kann auch so formuliert werden: Kann bzw. soll es neue Patriarchate bzw. Patriarchate neuer Art geben? Können bzw. sollen die Metropolitanverbände (Kirchenprovinzen) neu mit Leben erfüllt werden? Diese Frage

---

[107] Einen solchen Vorschlag machte neuerlich der Grazer Univ.-Prof. DDr. Valentin Zsifkovits durch sein Referat „Subsidiäre Amtsbestellung" beim dritten Symposion „Bischofsfindung – Bischofsprofil. Mitbestimmung der Ortskirche?" (19.-20. November 1998) im Rahmen des Schwerpunktes der Grazer Theologischen Fakultät „Demokratische und synodale Strukturen in der Kirche".

[108] Ratzinger, Prognosen für die Zukunft des Ökumenismus (s. Anm. 95) 36.

[109] Kasper, Zur Theologie und Praxis des bischöflichen Amtes (s. Anm. 13) 32: „Das Petrusamt hat ja schon in seiner bisherigen sehr bewegten Geschichte mehrfach tiefe epochale Wandlungen erfahren; sein Wesen ist mit keiner seiner geschichtlichen Gestalten, auch nicht mit seiner gegenwärtigen Gestalt identisch. Man muß sogar sagen: In der gegenwärtigen Form seiner Ausübung hat das Petrusamt seine ökumenischen Möglichkeiten noch längst nicht voll ausgeschöpft. Die Klärung der innerkatholischen Probleme wie die Wahrnehmung der ökumenischen Möglichkeiten können und werden – unter Wahrung des Wesentlichen – in Zukunft wohl zu einer neuen geschichtlichen Gestalt des Petrusamtes führen." Ein ökumenischer Dialog über das hier genannte „Wesentliche" ist sehr erforderlich.

stellt sich angesichts der zunehmenden Komplexität und Differenziertheit der einen Welt unausweichlich."[110] Wie gesagt, mit dieser Frage haben sich auch viele andere römisch-katholische Theologen befaßt und sie positiv beantwortet, sogar mit ganz konkreten Vorschlägen, wie z. B. Valentin Zsifkovits[111], Otto Hermann Pesch[112] u. a.

Aus der Tradition der Orthodoxen Kirche von heute, die die Fortsetzung der Tradition der Gesamtkirche des Ostens und des Westens ist, kann ich nur sagen, daß Neustrukturierungen von solchen Patriarchaten in der Gesamtkirche des ersten Jahrtausends selbstverständlich waren, wenn auch die historischen Zusammenhänge und die Konkretisierungen nicht immer gleich waren. So ist die Pentarchie der fünf Patriarchate (Rom, Konstantinopel, Alexandrien, Antiochien und Jerusalem) als polyzentrisch-föderative Struktur nicht stehen geblieben, sondern hat sich im Laufe der Zeit und wegen konkreter soziopolitischer, verwaltungsmäßiger Gründe entwickelt. Im zweiten Jahrtausend haben wir also eine dynamische Entwicklung im Bereich der Orthodoxen Kirchen, die manchmal auch schmerzlich war. Aus dem früheren Jurisdiktionsbereich des Ökumenischen Patriarchates wurden z. B. kirchliche Regionen als unabhängig anerkannt, als neue Autokephale Schwesterkirchen, die entweder einen Patriarchen oder einen Erzbischof als ihr Kirchenoberhaupt bekommen haben. Neueste Beispiele: Die Kirche von Georgien wurde vom Ökumenischen Patriarchat im Jahre 1990 als Patriarchat, die Orthodoxe Kirche von Tschechien und der Slowakei im Jahre 1998 als Autokephale Kirche anerkannt mit einem Erzbischof an der Spitze. Und das Leben geht weiter.

---

[110] Kasper, Zur Theologie und Praxis des bischöflichen Amtes (s. Anm. 13) 19. 336.

[111] V. Zsifkovits, Subsidiäre Amtsbestellung. In: Bischofsbestellung. Mitwirkung der Ortskirche? (s. Anm. 13) 95.

[112] O. H. Pesch, Einheit der Kirche – Einheit der Menschheit. In: Dogmatik in Fragment. Gesammelte Studien. Mainz 1987, 205: „Wäre es nicht hilfreich, neue Patriarchate, zumindest in den nichteuropäischen Erdteilen, aus der Einheitsform der westlichen Patriarchatsstruktur zu entlassen? Welches theologische Argument hindert eigentlich diesen vielleicht lohnenden Versuch ... ?"

9.5 Neue Ausgangspositionen für eine gemeinsame ökumenische Zukunft

Die Entwicklung in der Zukunft kann für die Ökumene sehr positiv sein. Ökumenische Entwicklungen der letzten Zeit erlauben uns, von einem neuen Klima und von einem ekklesiologischen Neuansatz zu sprechen. Durch den Dialog der Liebe und den Theologischen Dialog können wir, ja dürfen wir nicht mehr von einem ekklesiologischen oder sogar soteriologischen Exklusivismus ausgehen. Diese übertriebene Autarkie muß der Vergangenheit angehören. Jahrhundertelang haben wir und unsere Kirchen darunter gelitten.

Viele gemeinsame Ereignisse und Begegnungen[113] sind Marksteine in den Beziehungen der beiden Kirchen, im Geiste der Liebe und der gegenseitigen Achtung, sowohl theologisch als auch ekklesiologisch gesehen. Die gehaltenen Reden und die gemeinsamen Erklärungen, die immer wieder ausgesprochen und herausgegeben wurden, sind Dokumente von höchster Bedeutung, die diesen ekklesiologischen Neuansatz manifestieren. Nach der Aufhebung der Exkommunikationen wurde zwar die Gemeinschaft noch nicht realisiert, aber wir haben keine juridische, formelle Verurteilung mehr zwischen unseren Kirchen. Auch die Art, wie dies von den beiden Kirchen realisiert wurde, bezeugt die Respektierung der je eigenen Traditionen und Strukturen. Dies wurde ausdrücklich vereinbart. Das Dokument von Rom unterschreibt z. B. der Papst. Das Dokument von Konstantinopel ist ein synodaler Beschluß und wird von den Mitgliedern der Synode mitunterschrieben.

---

[113] Die Begegnungen des Papstes Paul VI. und des Ökumenischen Patriarchen von Konstantinopel Athenagoras, wie auch des Patriarchen von Jerusalem Benediktos im Jänner 1964 in Jerusalem, die Aufhebung der gegenseitigen Exkommunikationen aus dem Jahre 1054 im Dezember 1965 zugleich in Rom und in Konstantinopel, der Besuch des Papstes Paul VI. im Jahre 1967 beim Ökumenischen Patriarchen in Konstantinopel und des Patriarchen Athenagoras im selben Jahr in Rom, der Besuch des jetzigen Papstes Johannes Paul II. in Konstantinopel im November 1979 in Konstantinopel und die gemeinsame Ankündigung des offiziellen Theologischen Dialogs dort, der Besuch des Ökumenischen Patriarchen von Konstantinopel Dimitrios, des Nachfolgers von Patriarch Athenagoras, in Rom im Dezember 1987, der Besuch des Ökumenischen Patriarchen Bartholomaios in Rom im Jahre 1995 u. a.

Beim Besuch des Patriarchen Dimitrios in Rom am 6. Dezember 1987 hat der Patriarch ausdrücklich festgestellt, daß die Liebe das Band der Einheit und der Erneuerung der Welt ist, und der Papst betonte, daß wir durch die Gnade der Taufe und des Priestertums Geschwister sind. Die Gemeinsamkeit und die Geschwisterlichkeit wird vom Ökumenischen Patriarchen Dimitrios sakramental begründet.

Zur Förderung des ökumenischen Dialogs mit der Römisch-Katholischen Kirche besuchte der jetzige Ökumenische Patriarch von Konstantinopel Bartholomaios I. die Kirche und den Papst von Rom, Johannes Paul II., vom 27.–30. Juni 1995.[114] Das Heil ist das Hauptziel, betonte der Patriarch in Rom.[115] Es ist also klar: Auch alle Ämter und alle Funktionen innerhalb der Kirche müssen dem Heil der Menschen dienen. Aus dieser Grundüberzeugung heraus wünschte er sich „den Primat des Ethos der Kenosis".[116] Auch die in der gemeinsamen Erklärung von Papst Johannes Paul II. und dem Ökumenischen Patriarchen Bartholomaios I. am 29. Juni 1995 ausgesprochene Bestätigung von Gemeinsamkeiten im Wesentlichen des christlichen Glaubens und des kirchlichen Lebens, die als Fortschritte im Dialog betrachtet werden, ist sehr wichtig: so z. B. „die gemeinsame sakramentale Konzeption", die „Apostolische Sukzession", wie auch im Bereich der Ekklesiologie aufgrund der „wirksamen Gegenwart" Christi in jeder Ortskirche die Erklärung, „daß unsere Kirchen sich als Schwesterkirchen wiedererkennen", mit der Konsequenz, daß dieser Fortschritt „Katholiken und Orthodoxe von nun an auch fähig macht, ein gemeinsames Glaubenszeugnis abzugeben".[117]

Zusammenfassend kann also orthodoxerseits gesagt werden, daß eine Gemeinschaft von Schwesterkirchen existieren kann, Einheit im wesentlichen Inhalt unseres Glaubens und Vielfalt und Autonomie in der Verwaltung der Kirchen und in den Ausdrucksformen desselben Glaubens: eine polyzentrische, nicht global-zentralistische, kirchliche Strukur, mit einer ge-

[114] Siehe in: 'Επίσκεψις Nr. 520, 31. 7. 1995, 2-21, und in: 'Ενημέρωσις ΙΑ-1995/7-8, 1f.
[115] Die Rede des Patriarchen. Deutsch in: Orthodoxes Forum 9 (1995) 245.
[116] Ebd. 246.
[117] Ebd. 247.

wissen Rangordnung der Autonomen bzw. Autokephalen Schwesterkirchen mit ihren Patriarchen oder Erzbischöfen. Unter ihnen wird der Bischof von Rom und Patriarch des Westens als Erster unter Gleichen, primus inter pares, respektiert und betraut auch mit gesamtkirchlichen Diensten und Aufgaben in der synodalen und konziliaren Gemeinschaft der Communio Ecclesiarum. Was die gemeinsamen Aufgaben in der Communio der Schwesterkirchen betrifft, wenn z. B. allgemeine Probleme auftauchen, so muß das System der gemeinsamen Ökumenischen Konzilien wiederhergestellt werden. Der Erste innerhalb dieser Communio könnte, wie gesagt, ein solches Ökumenisches Konzil nach gemeinsamen, einvernehmlichen Vorbereitungen einberufen und den Vorsitz führen. Der Erste, der primus inter pares, könnte auch nach konkreten Vereinbarungen als der Sprecher der Communio Ecclesiarum in einer zunehmend globalisierten Welt auftreten. Eine solche Perspektive ist m. E. nicht nur zwischen der Römisch-Katholischen und der Orthodoxen Kirche möglich, sondern auch zwischen der Römisch-Katholischen Kirche und den anderen Kirchen des Ostens und des Westens. Ich bin fest davon überzeugt, daß es keine unlösbaren Probleme gibt, wenn wir es mit der konsequenten Verwirklichung der Communio Ecclesiarum ernst meinen.

Das Papstamt in altkatholischer Sicht

Günter Eßer

Altkatholizismus und Primat: Das ist eine schwierige Geschichte! Sie ist geprägt von einem langen und von beiden Seiten erbittert geführten Kampf, der Wunden schlug und Narben hinterließ, die teilweise heute noch schmerzen. Die Exkommunikation der Gegner der Konzilsbeschlüsse von 1870 und der dadurch erzwungene Aufbau einer eigenen kirchlichen Organisation war nicht dazu angetan, sich emotionsfrei diesem schwierigen theologischen Thema zu widmen. Die bei vielen Altkatholiken recht populäre Formulierung, dass sie „keinen Papst haben", das heißt, dass sie für ihr Katholischsein keinen Papst brauchen, der für sich universalbischöfliche Jurisdiktion und Unfehlbarkeit bei Entscheidungen in Glaubens- und Sittenfragen in Anspruch nimmt, hat hier ihr Fundament. Dass die Primatsfrage allerdings auch von altkatholischer Seite her wesentlich differenzierter gesehen wird, soll im Folgenden aufgezeigt werden. Doch sei zu Beginn ein Blick auf die Gründungszeit der altkatholischen Kirche geworfen.

I. Die Kampfzeit der Kirchengründung

Wenn vom Protest gegen die dogmatischen Beschlüsse des I. Vatikanums und der Gründungsgeschichte des Altkatholizismus die Rede ist, fällt unweigerlich der Name Ignaz von Döllinger. In der Tat war Döllinger, zur damaligen Zeit wohl einer der bekanntesten und profiliertesten Kirchen- und Dogmengeschichtler des katholischen Deutschlands, so etwas wie die theologische Leitfigur der Dogmengegner. Die Dokumente der Gründungszeit, die diesen Protest ins Wort gebracht haben, sind wesentlich von ihm beeinflusst worden. – Es wird noch darauf zurückzukommen sein. Aber Döllinger war nicht der einzige. Eine ganze Riege hervorragender Männer aus Wissenschaft und Politik, die den Protest mittrugen und dem Altkatholizismus seine heute noch gültige Gestalt gaben, könnten und müssten hier genannt werden.[1] Als ein Beispiel für viele sei hier *Joseph Hubert Reinkens* angeführt, der als erster altkatholischer Bischof in Deutschland eine herausragende Rolle einnahm.[2]

1. Joseph Hubert Reinkens

Joseph Hubert Reinkens, der spätere erste altkatholische Bischof in Deutschland, gehörte zu den herausragenden Gegnern der neuen kirchlichen Entwicklungen. Dabei stand – wie bei Ignaz von Döllinger und den anderen „Gründungsvätern" des Altkatholizismus – die Frage der päpstlichen Unfehlbarkeit

---

[1] Hier seien nur genannt: *Johann Friedrich von Schulte (1827-1914),* Professor für Kirchenrecht in Prag und Bonn; er untermauerte von seinem Spezialgebiet des canonischen Rechtes her die altkatholische Protestbewegung gegen die Dogmen des Vatikanums. Als Laie verfasste er wesentlich die heute noch gültige Synodal- und Gemeindeordnung der altkatholischen Kirche Deutschlands mit; viele Jahre lang war er Mitglied der Kirchenleitung (Synodalvertretung) und nahm in zahlreichen Publikationen zu den für den Altkatholizismus existenziellen Fragen von Jurisdiktionsprimat und Unfehlbarkeit Stellung. – *Johannes Friedrich (1836-1917),* einer der eifrigsten Mitarbeiter Döllingers. Wie dieser Kirchenhistoriker an der Universität München. Als theologischer Berater des als liberal einzustufenden Kurienkardinals Prinz von Hohenlohe war er Augenzeuge des Konzils und konnte sich durch vielfältige persönliche Begegnungen einen Eindruck über die Diskussionen und Kontroversen verschaffen. 1874 berief ihn die Regierung des Kantons Bern als Gründungsdekan der Christkatholisch-Theologischen Fakultät an die Universität Bern; für die Theologische Fakultät in München untragbar geworden, wurde er 1882 an die Philosophische Fakultät versetzt. Auch von ihm gibt es zahlreiche Veröffentlichungen zu den Dogmen von 1870. – *Friedrich Michelis (1815-1886),* gebürtiger Westfale, später Professor für Philosophie in Braunsberg (Ostpreußen), hat nicht nur, wie die anderen altkatholischen Wissenschaftler, in vielen Publikationen das altkatholische Anliegen unterstützt, er war außerdem auch als Seelsorger unermüdlich tätig, um die sich bildenden Gemeinden zu unterstützen. 1875 wurde er zum Pfarrer in Freiburg/Breisgau gewählt, wo er 1886 auch verstarb. – Diese Aufzählung ließe sich noch wesentlich erweitern.

[2] *Joseph Hubert Reinkens (1821-1896),* Studium in Bonn, 1848 Priesterweihe in Köln, 1850 Privatdozent, 1853 außerordentlicher, 1857 ordentlicher Professor für Kirchengeschichte an der Theologischen Fakultät der Universität Breslau. Als Gegner des Vatikanums stand er neben Döllinger im Vordergrund des Kampfes. 1873 wurde er in Köln zum Bischof gewählt und in Rotterdam durch Bischof Heykamp von Deventer (altkatholische Kirche von Utrecht/Niederlande) zum Bischof geweiht.

im Vordergrund der Auseinandersetzungen mit der römischen Kirche. Es gilt allerdings zu beachten, dass Jurisdiktionsgewalt, also Universalprimat, *und* Lehrvollmacht des Papstes, wie sie in der Dogmatisierung der Unfehlbarkeit in herausragender Weise zum Ausdruck kam, unter dem Blick des „gläubigen Gehorsams" stets zusammen gesehen werden müssen.[3] Schon 1860, in seinen ersten Jahren als Kirchenhistoriker an der Universität Breslau, äußerte Reinkens den Verdacht einer baldigen Definition der päpstlichen Unfehlbarkeit.[4] Den eigentlichen Kampf nahm er allerdings erst zehn Jahre später auf. Während der Konzilszeit, im Frühjahr 1870, gab er ein kleines Bändchen heraus, in dem er anhand der Schrift „De Consideratione" die Haltung des Kirchenlehrers Bernhard von Clairvaux zu Papst und Papsttum darstellte.[5] Reinkens wollte mit diesem Buch in die Diskussion um die ekklesiologische Stellung des Papstes eingreifen. Er lässt dabei einen von der Kirche ge-

---

[3] Vgl. hierzu besonders: Werner Küppers: Die Altkatholische Position heute im Rückblick auf Vatikanum I, in: IKZ 60 (1970), 124-166, hier: 147 f.: „Der Jurisdiktionsprimat ist eine praktische Notwendigkeit, um Wirksamkeit und Einheit des übernatürlichen Gnadenlebens der irdisch-geschichtlichen Kirche zu gewährleisten. Menschlich Unzulängliches gehört deshalb unvermeidlich zur kontinuierlich ausgeübten Jurisdiktion. Lehrvollmacht dagegen kommt nur ganz selten in Bezug auf grundlegende Fragen der Offenbarungswahrheit zur Anwendung und ist in ihrer besonderen Bindung an die Petrusverheißung durch den Beistand des Heiligen Geistes dem Bereich der menschlichen Unzulänglichkeit enthoben. Dabei stellt sich die Autoritäts- und Gehorsamsfrage so: Den Jurisdiktionsakten mit ihrer ‚äußeren' – in foro externo-Verbindlichkeit entspricht ein praktischer, um der Ordnung willen und nicht unbedingt mit der persönlichen Gewissensüberzeugung übereinstimmender Gehorsam. Die unfehlbaren Lehrentscheidungen jedoch sind in jedem Fall in einem Glaubensakt anzunehmen, dass heißt nicht ohne innerstes Mitbewirktsein des persönlichen Glaubens durch göttliche Gnade." Das Problem einer schwer zu ziehenden Grenze zwischen „kirchlichem Glauben" einerseits und „kirchlichem Gehorsam" andererseits sei in diesem Zusammenhang nur angedeutet. Aber genau hier ist ein riesiges Feld von Konfliktmöglichkeiten immer gegeben, wie die Kirchengeschichte nach 1870 bis heute eindrücklich gezeigt hat.

[4] Unter dem Pseudonym „Christian Franke" veröffentlichte Reinkens 1860 die Schrift: „Vademecum. Oder die römisch-katholische Lehre von der Anthropologie. Für angehende Theologen."

[5] Joseph Hubert Reinkens, Papst und Papstthum nach der Zeichnung des h. Bernhard von Clairvaux. Übersetzung und Erläuterung seiner Schrift: „De Consideratione", Münster 1870.

schätzten und kanonisierten „Lehrer" zu Wort kommen, um durch dessen Autorität den eigenen Vorstellungen und der eigenen Kritik Gewicht zu geben.

Natürlich kann auch Reinkens nicht leugnen, dass Bernhard von Clairvaux die Ansprüche des Papstes unbeschnitten akzeptiert hat. „Die Fülle der Gewalt über alle Kirchen des Erdkreises ist durch eine unvergleichliche einzige Prärogative diesem apostolischen Stuhle verliehen worden", zitiert er sinngemäß den Heiligen nach einem seiner Briefe.[6] Auch im Blick auf die päpstliche Kurie kommt Reinkens nicht darum herum, die überschwänglichen Attribute zu nennen, die der Kirchenlehrer anführt.[7] Für Reinkens sind alle diese Äußerungen nichts anderes als Hinweise auf die Theorie von einer „himmlischen Theokratie auf Erden", so wie sie seit Gratian Einzug in die westlich-katholische Ekklesiologie gehalten habe und auch von Bernhard unangefragt übernommen worden sei. Aber obwohl Bernhard diese „Theokratie" grundsätzlich bejahe, scheue er sich nicht, große Missstände und Auswüchse anzuprangern.[8] Hier kann Reinkens mit seiner grundsätzlichen Kritik an der kirchengeschichtlichen und kirchenrechtlichen Entwicklung des Papsttums ansetzen.

Ein wesentliches Problem des Systems macht er im Anschluss an Bernhard an der Person des Trägers einer solchen „Theokratie" fest, an der Person des Papstes. Der Papst ist und bleibt Mensch, er wird nicht zum „Gottmenschen". Durch die Übertragung des „hohepriesterlichen Amtes" wird er auch nicht zu einer Art „Organ des heiligen Geistes, das die göttliche Auctorität durch ihn wie durch ein Sprachrohr" offenbar machen würde. Auch die menschliche Vernunft wird nicht zugunsten der „göttlichen Vernunft" beiseite geschoben und ausgeschaltet.[9] Der Papst ist und bleibt also Mensch. Der Mensch aber ist und bleibt unvollkommen und fehlbar. Eine solche

---

[6] Vgl. Bernhard von Clairvaux, epistula 213, hier zitiert nach Reinkens, Papst und Papstthum aaO., XXIII.

[7] Die Kirche ist für Bernhard „die Herrin der Welt, der Gesammtheit gesetzt als Rächterin zur Sühne der Gerechtigkeit und als Richterin, um Erbarmen zu üben an den Schuldlosen und Unterdrückten" (nach epistula 168, vgl. Reinkens ebd.).

[8] Vgl. ebd.

[9] Vgl. aaO., XXX.

„Theokratie" im absoluten Sinne kann es deshalb gar nicht geben. Unausgesprochen wird damit auch die im Konzil kontrovers diskutierte Unfehlbarkeit für einen fehlbaren Papst-Menschen abgelehnt. Dies um so mehr, da im Falle einer Dogmatisierung der „Verzicht auf den gesunden Menschenverstand und auf eigenes vernünftiges Denken" und somit „das unbedingte Opfer des Willens", das heißt ein Gehorsam wie gegen direkt von Gott erlassene Gebote eingefordert würde.[10]

Reinkens führt Bernhard aber auch als Zeuge gegen ungerechtfertigte Primatsansprüche des Papstes an. Dabei lässt er zuerst Bernhards Kritik an der falschen Einstellung der Kurie zu Wort kommen. Die Kurie, so interpretiert er Bernhard, hat als wichtigste Aufgabe, „das Gemeinwohl der ganzen Kirche zu fördern und zu sichern".[11] Zwei von Bernhard genannte Übel, die diese Aufgaben der Kurie immer wieder stören oder gar zunichte machen, führt auch Reinkens an: Die „Ambitionen", vielleicht am besten mit „ehrgeizigem Streben" wiederzugeben, das in der „Herrschsucht" wurzelt und als „die Mutter der Heuchelei" bezeichnet werden kann, und die „Geldgier", die letztendlich der Bestechung Tür und Tor öffnet.[12] Reinkens nennt diese Gedankengänge des Kirchenlehrers hier ganz bewusst, um dem Trend, solche Fehler zu verdecken, entgegenzuwirken. Für ihn hat das Offenlegen dieser Fehler und Schwächen etwas mit der Mündigkeit der Christen zu tun. Der Verdacht, durch solche Verschleierungstaktik die Christen in der Unmündigkeit von Kindern zu halten und ihnen eine schöne heile Welt vorzugaukeln, legt sich für ihn nahe.

Diese, im Anschluss an Bernhards skizzierte Zustandsbeschreibung des römischen Verwaltungsapparates, musste, davon ist Reinkens überzeugt, unaufhaltsam zu einer Zentralisation der Kirchengewalt in Rom führen. Die „zunehmende Lähmung der Episcopalgewalt" war die Folge. „Die Fülle des

---

[10] Vgl. aaO., XXXI.

[11] Vgl. epistola 230, zitiert nach Reinkens aaO., XXXIV. Dabei sollte ihre Vorgehensweise eine doppelte sein. Nach epistola 219 hat sie „die Sünden des Volkes zu verurtheilen, aber die Sünder zu retten, in dem ihre Mitglieder (die Mitglieder der Kurie, d. V.) darauf achten, dass sie das schwankende Rohr nicht zertreten und den glimmenden Dort nicht auslöschen" (vgl. ebd.).

[12] Vgl. aaO., XXXV f.

Rechts sammelte sich der Idee nach in Rom mit dem mystischen Hintergrund der absoluten göttlichen Gerechtigkeit," schreibt er, „aber die Entziehung der apostolischen Rechte, welche die Bischöfe dadurch erfuhren, hatte die Folge, dass an allen Orten die Gerechtigkeit faktisch schwand." Auch hier führt er zur Untermauerung seiner These mehrere Beispiele an, die Bernhard in seinen Briefen erwähnt und die in der Äußerung gipfeln, „dass die Schlüsselgewalt der Kirche vernichtet werde", wobei hier die Schlüsselgewalt der Bischöfe gemeint ist, die die römische Kurie, und damit der Papst, mehr und mehr an sich ziehen. Ja „dass überhaupt die bischöfliche Auctorität dahinschwinde, indem kein Bischof mehr mittelbar die Macht habe, die Beleidigungen Gottes zu sühnen, keinem mehr das Recht zustehe, nicht einmal in seiner eigenen Diöcese."[13]

Am grundsätzlichsten aber sieht Reinkens die Kritik Bernhards an der „absoluten Theokratie im Papstthum" durch die Darstellung des Episkopats als einer nicht vom Papsttum delegierten, sondern einer „neben und mit diesem göttlich-instituirten Auctorität" – und hier stößt er gewissermaßen in den Kern der Auseinandersetzungen um den Justisdiktionsprimat vor. Reinkens weist nach, dass die Einsetzung eines Bischofs zur Zeit Bernhards nicht anders als in der frühen Kirche vor sich ging: Der Schwerpunkt der Wahl lag bei Klerus und Volk. Für diese Auffassung führt er zahlreiche Beweisstellen an. Der so Gewählte wurde durch den Metropoliten der Kirchenprovinz unter Assistenz von Mitbischöfen geweiht. Nur bei Wahlstreitigkeiten und daraus folgender Appellation lag die Entscheidung bei Rom. Für Reinkens bedeutet dies – wieder im Anschluss an Bernhard: Wenn die Episkopalgewalt nicht durch päpstliche Ernennung, sondern durch Wahl und Weihe zustande kommt, dann muss die Ortskirche, das heißt das jeweilige Bistum, auch alle Merkmale von Kirche in sich tragen. Somit ist der Bischof auch keineswegs „Vicarius Papae", sondern im ursprünglichen Sinne „Vicarius Christi".[14]

Natürlich ist Reinkens in diesem aufziehenden Kampf um die zukünftige Gestalt der Kirche Partei. Er ist gegen eine zu-

---

[13] Vgl. aaO., XXXVIII f.
[14] Vgl. aaO., XL-XLIII.

nehmende ultramontane Machtkonzentration in der Person des Papstes (und seines Apparates). Durch die drohende Dogmatisierung zweier entscheidender Faktoren dieser Macht, nämlich der glaubensmäßigen Festlegung einer Oberherrschaft des Papstes als Nachfolger des Petrus über alle Bischöfe und Kirchenglieder und der Unfehlbarkeit eben dieses Nachfolgers des Petrus, oder anders gesagt dieses Universalbischofs über die gesamte Kirche des Erdkreises in Fragen des Glaubens und der Sitte, sieht Reinkens die Gefahr einer Aushöhlung der von der alten Kirche übernommenen bischöflichen Ordnung und damit letztendlich die Gefahr des Zusammenbruchs der alten Kirchenordnung. Indem er Bernhard heranzieht, bedient er sich eines eigentlich unverdächtigen Zeugen. Um so deutlicher kann er dessen Kritik herausstellen und sie in die Waagschale der Diskussion um die Zukunft der Kirche werfen.

Reinkens hat sich noch mehrfach mit der Frage des Universalprimats auseinandergesetzt. So im ersten von sechs Faszikeln über die Konzilsbeschlüsse vom 18. Juli 1870, die er 1871 in Münster veröffentlichte.[15] Hier geht er der Frage nach, ob die dogmatische Lehre vom Universalprimat des Papstes mit der kirchlichen Tradition übereinstimmt. Um seine Vorstellungen zu untermauern, zieht er einen anderen wichtigen Kirchenlehrer heran, nämlich Papst Gregor den Großen (540-604), der, wie Reinkens ausführt, „mit Abscheu den Titel eines ‚ökumenischen Bischofs', eines ‚Episcopus universalis' zurückwies". Ausdrücklich zitiert er hier Gregor, der stolz darauf gewesen sei, dass keiner seiner Vorgänger als römische Bischöfe einen solchen Ehrentitel angenommen und geduldet hätten.[16] Man merkt auch dieser Schrift Reinkens deutlich an, dass sie als Kampfschrift mitten in der harten Phase der Auseinandersetzung zwischen den Befürwortern und Gegnern der Papstdogmen entstanden ist. Er fährt scharfe Geschütze auf, wenn

---

[15] Joseph Hubert Reinkens, Die päpstlichen Decrete vom 18. Juli 1870: I. Der Universal-Bischof im Verhältniß zur Offenbarung. Nach Gregor dem Großen und Pius IX.; II. Die Traditionsregel der alten Kirche und die moderne päpstliche Unfehlbarkeit; III. Die Unregelmäßigkeit und Unfreiheit des Vaticanischen Concils; IV. Die Unterwerfung der deutschen Bischöfe zu Fulda; V. Glaube und Unterwerfung; VI. Die Infallibilisten und der moderne Staat, Münster 1871.

[16] Vgl. Reinkens, Der Universal-Bischof im Verhältnis zur Offenbarung, aaO., 86 (das Zitat Gregors nach epistola 1.V,18 dort in Fußnote 1).

er die neuesten ekklesiologischen Entwicklungen im Sinne Papst Gregors mit „Blasphemie" bezeichnet.[17]

Im Folgenden zeichnet Reinkens in groben Strichen die Geschichte des Papsttums nach, die sich, seiner Meinung nach, immer mehr der Auffassung des befürchteten Dogmas angenähert habe. „Faktisch," so schreibt er, „haben die Päpste nun schon lange in der Einzelkirche ordentliche Regierungsgewalt beansprucht und theilweise ausgeübt und das Aufflackern historischen und apostolischen Bewusstseins im Episcopate bald geschickt, bald gewaltsam, es schnell als Irrlicht der Christenheit denuncirend, ausgelöscht."[18]

Freilich besteht für Reinkens, und damit deckt sich seine Meinung mit der der anderen Protestkatholiken, ein wesentlicher Unterschied zwischen einer faktischen Entwicklung, die ja immer noch als eine Fehlentwicklung zu interpretieren und damit zu reformieren ist, und einer dogmatischen Festlegung, die dann keine Interpretationsmöglichkeit mehr zulässt, sondern als ein durch göttliche Offenbarung abgesicherter Glaubenssatz angenommen werden muss. Diesen entscheidenen Schritt hat nach Reinkens Pius IX. getan, indem er den „faktischen Besitz" der universalen Macht des Papsttums gewissermaßen „zurückdatiert", das heißt auf die Basis der göttlichen Offenbarung als Grundlage des Dogmas zurückgeführt hat. Für ihn ein ungeheurer Schritt mit ungeheuren Konsequenzen. Nicht nur, dass diejenigen, die dieses Dogma aus Gewissensgründen nicht annehmen können, mit dem „Anathem" belegt wurden, weil sie eine nunmehr zum unverzichtbaren Glaubensschatz der Kirche gehörenden Lehrsatz leugneten, sondern weil diese Dogmatisierung über den individuellen Glaubensbereich hinaus eine massive Änderung in der ekklesiologischen Struktur der Kirche zur Folge hatte. Der Papst, nunmehr mit universaler Jurisdiktion ausgestattet, hat in jedem Bistum unmittelbare Jurisdiktionsgewalt. Reinkens bringt es auf den Punkt, wenn er schreibt: „Die Bischöfe sind also, da keine zwei zugleich am selben Orte die ordentliche und mittelbare Jurisdiktionsgewalt haben können, nur seine Stellvertreter und Diener, die von seiner Gnade als solche exi-

---

[17] Vgl. aaO., 10.
[18] Vgl. aaO., 13f.

stieren. Sie haben damit keine mittelbare Jurisdiktion mehr, die ihnen nach der bisherigen Lehre durch das göttliche Recht zukam."[19]

Diese Entscheidung ist nicht vom Himmel gefallen, sondern das Ergebnis einer langen *faktischen* Entwicklung. Aber es war bisher eine theologische Schulmeinung, die theologisch diskutiert werden konnte, die akzeptiert oder verworfen werden konnte, ohne dass es zu kirchenrechtlichen Konsequenzen kam. Und genau dieser Wandel in der theologischen Qualität von der Schulmeinung zum Glaubenssatz ist der Kern dessen, wogegen Reinkens, Döllinger und die anderen Altkatholiken der ersten Stunde protestierten, für die sie sogar die Exkommunikation, das heißt den Ausschluss aus der sakramentalen Gemeinschaft in Kauf nahmen: Universaler Jurisdiktionsprimat des römischen Bischofs und damit verbunden – oder vielleicht als lehramtliche Konsequenz aus diesem universalen Bischofsverständnis heraus, das ja die universale Lehrkompetenz mit einschließt – die Unfehlbarkeit des Papstes. Das war der für die Altkatholiken so nicht akzeptierbare Endpunkt einer langen theologischen Entwicklung, was Ignaz von Döllinger im Gespräch mit dem Münchener Erzbischof von Scherr zu der – zugegeben – sehr emotionalen Bemerkung veranlasste, dass man auf dem Konzil durch die Dogmen eine „*neue*" Kirche gemacht habe.[20]

---

[19] Vgl. aaO., 14f.

[20] Im Folgenden sei der entsprechende Abschnitt aus der Döllinger-Biographie von Johannes Friedrich wiedergegeben. Wie Döllinger war ja auch er Professor an der Theologischen Fakultät der Universität München und ein Zeuge dieses Wortwechsels: „Am 19. Juli (1870) um Mitternacht war der Erzbischof Scherr wieder in München angekommen, und am 21. machte ihm die Theologische Fakultät unter Döllingers Führung ihre Aufwartung. Scherrs Schilderungen der römischen Vorgänge bestätigten alles, was der Verfasser vorher den Kollegen davon erzählt hatte. Aber, sagte er, ‚Roma locuta est, die Folgen davon kennen die Herren selbst. Wir können nichts anderes thun, als uns darein ergeben'. Das hatte kein Mitglied der Fakultät erwartet. Den Schluss der Aufwartung bildete der kurze Dialog: Erzbischof, zu Döllinger gewendet: ‚Wollen wir also aufs Neue für die heilige Kirche zu arbeiten anfangen'. Döllinger (mit der ihm in der Erregung eignenden schneidend scharfen Weise): ‚Ja, für die *alte* Kirche!' Erzbischof: ‚Es gibt nur eine Kirche, keine neue und keine alte'. Döllinger: ‚Man hat eine neue *gemacht*'." (Ignaz von Döllinger. Sein Leben aufgrund seines schriftlichen Nachlasses, dargestellt von Johannes Friedrich, III Teil München 1901, 547.)

2. Altkatholische Basisdokumente

Der altkatholische Protest blieb nicht auf einige wenige Fachleute beschränkt, sondern erfasste weite Kreise liberal gesinnter Katholiken. Unter der Federführung Döllingers erhielt die antivatikanische Bewegung eine Struktur.

a) Der Protest von Königswinter

Eine Anzahl dieser liberal gesinnten Katholiken, Priester und Laien, kam nur knapp einen Monat nach Ende des Konzils, am 14. August 1870, im rheinischen Königswinter bei Bonn zusammen, um ihrem Protest gegen die Vatikandogmen Ausdruck zu verleihen. Die dort verabschiedete „Erklärung" war die erste ihrer Art, sie kann als Geburtsstunde des organisierten altkatholischen Protests verstanden werden. Sie wurde in der „Kölnischen Zeitung" vom 9. September 1870 mit 456 Unterschriften veröffentlicht. In späteren Ausgaben erhöhte sich die Zahl der Unterzeichner noch um weitere 903 Personen. Diese „Erklärung" von Königswinter drückt die Ablehnung beider in Rom dogmatisierten theologischen Meinungen aus, nämlich den Universalprimat des Papstes und dessen persönliche Unfehlbarkeit.[21]

b) Die Nürnberger Erklärung vom 26. August 1870

Da der Kölner Erzbischof Melchers die deutschen Bischöfe für den 30. August 1870 zu einer Sitzung nach Fulda eingeladen hatte, um die Situation nach der kriegsbedingten Suspendierung des Konzils und die weitere Vorgehensweise zu bera-

[21] Der Protest von Königswinter vom 14. Aug. 1870: „Erklärung. In Erwägung, dass die im Vatikan gehaltene Versammlung nicht mit voller Freiheit berathen und wichtige Beschlüsse nicht mit der erforderlichen Übereinstimmung gefasst hat, erklären die unterzeichneten Katholiken, dass sie die Decrete über die absolute Gewalt des Papstes und dessen persönliche Unfehlbarkeit als Entscheidung eines ökumenischen Concils nicht anerkennen, vielmehr dieselben als eine mit dem überlieferten Glauben der Kirche im Widerspruche stehenden Neuerung verwerfen." (Zitiert nach Friedrich von Schule, Der Altkatholizismus. Geschichte seiner Entwicklung, inneren Gestaltung und rechtlichen Stellung in Deutschland, Neudruck der Ausgabe Gießen 1887, Aalen 1965, 106.)

ten, hielt Döllinger eine Zusammenkunft von Fachleuten für dringend erforderlich, um das Schweigen der Dogmengegner zu überwinden und den weiteren Protest zu koordinieren. Die Teilnehmer dieser Zusammenkunft, elf Theologen und zwei Laien, darunter die für die Gründungszeit des Altkatholizismus wichtigen Professoren Friedrich, Michelis und Reinkens, aber auch ihre Kollegen Knoodt, Langen und Reusch, aus Bonn, und nicht zu vergessen Friedrich von Schulte, nahmen am Ende ihrer zweitägigen Zusammenkunft vom 25. bis 26. August in Nürnberg eine wesentlich von Döllinger vorbereitete Erklärung an, in der sie ihre theologische und juridische Ablehnung beider Konzilsbeschlüsse darlegten. Für unser Thema wichtig ist der vierte Punkt, in dem die Konferenzteilnehmer, Bezug nehmend auf das dritte Kapitel der Bulle „Pastor aeternus" feststellten, dass durch die Dogmatisierung des universalen Jurisdiktionsprimates die ordentliche Regierungsgewalt in den einzelnen Kirchensprengeln, also Bistümern, die nach alter katholischer Lehre den Bischöfen zukomme, auf den Papst übertragen und damit das bischöfliche Amt als einer durch das jure divino der kirchlichen Struktur wesenhaft verliehenen Institution völlig zerstört worden sei.[22] Diese Ähnlichkeit der Argumentation mit der weiter oben vorgestellten Begründung von Professor Reinkens weist auf eine der Grundmotivationen des altkatholischen Protests gegen die Vatikanbeschlüsse hin. Der durch das Vatikanum I festgeschriebenen „universalkirchlichen Ekklesiologie" setzen die altkatholischen Theologen eine an der altkirchlichen Verfassungsstruktur angelehnte „Ortskirchen-Ekklesiologie" entgegen, wie sie zum Beispiel in den Kirchen der Orthodoxie anzutreffen ist.

---

[22] Wörtlich lautet der Punkt vier dieser „Nürnberger Erklärung" vom 26. August 1870: „Indem das dritte Kapitel (von Pastor Aeternus d. Vf.) gerade die ordentliche Regierungsgewalt in den einzelnen Kirchensprengeln, welche nach katholischer Lehre den Bischöfen zukommt, auf den Papst überträgt, wird die Natur und Wesenheit des Episkopates als göttlicher, in dem Apostolate gegebener Institution und als integrirenden Bestandtheils der Kirche alterirt, bzw. völlig zerstört." (Zitiert nach Friedrich von Schulte, Der Altkatholizismus, aaO., 15.)

c) München 1871

Döllinger blieb auch weiterhin ein entscheidender Motor in der sich formierenden altkatholischen Bewegung. Auf seine Einladung hin trafen sich zu Pfingsten (28. bis 30. Mai) 1871 eine Anzahl entschiedener Dogmengegner in München. In der Zwischenzeit hatte das päpstliche System seine Macht gezeigt. Der Münchener Erzbischof von Scherr hatte Döllinger und auch Johannes Friedrich, seinen Münchener Mitstreiter, durch ein am 17. April 1871 öffentlich in allen Kirchen des Erzbistums München verlesenes Dekret exkommuniziert. Döllinger empfand diese Strafe stets als ein grobes Unrecht, gegen das er, wo immer er Gelegenheit hatte, heftig protestierte.[23] Persönlich zog er allerdings die Konsequenz und lehnte es bis zu seinem Tod am 10. Januar 1890 ab, irgendwelche priesterlichen Funktionen auszuüben. Um so stärker aber engagierte er sich im Aufbau der altkatholischen Protestbewegung und im wissenschaftlichen Nachweis der Fehlentscheidung dieses Konzils.[24] Die von diesem Kreis verabschiedete sogenannte

---

[23] Friedrich zitiert in seiner Döllinger-Biographie einen Brief, den dieser am 1. März 1887, also 16 Jahre nach der Exkommunikation, an den Nachfolger Scherrs, Steichele, schrieb und in dem immer noch Wut und Enttäuschung ihren Platz hatten: „In dem Bannfluch, welchen das hiesige Domkapitel ... gegen mich von allen Kanzeln hat verkündigen lassen, kann ich auch heute nur eine Gewaltthat und Ungerechtigkeit erkennen. Ich habe mich ja erboten, mich belehren, mich öffentlich wiederlegen zu lassen ... Eine Pertinacia (hier: Beharrlichkeit im üblen Sinn oder Hartnäckigkeit, d. Vf.) war also meinerseits offenbar nicht vorhanden, und Ew. Exzellenz wissen, dass, wo diese fehlt, ein Bannstrahl wegen Lehrverschiedenheit nichtig und ungültig ist. Das Verfahren mit mir ist in der That ein in der Kirchengeschichte beispielloser Vorgang. Es ist noch nicht vorgekommen, dass man einen Greis, der in 45jährigem Lehramte sich nie auch nur einen bischöflichen Verweis oder Tadel zugezogen hatte, dessen Orthodoxie bis dahin nie auch nur eine konstatierten Verdächtigung ausgesetzt war, kurzweg und ohne ihn auch nur anzuhören – nach beliebter Formel – dem Satan übergeben hat." (Ignaz von Döllinger. Sein Leben, aaO., 584 f.)

[24] Es wurden immer wieder Versuche unternommen, Döllinger zum Widerruf und damit zu einer Aussöhnung mit der Papstkirche zu bewegen. Unter ihnen war auch der apostolische Nuntius in München, Ruffo Scilla, der sich im Jahre 1887 mit diesem Ansinnen an Döllinger wandte. In seinem Antwortschreiben vom 12. Oktober 1887 untermauerte Döllinger noch einmal ausdrücklich diese seines Erachtens grobe Falschentscheidung des Konzils. Ein jahrelanges Studieren und Forschen habe

„Münchener Pfingsterklärung“, die später in der „Augsburger Allgemeinen Zeitung“ publiziert wurde, ist unter dem Eindruck dieser kirchlichen Sanktionen gegen die altkatholischen Aktivisten verfasst, beleuchtet aber auch noch einmal die nach der Meinung der Protestler von der kirchlichen Tradition nicht abgedeckten Neuerungen der Konzilsbeschlüsse: „Es ist bisher nicht Lehre der Kirche und nicht katholischer Glaube gewesen, dass jeder Christ an dem Papste einen unumschränkten Oberherr und Gebieter habe, welchem er direkt und unmittelbar unterworfen ist, und dem er bei Strafe zeitlicher und ewiger Verdammnis in allem, was seinen religiösen Glauben sowie sein sittliches Tuen und Lassen betrifft, unbedingt gehorchen muss – ihm oder seinen Sendboten und Bevollmächtigten.“[25] Allerdings bleiben Döllinger und die anderen Unterzeichner dieser Erklärung nicht bei der negativen Haltung des reinen Protestes stehen, sondern drücken darüber hinaus die Hoffnung aus, dass der Kampf, den sie jetzt um die Zukunft der Kirche genötigt sind zu führen, „unter höherer Leitung“, und damit ist nichts anderes als die Leitung Gottes gemeint, das Mittel sein wird, „die längst ersehnte und unabweisbar gewordene Reform der kirchlichen Zustände sowohl in der Verfassung als auch im Leben der Kirche, anzubahnen und zu verwirklichen“. Und „Reform der Verfassung“ kann für die in München Zusammengekommenen eben nichts anderes heißen, als die nach ihrer Meinung unrechtmäßigen und für die Zukunft der Kirche bedrohlichen Konzilsdekrete als Irrtum zu erkennen und rückgängig zu machen. Nach ihrer

---

seine 1870 formulierte Ablehnung nicht erschüttern können. So fühlte er sich in seinem Protest bestätigt: „Sechzehn Jahre sind verflossen seit dem Banne, den man über mich verhängt hat. Ich habe diese Zeit dazu verwendet, mich erneuten Studien und Forschungen zu widmen, aus den Quellen zu schöpfen, der Überlieferung von einem Jahrhundert zum anderen nachzugehen. Eine gründliche Prüfung der angeblichen Zeugnisse, die in den zugunsten des Konzils geschriebenen Werken zusammengestellt sind, hat mir gezeigt, dass es sich dabei um eine Masse von Änderungen, Dichtungen und Fälschungen handelt, von denen die meisten schon im 17. Jahrhundert als solche erkannt waren ...“ (Ignaz von Döllinger, Briefe und Erklärungen über die Vatikanischen Dekrete 1869-1887, München 1890 (Nachdruck Darmstadt 1968), 147-154. Hier zitiert nach Johann Finsterhölzl, Ignaz von Döllinger, aaO., 388.)

[25] Die Münchener Erklärung von Pfingsten 1871, s. b. Schulte, Der Altkatholizismus, aaO., 16-22, hier: 16 f.

Meinung muss es in Zukunft darum gehen, dass die katholischen Völker, der Text spricht von „Kulturvölker(n) katholischen Bekenntnisses", ohne dass ihre Mitgliedschaft in der einen, allgemeinen Kirche beeinträchtigt würde, dennoch die Möglichkeit haben, „frei von dem Joche unberechtigter Herrschsucht", das heißt also ohne Intervention eines universal agierenden Jurisdiktionsträgers, entsprechend ihrer Eigenart Kirchesein zu leben und zu verwirklichen. Nur auf diesem Wege – das heißt also nur über den Weg der Reformen und eines ausgewogenen Verhältnisses von „Primat und Episkopat", das eine kirchliche Eigenentwicklung ermöglicht, und nicht über die absolutistisch anmutenden Dekrete des Konzils, sei auch die Möglichkeit gegeben, „sich dem höchsten Ziele christlicher Entwicklung wieder zu nähern, der Vereinigung der jetzt getrennten christlichen Glaubensgemeinschaften, die von dem Stifter der Kirche gewollt und verheißen ist ...".[26]

Diese Pfingsterklärung wurde – etwas modifiziert – in das *Programm des Katholikenkongresses* übernommen, der als erster in einer langen Reihe vom 22. bis 24. September 1871 ebenfalls in München zusammenkam. Waren es bisher immer nur kleinere Gruppen engagierter Theologen und Laien, so erhielt der altkatholische Protest hier erstmals eine breite Öffentlichkeit. Über 300 Delegierte der in Deutschland, Österreich und der Schweiz inzwischen entstandenen Altkatholikenvereine waren nach München gekommen. Dazu eine Reihe anglikanischer, evangelischer und orthodoxer Gäste, darunter nicht zuletzt auch Vertreter der Kirche von Utrecht, die für die weitere Entwicklung der altkatholischen Bewegung in Zukunft noch eine wichtige Rolle spielen sollte. Die beiden öffentlichen Veranstaltungen, die für ein breites interessiertes Publikum gedacht waren, zählten insgesamt etwa 8000 Besucher.

Der Kongress verabschiedete – wie schon vermerkt – ein Programm, das die wesentlichen Aussagen der in Nürnberg und in München zu Pfingsten 1871 veröffentlichten Erklärungen übernahm. Da der Kongress aber so etwas wie ein erstes altkatholisches „Parlament" war, kam diesem Programm eine besondere Verpflichtung zu, und auch die theologische Stellungnahme, die hier formuliert wurde, wuchs aus dem

---

[26] Der vollständige Punkt 5 der Pfingsterklärung vgl. aaO., 21 f.

Rahmen des persönlichen Protests einiger weniger heraus und wurde in den großen Zusammenhang einer nunmehr international agierenden Protestbewegung gestellt. Das Münchener Programm war somit mehr als nur Protest und Willenserklärung, sondern theoretische Plattform für die zukünftige praktische Tätigkeit. Ohne dieses Programm hätte sich die altkatholische Bewegung keine Kirchenstruktur geben können, die ebenfalls in München grundsätzlich beschlossen wurde, weil sich die Altkatholiken nach wie vor und trotz Exkommunikation als Katholiken betrachteten und als Katholiken leben wollten. Die Programmpunkte können wie folgt zusammengefasst werden: Festhalten am alten katholischen Glauben, an den Rechten als Katholiken, um nicht in die Sektenecke abgedrängt zu werden, was in dieser Kampfphase von römischer Seite immer wieder versucht wurde, Verwerfung der neuen Dogmen und damit Festhalten an der Verfassung der alten Kirche. Damit wird noch einmal die Unersetzbarkeit der Episkopalstruktur für die Kirchenverfassung betont. So heißt es im Originaltext des Münchener Programms unter Punkt II: „Wir verwerfen jeden Versuch, die Bischöfe aus der unmittelbaren und selbständigen Leitung der Einzelkirchen zu verdrängen. Wir verwerfen die in den Vaticanischen Decreten enthaltene Lehre, dass der Papst der einzige göttlich gesetzte Träger aller kirchlichen Autorität und Amtsgewalt sei, als im Widerspruche stehend mit dem tridentinischen Canon, wonach eine göttlich gestiftete Hierarchie von Bischöfen, Priestern und Diaconen besteht.“[27] Allerdings können auch die Altkatholiken die geschichtliche Entwicklung der alten Kirche nicht negieren, die dem römischen Bischof ja durchaus eine gewisse primatiale Stellung eingeräumt hat. Wollen sie Katholiken sein und Katholiken bleiben, und auch um der theologischen Redlichkeit willen, muss dies Erwähnung finden. Im Programm wird dies so formuliert: „Wir bekennen uns zu dem Primate des römischen Bischofs, wie er aufgrund der Schrift von den Vätern und Concilien in der alten ungetheilten christlichen Kirche anerkannt war.“[28] Was mit diesem Zusatz,

---

[27] Programm des Katholikenkongresses in München, s. Schulte, Der Altkatholizismus, aaO., 22-24, hier: 22.
[28] Ebd.

der mehr als nur ein Zugeständnis an die Historie ist, nach altkatholischer Auffassung gemeint sein kann, wird noch genauer zu durchleuchten sein. Zumindest hält er die Möglichkeit zu einem Gespräch über die Rolle des Bischofs von Rom im gesamtkirchlichen Kontext offen.

An diesem Punkt der spannungsreichen Auseinandersetzung zwischen der römisch-katholischen Kirche und der sich formierenden altkatholischen Kirche steht aber eindeutig die Ablehnung des Primats im Sinne eines universalen Bischofsamtes (und des damit zusammenhängenden Anspruchs der Unfehlbarkeit des römischen Bischofs) im Vordergrund. Dass diese Auseinandersetzung eine existenzielle war, mussten die Altkatholiken der Gründungszeit schmerzhaft erfahren. Die anderen Programmpunkte seien der Vollständigkeit halber ebenfalls noch genannt: Reform der Kirche mit verfassungsmäßiger Teilnahme des Volkes; Anbahnung der Wiedervereinigung der getrennten christlichen Kirchen; Reform der Ausbildung und der Stellung des Klerus; eindeutige positive Haltung gegenüber dem Staat bei „Übergriffen des Ultramontanismus"; Aufrechterhaltung der Ansprüche als Katholiken auf die Güter und Besitztitel der Kirche.[29]

3. Die „Utrechter Erklärung" von 1889

Wie bereits erwähnt, hatte die Kirche von Utrecht Beobachter zum Münchener Kongress entsandt, von denen einer, Pfarrer van Thiel, auf der ersten öffentlichen Sitzung im Glaspalast ein Grußwort sprach. Döllinger reihte die Kirche von Utrecht in ihrem Protest gegen die unberechtigten Rechtsansprüche des Papstes in die Reihe der Wegbereiter des Altkatholizismus ein.

Auf dem Kongress sagte Döllinger über die Kirche von Utrecht unter anderem: „Diese Kirche verwirft nun schon seit länger als einem Jahrhundert den neuen Grundsatz, dass ein Mann in der Kirche aus eigener Vollmacht neue Glaubensartikel machen und die Zugehörigkeit zur Kirche von der Unterwerfung unter diese neuen Lehren abhängig machen könne. In der Wahrung ihrer Rechte und Pflichten ist uns die Utrechter Kirche vorangegangen, wie sie denn auch jetzt selbstverständlich die Vaticanischen Decrete vom 18. Juli 1870 zurückweist, und zwar aus den selben Gründen, aus welchen wir dies thuen" (Stenografischer Bericht, Ka-

---

[29] Vgl. aaO., 344.

tholikenkongress München 1871, 9). – Zur Geschichte der Kirche von Utrecht und ihrem Kampf gegen Rom ist in Kürze folgendes zu sagen: Die Anfänge der Kirche von Utrecht gehen zurück auf den heiligen Willibrord, einem angelsächsischen Mönch, der 695 erster Bischof von Utrecht wurde. Schon im Mittelalter zeichneten sich die Bischöfe von Utrecht durch weitgehende Unabhängigkeit von Rom aus. Ihre Wahl blieb stets Sache des durch den einheimischen Klerus gebildeten Domkapitels, dessen Rechte im Jahre 1145 vom Kaiser des Heiligen Römischen Reiches bestätigt wurden. Auch förderten die Bischöfe, entgegen den päpstlichen Verboten, die Verbreitung holländischer Bibelübersetzungen und schützten die landeseigenen gottesdienstlichen Überlieferungen. In den Wirren der Reformations- und Nachreformationszeit wurden die holländischen Katholiken unpatriotischer Gesinnung bezichtigt. Die Kirche von Utrecht hatte daher lange Zeit stark unter dem Misstrauen ihrer calvinistischen Mitbürger und der Regierung zu leiden. So wurde der Gottesdienst verboten oder durch Dekrete stark eingeschränkt. Vielfach wurden die Gemeinden gezwungen, ihren Gottesdienst in sogenannten „Versteckkirchen" zu halten, das waren meist als Scheunen oder Wohnhäuser getarnte Kirchen, von denen noch heute einige erhalten sind. Aber auch der Papst und die römische Kurie, die 1559 als Gegengewicht gegen die Reformation das Bistum Utrecht zum Erzbistum erhoben und eine neue bischöfliche Hierarchie einsetzten, erleichterte dem einheimischen Klerus seine Aufgabe keineswegs. Darüber hinaus konkurrierten jesuitische Missionare – die seit 1592 auf Betreiben Spaniens nach Holland geschickt wurden, um die Calvinisten zum Katholizismus zurückzuführen – mit dem einheimischen katholischen Klerus und erschwerten die Lage der Kirche dadurch erheblich. Hinzu kam, dass der holländische Klerus seine Ausbildung hauptsächlich an belgischen und französischen Universitäten empfing und augustinisch geschult war. Von ihrem Augustinismus her nahmen die Erzbischöfe von Utrecht Stellung gegen die Theologie, besonders gegen die Abendmahls- und Beichtpraxis der Jesuiten. Als im Verlaufe der in Frankreich ausgebrochenen jansenistischen Streitigkeiten viele Franzosen ihre Heimat verließen und bei den holländischen Katholiken Asyl fanden, wurden auch diese des Jansenismus verdächtigt. Dieser Vorwurf wurde vor allem gegen Erzbischof Peter Codde (gestorben 1719) erhoben, der nach Rom gerufen und 1702 vom Papst abgesetzt wurde. An seine Stelle setzte Rom, und zwar gegen das bestehende Recht, einen apostolischen Vikar ein und erklärte das Utrechter Domkapitel als nicht mehr bestehend. Das Kapitel aber hielt an seinem alten Bischofswahlrecht fest. Es wollte damit die Kontinuität mit der angestammten altehrwürdigen katholischen Landeskirche bewahren und verhindern, dass die zukünftigen Erzbischöfe nur noch als „apostolische Vikare" (diesen Titel trugen sie auf Geheiß Roms seit der Reformationszeit, damit die Protestanten nicht unnötig provoziert würden), das heißt als verlängerter Arm des Papstes galten und Holland als Missionsgebiet degradiert würde. Das hätte das Zugeständnis bedeutet, dass in den Niederlanden die alte katholische Kirche definitiv untergegangen sei.

Aus diesen Erwägungen heraus wählte das Domkapitel von Utrecht auch nach dem Tod von Erzbischof Codde am 17. April 1723 Cornelius Steenoven (gestorben 1725) zum neuen Erzbischof von Utrecht. Die Bischofsweihe empfing er durch den durchreisenden französischen Missionsbischof Varlet. Durch die Wahl und Konsekration Steenovens, deren

Rechtmäßigkeit durch Gutachten bedeutender Kirchenrechtslehrer bestätigt wurde, war die bischöfliche Sukzession mit der allgemeinen katholischen Kirche gesichert. Der Papst, dem selbstverständlich die Wahl Steenovens angezeigt worden war, verweigerte seine Zustimmung. Die Kirche von Utrecht appellierte daraufhin an ein allgemeines Konzil. Damit war der Bruch mit Rom, der aber nur in den Augen der päpstlichen Kurie unvermeidlich war, vollzogen. Die Kirche von Utrecht hatte lediglich ihre althergebrachten Rechte gewahrt und nichts vom überlieferten Glauben preisgegeben. Nach dem Bruch mit Rom und der über den Erzbischof und das Domkapitel am 21. Febr. 1725 verhängten Exkommunikation war die Kirche von Utrecht gezwungen, eine eigenständige kirchliche Organisation aufzubauen. Damit keine Unterbrechung in der bischöflichen Sukzession eintreten konnte, wurden die alten, seit Ende des 16. Jahrhunderts vakant gebliebenen Bischofssitze von Haarlem und Deventer neu besetzt. Auf der Provinzialsynode des Jahres 1763 erklärte sie sich zur Versöhnung mit Rom bereit, aber Rom blieb unerbittlich. Im Bewusstsein ihrer Verpflichtung auf den überlieferten katholischen Glauben, verwarf die Kirche von Utrecht 1854 das Dogma von der unbefleckten Empfängnis Mariens wie auch die beiden Papstdogmen des Vatikanischen Konzils von 1870.[30]

Eine Folge dieser sich positiv abzeichnenden Entwicklung war die Reise des Utrechter Erzbischofs Loos nach Bayern. Vom 7. bis 23. Juli 1872 firmte er dort in mehreren altkatholischen Gemeinden. Damit begann eine gemeinsame Geschichte, die nicht mehr abreißen sollte. Es brauchte allerdings eine Reihe von Jahren, in denen die Altkatholiken ihren Weg finden mussten, einen Weg, den die Utrechter Kirche nicht immer ohne Sorge beobachtete. So hatten es die holländischen Bischöfe abgelehnt, den nach langem Ringen um die Notwendigkeit des Bischofsamtes erst 1876 von der Synode der christkatholischen Kirche der Schweiz gewählten Eduard Herzog zum Bischof zu weihen. Joseph Hubert Reinkens, von der Katholizität Herzogs zutiefst überzeugt, nahm die Weihe in eigener Verantwortung am 18. September 1876 in der altkatholischen Pfarrkirche St. Martin zu Rheinfelden vor. Und als die Synode der deutschen Altkatholiken daranging, nach Jahren der kontroversen Diskussion 1878 den Pflichtzölibat für ihren Klerus abzuschaffen, sah sich der Erzbischof von Utrecht im Namen seiner Kirche genötigt, im Vorfeld der Synode heftig zu intervenieren.

[30] Vgl. ausführlich Urs Küry, Die altkatholische Kirche. Ihre Geschichte, ihre Lehre, ihre Anliegen, 2., ergänzte und mit einem Nachtrag versehene Auflage, herausgegeben von Christian Oeyen, Stuttgart 1978, 35-39.

War die Utrechter Kirche mit der Weihe von Joseph Hubert Reinkens zu vorschnell gewesen? Erst 1889 war der Zeitpunkt gekommen, dass die bisher nur lose in Verbindung stehenden altkatholischen Kirchen und die Kirche von Utrecht zu konkreten Übereinkünften kamen. Am 24. September 1889 trafen sich die Bischöfe Herzog und Reinkens mit ihren holländischen Kollegen in Utrecht. In den ausführlichen Gesprächen, an denen auch theologische Berater teilnahmen, wurden theologische Fragen von beidseitigem Interesse abgeklärt. Dabei spielte selbstverständlich auch die Frage des Primats des römischen Bischofs eine wesentliche Rolle. Reinkens brachte die gemeinsame Position auf den Punkt, als er während der Sitzung formulierte: „Der Papst hat durch seine Unfehlbarkeits-Erklärung die Verfassung der Kirche zerstört und durch seinen Anspruch auf den Universal-Episkopat (‚seine Allmacht über die Bischöfe') den Episkopat vernichtet, sodass die Bischöfe nur (noch) seine Vikare sind. Das ist nicht apostolisch! Wie haben wir nun zu handeln? Rom verlangt alles für sich und will alle Selbständigkeit der Bistümer vernichten ... Rom war ein gewöhnliches Bistum mit seinen Bischöfen, Priestern und Diakonen. Man findet in den ersten tausend Jahren kein Dekret an die ganze Kirche. Die römische Tradition datiert erst aus der Zeit, als Rom seine (zentrale) Macht aufzubauen begann. Wir müssen in die frühere Zeit zurück. ... Wir müssen die alte Zeit befragen, wie unser Verhältnis dem Papst gegenüber sein soll."[31] Der Utrechter Erzbischof, der aus der langen Erfahrung seiner Kirche mit dem römischen System die Kritik teilte, wollte allerdings alles vermeiden, was auch nur den Eindruck erwecken könnte, sie wollten von sich aus mit Rom brechen. Für ihn war und blieb Rom (und der Papst) nach wie vor das „Zentrum der Einheit" der Kirche. Bischof Reinkens entgegnete dem Erzbischof mit der klassischen altkatholischen Position, dass nicht die Altkatholiken sich vom Papst trennen, sondern umgekehrt, der

---

[31] Protokoll der Bischofskonferenz zu Utrecht in der erzbischöflichen Wohnung, den 24. Sept. 1889, in: IKZ 79 (1989), 84-102, hier: 86 f. – Anmerkung: Die Ergänzungen in den Klammern beziehen sich auf die für die IKZ vorgenommene redaktionelle Bearbeitung des Originalprotokolls.

Papst sich von ihnen getrennt habe. Mit anderen Worten: Durch die Dogmatisierungen von 1870 habe die römische Kirche sich selbst von der Struktur und Ordnung der alten Kirche getrennt und, wie Bischof Herzog ergänzt: „Wir haben kein Recht, am Glauben etwas zu ändern.“[32]

Die Bischöfe einigten sich schließlich auf eine Formulierung, die der Bonner Theologieprofessor Reusch als theologischer Berater von Bischof Reinkens vorbereitet hatte, und die in die offizielle „Utrechter Erklärung“ aufgenommen wurde: „Als mit dem Glauben der alten Kirche im Widerspruch stehend und die altkirchliche Verfassung zerstörend, verwerfen wir die Vaticanischen Decrete vom 18. Juli 1870 über die Unfehlbarkeit und den Universalepiskopat oder die kirchliche Allgewalt des römischen Papstes.“ Und dann auch hier wieder der ergänzende Hinweis auf einen legitimen Primat des römischen Bischofs als „erster unter gleichen“ im Kreise seiner gleichberechtigten Mitbischöfe im Bischofskollegium: „Das hindert uns aber nicht, den historischen Primat anzuerkennen, wie denselben mehrere ökumenische Konzilien und die Väter der alten Kirche den Bischof von Rom als dem primus inter pares zugesprochen haben mit der Zustimmung der ganzen Kirche des ersten Jahrtausends.“[33] Diese „Utrechter Erklärung“ kann als ekklesiologische Grundlage der altkatholischen Kirche der Utrechter Union gelten, die mit diesem 24. September 1889 ins Leben trat.

II. Von der Sprachlosigkeit zum Dialog

Was nach 1889 folgte, war eine lange Periode der „Sprach-Losigkeit“ zwischen beiden katholischen Kirchen. Die Fronten blieben verhärtet, man lebte nebeneinander her und nahm sich nicht wahr. Die Internationale altkatholische Bischofskonferenz (IBK) sah sich deshalb veranlasst, zum 50. Jahrestag des I. Vatikanums noch einmal feierlich gegen die Konzilsbeschlüsse von damals zu protestieren, da sie „mit der katholi-

---

[32] aaO., 87 f.
[33] Vgl. Urs Küry, Die altkatholische Kirche, aaO., 452.

schen Glaubensregel in schärfstem Widerspruch stehen".[34] Mit dieser „Neuordnung", so die Bischöfe, sei die Kirche, soweit sie sich dem Papst unterwerfe, zu einer „absoluten Monarchie" gemacht worden. Und den Katholiken sei die Pflicht auferlegt, „einen über die ganze christliche Kirche mit absoluter Gewalt regierenden Herrscher anzuerkennen, der angeblich seine Gewalt unmittelbar von Gott habe."[35] Die ekklesiologischen Argumente bleiben dieselben wie in der Kampfphase unmittelbar nach dem Konzil und bei der Gründung der Utrechter Union. Konsequenterweise mussten die altkatholischen Bischöfe dann auch die Dogmatisierung der leiblichen Aufnahme Mariens in den Himmel durch Pius XII. 1950 als eine mit der alten Kirche nicht vertretbare Anmaßung des Papstes zurückweisen.[36]

1. Die dogmatische Konstitution des II. Vatikanischen Konzils „Lumen Gentium"

Die Beziehung zwischen der altkatholischen und der römisch-katholischen Kirche kann bis zur ökumenischen Öffnung der römisch-katholischen Kirche durch das II. Vatikanum deshalb als „Nicht-Beziehung" bezeichnet werden. Das Konzil brachte hier Bewegung, wurde doch über das neugeschaffene Einheitssekretariat unter der Leitung des deutschen Kurienkardinals Augustin Bea auch die altkatholische Kirche eingeladen, Beobachter zum Konzil zu entsenden. Der schweizer altkatholische Bischof Urs Küry drückte in einem „Wort zur Eröffnung des II. Vatikanischen Konzils" vom September 1962 die Hoffnung der Altkatholiken aus, dass gerade auch bezüglich der trennenden Dogmen und mancher römisch-katholischer Gebräuche ein Um- und Reformdenken Platz greifen möge. So legte er den altkatholischen Gläubigen ans Herz,

[34] Kundgebung der am 28. und 29. April 1920 zu Utrecht versammelten altkatholischen Bischöfe, in: IKZ 10 (1920) 89-96, hier: 92.
[35] Vgl. aaO., 93.
[36] Erklärung der altkatholischen Bischöfe zum Dogma von der leiblichen Aufnahme Mariens in den Himmel vom 26. Dez. 1950, in: IKZ 41 (1951) 1 f.

„den Verhandlungen des Konzils ihre volle, warme und brüderliche Anteilnahme entgegenzubringen".[37]

Bezüglich der Primatsfrage richteten sich das Interesse und die Aufmerksamkeit der Altkatholiken insbesondere auf die dogmatische Konstitution über die Kirche „Lumen Gentium". Sie gilt auch bei römisch-katholischen Theologen als Haupt- und Mittelstück der Konzilsarbeit, auf die sich alle anderen Texte beziehen.[38] Die schwierige Entstehungsgeschichte der Konstitution ist bekannt. Als am 21. November 1964, in der Schlusssitzung der dritten Konzilsperiode, „Lumen Gentium" endgültig verabschiedet wurde, erhielt der nunmehr vorliegende Text 2151 Ja- und nur fünf Neinstimmen. Ein Ergebnis, das sicher die „moralische Einmütigkeit" in eindrücklicher Weise dokumentiert, aber nicht die bis zum Schluss spannungsgeladene Atmosphäre der Debatte deutlich macht. Besonders das dritte Kapitel: „Die hierarchische Verfassung der Kirche, insbesondere das Bischofsamt" stand dabei auf dem konziliaren Prüfstand. Und genau dieses dritte Kapitel ist für die altkatholische Theologie von besonderer Wichtigkeit, da hier die Frage des Bischofsamtes in seinem Verhältnis zum Primat des Papstes angesprochen ist. Das Zweite Vatikanum will mit dieser Kirchenkonstitution das 1870 begonnene fortsetzen und nunmehr die Lehre von den Bischöfen in den Blick nehmen, gleichzeitig werden aber Primat und Unfehlbarkeit des Papstes den Gläubigen erneut als „fest zu glauben" vorgelegt.[39] Dieser Tenor bestimmt das ganze dritte Kapitel. Bis auf LG 26, in dem vom Heiligungsamt der Bischöfe die Rede ist, greifen alle anderen Abschnitte in Variationen die päpstlichen Rechte gegenüber den Bischöfen auf.[40] Dennoch hatte auch dieser Entwurf gegen eine feste Opposition zu kämpfen. Um

[37] Urs Küry, Ein Wort zur Eröffnung des II. Vatikanischen Konzils, in: IKZ 52 (1962) 277f.

[38] Vgl. Gérard Philips, Die Geschichte der dogmatischen Konstitution über die Kirche „Lumen Gentium", in: ^{2}LThK XII, Freiburg 1966, 139-356, hier: 139.

[39] Vgl. LG 18.

[40] Vgl. dazu den ausführlichen Kommentar zu Lumen Gentium von Werner Küppers, Das II. Vatikanische Konzil und die Lehre von der Kirche, in: IKZ 55 (1965) 69-109, 159-196; 56 (1966) 48-58, 65-75, hier: IKZ 55 (1965) 161.

eine einmütige Annahme des Kirchenschemas zu ermöglichen, entschloss sich Paul VI. zu einem aufsehenerregenden Schritt: Nur drei Tage vor der endgültigen Abstimmung, am 16. November 1964, wurde den Konzilsvätern die „Nota explicativa praevia“ vorgelegt, um, wie es hieß, Zweifel an der Lehre des dritten Kapitels, das heißt an der Eindeutigkeit der Vormachtstellung des Papstes, auszuräumen.

Vor dem Hintergrund des sicher gut gemeinten, aber mit Blick auf das I. Vatikanum doch autoritären Eingreifens des Papstes auf die Konzilsarbeit stellt sich für die altkatholische Theologie natürlich die Frage, wie das Konzil überhaupt bischöfliche Kollegialität verstehen kann. „Lumen Gentium“ gibt Antwort darauf in Abschnitt 22, in dem ausdrücklich formuliert wird, dass das Kollegium der Bischöfe nur Autorität habe, wenn es verstanden wird „in Gemeinschaft mit dem Bischof von Rom als seinem Haupt und unbeschadet dessen primatialer Gewalt über alle Hirten und Gläubigen“.[41] Hier, so stellt Werner Küppers mit Recht fest, stehen wir am eigentlichen „Brennpunkt“ einer vom Konzil gewünschten Ergänzung des I. Vatikanums. Im Prinzip haben die Bischöfe als Bischöfe natürlich Anteil an der höchsten und vollen Gewalt über die Kirche. „Sie kann jedoch ... nur ausgeübt werden mit Zustimmung, Mitwirkung oder nachträglicher Anerkennung des römischen Bischofs.“ Umgekehrt aber hat das Haupt des Kollegiums, also der Papst, „Kraft seiner durch die Kollegialität nicht behinderten Freiheit das Recht, auch ohne Verbindung mit dem Kollegium uneingeschränkt die Initiative zu ergreifen oder bestimmte Akte zu setzen.“[42] So muss wohl, bei aller Würdigung, dass das Konzil sich überhaupt mit der Kollegialität der Bischöfe beschäftigt hat, ernüchternd festgestellt werden, dass von einer echten Aufwertung des Bischofsamtes im Sinne einer altkirchlich verstandenen und für das altkatholische Verständnis vom Bischofsamt entscheidenden Praxis von Kollegialität nicht die Rede sein kann. Solange das I. Vatikanum die dogmatische Voraussetzung für das römisch-katholische Verständnis vom Bischofsamt und darüber hinaus auch von der Kirche bleibt, und nichts lässt auf eine Änderung

---

[41] Vgl. ²LThK XII, 223.
[42] Vgl. Küppers, IKZ 55 (1965) 173.

dieser 1870 festgelegten dogmatischen Position schließen, solange bleibt vom altkatholischen Selbstverständnis her auch die Notwendigkeit bestehen, eine eigene Grundposition der Ekklesiologie festzustellen und als katholische Lehre zu vertreten.

2. 100 Jahre I. Vatikanisches Konzil

Die Hoffnung, die die Altkatholiken in die Beratungen über die Kirchenkonstitution gesetzt hatten, war mit der Verabschiedung des Textes einer deutlichen Ernüchterung gewichen. Und als die christliche Welt am 18. Juli 1970 des 100. Geburtstages des I. Vatikanischen Konzils gedachte, konnte sie nicht anders, als – wie 1920 schon – ihren grundsätzlichen Widerstand gegen die Papstdogmen wiederholen.

Es gab aber insofern eine theologische Differenzierung der altkatholischen Position, als die Bischöfe ihre Vorstellungen vom Primat des römischen Bischofs deutlicher herausstellten. So wird vom „Vorrang“ des Bischofs von Rom in der Gesamtheit des Episkopats gesprochen, der im Laufe der kirchlichen Entwicklung so „zum Zeichen der Einheit erwuchs“. Diesen „Vorrang“ erklären die altkatholischen Bischöfe von der herausgehobenen Stellung der römischen Gemeinde als christliche Gemeinde in der ehemaligen Hauptstadt des Weltreiches her, die darüber hinaus durch die Verehrung des Martyriums der beiden Apostel Petrus und Paulus besonders ausgezeichnet sei. Erst nach und nach sei dann der Ehrenvorrang des römischen Bischofs mit der besonderen Stellung des Petrus verbunden worden. Aber gerade diese Berufung, so führen die Bischöfe aus, müsse der römische Bischof „in besonderer Weise zur dienenden Verbindung (die Betonung liegt hier auf dem Dienst!) mit allen Bischöfen und mit allen Kirchen führen“. Der dem Papst zukommende Primat dürfe also, soll er wirklich nach dem Willen Christi für die Kirche sein, nur dazu dienen, „die ganze Kirche in der Wahrheit und in der Liebe zu festigen“. Deshalb bedürfe der Primatsträger, wie dies ja auch schon Joseph Hubert Reinkens in Anklang an Papst Gregor I. hervorhob, nicht „Universalbischof“ über alle, sondern nur *im wahrsten Sinne des Wortes* „Diener der Diener Gottes“ sein. Da diese altkirchliche Position nach altkatholischer Auffassung durch die Beschlüsse vom 18. Juli 1870 verlassen worden sei, bleibe der Einspruch gegen die Dogmatisierung von Universalprimat und Unfehlbarkeit des römischen Bischofs zu Recht bestehen.[43]

Wenn auch die nochmalige Bestätigung der Dekrete des I. Vatikanums durch das letzte Konzil („Lumen Gentium") mit großem Bedauern zur Kenntnis genommen wird, so drücken die altkatholischen Bischöfe doch ihre Hoffnung aus, und hier ist nun ein wirklich ein deutlicher Fortschritt erkennbar, aus der „Sprachlosigkeit" herauszukommen,[44] „dass die Entwicklung zur konziliaren Gemeinschaft aller Kirchen weitergeht, einer Gemeinschaft, in der der ursprüngliche Petrusdienst des Primates eine neue Erfüllung finden wird."[45]

Der damalige Direktor des altkatholischen Seminars der Universität Bonn, Professor Werner Küppers, der im Umfeld des 100. Jahrestages der Papstdogmen von 1870 in einer breit angelegten Untersuchung die altkatholische Position noch ein-

---

[43] Erklärung der altkatholischen Bischöfe zum Primat in der Kirche, in: IKZ 60 (1970) 57-59, hier: 58 f.

[44] Als Fortschritt gilt hier auch festzuhalten, dass seit 1966 offizielle Gespräche zwischen der römisch-katholischen und der altkatholischen Kirche aufgenommen worden waren. Da (bis auf die kritischen Fragen der ekklesiologischen Stellung des Bischofs von Rom selbstverständlich) in allen anderen wichtigen theologischen Fragen weitestgehende Einigkeit festgestellt werden konnte, richteten die im Sept. 1968 in Zürich gemeinsam tagenden römisch-katholischen Teilkommissionen Deutschlands, Österreichs und der Schweiz an das Einheitssekretariat den Vorschlag, das vom II. Vatikanum den orthodoxen Kirchen gemachte pastorale Angebot, eine gegenseitige Spendung der Sakramente in Notfällen auch auf die altkatholischen Kirchen auszudehnen. In diesem als „Zürcher Nota" bekannt gewordenen Dokument wird die Zulassung zur Eucharistie, Buße und Krankensalbung genannt, des Weiteren Möglichkeiten des Vorgehens bei konfessionsverschiedenen Trauungen erläutert, sowie die Möglichkeiten einer gemeinsamen Nutzung von Kirchenräumen und kirchlichen Gegenständen vorgeschlagen. Leider wurde von Rom hierzu kein Plazet erteilt. Die Länderkommissionen wurden vielmehr aufgefordert, ausführliche Abkommen unter Berücksichtigung der örtlich wichtigen Fragen vorzulegen. Für Deutschland geschah dies, inklusive der von Rom gewünschten Abänderungen und Ergänzungen, bis Dez. 1974. Bis heute warten die Altkatholiken allerdings vergebens auf die Promulgation dieses Abkommens.

Die zaghaft optimistische Haltung, die die altkatholischen Bischöfe in ihrer Erklärung zum 18. Juli 1970 abgaben, ist sicher auch von den laufenden Gesprächen mit der römisch-katholischen Kirche und der Hoffnung auf einen guten Abschluss geprägt.

[45] Erklärung der altkatholischen Bischöfe zum Primat, aaO., 59.

mal dezidiert theologisch aufschlüsselt,[46] und der natürlich als altkatholischer Theologe die grundsätzliche Stellung seiner Kirche teilt, führt aus, dass es zu einer, sicher von allen gewünschten und erhofften vollen Gemeinschaft innerhalb der westlichen Kirche erst dann kommen kann, „wenn jene besondere, trennende Festlegung der römischen Kirche auf die Ekklesiologie des VAT. I ... wirklich überwunden ist". Er macht dann zwei, meines Erachtens nach wie vor überlegenswerte Vorschläge, die der Entwicklung dienlich sein könnten, um aus der ekklesiologischen Engführung herauszukommen.

Im ersten dieser Vorschläge, der heute auch von anderen Theologen diskutiert wird, schlägt er der römischen Kirche vor, für das I. Vatikanum auf den Rang eines ökumenischen Konzils zu verzichten und damit auch auf die ganze von der römischen Kirche beanspruchte Zählung der westlichen Kirchenversammlungen als „ökumenische Konzile", die ja in den anderen christlichen Konfessionen mehr als umstritten ist. Dadurch, so Küppers, würde Raum geschaffen für eine kritische, aber durchaus positive Beurteilung der Dogmen- und Lehrentwicklung innerhalb der westlichen Kirche. Für eine ökumenische Verständigung, besonders mit den orthodoxen Kirchen (und auch den altkatholischen Kirchen der Utrechter Union), wäre dies überaus nützlich und hilfreich.[47]

Des weiteren legt Küppers dann sieben von der IBK autorisierte Thesen zum Primat vor, in denen die altkatholische Kirche gerade aufgrund ihrer Reflektion nach 100 Jahren Protest ihre Vorstellungen über eine „mögliche Bedeutung des Primats in der Kirche für die Wiederannäherung der getrennten Kirchen im Dienst an der Welt" vorstellt. Küppers sieht diese sieben Thesen als ein theologisches Angebot im Sinne einer „eucharistisch-lokalen Ekklesiologie", den ursprünglichen Auftrag des Petrusdienstes zur Einheit und zur Stärkung der Christen im Glauben und in der Liebe zu betrachten und somit zu einem immer stärkeren Zusammenwachsen der getrennten christlichen Konfessionen unter der Führung einer

[46] Werner Küppers, Die altkatholische Position heute im Rückblick auf Vatikanum I, in: IKZ 60 (1970), 124-167.
[47] Vgl. aaO., 165.

„allseitig anerkannten Mitte" zu kommen.[48] In ähnlicher Weise äußert sich auch Urs Küry in seinem Hirtenbrief des Jahres 1970, wenn er ausdrücklich erklärt, dass das Entscheidende in der ganzen Diskussion um den Primat bleibe, dass er „als – von Jesus im Felsenwort gesetztes und von der allgemeinen Kirche angenommenes – Zeichen der Einheit verstanden

[48] Vgl. aaO., 165f. – Im Folgenden seien die von den altkatholischen Bischöfen offiziell autorisierten Thesen zur Primatsfrage im Originalwortlaut vorgestellt:

I. Die Utrechter Erklärung der altkatholischen Bischöfe von 1889 spricht in Artikel zwei die Anerkennung des „historischen Primats des Bischofs von Rom" aus, ohne weitere damit verbundene Fragen zu berühren. Deshalb haben wir uns angesichts der ökumenischen Situation darüber Rechenschaft zu geben, wie wir diese Formulierung verstehen.

II. Vor allem ist festzustellen, dass im neutestamentlichen Zeugnis eine Petrustradition vorliegt, nach der er als erster Bekenner, als einer der Grundzeugen der Auferstehung und als leitende Gestalt der Gemeinde von Jerusalem im Vollzug fundamentaler Entscheidungen der Kirche eine deutlich hervorragende Initiative hat.

III. Obwohl aus diesem Hervortreten nicht auf das Zugrundeliegen bestimmter rechtlicher Kompetenzen geschlossen werden kann und obwohl diese Einmaligkeit der Stellung des Petrus als Apostel den Gedanken an eine Nachfolge im strikten Sinn ausschließt, glauben wir, dass der Sonderstellung des Petrus trotzdem eine für die Kirche signifikative Bedeutung zukomme.

IV. Da die Kirche nur im Hören auf den in der Heiligen Schrift bezeugten Auftrag lebt, müssen die Petrus erteilten Aufträge auch heute in der Struktur der Kirche zum Ausdruck kommen.

V. Ohne den Bereich dogmatischer Folgerungen zu berühren, kann festgestellt werden, dass die Funktion, die Rom in der Geschichte der Kirche zuwuchs, im Zeichen der Aufnahme dieses Auftrags stand. Diese Feststellung behält ihre Bedeutung für die ganze Geschichte des römischen Primats, wenn (in ihr dieser Charakter) auch oft stark verdunkelt (erscheint).

VI. Trotz der zahlreichen fatalen Entwicklungen der Vergangenheit, die zu verschiedenen Schismen, darunter dem von Utrecht, führten, wurde auf dem I. Vatikanischen Konzil von einem axiomatischen Vorverständnis (von Einheit) her ein Autoritätsdenken dogmatisiert, das sich aus Schrift und Tradition nicht begründen lässt. Erst in der neuesten, durch das II. Vatikanische Konzil ermöglichten Entwicklung wird auch in der römisch-katholischen Theologie wieder nach einer der Kirche wirklich dienenden Primatialstruktur gesucht.

VII. In Entsprechung zu der Funktion, die Petrus nach dem Zeugnis der Schrift erfüllt, müsste ein „Petrusamt" als Dienst an Christus, an seiner Kirche und an der Welt durch die Verpflichtung, nicht (aber durch) eine Rechtskompetenz, bestimmt sein, in allen Entscheidungssituationen mit einer Initiative voranzugehen, die es der Ganzheit der Kirche ermöglicht, sich zu entscheiden, ihren Glauben auszusprechen und ihre Einheit sichtbar darzustellen.

wird“. Dieses „Zeichen der Einheit“, das dem Papst in seiner primatialen Stellung innerhalb der Kirche aufgetragen ist, kann nur vor dem Hintergrund des altkirchlichen Prinzips der bischöflichen Kollegialität verstanden werden: „Die Kirche kann nur kollegial geleitet werden.“ Dabei spricht er dem Papst durchaus die Kompetenz zu, in wichtigen Entscheidungsfragen und Situationen für die Kirche mit seinem Wort und mit seinem Handeln voranzugehen; „er hat dies aber in Gemeinschaft mit den Bischöfen zu tuen, um so der Gesamtkirche zu ermöglichen, sich ihrerseits zu entscheiden, ihren Glauben zu bezeugen und ihre sichtbare Einheit darzustellen“. So ist, nach Küry, das päpstliche Amt immer nur im Zusammenhang mit der „Kollegialität“ in der Leitung der Kirche zu sehen. In deutlicher Kritik an den Formulierungen von „Lumen Gentium“ hält der schweizer altkatholische Theologe fest, „dass es bei grundsätzlichen Entscheidungen nicht nur den Weg vom Papst zu den Bischöfen, sondern immer auch den Weg der Bischöfe zum Papst geben muss, und dies, damit deutlich werde, dass der eigentliche Leiter der Kirche nicht der Papst und nicht die Bischöfe sind, sondern dass es der Herr allein ist, der durch seinen Heiligen Geist über die ganze Kirche, die Gottes Volk ist, die Herrschaft ausübt“.[49]

3. Ausblick

Seit 1970 sind mehr als 30 Jahre vergangen. In dieser Zeit hat die ökumenische Entwicklung große Fortschritte gemacht. Die Kirchen sind aufeinander zugegangen. Wegweisende Texte konnten verabschiedet werden. Auch die römisch-katholische Kirche hat sich diesem ökumenischen Prozess nicht verschlossen. So hat es in jüngster Zeit auch immer wieder Vorstöße gegeben, die Stellung des römischen Bischofs in der Gesamtkirche in einem größeren Kontext zu diskutieren. In diesem Zu-

---

Angesichts der ökumenischen Entwicklung, in der sich das Verlangen der Welt nach Einheit wiederspiegelt (käme der Erfüllung dieses Dienstes eine umfassende Bedeutung zu). Anmerkung: Die Zusätze in den Klammern sind von Werner Küppers erstellt worden. – Diese Thesen erscheinen auch in Publik in der Ausgabe vom 23. Jan. 1970. – Hier sind sie als Anlage seinem Beitrag über die altkatholische Position im Rückblick auf das Vatikanum I beigefügt (aaO., 166 f).

[49] Urs Küry, Unser Verhältnis zur römisch-katholischen Kirche 1870-1970, in: Hirtenbriefe, Allschwil/Schweiz 1978, 229-253, hier: 249 f.

sammenhang sind sicher die Äußerungen Papst Johannes Pauls II. in seiner Ökumene-Enzyklika „Ut unum sint" zum Petrusdienst von besonderem Interesse.[50] Besonders die Hinweise des Papstes bezüglich seines Primates mit ihm einen „brüderlichen, geduldigen Dialog aufzunehmen", um „miteinander die Formen finden zu können, in denen dieser Dienst einen von den einen und anderen anerkannten Dienst der Liebe zu verwirklichen vermag"[51], ließ aufhorchen und löste ein breites Echo aus.[52] Kardinal Ratzinger, der Präfekt der römischen Glaubenskongregation, hatte daraufhin Anfang Dezember 1996 zu einem Symposion in den Vatikan eingeladen, um unter dem Thema „Grundlagen des Primats und seiner Weitergabe" die in der Enzyklika aufgeworfenen Fragen zu diskutieren.[53]

---

[50] Ich beziehe mich auf die deutsche Ausgabe dieser Enzyklika vom 25. Mai 1995, die als „Verlautbarung des apostolischen Stuhls Nr. 121" vom Sekretariat der Deutschen Bischofskonferenz, Kaiserstraße 163, 53113 Bonn, herausgegeben wurde.

[51] Vgl. aaO., Nr. 95 und Nr. 96, S. 68; der Papst greift in dieser Passage auf seine Ansprache zurück, die er anläßlich einer Eucharistiefeier in Anwesenheit des ökumenischen Patriarchen Dimitrios I. von Konstantinopel am 6. Dez. 1987 in der Peterskirche hielt. Diese Feststellung ist insofern wichtig, da die Ökumene mit den Orthodoxen dem Papst ein besonderes Anliegen ist und die gegenseitige Anerkennung der Ämter, besonders die Gültigkeit des Bischofsamtes in apostolischer Sukzession unumstritten ist. Die ekklesiologische Position der Orthodoxie bezüglich des Primates unterscheidet sich nicht von der der altkatholischen Kirche.

[52] Von den vielen Kommentaren und Stellungnahmen seien hier nur genannt: Walter Klaiber, Ut unum sint. Die Enzyklika Papst Johannes Pauls II. und ihr ökumenischer Kontext, in: ÖR 46 (1997), 35-53; Reinhard Frieling, Gemeinschaft mit, nicht unter dem Papst, in: ÖR 46 (1998), 202-215; Erich Geldbach, Die Ökumenismus-Enzyklika des Papstes, in: MdKI 46 (1995), 65 f.; ders., Das Papstamt – „Eine Schwierigkeit für den Großteil der anderen Christen" (Johannes Paul II.), in: MdKI 47 (1996), 48-50.

[53] Die Akten dieses Symposions wurden unter dem Titel: „Il Primato del Successore di Pietro. Atti del Simposio Teologico" vom Vatikan 1998 eröffentlicht. Prof. Rudolf Pesch publizierte seine Studie für dieses Symposion mit der Überschrift „Die biblischen Grundlagen des Primats" in den Quaestiones disputatae (QD 187), Freiburg 2001. In diesem Zusammenhang sei auch der Folgeband der Quaestiones erwähnt. John Quinn, Erzbischof von San Francisco, legt unter der Überschrift „Die Reform des Papsttum" erstmals auf deutsch seine Vorstellungen über den Petrusdienst der Zukunft vor. Ein mutiger Beitrag für die ökumenische Diskussion des heiklen Themas: John R. Quinn, Die Reform des Papsttum, QD 188, Freiburg 2001.

Von altkatholischer Seite hat es dazu nur wenig Kommentar gegeben.[54] Dies ist sicher nicht Ausdruck einer arroganten Ablehnung. Die nunmehr 125-jährige getrennte Kirchengeschichte bot jedoch keineswegs Grund zur Euphorie. Das Schicksal der für Deutschland von der römisch-katholischen Bischofskonferenz und der altkatholischen Kirchenleitung verabschiedeten Pastoralvereinbarung, die seit 1974 in irgendeiner vatikanischen Registratur verstaubt, hat die ökumenischen Erwartungen bezüglich einer grundsätzlichen und nicht nur kosmetischen Änderung der römischen Haltung zum Primat des Papstes mehr als gedämpft. Das bedeutet freilich nicht, dass die Altkatholiken der römisch-katholischen Kirche die Bereitschaft zum Dialog absprechen; das bedeutet auch nicht, dass sie die Schwierigkeiten übersieht, die mit einer einmal gefällten dogmatischen Lehrentscheidung im ekklesiologischen Gespräch verbunden sind. Die altkatholische Kirche meint aber festhalten zu müssen, dass in dieser Kernfrage des Kirchenverständnisses und damit in dieser Grundfrage ihres eigenen Protestes seit 1870 keine wesentliche Veränderung eingetreten ist, die die altkatholische Position überflüssig machen würde. Die Stellungnahme der Glaubenskongregation im Umfeld des vorgenannten theologischen Symposions, dass bei aller Diskussionsbereitschaft des Vatikans die zentralen Aussagen des Dogmas von 1870 über Universalprimat und Unfehlbarkeit unberührt blieben, verstärkt die altkatholische Theologie nur in ihrer Einstellung. Hier scheint auch weiterhin ein Kompromiss zwischen den beiden Ekklesiologien schwer möglich.

Dennoch begrüßt die altkatholische Kirche jedes ehrliche Gespräch als Möglichkeit, einander näher zu kommen und

---

[54] Verwiesen sei hier auf den Artikel von Angela Berlis, Überlegungen zur ökumenischen Zukunft des Petrusdienstes aus altkatholischer Sicht, in: ThQ 178 (1998), 149-154. Von der IBK liegt keine offizielle Stellungnahme vor. Lediglich die Kirchenzeitungen der einzelnen altkatholischen Landeskirchen beschäftigten sich mehr oder weniger knapp mit „Ut unum sint", wie in Deutschland „Christen heute", die ihren Kurzbericht über die Enzyklika und die Äußerungen des Papstes als „revolutionäres Angebot" bezeichnete, (vgl. Christen heute 39 [Juli 1995], 99). Unter der Überschrift „Historische Chance verpasst" wurde aber auch wenig später die Stellungnahme Hans Küngs zur Enzyklika wiedergegeben. (Vgl. Dezemberausgabe von Christen heute 1995, 179).

trotz bleibender Unterschiede weitestmöglichst den Weg als Zeugen Jesu Christi in der einen, gemeinsamen Kirche weiterzugehen. Denn immerhin: Drei Tage vor dem Weihnachtsfest 1999 kam es anläßlich eines Besuchs des Vorsitzenden der römisch-katholischen Deutschen Bischofskonferenz, des Mainzer Bischofs Karl Lehmann, und des altkatholischen Bischofs Joachim Vobbe zur Unterzeichnung der „Regelung zur Übernahme von Amtsträgern". Dieses Dokument nimmt im Wesentlichen den diesbezüglichen Textabschnitt der bereits genannten „Zürcher Nota" auf. Es soll helfen, „das Verhältnis der Kirchen zueinander zu entkrampfen und den – menschlich wie kirchlich – immer auch von Trauerarbeit begleiteten Wechsel von ‚Amtsträgern' möglichst ohne zusätzliche persönliche und kirchliche Verletzungen zu gestalten", heißt es in einem Kommentar der altkatholischen Kirchenzeitung.[55] Und wenige Tage später konnte eine altkatholische Delegation, die anläßlich des ökumenischen Gebetsgottesdienstes zur Eröffnung der „Heiligen Pforte" am 18. Januar 2000 in St. Paul vor den Mauern nach Rom gereist war, bei einem Gespräch mit Bischof Walter Kasper vom Einheitssekretariat darüber nachdenken, wie „die Stagnation im Dialog zu durchbrechen" sei, „ohne die Schwierigkeiten zu negieren". Als erster Schritt wurde an eine „internationale Konsultation" gedacht, wobei die bereits erzielten Ergebnisse der in verschiedenen Kirchen geführten Gespräche miteinbezogen werden sollten.[56] Diese Konsultation wird zur Zeit vorbereitet. Neue Zeichen der Hoffnung auf einem schwierigen Weg zu- und miteinander?

Vielleicht ist „Hoffnung" das richtige Schlusswort zu den altkatholischen Anmerkungen bezüglich der Primatsfrage. Urs Küry spricht in seinem bereits zitierten Hirtenbrief zum 100. Jahrestag des I. Vatikanums sogar von einem „Wunder vom Himmel", das geschehen müsse, um in dieser die Kirche immer noch so schmerzhaft trennenden Frage zu einer öku-

---

[55] Matthias Ring, Übernahme von Amtsträgern, in: Christen heute, 44 (Febr. 2000), 38.

[56] Vgl. Maja Weyermann, Altkatholische Delegation in Rom, in: Christen heute, 44 (April 2000), 72.

menisch tragbaren Lösung zu kommen.[57] An Wunder zu glauben, ist etwas für fromme Menschen. Es ist etwas für Menschen, die bei aller theologischen Kontroverse und mancher hitzigen Diskussion das Beten nicht verlernt haben. Das klingt – zugegeben – etwas pietistisch; aber vielleicht ist das Gebet, bei aller Bereitschaft zu einem offenen theologischen Gespräch über diese konfliktträchtige Frage und auch bei allen unüberbrückbar erscheinenden Grenzen der ökumenischen Annäherung die Möglichkeit, die uns vor Frust und vor Aufgabe des Dialoges bewahrt. Den ökumenischen Weg fortsetzen im theologischen Gespräch und im Gebet vor Gott – beides gehört zusammen und nur beides bewahrt uns davor, die Hoffnung nicht zu verlieren und für die eine, heilige, katholische und apostolische Kirche weiter zu wirken.

[57] Vgl. Urs Küry, Unser Verhältnis zur römisch-katholischen Kirche 1870-1970, aaO., 256.

Das Papstamt in heutiger evangelischer Sicht

Walter Fleischmann-Bisten

I. Die evangelische Aktualität eines katholischen Themas

Das Papstamt ist ein „internes römisch-katholisches Thema". Dieser im Januar 2001 vor der rheinischen Landessynode[1] geäußerten Behauptung des Bonner Kirchenhistorikers Jörg Haustein steht nicht allein das Programm dieses Seminars[2] entgegen, sondern mehr noch jene in den letzten Monaten weit über den Freistaat Bayern hinaus wahrnehmbare Tatsache, daß das Thema „Papstamt in evangelischer Sicht" auf allen kirchlichen Ebenen mit geradezu protestantischem Herzblut diskutiert wurde. Wir sind also wie so oft in der Kirchengeschichte mit einer überaus aktuellen Angelegenheit konfrontiert. Auch wenn die Sache selbst historisch betrachtet fast 30 Jahre oder streng genommen gar rund 470 Jahre alt ist[3] – jüngst wurde sie zu einem Medienereignis: „Ein Papst für die Lutheraner? – Ein Papst für Protestanten? – Sprecher der Christenheit? – Lutherische Leisetreterei – Prügel für evangelische

---

[1] Das Thema des Vortrags am 8. Januar 2001 in Bad Neuenahr lautete: „Ökumene – Zustand und Zukunft". Der in der kirchlichen Presse (vgl. die Leserbriefe in der rheinischen Kirchenzeitung „Der Weg" von Hans-Georg Link, Hans-Peter Friedrich u. a. sowie die Replik Hausteins in Nr. 8 bis 13/2001!) heftig diskutierte Beitrag ist bislang unveröffentlicht; ich zitiere nach dem mir vom Verf. überlassenen Manuskript, 10.

[2] Das Thema dieser in St. Pölten vom 11.-13. Mai 2001 vom Evangelischen Bund in Österreich und in Hessen und Nassau veranstalteten Fortbildungstagung lautete: „Das Papsttum in der Diskussion". Die hier gebotene Fassung ist für den Druck überarbeitet und erweitert worden. Die ursprüngliche Fassung ist (leider mit einigen Fehlern!) abgedruckt in: Amt und Gemeinde 52, 2001, Nr. 7/8, 193-200.

[3] Unter Aufnahme von oft mißverstandenen Gedanken Luthers und Melanchthons über ein nach menschlichem Recht zu reformierendes Papsttum schloß der sogenannte Maltabericht „Das Evangelium und die Kirche" von 1972 für die lutherische Seite nicht aus, das Papstamt als Dienst an der Gemeinschaft der Kirchen und als „sichtbares Zeichen der Einheit der Kirchen" zu würdigen, forderte aber, daß jenes „durch theologische Reinterpretation und praktische Umstrukturierung dem Primat des Evangeliums untergeordnet wird" (Nr. 66).

Papst-Vision – Sprecheramt des Papstes inakzeptabel – Wider den rotierenden Oberhirten – Rücktritt aus Protest gegen bayerischen Landesbischof – Bischof Friedrich präzisiert Vorstellungen zum Papst als Sprecher" – so eine kleine Auswahl von Überschriften in Pressediensten und Zeitungen.

Mit der Inszenierung des sicher längst noch nicht letzten Aktes jenes Schauspiels – ich nenne es einmal „Evangelischer Glaube und päpstliche Heimat"[4] – wurde m. E. bereits ein halbes Jahr vor der vatikanischen Erklärung „Dominus Iesus" begonnen. Am 12. April 2000 berichtete der Nachrichtendienst der deutschen evangelischen Allianz über eine gemeinsame Tagung der Katholischen Akademie Bayern und der Evangelischen Akademie Tutzing. Zitiert wurde Joachim Track, Professor an der Augustana-Hochschule Neuendettelsau und Vorsitzender des Theologischen Ausschusses des Lutherischen Weltbundes: Das Modell eines „Ehrenprimats" sei „zwar gut gemeint, aber zu katholisch gedacht" [...] Protestanten könnten den Unfehlbarkeitsanspruch des Papstes nicht akzeptieren.[5] In der ersten Zeit nach der Anfang September 2000 nahezu gleichzeitigen Veröffentlichung der Erklärung „Dominus Iesus" und des Studiendokumentes „Communio Sanctorum"[6] war das ökumenische Klima nicht nur in Deutschland abgekühlt und nachhaltig getrübt. Eine konservative überregionale deutsche Tageszeitung, früher wegen ihrer kontinuierlichen und ausgewogenen Berichterstattung über kirchliche

---

4 Diese Anspielung bezieht sich auf das damals am Wiener Burgtheater aufgeführte Stück „Glaube und Heimat" von Karl Schönherr (1867-1943), das sich mit der Situation der Salzburger und Tiroler Protestanten in der Gegenreformation befaßt; vgl. dazu Christine Lässig, Ein Drama mit Folgen, Glaube und Heimat Nr. 8 vom 25.2.2001, 1.

5 Idea Nr. 46/47 vom 12.4.2000, 3; der dort nachlesbare Hinweis, in Deutschland hätte 1998 „eine ökumenische Arbeitsgruppe von 15 evangelischen Vereinigungen, Bruderschaften und Kommunitäten" Anregungen der päpstlichen Enzyklika „Ut unum sint" aufgegriffen und gefordert, „das Sprecheramt des Papstes (sollte) für die gesamte Christenheit in kollegialer Weise mit Hilfe eines Bischofsgremiums geschehen, dem auch evangelische Kirchenführer angehören müßten", konnte leider trotz diverser Recherchen nicht genauer entschlüsselt werden.

6 Zur evangelisch wie ökumenisch notwendigen Wechselbeziehung zwischen beiden Dokumenten vgl. Beatus Brenner, „Communio Sanctorum". Katholisch/lutherische Studie zu „Die Kirche als Gemeinschaft der Heiligen", MdKI 51, 2000, 89-93.

und theologische Entwicklungen als Informationsquelle sehr geschätzt, versuchte sich durch einen Leitartikel „Protestantische Selbsttäuschung" zu profilieren. Alle ökumenische Arbeit wurde als Irrweg gebrandmarkt.[7] Daher bedurfte es psychologisch betrachtet eben nur einer wenig behutsam geäußerten Stellungnahme Johannes Friedrichs, um das Faß zum Überlaufen zu bringen. Es verbreitete sich eine sonderbare Mischung aus konfessioneller Angst, konfessionskundlicher Unkenntnis und antikirchlicher Polemik: Luther sei umsonst gestorben, meinte ein Gemeindeglied aus dem mittelfränkischen Röthenbach bei St. Wolfgang: „Unser Landesbischof Friedrich weiß nicht und bedenkt nicht, dass das Glaubens- und Kirchenverständnis auch bei gebildeten Leuten gering ist. Alle unsere Bischöfe sollten es besser abwägen, wenn sie wohl etwas Schwieriges sagen." Und namentlich nicht genannte „Christen aus dem ehemaligen Dekanatsbezirk Thalmässing" sprachen ihrem Bischof überhaupt jegliche Kompetenz in dieser Frage ab: „Wir meinen, wenn man als evangelischer Christ im Frieden mit den katholischen Christen lebt, das ist genug. Wenn man als Bischof der evangelisch-lutherischen Kirche gewählt worden ist, müsste man sich besser mit der reinen Lehre des Evangeliums beschäftigen und sich um seine Schäfchen kümmern. Es gibt so vieles in unserer Kirche, das ausgeräumt werden müsste. Wir bräuchten wieder einen Reformator."[8]

Eine ganz andere, aber m. E. weitaus gefährlichere Resonanz verschaffte sich ein Diplompsychologe und Theologieprofessor aus Heidelberg, dessen unsachliche, aber leider nicht unwirksame Kirchenschelte auch hier ein gefundenes Fressen fand: „Anstatt harte Worte ernst zu nehmen und ökumenische Utopien zu begraben, reagieren einige lutherische Bischöfe und Theologen wie Masochisten. Kaum von Rom gezüchtigt, verfolgen sie den ‚Heiligen Vater' mit umso größerer Liebe. [...] Wie es aussieht, schwimmen die lutherischen Kirchenfürsten in einem Meer von Illusionen. Sie halten es tatsächlich für möglich, dass die katholische Basis ihren Kirchenoberen die Gefolgschaft versagt und in protestantische Ökumene-Träume verfällt. Umgekehrt scheinen sie an eine nahezu unbegrenzte

[7] Heike Schmoll, FAZ vom 8.9.2000, 1.
[8] Leserbriefe im Ev. Sonntagsblatt aus Bayern Nr. 14 vom 8.4.2001, 21.

Anhänglichkeit ihrer eigenen Klientel zu glauben ..."[9] Es stellt sich die Frage, wie ein Hochschullehrer dieses Kalibers den Studierenden kritischen Umgang mit historischen Quellen vermitteln will, wenn er selbst Bischöfin Käßmanns Protest gegen Friedrichs Position wie folgt kommentiert: „Die karrierebewusste Progressive, die sonst kaum eine Chance auf öffentliches Aufsehen auslässt, hat mit ihrem untrüglich medialen Gespür begriffen, welchen fürchterlichen Rohrkrepierer ihre Amtsbrüder gezündet haben."[10] Immerhin hatte Margot Käßmann in gewisser Übereinstimmung mit Jörg Haustein behauptet: „Es gibt überhaupt keinen Anlass für Evangelische, über das Papstamt nachzudenken. Wir haben ein anderes Amtsverständnis und das ist mit dem Papstamt überhaupt nicht vereinbar. Solange wir nicht miteinander Abendmahl feiern können, sehe ich überhaupt keinen Weg, das Papstamt in irgendeiner Form als Einheitsamt anzuerkennen."[11]

Die Themen sind gestellt, der Handlungsbedarf ist offensichtlich, der öffentliche Schlagabtausch ist betrüblich; die Konfessionskunde darf sich nicht verweigern. Die zur Verfügung stehende Literatur ist unerwartet gering.[12] Ich versuche in einem ersten Teil, evangelische Bekenntnisse und einen Katechismus zu befragen. Im zweiten Teil soll auf die Stimmen evangelischer Romkenner des 20. Jahrhunderts gehört werden. Schließlich sind in einem dritten Teil in Form von Thesen einige Folgerungen zu ziehen.

---

[9] Gerhard Besier, Tausche Ökumene gegen Ökonomie. Martin Luthers Erben lechzen nach Roms Purpurglanz, focus 13/2001, 72.

[10] Ebd.

[11] Zitiert nach dem Beitrag „Anderes Amtsverständnis. Lutherische Bischöfe über die Diskussion um den Papst, in: Glaube und Heimat Nr. 11 vom 18.3.2001, 2.

[12] Hilfreich waren mir: Georg Denzler (Hg.), Papsttum heute und morgen. 57 Antworten auf eine Umfrage, Regensburg 1975 – Erich Geldbach, Das Papstamt – „eine Schwierigkeit für den Großteil der anderen Christen", MdKI 47, 1996, 48-50 – Heinrich Leipold, Umkehr durch Begegnung? Papstamt und Petrusdienst aus evangelischer Sicht, Una Sancta 51, 1996, 156-162 und Silva Hell/Lothar Lies (Hgg.), Papstamt. Hoffnung, Chance, Ärgernis – ökumenische Diskussion in einer globalen Welt, Innsbruck/Wien 2000.

II. Bekenntnisse und Katechismus

Im neuen evangelischen Gesangbuch sind im Anhang wichtige „Bekenntnisse der Kirche“ abgedruckt. Ich versetze mich jetzt einmal in die Situation eines Gemeindeglieds, das durch die aktuelle Diskussion über das Papstamt in evangelischer Sicht neugierig geworden ist und zu blättern beginnt: Weder die altkirchlichen Bekenntnisse noch der Kleine und der Heidelberger Katechismus scheinen das Papstamt überhaupt zu kennen. Immerhin finde ich in Artikel VII des Augsburgischen Bekenntnisses die klare Aussage, daß „zur wahren Einheit der christlichen Kirche“ kein Papst notwendig ist, sondern vielmehr „daß das Evangelium einträchtig im reinen Verständnis gepredigt und die Sakramente dem göttlichen Wort gemäß gereicht werden“. Es freut mich der ausdrückliche Hinweis, daß „es nicht zur wahren Einheit der christlichen Kirche nötig“ sei, „daß überall die gleichen, von den Menschen eingesetzten Zeremonien eingehalten werden“. Da leider die entsprechenden Abschnitte aus den Schmalkaldischen Artikeln über das Papstamt fehlen, suche ich weiter im Abschnitt „Lehrzeugnisse der Kirche aus dem 20. Jahrhundert“, also in einer Epoche – soviel weiß ich noch aus dem Religionsunterricht – wo die Unfehlbarkeit des römischen Papstes in bestimmten Lehrfragen und sein Jurisdiktionsprimat bereits beschlossene Sache waren. Aber auch hier: Fehlanzeige! Ich wende mich an meine Gemeindepfarrerin mit der Frage, warum denn in den Thesen der Barmer Theologischen Erklärung von 1934 aber auch gar nichts über das Papstamt stünde. Das träfe sich gut, meint sie, hier kenne sie sich aus, weil sie schließlich vor Jahren auf die Barmer Erklärung ordiniert worden wäre: Verworfen würden nicht nur die Irrlehren der Deutschen Christen, sondern gerade die Thesen 1, 3 und 4 lehnten die von der römischen Kirche vertretene natürliche Theologie, ihre (vorkonziliare) Bewertung der Tradition, das von ihr gelehrte Weihepriestertum und die damals wie heute offenkundigen kurialen Macht- und Rechtsstrukturen klar ab: „Wir verwerfen die falsche Lehre, als könne und dürfe sich die Kirche abseits von diesem Dienst besondere, mit Herrschaftsbefugnissen ausgestattete Führer geben und geben lassen“ (Barmen IV).

Meine Neugierde ist längst nicht befriedigt und ich will wissen, was es mit jener in Auszügen im Gesangbuch stehenden „Leuenberger Konkordie“ (LK) bezüglich des Papsttums auf sich habe. Wiederum habe ich Glück und erfahre Belehrung durch allerlei Hefte und materialreiche Dienste aus einem süddeutschen Fachinstitut, an das mich meine Pfarrerin verwiesen hat. Ich fasse die Ergebnisse zusammen: Mit der LK von 1973 sind die innerevangelischen Kirchenspaltungen des 16. bis 19. Jahrhunderts weitgehend überwunden. Die jetzt 103 Mitgliedskirchen der Leuenberger Kirchengemeinschaft gewähren einander Kanzel- und Abendmahlsgemeinschaft. Die LK ist damit „das bisher einzige Beispiel dafür, daß aus den vielfältigen theologischen Dialogen zwischen den Kirchen verbindliche Konsequenzen für das Miteinander gezogen wurden“.[13] Sie ist die Grundlage für alles Gemeinsame in Zeugnis und Dienst der reformatorischen Kirchen in Europa und teils auch in Südamerika. Und sie ist unverkennbar *das* protestantische Ökumene- und Kircheneinheitsmodell. Nach knapp 30 Jahren müßte es viel stärker in allen evangelischen Gemeinden bekannt gemacht werden. Die Landessynode der Evangelischen Kirche im Rheinland hatte am 12. Januar 2000 einstimmig einen richtungsweisenden Beschluß gefaßt: Der Sonntag „Okuli“ soll zum Leuenberg-Gedenktag werden. Dies habe ich also verstanden: Die LK verweist zwar nicht ausdrücklich auf die evangelische Sicht des Papstamtes, doch die in ihr „formulierten theologischen, spirituellen und pastoralen Grundsätze bilden die unverzichtbare Basis für jedes weitere Gespräch, z. B. über das Amtsverständnis, um mit der römisch-katholischen Kirche und den orthodoxen Kirchen zu einer Übereinkunft zu gelangen, die auch einmal zu einer Kirchengemeinschaft mit diesen Kirchen führen kann“ (Nr. 11). Dies verstärkt noch die 1994 von der Vollversammlung der Leuenberger Kirchengemeinschaft beschlossene Kirchenstudie „Die Kirche Jesu Christi. Der reformatorische Beitrag zum ökumenischen Dialog über die kirchliche Einheit“, mit der sich erstmals seit der Reformation die evangelischen Kirchen

[13] Reinhard Frieling, Erich Geldbach, Reinhard Thöle, Konfessionskunde. Orientierung im Zeichen der Ökumene, Grundkurs Theologie Bd. 5,2, Stuttgart 1999, 201 (Geldbach).

Europas auf ein gemeinsames Dokument über die Kirche geeinigt haben. Grundkonsens ist die „Unterscheidung reformatorischer Theologie zwischen dem Grund und der Gestalt der Kirche" (Nr. 1.4). Sie wurde zu Recht infolge ihrer sachlichen und unpolemischen Art als „Basistext der reformatorischen Kirchen" bezeichnet.[14] Obwohl auch dort im dritten Hauptkapitel „Die Einheit der Kirche und die Einigung der Kirchen" das Wort „Papst" nicht explizit vorkommt, werden hieraus die Kriterien für die evangelische Antwort auf die künftigen Gespräche mit Rom und den anderen nicht Leuenberg-Kirchen benannt: „Wo immer eine Kirche oder kirchliche Gemeinschaft die Kennzeichen der wahren Kirche aufweist, ist sie als Teil der einen heiligen, katholischen und apostolischen Kirche anzuerkennen. Das muß unter Umständen auch einseitig geschehen" (Nr. 4).

Noch sind all diese Kenntnisse über die LK und die dort vorgegebenen Eckpunkte der heutigen Sicht des Papstamts im Protestantismus nicht zu Ende sortiert, finde ich beim Surfen im Internet den Hinweis auf eine „völlig neu bearbeitete Auflage" eines evangelischen Erwachsenenkatechismus.[15] Höchst erfreut entdecke ich im Register beim Stichwort „Papsttum" immerhin fünf Verweisstellen. Leider ist der erste Fund enttäuschend. Im Kapitel „Das ordinierte Amt" heißt es bei Informationen über „Priestertum und Amt in der Geschichte der Kirche": „Schon im Laufe der neutestamentlichen Epoche trat offenbar die Beteiligung von Frauen an den führenden Gemeindeämtern in den Hintergrund – ganz entgegen den charismatischen Anfängen der Gemeinden. Was ein Presbyter, Bischof oder Diakon im einzelnen für Aufgabenbereiche hatte und wie sich ihre Ämter gegeneinander abgrenzten, lässt sich nicht mehr eindeutig sagen. Im Laufe der nächsten Jahrhunderte wurden die unterschiedlichen Amtsstrukturen einander angeglichen, so dass sich eine Hierarchie ergab vom Bischof als dem wichtigsten Amt über den Presbyter (hiervon ist das deut-

---

[14] Heinrich Leipold, Die Leuenberger Kirchenstudie – ein Basistext der reformatorischen Kirchen, MdKI 46, 1995, 73-78, 78.

[15] Im Auftrag der VELKD hg. von Manfred Kießig, Lothar Stempin, Horst Echternach, und Hartmut Jetter, Gütersloh 2000, 6. Aufl.

sche Wort ‚Priester' abgeleitet) bis zum Diakon. Der Bischof war der Vorsteher der jeweiligen Ortskirche. Die Einheit der gesamten Kirche wurde mehr und mehr vom Bischof von Rom, dem Papst, dargestellt" (636). – Wer hat wohl diesen Beitrag geschrieben? Leider sind die einzelnen Kapitel nicht namentlich gezeichnet. Ist es wirklich in einem Standardwerk so einfach möglich, die höchst komplizierte Entwicklung des römischen Primatsanspruchs in dieser Weise zu verdrehen? In Gedanken schrieb ich schon einen Leserbrief an die Katechismuskommission. Doch die anderen Verweisstellen über die Kritik der Reformatoren am Papsttum und schließlich die Darstellung der römisch-katholischen Kirche im Rahmen einer „Kleinen Konfessionskunde" haben mir zumindest ansatzweise den erhofften Einblick in das heutige evangelisch-kirchenamtliche Verständnis des Papstamts gegeben: Es ist mit oberster Rechts- und Lehrgewalt ausgestattet und versteht sich als „Zeichen und Garant" für die Einheit der römisch-katholischen Kirche (662).

Hier wie im Abschnitt über die Ökumene fehlen allerdings genau jene Zitate aus der Kirchenkonstitution und aus dem Ökumenismusdekret des Zweiten Vatikanums, die ich aus den Zitaten und ihrer Entfaltung in den Nr. 16 und 17 der Erklärung „Dominus Iesus" doch inzwischen kannte und seither für jene Erschütterungen und Ernüchterungen über die Erwartungen, Wege und Grenzen des römischen Ökumenismus im letzten Jahr gesorgt haben.[16] Statt dessen heißt es im velkd-Katechismus abschwächend und damit eine Fülle offener Gegensätze verschleiernd: „Kirchliche Einheit wurde früher nicht anders denn als Rückkehr der ‚getrennten Christen' zur römisch-katholischen als der ‚einen wahren Kirche' verstanden. Deshalb blieb diese der Ökumenischen Bewegung gegenüber auch länger als andere skeptisch bis ablehnend. Im Zweiten Vatikanischen Konzil hat die römisch-katholische Kirche ihre ökumenische Verpflichtung betont und danach auch ins Kir-

[16] Bezeichnenderweise finden sich jene einschlägigen und auskunftträchtigen Zitate im „Katechismus der Katholischen Kirche" (deutsche Ausgabe, München 1993) in den §§ 811-865 über „die eine heilige, katholische und apostolische Kirche" und in §§ 874-896 über „die hierarchische Verfassung der Kirche".

chenrecht aufgenommen" (683). Da schließlich sich die Leuenberger Kirchengemeinschaft nicht unter dem Abschnitt „Modelle der Ökumene" findet, sondern lediglich (und m. E. sachlich falsch!) als „Wegbeschreibung" in einem Atemzug mit den Verwaltungsunionen des 19. Jahrhunderts und den „Arbeitsgemeinschaften Christlicher Kirchen" genannt ist, wächst meine Skepsis in den Informationswert dieser völligen Neubearbeitung. Warum sagt man denn wenigstens den Erwachsenen nicht in aller Deutlichkeit, wie es um die evangelische Sicht des Papstamtes heute wirklich aussieht, wenn man es möglicherweise im ökumenisch gestalteten Religionsunterricht aus mancherlei Gründen nicht mehr kann?

III. Evangelische Romkenner des 20. Jahrhunderts

Ich beschließe daher, bei ausgewiesenen evangelischen Kennern des römischen Katholizismus ein wenig Nachhilfeunterricht zu nehmen. Ich habe mir Vertreter verschiedener theologischer Disziplinen nennen lassen. Ausgewählt habe ich nach folgenden Kriterien: Sie haben sich, wenn auch in je unterschiedlicher Art und Weise, über viele Jahrzehnte hinweg mit dem römischen Katholizismus beschäftigt und auch in Rom selbst Papst und Kurie kennengelernt.

1. Karl Barth: Konversion zu Christus – nicht zu einer anderen Kirche

Obgleich aus der reformierten Tradition des schweizerischen Protestantismus stammend, hat sich Karl Barth (1886-1968) für den römischen Katholizismus – wie er im Alter selbst schreibt – schon „von jeher interessiert".[17] Da er wegen schwerer Erkrankung der Einladung, als persönlicher Beobachter an den letzten beiden Sessionen des Zweiten Vatikanischen Konzils teilzunehmen, nicht folgen konnte, hat er wenigstens auf dem „Krankenlager außer Goethe, Jeremias Gotthelf, Gottfried Keller und anderen guten Autoren" alles an Nachrichten und Konzilstexten zur Kenntnis genommen.

[17] Ad Limina Apostolorum, Zürich 1967, 9.

Daraus entstand „schlußendlich" doch noch ein einwöchiger privater Romaufenthalt mit Papstaudienz und Gesprächen mit vielen Kardinälen, Vertretern wichtiger kurialer Behörden und Theologieprofessoren. Die von Barth vor der Reise sehr sorgfältig zu den einzelnen Konstitutionen und zu den meisten Dekreten und anderen Texten des Konzils erarbeiteten „Verständnisfragen" und „Kritische(n) Fragen" sind ebenso wie seine Einschätzung der Situation der römischen Kirche nach dem Konzil festgehalten in einer seiner letzten Veröffentlichungen: Ad limina Apostolorum („Zu den Apostelgräbern"). Darin beschreibt er freundlicher und versöhnlicher als in früheren Passagen sein Verhältnis zur römischen Kirche, die nach seiner Einschätzung durch das Konzil eine Erneuerung in der „Gestalt von ‚Konversion' – nicht zu einer anderen Kirche, sondern zu Jesus Christus, dem Herrn der einen katholischen und apostolischen Kirche" gestartet habe. Aus diesen Überlegungen heraus hatte er daher schon 1963 einen römisch-katholischen Religionslehrer vor einer Konversion zum Protestantismus gewarnt, was zugleich seine Einschätzung des Papstamtes zu Beginn des Konzils erkennen läßt: „Ich halte auch die gegenwärtige Lage im römischen Katholizismus trotz der drei letzten Dogmen (und viel früherer dazu!) nicht für aussichtslos. In Johannes XXIII. hat das Papsttum ein überraschend neues Gesicht bekommen. Und es ist nicht ausgeschlossen, daß es in der Fortsetzung des Konzils (aber auch abgesehen davon) zu wichtigen inneren Wandlungen kommen wird, die es wohl als aussichtsreich erscheinen lassen könnten, gerade als römisch-katholischer Christ dabeizusein."[18]

Obgleich er in keiner seiner Anfragen direkt auf das Papstamt oder das Dogma von dessen Unfehlbarkeit oder den Jurisdiktionsprimat eingeht, kommt er zu dem Ergebnis: „Der Papst ist nicht der Antichrist! Der Apparat der gegen uns gerichteten Anathematismen von Trient steht ja mit allerhand anderem alten Rüstzeug auch nur noch – im Denzinger." Im gleichen Zusammenhang kann er aber auch ganz nüchtern vor allzu großer Euphorie einer aus seiner Sicht notwendigen fortwährenden Reformation warnen, die für ihn ohnehin in allen

[18] Brief „An einen römisch-katholischen Religionslehrer im Rheinland", Barth-Gesamtausgabe V., Briefe 1961-1968, Zürich 1979, 173-174.

Kirchen spürbarer sein müßte: „Alle Optimismen im Blick auf die Zukunft verbieten sich von selbst.“[19] Dennoch bilanziert er jedenfalls in der Öffentlichkeit, der nachkonziliare Katholizismus könnte sich in eine seiner Meinung nach richtige Richtung hin entwickeln: er tendiere auf eine Lehre von der „Vorherrschaft der Heiligen Schrift in Kirche und Theologie“.[20] Wie wir aus seinen zahlreichen Briefen aus Rom und nach Rom über seine dort erworbenen Eindrücke wissen, hätte er gerne in größerer Offenheit berichtet, was ihm allerdings infolge seiner vorher eigens zugesicherten „Diskretion“ unmöglich erschien.[21] Am deutlichsten wird er in einem Brief an einen evangelischen Konzilsbeobachter, wo er wegen des „bei den Römern nach wie vor solenn in Kraft stehenden Dogmenkomplexes“ vor Erwartungen auf allzu große Wandlungen im Verständnis des Papsttums warnt: „Natürlich können sie nichts von dem von früheren Päpsten und Konzilien Proklamierten zurücknehmen. Sie haben aber nach dem, was ich von ihnen weiß und neulich in Rom in den verschiedensten Gremien bestätigt fand, die wunderbare Fähigkeit, diese ehrwürdigen Reliquien entweder (1) bis zur Unkenntlichkeit zu *deuten,* oder sie (2) an den *Rand* dessen, was sie jetzt eigentlich denken und sagen wollen, zu schieben, oder sie (3) nur eben mit tiefen Verbeugungen zu *kommemorieren,* oder endlich (4) sie ebenso feierlich zu *beschweigen.*“[22]

Nun hat ein Spezialist, der „Karl Barths Weg mit der römisch-katholischen Kirche“[23] intensiv untersucht hat, folgendes festgestellt, was meinen fragmentarischen Beobachtungen aus den letzten Lebensjahren Barths notwendigerweise hinzugefügt werden muß: Barths Erkenntnis des grundsätzlichen Gegensatzes zwischen Katholizismus und Protestantismus be-

---

[19] Ad Limina Apostolorum, aaO., 18.

[20] Ebd., 58.

[21] Brief an Ernst Wolf vom 3.10.1966, wie Anm. 18, 356-358.

[22] Brief an Edmund Schlink vom 21.10.1966, ebd., 363-364.

[23] So der Titel des den besten Überblick bietenden Aufsatzes von Martin Bieler, MdKI 37, 1986, 28-33; die neuere Darstellung der Theologie Barths von Eberhard Busch (Die große Leidenschaft. Einführung in die Theologie Karl Barths, Gütersloh 1998) kennt keine gesonderten Stichworte „Papstamt“ oder „Unfehlbarkeit“ und behandelt Barths Stellung zum römischen Katholizismus im Abschnitt über die Lehre von der Kirche, bes. 251-264.

ginnt 1929, als er dem katholischen Theologen Erich Przywara in einem Seminar über Thomas von Aquin begegnete (KD I,1, VIII). Die evangelische Freiheit als Entsprechung der Freiheit Gottes dient als Leitfaden für alle kontrovers-theologischen Fragen. Das Mariendogma ist für Barth „das kritische Zentraldogma, von dem aus alle entscheidenden Positionen einzusehen sind und mit dem sie stehen und fallen." Der Marienkult ist für ihn wegen des Gedankens der menschlichen Mitwirkung bei der Versöhnung *die* Häresie (KD I,2, 157). „Hier scheiden sich die Geister."[24] Für Barth – so Bieler – ist „die wohl unüberwindlichste Schranke zwischen evangelischen und römisch-katholischen Christen die Vorstellung von der Unfehlbarkeit eines Lehramtes". Auf dem Spiel steht nicht mehr oder weniger als „die Frage nach dem rechten Gehorsam". Barth habe zwar selbst die Notwendigkeit kirchlicher Autorität betont, aber mit dem Unfehlbarkeitsdogma von 1870 verkehrte Rom die Ordnung der Autoritäten, indem das Lehramt über die Bibel gestellt wird und damit die Kirche das notwendige autoritative Gegenüber verliert, das nur durch die Schrift zu haben sei.[25] Er spricht von der Hinderlichkeit einer Instanz, wenn sie sich als Richterin über Gottes Wort stellt.

Dennoch konnte Karl Barth, jedenfalls im Alter, auch hierüber ironisch werden. Bei einem Besuch Gottfried Marons in Basel am 22. April 1966, also kurz vor dem 80. Geburtstag, sagte Barth am Ende eines Gesprächs über das Papstamt: „Das müßte schön sein, morgens aufwachen: hei, unfehlbar!"[26]

2. Edmund Schlink: Aufbruch gebremst – Visionen bleiben

„Die Frage nach der Stellung des Papsttums ist nicht identisch mit der Frage nach den Erwartungen, die dem Papsttum entgegengebracht werden. Und doch sind beide Fragen nicht

[24] M. Bieler, aaO., 29.

[25] Ebd., 31.

[26] Das Gespräch, an dem außer Maron noch Felix Christ teilnahm, fand von 11 bis 12.30 Uhr in Barths Wohnhaus in der Bruderholzallee 26 statt und war von Oscar Cullmann vermittelt worden (nach pers. Aufzeichnungen Gottfried Marons). In Barths Pfarrerkalender (im Karl Barth-Archiv in Basel) ist für diesen Tag Marons aber nicht Christs Name eingetragen!

voneinander zu trennen."[27] So antwortete zehn Jahre nach dem Ende des Zweiten Vatikanischen Konzils Edmund Schlink (1903-1984) auf die ihm gestellten beiden folgenden Fragen:

- Wie beurteilen Sie die gegenwärtige Stellung des Papsttums in Kirche und Gesellschaft?
- Wie sollte sich das Papsttum in der nächsten Zukunft nach innen und außen darstellen?

Schlink bedauert, daß innerhalb der katholischen Kirche wie in der gesamten Christenheit und Weltöffentlichkeit das Papstamt seine im und direkt nach dem Konzil errungene Anerkennung verloren habe. Die Öffnung Roms zum Ökumenismus, zur Religionsfreiheit, zur Weltverantwortung und zu einer mehr kollegialen Leitung der Kirche „ließen in der Ferne ein Papsttum erhoffen, das stärker einen brüderlichen Charakter trüge". Die erwarteten Rückwirkungen auf das Papstamt selbst blieben aber aus. Wie bereits die „eigentümliche Dialektik" in den Konzilsdokumenten zeigte, stand „dem Verständnis der Kircheneinigung als wechselseitiger Versöhnung" unvermindert „der Anspruch auf Unterordnung der nichtrömischen Kirchen unter das Papsttum gegenüber". So erfolgte statt erhoffter „tiefergreifender Dezentralisierung" eine minimalistische Interpretation gerade in ekklesiologischen Fragen. Das Selbstverständnis Roms „als der allein wahren Kirche wurde wieder stärker betont". Der ökumenische Aufbruch wurde „von manchen sogar für eine Gefährdung der römischen Kirche gehalten" – wie Schlink meint – zum Schaden der „Glaubwürdigkeit der Kirche vor der Welt".[28]

Gefragt war mit Schlink der „Offizielle Beobachter der Evangelischen Kirche in Deutschland beim II. Vatikanischen Konzil", der als Theologe der Bekennenden Kirche von 1946 bis zu seiner Emeritierung 1971 an der Heidelberger Universität den „Lehrstuhl für Dogmatik und Ökumenische Theologie" innegehabt und dort das erste ökumenische Universitätsinstitut gegründet hatte. Daher möchte man es fast für einen schlichten Registerfehler halten, wenn in der Ökumenischen Dogmatik Schlinks[29] die Stichworte Papst, Papstamt, Papst-

---

[27] Auf dem Weg des Konzils fortschreiten, in: G. Denzler (Anm. 11), 182-185.

[28] Ebd., 184f.

[29] Grundzüge, Göttingen 1984, 2. Aufl., 827.

tum oder Unfehlbarkeit gänzlich fehlen. Die drei Hinweise auf „Petrus" bieten lediglich eine Zusammenfassung des neutestamentlichen Zeugnisses. Da aber gerade dies Schlinks Methode seiner Dogmatik ist und er bei vielen anderen Problemen die Rückführung auf oder die Nichtvereinbarkeit kirchlicher Tradition mit dem biblischen Zeugnis ausführt, mußte ich der Sache auf den Grund gehen. Die Erlanger Dissertation von Jochen Eber[30] war dabei sehr hilfreich. Es läßt sich diese Entdeckung schlicht nicht erklären, weil Schlink in anderen Publikationen den unhaltbaren Zusammenhang der biblischen Grundlegung mit dem päpstlichen Jurisdiktionsprimat und dem Unfehlbarkeitsanspruch behandelt und ausdrücklich kritisiert, daß diese Zusammenhänge bislang selbst in den ökumenischen Dialogen nicht zur Sprache gebracht wurden. Die dort herausgearbeiteten exegetischen Konsequenzen über den „Petrusdienst" reichen nicht aus, „um die Einheit in der Anerkennung des Papstamtes als Amt der ökumenischen Einheit zu finden".[31] Schlink lokalisiert den dogmatischen Ort des Papstamtes mit Hilfe des vom Konzil im Dekret über den Ökumenismus geprägten Begriffs der „Hierarchie der Wahrheiten". Während dort keine untergeordneten Wahrheiten genannt sind, unterscheidet Schlink selbst fünf Rangstufen: das Bekenntnis zur Trinität Gottes und zur Christologie, die Heilstaten Gottes („für euch"), wie er in Wort und Sakrament gegenwärtig handelt, die kirchlichen Ämter der Orts- und Regionalkirchen und – erst an letzter Stelle – „das Amt der geeinten universalen Kirche, d. h. das Papstamt".[32] Damit meint Schlink, daß erst nach einem Konsens über die Anerkennung der Ämter im allgemeinen eine Übereinstimmung in der Frage eines universalen Leitungsamtes zu erwarten sei. Den Zugang hierfür sieht er bei der „Buße des Papstes", was er in seinem zunächst unter dem Pseudonym „Sebastian Knecht" veröffentlichten Büchlein „Die Vision des Papstes" entfaltet.[33] Mit

---

[30] Einheit der Kirche als dogmatisches Problem bei Edmund Schlink, Göttingen 1993, bes. 193-197.
[31] Ebd., 194.
[32] Ebd., 195.
[33] Graz/Göttingen 1975; unter Schlinks Namen postum veröffentlicht in der „Edition Zeitzeugen", Karlsruhe 1997. Vgl. dazu meine Rezension in MdKI 49, 1998, 39.

dieser visionären Erzählung weist Schlink auf die trotz des Konzils unveränderte Macht des Papstes und des Vatikans hin. Dazu erfindet er einen charismatischen Papst, der in ökumenischer Unruhe die anderen Kirchen kennenlernen will, incognito an deren Gottesdiensten und Abendmählern teilnimmt und entgegen allen Hinderungsversuchen der Kurie zu einer Wiedervereinigungsfeier auf die Insel Patmos lädt.

Diese Visionen sind für Schlink kein theologisches Programm, sondern ein praktisch-ökumenischer Impuls. Gleichzeitig wird aber dennoch auch hier ein Grundanliegen aus Schlinks Dogmatik verständlich gemacht: Die Konfessionen sollen nicht mehr vom Standpunkt der eigenen Kirche aus vergleichend gesehen werden, sondern sich und die anderen am Christuszeugnis messen lassen, also jene kopernikanische Wende in der Ökumene vollziehen, weg von den konzentrischen Kreisen, in denen das Konzil das Verhältnis der Kirche und der anderen Gemeinschaften beschrieb: „... so wie vor Kopernikus die Planeten als sich um die Erde drehend verstanden worden waren ... müssen wir erkennen, daß wir mit den anderen Gemeinschaften zusammen gleichsam wie Planeten um Christus als die Sonne kreisen und von ihm das Licht empfangen".[34]

3. Gottfried Maron: Der Papst ist römischer geworden

Der Kieler Kirchenhistoriker und Konfessionskundler Gottfried Maron (geb. 1928) gehört unbestritten zu den profunden evangelischen Romkennern von heute. Am II. Vatikanischen Konzil hat er als Mitarbeiter des Konfessionskundlichen Instituts in Bensheim im Auftrag der Evangelischen Kirche in Deutschland als Berichterstatter teilgenommen. Schon seine grünen Briefe aus Rom[35] hatten ihn weit über den deutschen Protestantismus hinaus bekannt gemacht. Neben reformationsgeschichtlicher Forschung und Lutherstudien befaßt

---

[34] Ökumenische Dogmatik (Anm. 27), 696.

[35] Gesammelt veröffentlicht in den Bensheimer Heften 23, 26 und 31, Göttingen 1964, 1965 und 1966.

sich ein erheblicher Teil seiner Monographien[36] und Aufsätze mit der Geschichte und der Theologie des römischen Katholizismus, besonders mit der Frage der päpstlichen Unfehlbarkeit, mit den Texten des II. Vatikanums und der Entwicklung des nachkonziliaren Katholizismus.

In einer Analyse des römischen Katholizismus nach dem Konzil kommt Maron zu dem Ergebnis, dieser sei „im Sinne einer neuen Weite und nicht der Enge" evangelischer, katholischer und römischer geworden.[37] Letzteres begründet er mit folgenden Beobachtungen: Das Vatikanum II als „die große Ratifizierung des Vatikanums von 1869/70" hat mit einem neuen Verständnis der Hierarchie in der Dialektik von Straffung und Auflockerung das „kollegial-synodale Prinzip" durch die primatiale Absicherung der Kollegialität betont. „Weil das Papstamt und seine Stellung in der römischen Kirche nicht mehr umstritten, sondern ganz selbstverständlich anerkannt und vorausgesetzt wird", ist jede „ängstliche und hysterische Verteidigung des Primates" gewichen. Mit dem Ende des Kirchenstaates ist die alte „Römische Frage" vom Tisch. Vergleichbar mit altrömisch-imperialen Vorstellungen ist der Vatikan jetzt nicht in erster Linie das Zentrum der Kirchenverwaltung, sondern Rom gewinnt „die Gestalt eines wirklich gesamtkirchlichen ‚katholischen', ja menschheitlichen Amtes der Einheit über allen Gegensätzen".[38] Nach einer Periode strengster Ablehnung des Modernen erfolgte durch das Vatikanum II eine „breite Öffnung hin zur modernen Welt". Durch eine allgemeine Aufwertung der Bischöfe, der Laien und der „getrennten Brüder" wurden Zukunftsvisionen benannt, die in neuer Weise das römische Einheitsverständnis umschreiben. „Es geht dabei um ein neues christlich-religiös-humanitär verstandenes umfassendes Petrusamt als Voraussetzung und Kri-

---

[36] Genannt werden müssen vor allem: Kirche und Rechtfertigung. Eine kontroverstheologische Untersuchung, ausgehend von den Texten des Zweiten Vatikanischen Konzils, Göttingen 1969 – Die römisch-katholische Kirche von 1870-1970, Göttingen 1972 – Zum Gespräch mit Rom. Beiträge aus evangelischer Sicht, Göttingen 1988 – Ignatius von Loyola. Mystik-Theologie-Kirche, Göttingen 2001.

[37] Der römische Katholizismus nach dem Konzil. Grundriß einer Analyse, in: Zum Gespräch mit Rom, aaO., 252-273, 261.

[38] Ebd., 262-263.

stallisationspunkt für eine Menschheitseinung, in der die Vielfalt zusammengefaßt ist."[39] Da aber zugleich das persönliche päpstliche Lehramt in den Konzilstexten einen „breiten und bestimmenden Platz" einnimmt und die Päpste das Konzil einberufen, leiten, korrigieren, abschließen und dessen Beschlüsse bestätigen, sind damit zugleich die Fixpunkte der neuen und zugleich alten römischen Leitungs- und Einheitsfunktion benannt.[40] Somit ist der gesamte Katholizismus durch ein römischer gewordenes Papstamt insgesamt römischer geworden.

Bei einem Rückblick auf „Hundert Jahre päpstliche Unfehlbarkeit"[41] kommt Maron bei aller Würdigung kritischer katholischer Theologie und besonders der Person Johannes' XXIII.[42] zu folgenden Ergebnissen: 1. Das unfehlbare Papstamt ist nicht in der Lage, die Einheit der Kirche und des Glaubens zu garantieren. Vordergründige Glaubenseinheit nach 1870 galt nur für einen sehr schmalen römischen Sektor, da östliche und reformatorische Theologie, Augustinismus, Gallikanismus, Episkopalismus und Altkatholizismus bereits ausgegrenzt waren. 2. Die vermeintliche Reinheit der Lehre wurde nicht garantiert, wie allein die Dogmen von 1854, 1870 und 1950 beweisen. 3. Die angebliche Sicherheit des Glaubens ist durch Rom nicht gewährleistet, wie die Fülle innerkatholischer Diskussionen, etwa um die (un)fehlbare Rolle der Päpste in Heiligsprechungsverfahren, zeigen.

In einem ausführlichen Literaturbericht über „Papsttum und Päpste in der Neuzeit" kommt Maron zu dem Schluß, daß jenes „*zugleich* ein ökumenisches *und* ein erstrangiges innerkatholisches Problem darstellt".[43] Er kritisiert, daß das jeweils gegenwärtige Lehramt für sich in Anspruch nimmt, „daß das Lehrgut der Vergangenheit bei ihm und nur bei ihm gut

---

[39] Ebd., 265-266.
[40] Ebd., 264.
[41] In: Zum Gespräch mit Rom, aaO., 213-235.
[42] „Er war der bisher erste (und doch wohl einzige) ‚ökumenische' Papst, der glaubwürdig die Grenzen der eigenen Konfessionalität zu überschreiten versuchte" – so G. Maron, Johannes XXIII. – eine Verlegenheit für die kirchliche Geschichtsschreibung, in: Zum Gespräch mit Rom, aaO., 249-251, 251.
[43] ThRd 60, 1985, 404-429, 411.

und ganz und allein sachgemäß aufgehoben ist".[44] Er fragt, ob dieses „auch aus kath. Sicht – durch die ganze Kirchengeschichte hindurch (und für die Gegenwart) wirklich *das* Ordnungsprinzip schlechthin für kirchliche Lehre gewesen ist und sein muß".[45]

Anhand dieser Beispiele wird deutlich, wie Maron vom Standpunkt der reformatorischen Theologie aus das Papstamt immer unter der geschichtlichen Entwicklung und Veränderung des Papsttums beurteilt. Alle Konfessionen sind für ihn Teile der ganzen Christenheit auf Erden, die Jesus Christus als ihrem einzigen Herrn und Erlöser zu vertrauen hat. Dem widerspricht die römisch-katholische Kirche mit ihrem Verständnis als universales Sakrament des Heils und mit ihrer Leitung durch das nach göttlicher Ordnung mit unfehlbarer Lehrvollmacht ausgestattetem Papstamt. Marons programmatisches Leitwort heißt in evangelischer Selbstbesinnung „... nach der Wahrheit fragen". Dies gilt auch und gerade bei allen Fragen nach Autorität und Leitung in der Kirche, das ist die erste und wesentliche Voraussetzung aller ökumenischen Gespräche. In seiner programmatischen „Schriesheimer Rede" von 1979 forderte er Kritik und Selbstkritik in allen Bereichen der ökumenischen Zusammenarbeit: „Bei diesem Geschäft muß der schmale Pfad gefunden werden zwischen enthusiastischem Ökumenismus und verhärtetem Konfessionalismus. [...] Innerhalb der Christenheit werden dann auch kirchliche und konfessionelle Grenzen letztlich belanglos."[46] Für den Romkenner Gottfried Maron, für den es auch und gerade bei den Kontroversen um das Papstamt keine Alternative „zum Gespräch mit Rom" gibt, droht allerdings spätestens seit den römischen Dogmen des 19. Jahrhunderts „der schmale Pfad" sich einem für die ganze Christenheit gefährlichen Abgrund zu nähern.

---

[44] Ebd., 427.
[45] Ebd., 429.
[46] Der Evangelische Bund und die ökumenische Situation, in: Umgang mit der Angst, JEB XXIII, 1980, 5-17, 16.

4. Waldenserkirche

Zu den evangelischen Romkennern zählen neben den befragten Hochschullehrern zweifellos die evangelischen Diasporakirchen. Stellvertretend soll an einen Beschluß der Waldensersynode vom 30. August 1995 zur Enzyklika Papst Johannes Pauls II. „Ut unum sint“ erinnert werden, der unter dem Titel „Das Papsttum und der Ökumenismus“ erschienen ist[47] und für unser Thema größte Aufmerksamkeit verdient. Die Stellungnahme würdigt zuerst die Neuheiten der päpstlichen Verlautbarung: 1. Die Forderung für eine Ersetzung des Konzilsbegriffs „getrennte Brüder“ durch Bezeichnungen, „die treffender die Tiefe der – an den Taufcharakter gebundenen – Gemeinschaft wachrufen, die der Heilige Geist ungeachtet der historischen und kanonischen Brüche nährt“ (Nr. 42). 2. Der Verzicht des Papstes, anders als bisher nur Dokumente des römischen Lehramtes zu zitieren, sondern auch Texte des Weltkirchenrates. 3. Die Bereitschaft des Papstes, „eine Form der Primatsausübung zu finden, die zwar keineswegs auf das Wesentliche ihrer Sendung verzichtet, sich aber einer neuen Situation öffnet“, welche „offensichtlich miteinander“ (Nr. 95) gesucht werden muß. Die Synode kommt sodann zu folgenden Ergebnissen: 1. „... der Bischof von Rom darf keinen besonderen Platz“ bei den kirchlichen Einheitsbemühungen einnehmen, weil „die ganz besondere Rolle, die er in der Geschichte der Christenheit gespielt hat ... bis heute kein Dienst an der christlichen Einheit gewesen“ ist. 2. Die römische These, daß „der päpstliche Primat dem Willen Gottes selbst entspricht ... kann einer Prüfung anhand der biblischen Texte nicht standhalten“. 3. Im Blick auf die vom Papst angeregte Diskussion über mögliche Veränderungen in der Form der Ausübung des Primats halten die Waldenser fest, „daß eine wirkliche Veränderung der päpstlichen Institution dagegen die Substanz des Primats betreffen muß“ und diese Problematik

[47] In: Die evangelische Diaspora 65, 1996, 116-124 und in: MdKI 47, 1996, 64-66; die Zitate folgen der deutschen Übersetzung von Dorothee Mack im Materialdienst des Konfessionskundlichen Instituts Bensheim, während Zitate aus der Enzyklika selbst mit der entsprechenden Nummer versehen werden.

keinesfalls von der „der hierarchisch-sakramentalen Struktur der römisch-katholischen Kirche getrennt werden darf". 4. Zwischenzeitlich darf der ökumenische Weg an der Basis nicht unterbrochen werden, weil dort ohne Anerkennung der kirchlichen Hierarchie Gemeinden und einzelne Christen bereits gegenseitig „sich im Namen Jesu anerkennen".

IV. Zusammenfassung und Konsequenzen

1. Das Papstamt ist zwar vordergründig ein internes Thema der römisch-katholischen Kirche, weil dessen theologische Begründung und kirchenrechtlichen Machtbefugnisse von keiner anderen christlichen Kirche anerkannt sind und daher keinesfalls als Grundbedingung für Gespräche über ein ökumenisches Einheitsamt akzeptiert werden können.

2. Dennoch gebührt dem Papstamt und insgesamt dem Papsttum wegen seiner historischen Entwicklung und theologischen Wirkung evangelisches und ökumenisches Interesse. Die Geschichte der evangelischen Kirchen beginnt nach reformatorischer Überzeugung nicht 1517 oder 1555, sondern mit der Jerusalemer Urgemeinde und der Jesus Christus als ihr Haupt, ihren Herrn und Erlöser bekennenden apostolischen und katholischen Kirche. Martin Luthers Überzeugung „Wir sind die alte Kirchen" darf auch in den derzeitigen und künftigen Dialogen über das Papstamt und dessen Einheitsfunktion nicht in Vergessenheit geraten.

3. Alle neutestamentliche und historische Forschung bekennt übereinstimmend, daß die heutige römisch-katholisch dogmatische Begründung des Papstamts nicht mit der Heiligen Schrift vereinbar ist, sondern Frucht westlicher Tradition: Petrus war kein Papst. Der Anspruch Roms, das Amt des Nachfolgers des Apostels Petrus und „im Amt der Bischöfe von Rom das sichtbare Zeichen und den Garanten der Einheit bewahrt zu haben" (Johannes Paul II.), kann und wird keine ökumenische Zustimmung finden. Alle Dialoge mit Rom über Amt und Kirche sind daher bis heute notwendigerweise an klare lehramtliche Grenzen gestoßen.

4. Die christliche Wahrheit darf in reformatorischer Sicht nicht von einer Einzelperson und einer einzigen Zentrale repräsentiert werden, sondern setzt sich im Hören des Wortes

Gottes dialogisch mit der gesamten Christenheit durch. Glaubensgehorsam Gott gegenüber und kirchlichen Gehorsam gegenüber dem Lehramt so eng zusammenzubinden wie im römischen System, ist biblisch betrachtet unhaltbar. Kirchengemeinschaft als ökumenisches Modell im Sinne der Leuenberger Konkordie ist mit den offiziellen römischen Einheitsvorstellungen unvereinbar.

5. Da infolge evangelischen Einheits- und Kirchenverständnisses (CA VII, CAV u. a.) alle Ämter und Dienste funktional gedacht und vom Gedanken des Allgemeinen Priestertums der Gläubigen geprägt sind, führen die Themen Kirche, Amt und Papstamt verständlicherweise in den evangelischen Bekenntnisschriften ein Schattendasein. Aber auch ökumenische Konvergenztexte wie die Lima-Erklärung oder das Projekt „Lehrverurteilungen – kirchentrennend?“ verschweigen die Problematik des Papstamtes im Rahmen der Amtsdiskussion. Aufgabe in Predigt, Unterricht und Erwachsenenbildung sollte es daher für den Protestantismus sein, hier andere Akzente zu setzen. Nur so kann eine latent vorhandene und von Zeit zu Zeit offen erkennbare Angst vor Identitätsverlust abgebaut werden.

6. Für die heutige Stellung evangelischer Kirchen zum Papstamt sind das Unfehlbarkeitsdogma und der Jurisdiktionsprimat von 1870 (bestätigt vom 2. Vatikanum) nicht zu vergessende Tatsachen, mit der sich dieses „selbst endgültig in eine Sackgasse hineinmanövriert“ hat (August Bernhard Hasler). Daher ist allen konsensökumenischen Versuchen (wie z. B. in „Sanctorum Communio“), mit den historischen und dogmatischen Altlasten zu einem anders gestalteten Petrusdienst zu gelangen, von vornherein jede realistische Chance genommen. Wer das Gespräch mit Rom führen will, muß konfessionskundliche Kenntnisse über das Papstamt in Geschichte und Gegenwart besitzen und regelmäßig bei Romkennern in die Schule gehen. Dialogfähigkeit setzt „einen begründeten eigenen Standpunkt und ein Wissen um den Standort des Partners“ (Gottfried Maron) voraus.[48]

---

[48] 40 Jahre Konfessionskundliches Institut. Zur Selbstbesinnung und Dialogfähigkeit erziehen, MdKI 38, 1987, Sonderheft/Beilage zu Nr. 5, 101.

7. Um keinen falschen ekklesiologischen Alternativen zu erliegen, muß auch in diesem Zusammenhang an Karl Barths Stimme erinnert werden, daß der Protestantismus nicht gegen, sondern für die Kirche zu protestieren habe. In der Konsequenz reformatorischer Theologie müssen daher evangelische Kritikerinnen und Kritiker des gegenwärtigen römischen Papstamts- und Kirchenverständnisses ermutigt werden, innerhalb ihrer Kirche anstelle profilarmer Systempflege für eine neue Identität des Protestantismus zu arbeiten. Dieser – so Reiner Marquard – „muß sich aus der Umklammerung und Dynamik eines Individualisierungsschubes eigener Art befreien“.[49]

[49] „Protestantismus protestiert nicht gegen, sondern für die Kirche“ (Karl Barth). Zur zukünftigen Gestaltung des Verhältnisses von Protestantismus und Kultur, MdKI 52, 2001, 47-51, 49.

Das Unfehlbarkeitsdogma in der neueren römisch-katholischen Theologie

Heiko Franke

Im Frühsommer 2001 war Papst Johannes Paul II. – auf den Spuren des Apostels Paulus – unterwegs in Griechenland. Auf dem Areopag begegnete der „Diener der Diener Gottes" dem „Diener Christi", Christodulos, dem Patriarchen von Athen. Höflich und am Ende durchaus brüderlich ging es dabei zu – während in der Stadt die Proteste vor allem orthodoxer Geistlicher gegen den Pilger aus Rom unüberhörbar und unübersehbar waren. „We don't need an infallible pilgrim" war, glaubt man den Fernsehkameras, eine ihrer häufigsten, auf Plakaten gezeigten Losung. Auch am Beginn des 21. Jahrhunderts bleibt die Behauptung, das Lehramt der römisch-katholischen Kirche, das Bischofskollegium oder der Bischof von Rom erfreuten sich unter bestimmten Bedingungen des Charismas der Unfehlbarkeit und derart angeleitet im Glauben auch die gesamte Kirche, für nichtkatholische Christen und für Nichtchristen ohnehin je nachdem verwirrend, ärgerlich oder skandalös. Doch auch innerhalb der römisch-katholischen Kirche wurde und wird um das Verständnis und den Sinn der Unfehlbarkeitslehre gerungen. Die Hauptlinien dieser Debatte während der zurückliegenden fünfzig Jahre nachzuzeichnen, ist Anliegen dieses Beitrages.[1]

1. Die Ausgangslage

Die Unruhe, die das vatikanische Dogma von der Unfehlbarkeit des päpstlichen Lehramtes in die Kirche gebracht hatte, war in der ersten Hälfte des 20. Jh. abgeklungen.

---

[1] Ausführlich habe ich dies in meiner Dissertation getan: Das Prinzip Kirche. Unfehlbarkeit als Thema der neueren deutschsprachigen römisch-katholischen Theologie, Wien 1991.

Die neuscholastischen Lehrbücher[2] konnten selbstbewußt mitteilen, mit göttlichem und katholischem Glauben (de fide divina et catholica) sei anzunehmen, insofern es Teil der Offenbarung *und* vom Lehramt definiert sei: daß der Papst in Kathedralentscheidungen und das Bischofskollegium bei letztverbindlichen Lehrentscheidungen zerstreut oder im Konzil versammelt unfehlbar seien und daß sich diese Unfehlbarkeit – anders als die uneingeschränkte Unfehlbarkeit Gottes – soweit erstrecke, wie auch die Offenbarung dies tue. Einzig die Lehre, wonach sich die Unfehlbarkeit auch auf das beziehe, was nötig ist für Schutz und Auslegung der Offenbarung, erhielt meist nur die Note „theologice certa" – hätte also noch diskutiert werden können.

Dabei galt die lehramtliche Unfehlbarkeit als Weg zur Verwirklichung der der Kirche insgesamt verheißenen Glauensunfehlbarkeit. M. J. Scheeben konnte insofern das Lehramt als das äußere Organ des in der Kirche wirkenden Heiligen Geistes ansehen.[3]

Auch als „de fide divina et catholica" wurde genannt, daß das Lehramt die regula fidei proxima sei – also die primäre Bezeugungsinstanz im hermeneutischen Zirkel.

In der kirchlichen Praxis war nahezu vergessen, daß damit der Papst ebenso gemeint war wie die Gemeinschaft der Bischöfe. Im Mittelpunkt stand allein das päpstliche Lehramt, dem man gern zutraute, was das Vatikanum I in „Pastor aeternus" dogmatisiert hatte – und mehr.

2. Die 50er Jahre

Das „Heilige Jahr" 1950 brachte mit der Definition der „Assumptio Mariae" einen eindrücklichen Kathedralspruch. Im Vorfeld hatten sich Stimmen gemeldet, die fragten, ob nicht auch dem ordentlichen Lehramt des Papstes Unfehlbarkeit zukomme. Konzentriert hatte sich diese Debatte auf ein

---

[2] Die Autoren stimmen in den Zentralaussagen – manchmal bis in die Buchstaben hinein – überein. Differenzen finden sich vor allem das „sekundäre Unfehlbarkeitsobjekt" und seinen Umfang betreffend.

[3] Theologische Erkenntnislehre, Freiburg 1948 (Neuausgabe), 97-104.

Schreiben Pius' XII., das sich mit Fragen des Weihesakraments befaßte: „Sacramentum ordinis", veröffentlicht 1947.[4]

Gerade die in „Pastor aeternus" und im CIC entscheidenden Formulierungen kamen darin nicht vor, aber die Wortführer der Maximalisten waren sich doch sicher, eine Kathedralentscheidung vor sich zu haben: Da der Papst seine höchste Autorität einsetze und endgültig verbindlich sprechen wolle, sei klar, daß er unfehlbar entscheide.[5] Aus solchen vereinzelten Mutmaßungen über das ordentliche Lehramt des Papstes wurde eine breite Diskussion, als Pius XII. in seiner Enzyklika „Humani generis"[6] die Frage nach der Verbindlichkeit päpstlicher Enzykliken stellte: Auch diese, so Pius, verlange Zustimmung, auch wenn der Papst darin nicht von seiner höchsten Lehrgewalt Gebrauch mache: „Denn es ist das ordentliche Lehramt, das hier spricht, von dem ganz ebenso das Wort gilt: ‚Wer euch hört, der hört mich' (Luk.10,16)." An sich war dies eine klare Antwort, indes lud wohl der Anspruch, mit dem der Papst auftrat, zu weitergehenden Spekulationen geradezu ein. Salaverri de la Torre vertrat die These, auch dem ordentlichen päpstlichen Lehramt komme u. U. Unfehlbarkeit zu, denn dieses habe ja nach „Pastor aeternus" die „Unfehlbarkeit der Kirche", die sich nach „Dei Filius" in einem außerordentlichen und einem ordentlichen Lehramt äußere.[7] Dies erlaube dem Lehramt routinemäßig unfehlbare Äußerungen.[8] Salaverri wurde entgegengehalten, eine korrekte Interpretation der Konzilstexte schließe ein unfehlbares ordentliches Lehramt des Papstes aus. Der Begriff „ordentliches Lehramt" weise, so etwa J. Beumer, keineswegs von sich aus auf Unfehlbarkeit hin, diese sei vielmehr an die jeweiligen Subjekte gebunden.[9] In einer Arbeit aus dem Jahre

[4] DH 3857-3861.

[5] So z. B. J. Brinkmann, Die apostolische Konstitution Pius' XII. „Sacramentum Ordinis", in: ThQ 140 (1950), 311-336. Brinkmann korrigierte sechs Jahre später in derselben Zeitschrift seine Entscheidung.

[6] DH 3875-3899.

[7] DH 3011: „... sive solemni iudicio sive ordinario et universali magisterio ... "

[8] I. Salaverri de la Torre, Valor de las Enciclicas, in: Miseleana Comillas 1952, 135-171.

[9] J. Beumer, Sind päpstliche Enzykliken unfehlbar?, in: ThGl 42 (1952), 262-269.

1961[10] konnte H. Peiffer konstatieren, alle Versuche, „ein unfehlbares, ordentliches ... Lehramt des Papstes ... aufzuweisen, seien falsch und ausweglos.[11] Eine ähnliche Ausweitung der Unfehlbarkeit bot gegen Ende der 50er Jahre F. M. Galatti[12]: Sicher könne nicht ein und dieselbe physische Person auf ordentliche und auf außerordentliche Weise unfehlbar sprechen. Anders sei es, wenn eine Reihe von Päpsten eine Lehre in mehreren Enzykliken ständig wiederhole. Eine solche Repräsentation einer Reihe von Päpsten nennt Galatti auch den „Apostolischen Stuhl" – und dieser sei auch in Ausübung des ordentlichen Lehramtes unfehlbar.[13] Gegen Galatti führte man u. a. ins Feld, daß es sich bei Unfehlbarkeit immer nur um ein persönliches Charisma handeln und daß stete Wiederholung keine Steigerung von Wahrheit bedeuten könne.[14] Spielten sich diese Erörterungen eher im engeren Theologenkreis ab, so war die Dogmatisierung der Himmelsaufnahme Mariens ein Ereignis, das die ganze Kirche beschäftigte. Schon die Absichtserklärung Pius' XII. war für die katholische Theologie Anlaß, über die Bedingungen unfehlbarer Lehre in der Kirche nachzudenken: Kann der Papst etwas definieren, wofür es keinen eindeutigen historischen Nachweis in Schrift und (oder) alter Tradition gibt und was auch nicht aus anderen Dogmen abgeleitet werden kann? Gegen durchaus vorhandene Zweifel[15] setzten sich die durch, die eine Lehre auch dann für definibel hielten.

Theologen, die hier Bedenken äußerten, mußten sich der Unkenntnis der Prinzipien der Theologischen Erkenntnislehre zeihen lassen: Das „klassische Modell der Herleitung Offenba-

---

[10] Die Enzykliken und ihr formaler Wert für die dogmatische Methode, Freiburg 1968.

[11] 206.

[12] Wenn die Päpste sprechen, Wien 1960.

[13] 200f.

[14] Vgl. z. B. Peiffer, aaO., 85-97; Beumer, Rezension Galatti, in: Scholastik 36 (1961), 279.

[15] Aufsehen erregte ein Beitrag B. Altaners, Zur Frage der Definibilität der Assumptio B. M. V., in: Th Rev 44 (1948), Sp. 129-140; 45 (1949), Sp. 129-142; 46 (1950), Sp. 5-20, in dem er alle gängigen dogmatischen Beweisverfahren für die Definibilität einer Lehre als für die Himmelsaufnahme Mariens ungeeignet erklärte.

rungswahrheit-Deduktion-Dogma" sei „nicht haltbar".[16] Vielmehr hielten maßgebende Theologen es für möglich, die Assumptio Mariae ohne eine vergewissernde Instanz im Gegenüber zum Lehramt und unter Verwendung des Glaubens der gegenwärtigen Kirche als *Beweisgrund* zu dogmatisieren: „Unser Glaube an die leibliche Aufnahme Mariens in den Himmel ist für uns völlig darin begründet ... daß die Kirche uns dies zu glauben lehrt."[17]

In der Definitionsbulle „Munificentissimus Deus" betonte Pius dann auch, das Zeugnis des ordentlichen Lehramtes liefere dem außerordentlichen Lehramt „einen sicheren und unanfechtbaren Beweis".[18] Dogmen*bezeugende* und dogmen*begründende* Instanz in einem war das Lehramt selbst.

Damals blieben die besorgten Stimmen in der Minderheit. Nur wenige mahnten: „Was das oberste Lehramt betrifft, so gibt der Rechtstitel der Unfehlbarkeit ihm nur die Vollmacht, sich innerhalb der strengen Tradition betätigen."[19] Dagegen dürfte die Mehrheitsmeinung jener Zeit in einem Wort von C. Feckes Ausdruck finden: Die Kirche „weiß aus sich selbst unfehlbar sicher, was nicht ihres Glaubens ist und was zu ihrem Glaubensbereich gehört ... Wozu das Zurückgehen in die Vergangenheit?"[20] Und „die Kirche" – das war in dieser Phase eigentlich der Papst und nur er.[21]

---

[16] So H. M. Köster, Grundfragen der Theologischen Erkenntnislehre. Zur Kontroverse um das neue Dogma, in: ThGl 42 (1952), 248-262.

[17] H. Volk, Das neue Marien-Dogma, Münster (6) 1956, 25.

[18] „Munificentissimus Deus" vom 1. 11. 1950, (DH 3900-3904), vollständiger Text bei R. Graber, Die marianischen Weltrundschreiben der Päpste in den letzten hundert Jahren, Würzburg 1951, Nr. 192-202, hier Nr. 194. In der Ansprache „Animus noster" des Papstes vom 17. 10. 1953 heißt es: „Die Kirche ist ... sich selbst Quelle der Wahrheit. ", in: AAS 45 (1953), 685.

[19] P. Anscharius (Pseud.) (!), Quo vadis, petre?, in: Ökumenische Einheit II,2, 105-133, hier 125.

[20] Zur kommenden Definierung der Himmelfahrt Mariens, Leutersdorf 1950, 3f.

[21] Für das Fortleben dieser Mentalität sei exemplarisch auf eine Schilderung der Tage nach dem Attentat auf Johannes Paul II. 1981 hingewiesen: „Die Wochen vergingen, und jeden Sonntagnachmittag suchten wir bei Radio Vatikan Antwort auf unsere Zweifel und Ungewißheiten in der immer klareren ... Sprache des Papstes. Johannes Paul II. sprach weiterhin aus seinem Krankenzimmer zu uns, aber der Ton und die Klangfarbe,

3. Unfehlbarkeit im Vorfeld des Vatikanum II und in den Konzilsdokumenten

Die Ankündigung eines Konzils Ende 1958 gab auch dem Nachdenken über die kirchliche Unfehlbarkeit neue Impulse.

3.1. Die Träger der Unfehlbarkeit

Zunächst erschienen am Beginn der 60er Jahre etliche Beiträge zur „Theologie des Konzils"[22], die das Wesen der Konzilsinstitution reflektierten und bald auch solche, die der Frage nachgingen, ob es nach dem Vatikanum I einen oder zwei Träger der Unfehlbarkeit gebe.[23] Diese Problematik hatte die Theologie schon einmal am Beginn des 20.Jh. beschäftigt und sich u. a. in einer offenen Kontroverse zwischen Theophil Spacil und Anton Straub niedergeschlagen.[24] Damals war die Frage nicht entschieden worden, und während der „pianischen Ära" wurde sie nicht weiter verfolgt. Zu klären war, ob es in der Kirche zwei nicht getrennte aber doch unterschiedene Träger der Unfehlbarkeit gebe – den Papst und das Bischofskollegium[25] – oder ob das Bischofskollegium in der Ausübung seiner Unfehlbarkeit an die wirksame Einflußnahme des Papstes gebunden sei, so daß letztlich (nach 1870) der Papst allein Träger der Lehrunfehlbarkeit wäre.

Dieser Klärungsprozeß mündete am Vorabend des Vatikanum II in die These von dem *einem Subjekt der Unfehlbarkeit*

---

die Aktualität der Themen und ihr zunehmender Umfang lieferten den Beweis, daß das Lehramt weiterging, oder besser, daß es nie unterbrochen war ... ", in: Trasatti/Mari, Leidensweg der 100 Tage, St. Ottilien 1981, 32-34.

[22] Beispiele aus dem Jahr vor der Konzilseröffnung: J. Ratzinger, Zur Theologie des Konzils, in: Cath 15 (1961), 292-304; H. Küng, Das theologische Verständnis des ökumenischen Konzils, in: ThQ 141 (1961), S. 50-77; L. Scheffczyk, Die Lehranschauungen Matthias Josef Scheebens über das ökumenische Konzil, in: ThQ 141 (1961), 129-205.

[23] W. Kasper, Primat und Episcopat nach dem Vatikanum I, in: ThQ 142 (1962), 47-83; L. Scheffczyk, Die Frage nach den Trägern der Unfehlbarkeit in ekklesiologischer Sicht, in: ThQ 142 (1962), 310-339.

[24] T. Spacil, Die Träger der kirchlichen Unfehlbarkeit, in: ZkTh 40 (1916), 524-552; A. Straub, Gibt es zwei unabhängige Träger der kirchlichen Unfehlbarkeit?, in: ZkTh 42 (1918), 254-300.

[25] Dies war in etwa die These Spacils.

– nämlich dem Bischofskollegium mit seinem Haupt, dem Papst, das auf verschiedene Weise handeln könne: Ein Konzil könne ohne Papst nicht unfehlbar sein, nicht weniger aber handle der Papst, wenn er „ex cathedra" lehre, als Haupt und Repräsentant des Bischofskollegiums – so sehr die genaue Art und Weise, wie der unfehlbare Episkopat im Urteil des Papstes präsent werde „nicht leicht einsichtig gemacht werden" könne.[26] Durch Aufhebung des Gegensatzes von Primat und Episkopat mittels Konstituierung einer Einheit auf höherer Ebene sollte das scheinbar unlösbare Problem gelöst werden. Daß hier auch lehramtlich Klarheit geschaffen werde, war eine der Erwartungen an das kommende Konzil, insofern man es als Fortsetzung des Vatikanum I begriff. Forderungen, wonach es Sache des Konzils sei, nicht die Modalitäten, sondern die Wirklichkeit der Unfehlbarkeit selbst zu begründen, blieben dagegen vereinzelt.[27]

3.2. Die Beschlüsse des Konzils

Das Konzil stellte sich denn auch nicht der Frage nach dem Wesen der Unfehlbarkeit und versuchte auch keinen „Beweis" im Sinne traditioneller Apologetik.[28] Auch das Dekret über den Ökumenismus behandelt dieses interkonfessionell schwierige Thema nicht. Erörtert wurden aber sowohl die Frage nach dem oder den Subjekt(en) des unfehlbaren Lehramtes als auch das Problem des Objektes der Unfehlbarkeit, und so die damit gegebenen Frage nach den geltenden hermeneutischen Prinzipien: Zunächst war das Konzil selbst ein Beitrag zur Klärung

[26] Scheffczyk, aaO., 330.
[27] Vgl. aber H. Küng, Strukturen der Kirche, Freiburg (2) 1962, 340: „Oft ... lenken diese innerkatholischen Diskussionen von den eigentlichen Schwierigkeiten der Irrtumsfreiheit ab. " Küng weist vor allem auf die grundsätzlichen Anfragen der evangelischen Theologie hin, auf die Differenzierungen wie die dargestellten keine Antwort zu geben vermöchten.
[28] Die traditionelle Apologetik, die in der „demonstratio catholica" auch die Existenz eines unfehlbaren Lehramtes in Absehung von Offenbarung und Glaubensentscheidung meinte beweisen zu können, endet mit dem Vaticanum II. Die verhängnisvolle Trennung von Dogmatik und Apologie wird aufgehoben.

der Frage, wie es um die Rolle der Bischöfe in der Kirche bestellt sei. Mit der Konzilseröffnung im Herbst 1962 setzte ein Prozeß der Subjektwerdung des Episkopats gegenüber einer auf den Papst hin orientierten Kurie ein. Dennoch sind gerade die konkreten Aussagen der Kirchenkonstitution „Lumen gentium“ über Primat und Episkopat von Klauseln durchsetzt, die jede Abschwächung des Primats ausschließen sollten. Entsprechend wiederholt LG 25 das Unfehlbarkeitsdogma von 1870 ohne Abstriche, ja, bietet sogar eine Einschärfung der Prärogative des römischen Bischofs. Dem außerordentlichen unfehlbaren Lehramt des Papstes wird nun das unfehlbare Lehramt des Bischofskollegiums unter Hinzutritt seines Hauptes zur Seite gestellt, ausübbar sowohl räumlich getrennt als auch versammelt auf dem Konzil. So führt „Lumen Gentium“ entschieden fort, was auf dem Vatikanum I nicht mehr gesagt werden konnte. Dennoch gelang weder die Einbindung der Unfehlbarkeit in die Volk-Gottes-Ekklesiologie noch auch die schlüssige Klärung der Frage, wie die beiden Träger bzw. Subjekte der Lehrunfehlbarkeit aufeinander zu beziehen seien. Es blieb bei der eigentlich paradoxen Auskunft, der Papst und der Papst zusammen mit den Bischöfen seien Träger der höchsten Gewalt und der Lehrunfehlbarkeit in der Kirche. Auch für den Gegenstandsbereich der Unfehlbarkeit folgte das Konzil der Tradition. Daß überkommene Streitfragen zum sog. sekundären Unfehlbarkeitsobjekt nicht einmal aufgenommen, geschweige entschieden wurden, verleitete die nachkonziliare Theologie anzunehmen, der Gegenstandsbereich bleibe auf Glaubenswahrheiten im engeren Sinne und deren Explikationen beschränkt.

Große Beachtung fand, daß das Konzil im 12. Abschnitt der Kirchenkonstitution auf die „infallibilitas in credendo“ *aller* Gläubigen als grundlegender Form der kirchlichen Unfehlbarkeit zu sprechen kam: „Die Gesamtheit der Gläubigen, welche die Salbung von dem Heiligen hat, kann im Glauben nicht irren (in credendo falli nequit).“ Dies geschehe vermöge des übernatürlichen Glaubenssinns (supranaturali sensus fidei), freilich unter Leitung des heiligen Lehramtes (sub ductu sacri magisterii). Die Lehre vom Glaubenssinn, bislang vom Lehramt kaum beachtet[29], findet hier Aufnahme – nämlich so, daß aus der eher hypothetischen „passiven Unfehlbarkeit“ ein Werkzeug zur treuen Weitergabe und vor allem vollen Anwendung der Offenbarung durch das Volk Gottes in der Welt wird. Zugleich finden sich Sicherheitsformulierungen, welche die Unantastbarkeit des juridischen Gerüstes der überkommenen Ekklesiologie einschließlich seiner Unfehlbarkeitslehre gewährleisten. So entstand ein eratischer Block, der in unterschiedlichste Zusammenhänge eingebracht werden konnte.

Insofern Unfehlbarkeit immer auch ein Thema der Fundamentaltheologie ist, muß auch die Dogmatische Konstitution über die Offenbarung „Dei Verbum" angeschaut werden. Uns interessiert sie im Blick auf das Dogma von 1950, wo das Lehramt sich selbst quasi freie Hand gab, auch ohne direkten Erweis aus Schrift und Tradition zu definieren. Kurz vor dem Konzil waren auch die mit dem Tridentinum aufgegeben Fragen um Schrift und Tradition erneut diskutiert worden.[30] „Dei Verbum" nun scheint von Schrift und Tradition als einem klar umrissenen Gegenüber des Lehramtes auszugehen: Das Lehramt stehe „nicht über dem Wort Gottes", sondern diene ihm (non supra verbum Dei est, sed eidem ministrat).[31] Andererseits sind in DV 10 Schrift, Tradition und Lehramt derart ineinander verwoben, daß dem Lehramt im hermeneutischen

---

[29] Über den „sensus fidei" war bis dahin meist im Zusammenhang mit der Mariologie geredet worden, vgl. vor allem M. D. Koster, Der Glaubenssinn der Hirten und der Gläubigen, in: ders., Volk Gottes im Wachstum des Glaubens, Heidelberg 1950, 59-143; Inspirierend gewirkt hatte der Aufsatz J. H. Newmans, On consulting the faithful in matters of doctrin, in. The Rambler, Juli 1859, 1947 in deutscher Sprache erschienen: Hochland 40 (1947), 401-414. 548-557. Vor dem Vatikanum II meinte Max Seckler, Art. Glaubenssinn, in: LThK (2) Bd. 4, Sp. 945-948, hier Sp. 947, dieser sei bislang „weder historisch noch systematisch ausreichend erforscht".

[30] Gemeint ist die damals aufsehenerregende Arbeit von J. R. Geiselmann, Die Heilige Schrift und die Tradition, Freiburg 1962 (= QD 18). G. hatte behauptet, auch gemäß dem Tridentinum könne von einer Suffizienz der Hl. Schrift in den Glaubenswahrheiten ausgegangen werden. – Gerade mit dem Hinweis auf das Dogma von 1950 widersprach J. Ratzinger: Das Wort „Suffizienz" verliere jeden Sinn, wenn man dabei bleiben wolle, „daß die Schrift alle Offenbarungswahrheiten enthält und andererseits etwa das Dogma von 1950 eine Offenbarungswahrheit ist", in: Ein Versuch zur Frage des Traditionsbegriffs, in: Rahner und Ratzinger, Offenbarung und Überlieferung, Freiburg 1965, 25-69, hier 32.

[31] DV 10,1.

Zirkel, dort, wo es um verbindliche Lehre geht, die Schlüsselposition zukommt und kein Raum für ggf. kritische Einwände aus der Hl. Schrift besteht. Dieser Artikel, massiv gespeist aus „Humani Generis" und „Munificentissimus Deus", offenbart die Ambivalenz einer Theologie, die das Wort Gottes in den Mittelpunkt stellen und gleichzeitig an einem vom Hl. Geist geleiteten Lehramtes festhalten möchte. Die Absicht ist offenbar, den Eindruck zu vermeiden, das Lehramt habe sich nicht in jedem Falle an der Offenbarung auszurichten. Offenbar ist aber auch, daß es dem Konzil unmöglich ist, ein Verfahren zu beschreiben, durch das die Treue des Lehramtes zur Offenbarung überprüft werden könnte. So bleibt in Erinnerung an die Dogmen von 1854 und 1950, daß das Lehramt die apostolische Überlieferung, die es bewahren und verbindlich erklären will und soll, ggf. selbst finden und festlegen kann.

Ähnlich wie „Lumen Gentium" zwei eigentlich unvereinbare Ekklesiologien, so versucht auch „Dei Verbum" zwei eigentlich einander ausschließende offenbarungstheologische Konzeptionen zu verbinden: ein personales Konzept, das Offenbarung als Begegnung mit Jesus Christus begreift (DV 1) und ein damit konkurrierendes, instruktionstheoretisches, das Offenbarung als „depositum fidei" sieht, als Sammlung von Glaubenssätzen. Insofern entspricht LG 12 mit der infallibilitas der ganzen Kirche den hermeneutischen Prinzipien von DV 10 und findet dort seine offenbarungstheologische Grundlage, wie auch die Kopplung der Lehrautorität an die Hierarchie jenem Offenbarungsverständnis entspricht, dem es um die Bewahrung, Erklärung und Weitergabe von Sätzen geht.

Das Vatikanum II leitete weitreichende Veränderungen ein. Die Unfehlbarkeitslehre allerdings konnte nicht in die fundamentaltheologischen und ekklesiologischen Neuansätze des Konzils integriert werden. Die nach dem Konzil erschienenen Lehr- und Handbücher zeigen dies sehr deutlich. Trotz durchaus unterschiedlicher Ansätze und Konzeptionen sind die Ausführungen zur Unfehlbarkeitsfrage kaum voneinander zu unterscheiden, was zu der Vermutung Anlaß gibt, daß die Unfehlbarkeitslehre grundlegende Veränderungen des ekklesiologischen oder fundamentaltheologischen Ansatzes nur überstehen kann, wenn sie sich den daraus entstehenden Konsequenzen verweigert ...

4. Die Auseinandersetzung um die Autorität von Humanae Vitae

Mit dem Erscheinen der Enzyklika Papst Pauls VI. „über die rechte Weitergabe des menschlichen Lebens", „Humane Vitae"[32], im Juli 1968 begann nicht nur eine bis heute dauernde moral- und pastoraltheologische Debatte, sondern auch eine neue Runde im Versuch, Klarheit in der Unfehlbarkeitsfrage zu erhalten, denn neben den inhaltlichen Aussagen der Enzyklika standen von Beginn an auch deren Verbindlichkeit zur Debatte. In HV artikulierte sich die päpstliche Prärogative. Das ließ sofort die Frage laut werden, ob dieses, das ordentliche päpstliche Lehramt nicht doch teilhabe am Charisma der Unfehlbarkeit: Wenn es stimmte, daß auch alle Vorgänger des Papstes gelehrt hatten wie dieser und Paul VI. also gerade in HV 14 nur deren übereinstimmende Lehre wiederholte – mußte dann nicht von einer „Unfehlbarkeit des Apostolischen Stuhls" gesprochen werden? Diese ja bereits bekannte Ansicht kam der Position der Minderheit in der durch Paul VI. zur Beratung zugezogenen „Geburtenkontrollkommission" nahe. Sie, deren Votum der Papst schließlich folgte, argumentierte nicht moraltheologisch, sondern aus der Sorge um die Autorität der Kirche heraus: „Kann es ... sein, daß eine Reihe von Päpsten in einer wichtigen Frage, die das Seelenheil der Gläubigen berührt, ... etwas lehrt, was im Gegensatz zu Glaube und Sitte steht?"[33]

Die in der Tradition ganz unbekannte Idee einer Unfehlbarkeit des Apostolischen Stuhls hielt sich bis in die 80er Jahre – sicherer Beleg für das Interesse an einem möglichst extensiven Unfehlbarkeitsverständnis und für die Annahme, das Agieren des Lehramtes sei gegenüber dem gemeinschaftlichen Ringen um die Wahrheit der zuverlässigere Weg ...

Indes waren sich die Befürworter einer Unfehlbarkeit von HV bzw. ihrer Lehrentscheidung im 14. Abschnitt[34] nicht si-

---

[32] DH 4470-4479.

[33] H. Schauf, Um Verbindlichkeit und Unfehlbarkeit, in: J. Bokmann (Hg.), Nicht unfehlbar?, o. O., 1981, 58-62, hier 58.

[34] DH 4476: „Ebenso ist jede Handlung zu verwerfen, die, wenn der eheliche Verkehr ins Auge gefaßt wird ... darauf abzielt, daß die Zeugung verhindert wird. "

cher über den einzuschlagenden Weg: Während sogar etliche Bischofskonferenzen auf die prinzipielle Irrtumsfähigkeit des ordentlichen Lehramtes hinwiesen, schlossen sich nicht wenige Theologen der zuerst durch die Amerikaner J. C. Ford und G. Grisez vorgetragene These an, die Unfehlbarkeit von HV 14 ergebe sich nicht aus der Enzyklika selbst, sondern stehe gemäß LG 25 schon von anderswoher (iam aliunde) fest – nämlich wegen der Übereinstimmung des Episkopats in dieser Frage.[35] M. Zalba etwa assistierte und erklärte, der Konsens der Bischöfe bestehe seit 1816, als man sich erstmals mit dem Thema befaßt habe – und wenn es eine Unklarheit bezüglich der Interpretation des Konzils gebe, so sei Paul VI. ohnehin dessen „einzig autorisierter Interpret".[36] Die Kritiker der Enzyklika bemühten sich dagegen, jeden Anschein von Unfehlbarkeit auszuschließen: Vor allem sei zu beachten, daß LG 25,2 ausdrücklich die Forderung einer absoluten Zustimmung verlange und eine bloße Übereinstimmung in der Lehre, so sie denn tatsächlich gegeben sei, keine Unfehlbarkeit bedeute. Ferner sei LG 25 nicht ohne LG 22 zu lesen, wo für eine Äußerung des Episkopats ein „actus stricte collegialis" gefordert werde – den es z. B. anläßlich des Dogmas von 1950 gegeben habe.[37] Der Geist des Konzils, der wohl auf eine freimütige Diskussion angesichts eines Konflikts gesetzt hätte und der Wortlaut seiner Dokumente konkurrierten auch hier. Immerhin waren es die Bischöfe selbst, die in ihren durchaus widersprüchlichen Reaktionen belegten, daß Paul VI. bei einer Befragung kaum den Erfolg gehabt hätte, der seinen Vorgängern 1854 und 1950 durchaus beschieden war. Von einer Einmütigkeit des magisterium ordinarium et universale konnte jedenfalls in diesem Fall keine Rede sein – und doch konnte sie mit der Aussicht, Wirkung zu erzielen, behauptet werden.

Die Problematik, die sich mit HV für Anhänger und Gegner der Unfehlbarkeit stellte, war aber noch nicht vollends am

---

[35] In: Das unfehlbare ordentliche Lehramt der Kirche zur Empfängnisverhütung, Siegburg 1980 (Baltimore 1978).

[36] Unabänderliche, unfehlbare Lehre, in: J. Bokmann (Hg.), aaO., 17-32.

[37] So etwa der Moraltheologe Piegsa in direkter Replik auf Ford und Grisez: Hat das ordentliche Lehramt zur Empfängnisverhütung unfehlbar gesprochen?, in: ThGl 21 (1981), 33-44.

Tage, denn auch der Inhalt der Enzyklika gab Probleme auf: Führte der Papst seinen Anspruch nicht auf das alle verpflichtende Naturrecht zurück? Lag aber das Naturrecht überhaupt im Kompetenzbereich der Lehrautorität? Damit war das auf dem Vatikanum II vernachlässigte, in der Schultheologie aber als gewichtig empfundene Problem des Gegenstandsbereiches der Unfehlbarkeit aufgeworfen. Geklärt werden mußte, wie sich die beiden Umschreibungen des Gegenstandes der Lehrunfehlbarkeit – „depositum fidei" und „fides et mores" – zueinander verhielten. Für die Kritiker einer zu extensiv ausgelegten Unfehlbarkeitslehre war diese Diskussion wichtig, weil sie geeignet schien, dem Lehramt zumindest in der Zuständigkeit Grenzen zu ziehen. Die Lehrbücher der Moraltheologie nach dem Vatikanum I hatten die Zuständigkeit des Lehramtes auch in Naturrechtsfragen behauptet, und zwar mit der Begründung, das natürliche Sittengesetz sei in der Offenbarung enthalten bzw. dessen Erfüllung sei Vorbedingung des Heils und (oder) die Heiligkeit der Kirche verlange, daß sie nichts lehren könne, was unsittlich oder nicht ehrenhaft sei. Je nachdem wurde dann das natürliche Sittengesetz als zur Bewahrung der Offenbarung nötig (sekundäres Unfehlbarkeitsobjekt), als von der Anwendung des Glaubens berührt (mores als applicatio fidei) oder gar als Bestandteil der Offenbarung selbst betrachtet.

Das eigentliche Problem war, zu erklären, wie sich die Unfehlbarkeit des Lehramtes auf einen „natürlichen" (Vatikanum I) bzw. „autonomen" (Vatikanum II) Bereich erstrecken könne. Das vorläufige Hauptergebnis dieser bis heute andauernden Diskussion ist die mehrheitliche Ablehnung einer leichtfertigen Ausweitung der Zuständigkeit des Lehramtes auf den sittlichen oder naturrechtlichen Bereich[38]: Weisungen in diesem Bereich seien eher dem Hirten- als dem Lehramt zuzuordnen. Beim Lehramt bliebe die theologische Grundlegung und die Hinordnung auf ein umfassendes Ziel und, wie es in einem schönen Wort von Klaus Demmer heißt, eine Offenlegung der „Natur der Sache".[39]

---

[38] Vgl. zum Gesamtproblem und zur hier benannten Debatte die umfassende Untersuchung von J. Schuster, Ethos und kirchliches Lehramt, Frankfurt/M. 1984.

[39] Kirchliches Lehramt und Naturrecht, in: TrThZ 59 (1969), 210.

Die primäre Tendenz dieser Überlegungen ist demnach, dem Lehramt das unfehlbare Urteil in Form positiver sittlicher Lehrsätze zu entziehen und es zu hindern, „da, wo die Anwendung der Grundwerte auf das konkrete Handeln schwierig wird, die plausible Begründung ... durch einen Naturrechtspositivismus ersetzen zu wollen“[40]. Nichts anderes aber hatte Paul VI. in HV getan. Von seiner Autorität gedeckt, kamen auch weiterhin nicht wenige Theologen zu dem Schluß, mit HV 14 lege der Papst unfehlbar eine Lehre vor.[41]

Die Debatte um HV zeigte die Grenzen des auf dem Vatikanum II in der Unfehlbarkeitsfrage Geleisteten. Sie legte offen, unter wie vielen Unklarheiten diese auf Klarheit zielende Lehre litt und wie wirkmächtig weiterhin der dem Bischof von Rom anhaftenden Unfehlbarkeitsnimbus war – wenn auch inzwischen die Mehrzahl der Theologen eher bereit war, dessen Grenzen aufzuzeigen.[42] Ob der großen Diskrepanzen, die sich nach der Enzyklika in der Kirche zeigten, wurden diese denn auch zum letzten Anstoß für eine jetzt grundsätzliche Beschäftigung mit der Unfehlbarkeitsfrage, denn die durch Hans Küng ausgelöste große Debatte um die Unfehlbarkeit begann wie ein Beitrag zur Humanae-Vitae-Diskussion.

5. Die „Küng-Debatte“

Anläßlich des 100. Jahrestages des Vatikanum I veröffentlichte Hans Küng eine Streitschrift „Unfehlbar? – Eine Anfrage“[43], in deren Eingangskapitel er die Frage nach der Auto-

---

[40] F. Böckle, Glaube und Handeln, in: Mysterium Salutis, hg. von M. Feier und J. Lohrer, Bd. 5, 21-112, hier 99.

[41] Vgl. den grundsätzlichen Beitrag von A. Schmied, „Schleichende Infallibilisierung“, in: J. Romel u. B. Hidber (Hg.), In Christus zum Leben befreit, Freiburg 1992, 250-274.

[42] Paul VI. und Johannes Paul II. haben HV immer wieder als Prüfstein des Glaubens hingestellt und insofern klar gemacht, daß auch Entscheidungen des ordentlichen Lehramtes praktisch keinen Widerspruch zulassen, vgl. O. H. Pesch, Begriff und Bedeutung des Gesetzes in der katholischen Theologie, in: JBTh 4 (1989), 171-214. 191-196.

[43] Einsiedeln 1970. Inzwischen hat die Schrift immer neue Auflagen erfahren.

rität der damals zwei Jahre alten Enzyklika „Humane vitae" aufgriff. Tatsächlich entwickelte er aber eine grundsätzliche Infragestellung der kirchlichen Unfehlbarkeit[44]. Was darauf folgte, nennt Küng wohl nicht zu Unrecht die „größte Diskussion der katholischen Theologie nach dem Vatikanum II".[45] Kaum ein namhafter katholischer Theologe enthielt sich einer Stellungnahme zu dieser über alles bisher Bekannte hinausgehenden Anfrage.[46] Eingangs betont Küng, viele Theologen wollten die mit HV entstandene Lage nicht wahrhaben und versuchten, die Unfehlbarkeit aus der Enzyklika wegzureden. Dagegen habe Rom zurecht behauptet, daß etwas einhellig von den Bischöfen in Gemeinschaft mit dem Papst Gelehrtes ohne Irrtum sei. Er, Küng, wolle deshalb nicht, wie andere, „die schwierigen Punkte der Kirchenlehre" weitherzig interpretieren, um mit ihnen fertig zu werden, sondern er wolle die Unfehlbarkeitslehre selbst einer Prüfung unterziehen. Tatsächlich erreichte die Diskussion damit eine qualitativ neue Ebene:

Küng untersucht zunächst die Argumentation der Lehrbücher und des Vatikanum II und stellt fest, die Behauptung, die Unfehlbarkeit der Bischöfe ergebe sich aus der Apostelnachfolge, sei nicht zu beweisen und stehe „exegetisch, historisch, theologisch auf tönernen Füßen".[47] Ähnliches gelte für die Unfehlbarkeit des Papstes, bei der noch zusätzlich die Verquickung mit dem Jurisdiktionsprimat und damit der Machtfrage zu beachten sei. Das *Zentralproblem* allerdings sieht Küng – der Leser nimmt es überrascht wahr – an anderer Stelle, nämlich in dem Problem von „infalliblen Sätzen des

---

[44] Küng hatte seine Bedenken schon früher, wenn auch nicht so radikal, geäußert: Strukturen der Kirche, 1962, (s. Anm. 32) 343.355; Kirche im Konzil, Freiburg 1963, S. 156.160; Die Kirche, Freiburg 1967, 406f.

[45] In: ders., Kleine Bilanz der Unfehlbarkeitsdebatte, in: Conc 9 (1973), 226-230, hier 226.

[46] Wichtige Beiträge sind gesammelt in: Zum Problem Unfehlbarkeit. Antworten auf die Anfrage von Hans Küng, hg. von K. Rahner, Freiburg 191 (= QD 54); Fehlbar? Eine Bilanz, hg. von H. Küng, Einsiedeln 1973; vgl. ferner Küng, Kirche – gehalten in der Wahrheit?, Einsiedeln 1979; A. Kolping, Unfehlbar? Eine Antwort, Bergen-Enkheim 1971; K. Lehmann, Die Debatte um Küngs „Unfehlbar?" und der römische „Einspruch", in: IKZ 2 (1973), 466-472.

[47] AaO., 68.

Glaubens". Solche „infalliblen Sätze" fordere die Unfehlbarkeitslehre. Und solche Sätze seien nicht nur nicht nötig, sondern auch gar nicht *möglich*. Sowohl die „Schulbuchtheologie" als auch das Konzil sei diesem Problem gegenüber blind gewesen. Deshalb müsse nun die Unfehlbarkeit der Kirche insgesamt in Frage gestellt werden.

Küngs Kernthese: Die Annahme unfehlbarer Sätze ist ein Unding, weil Sätze (auch des Lehramtes) der Dialektik von Wahrheit und Irrtum nicht entgehen und deshalb nie unfehlbar sein können. Zwar legt auch Küng Wert auf die biblische Verheißung, daß die Kirche in der Wahrheit gehalten werde – die auf diese Verheißung gegründete Unfehlbarkeitslehre sei aber eben nicht haltbar, denn sie sei aus der Schrift nicht begründbar, sie stütze sich auf für Irrtum immer anfällige menschliche Sätze, und sie habe Irrtümer (wenigstens den von HV (!)) nicht verhindern können. So faßt Küng zusammen: „Die Grundfrage nach der kirchlichen Unfehlbarkeit darf nun als beantwortet gelten."[48] Ist damit aber auch die biblische Verheißung dahin, wonach die Kirche in der Wahrheit gehalten werde? Küngs Antwort ist eine später oft wiederholte These: „Eine Überwindung des Dilemmas ist nur möglich durch die Aufhebung der Alternative auf höherer Ebene: Die Kirche wird in der Wahrheit gehalten trotz aller immer möglichen Irrtümer."[49] Deshalb sei es auch angezeigt – und damit kommt Küngs Argumentation zu ihrem Abschluß – den Begriff „Infallibilität" durch die Begriffe „Indefektibilität" und „Perennität in der Wahrheit" zu ersetzen.

Die darauf mit einem Beitrag Karl Rahners eröffnete Debatte erstreckte sich über etwa zehn Jahre und kulminierte im Entzug der Lehrerlaubnis für Hans Küng im Jahre 1979.[50] Neben den Fachtheologen sah sich auch Rom selbst veranlaßt, in den Streit durch eine Erklärung „Mysterium Ecclesiae"[51]

---

[48] AaO., 151.

[49] AaO., 143 – Die Formel war in Die Kirche, Freiburg 1967, 406 schon ähnlich vorgeschlagen worden, allerdings dort ohne das den Sinn der Aussage verändernde „immer".

[50] Vgl. zu dieser Dimension W. Jens (Hg.), Um nichts als die Wahrheit. Deutsche Bischofskonferenz contra Hans Küng, München 1978 – Hier entsteht das wirkmächtige Bild Küngs als eines Hüters des freien Wortes und als Haupt der innerkatholischen Opposition.

[51] DH 4530-4541.

einzugreifen. In seiner „großen „Bilanz“ konstatiert Küng, seine Kontrahenten hätten in keinem Bereich einen brauchbaren Beweis für die Möglichkeit der Unfehlbarkeitslehre geliefert. Dies würde bedeuten, daß die „Küng-Debatte“ zumindest im Bereich der Fachtheologie einen enormen Fortschritt in der Unfehlbarkeitsproblematik gebracht hätte. Was ist davon zu halten? Wahr ist, daß vor allem in den ersten Jahren des Streits einige bislang unberührte Aspekte des Unfehlbarkeitskomplexes aufgegriffen wurden:

– Der Begriff „unfehlbar“: In seiner Kritik an diesem Wort hat Küng besonders viel Zustimmung erfahren. Tatsächlich sei der Begriff mißdeutbar und möglichst durch einen anderen zu ersetzen. Freilich unterscheiden sich alle Alternativvorschläge von dem Küngs.[52] Bereits bei dieser Diskussion fällt eigentlich die Vorentscheidung zuungunsten der Küngschen Hauptthese, weil die Ersetzung von Infallibilität durch Indefektibilität nicht akzeptiert wird.

– Die Begründung der Unfehlbarkeit aus Schrift und Tradition führte notwendig in einen Streit um die Funktion der Bibel für die Lehre der Kirche. Küngs Konzentration auf die Texte des Neuen Testaments kollidierte mit der Position der meisten seiner Kritiker, die ihm Ignoranz gegenüber einer legitimen dogmatischen Entwicklung auf der Basis der Hl. Schrift vorwarfen. Da insofern niemand daran ging, einen auf wörtliche Übereinstimmung zielenden Schriftbeweis zu führen, konnte Küng konstatieren: „Für eine Unfehlbarkeit Petri ... gibt es im Neuen Testament ... nicht den geringsten Anhalt. Kein einziger der genannten Autoren kommt auf dieses Thema auch nur zu sprechen.“ Die Schlußfolgerung: „Für eine Satzunfehlbarkeit Petri und der römischen Bischöfe gibt es keine Fundamente in den Ursprüngen des Christentums.“[53]

---

[52] „Letztverbindlichkeit in Verbindung mit Wahrheit“ (Fries, Das mißverständliche Wort, in: Zum Problem ... (s. Anm. 60), 216-232, hier 229f) wurde ebenso vorgeschlagen wie „charisma veritatis bei verbindlichen Aussagen“ (H. Stirnimann, Bleiben in der Wahrheit im Bereich der Sprache, in: FZPhTh 18 (1971), 475-498, hier 480) oder „Indefektibilität, die letztverbindliche Akte einschließt. “ (Y. Congar, Infallibilität und Indefektibilität in: Zum Problem ..., 174-195, hier 193f)
[53] Bilanz, 413.

Es ist sehr fraglich, ob das Schweigen der Kontrahenten diese Deutung zuließ.

– Die Kritik an der vermeintlichen Verbindung von Unfehlbarkeit und Macht, aus der Küng auch eine Entgegensetzung von „römisch" (Irrweg seit Gregor VII.) und „katholisch" (die genuine katholische Tradition, bei der Küng sich selbst sieht) ableitete, wurde differenziert aufgenommen. Tatsächlich pflichteten manche Gesprächspartner der Kritik an einem bestimmten „römischen Schultypus" bei.[54] Doch gerade jene, die ihm hier – wenigstens teilweise – zustimmten und die Mißbrauch nicht durch Rückzug ins Begriffliche verschleiern wollten,[55] lehnten entschieden die Gegenüberstellung „römisch-absolutistisch-unfehlbar" – „katholisch – nicht unfehlbar" ab: „Ein römischer Absolutismus und Traditionalismus in Lehre und Praxis kann sich keineswegs auf das Unfehlbarkeitsdogma berufen."[56] Vielmehr widerspreche Küngs These „der gesamten katholischen Tradition zumindest seit der Reformation", weswegen die Kontroverse eigentlich nicht mehr als innerkatholisch angesehen werden könne. So das Verdikt, das Karl Rahner frühzeitig aussprach.[57] Küng habe um seiner Argumentation willen den Begriff des Katholischen privat völlig neu verstanden, betonte auch Joseph Ratzinger.[58]

In der Bilanz dazu stellte Küng die Übereinstimmung in der Negation heraus, verkannte aber andererseits die Zurückweisung: „Die vom Verfasser am römischen Katholizismus geäußerte katholische Kritik ... ist ... vielfach bestätigt und in keinem Punkt als falsch oder auch nur übertrieben aufgewiesen worden."[59] Dies hätte freilich bedeutet, daß die katholische Theologie Küngs Charakterisierung jeder Art von kirchlicher Lehrautorität als römischen Irrweg und jeder sich an einer sol-

---

[54] Vor allem J. Ratzinger, Widersprüche im Buch von Hans Küng, in: Zum Problem ..., 97-116, hier 102.105.

[55] Vgl. H. J. Pottmeyer, Auctoritas suprema ideoque infallibilis, in: G. Schwaiger (Hg.), Konzil und Papst, München 1975, 503-520.

[56] Pottmeyer, aaO., 519.

[57] Kritik an Hans Küng. Zur Frage der Unfehlbarkeit theologischer Sätze, in: Zum Problem ..., 27-48, hier 31.

[58] AaO., 103. Ratzinger vergleicht hier die Position Küngs mit der M. Luthers auf der Leipziger Disputation 1519.

[59] AaO., 346.

chen orientierenden Theologie als „systemimmanent“[60] mitgetragen hätte, und daß sie einer Veränderung des hermeneutischen Zirkels zuungunsten des Lehramtes und zugunsten eines an historische Exegese gebundenen Schriftprinzips zugestimmt hätte. Auch davon kann keine Rede sein.

– Ähnlich verhält es sich mit der faktischen Identifizierung von Unfehlbarkeit der Kirche mit der Unfehlbarkeit des römischen Bischofs gemäß Vatikanum I. Hier erkennt Küng besonders klar den absolutistischen Zug der Unfehlbarkeitsidee, denn gemäß Vatikanum I gelte: „Wenn der Papst nur will, kann er alles, auch ohne die Kirche.“[61] Auch hier herrscht Ablehnung vor: Das Konzil habe in Wahrheit die Unfehlbarkeit des Papstes an den Glauben der Gesamtkirche gebunden. Küng dagegen betont in seinem Resümee der Diskussion, die gefährliche römische Praxis der letzten 100 Jahre sei keine einseitige Interpretation der Unfehlbarkeitsformel, sondern ergebe sich aus dieser und er, Küng, habe diese nicht eskaliert, „sondern genau nach dem Sinn und Buchstaben des Konzils interpretiert“.[62]

– Daß Küng seine Kritik auf der Ebene der „Sätze“ weiterführte, um, anschließend an J. Nolte[63], den „Grundansatz“ der Unfehlbarkeitslehre zu überprüfen, wurde auch damals mit Verwunderung zur Kenntnis genommen. Daß er damit in gewissem Sinne die Fixation auf das „römische System“ und die Verquickung von Macht und Unfehlbarkeitsideologie hinter sich ließ, konnte der Diskussion indes nur guttun.

Das Problem der „Infalliblen Sätze“ löste einen intensiven Gesprächsgang aus, der freilich – wohl ganz entgegen der Hoffnungen Küngs – keine wirkliche Klärung brachte: Die Überzahl der Beteiligten war der Meinung, weder das Vatikanum I noch auch die Unfehlbarkeitslehre überhaupt zielten

[60] Den Vorwurf der Systemimmanenz formuliert Küng zuerst gegenüber Rahner und setzt einer „systemimmanenten“ setzt Küng seine „aufbauende katholische Theologie“ entgegen, so in: Kirche, gehalten in der Wahrheit, Einsiedeln 1979, 43f.

[61] Unfehlbar?, 84.

[62] Fehlbar 361f.

[63] Dogma in Geschichte, Freiburg 1971 – Küng waren die Thesen seines Schülers bereits früher zugänglich.

auf „unfehlbare Sätze".[64] Diese Formulierung sei vielmehr „ein Mißgriff in der Kategorie".[65] Küng bestreite etwas, „was das Konzil in dieser Form gar nicht lehrt".[66] Unfehlbarkeit sei eine Eigenschaft von Instanzen oder von Akten, niemals aber von Sätzen. Ebensowenig könne von „unfehlbar wahren Sätzen" die Rede sein, so, als sei Unfehlbarkeit eine Steigerung von Wahrheit: „Ein Satz kann formell nicht mit der logischen Qualität der Unfehlbarkeit ausgestattet werden. Ein Satz kann nur wahr oder falsch sein ... Unfehlbarkeit ist formell eine Eigenschaft urteilender Subjekte ... nicht eine Eigenschaft von Sätzen." Von diesen sage das Vatikanum I nur, sie seien irreformabel, „was aber im Grund für jede Wahrheit gilt", so Leo Scheffczyk.[67]

Küng sah in der Unterscheidung von unfehlbaren Sätzen und unfehlbaren Instanzen den Versuch einer Abschwächung und wollte die Wichtigkeit der vorgetragenen Distinktionen nicht anerkennen.[68] Er insistierte darauf, daß erst die Beschäftigung mit dem Problem der infalliblen Sätze zum Kern der Unfehlbarkeitsproblematik führe – und diese Beschäftigung eben stehe noch aus. Daß Küng, der ja selbst die Notwendigkeit von „wahren (!) Sätzen" kennt, das Problem zu lösen glaubte, indem er unfehlbar wahre Sätze als philosophisch unmöglich aufzuweisen versuchte, gehört zu den verwirrenden Aspekten der gesamten Diskussion und verhinderte letztlich einen wirklichen Fortschritt: Zwar schärfe Küng zu Recht die Grenzen menschlicher Aussagen ein, es sei aber überhaupt keine Frage, daß auch Definitionen des unfehlbaren Lehramtes situationsbedingt sind, mißdeutbar, verbesserungsfähig, vermengt mit zeitbedingten Unzulänglichkeiten, der Wahr-

[64] Anders erstaunlicherweise Rahner, aaO., 41 u. ö., der unbefangen von „unfehlbaren Sätzen" spricht.

[65] J. McGrath, Der Begriff Unfehlbarkeit, in: Concilium 9 (1972), 185-191, hier 186: Ein „unfehlbarer Satz" sei so etwas wie ein „gelber Schrei".

[66] Kasper, aaO., 78.

[67] Satz-Wahrheit und „Bleiben in der Wahrheit", in: Zum Problem ..., 148-173, hier 162.

[68] Freilich spricht er später von einer „Abbreviatur" (Bilanz, 353) – um den Terminus „unfehlbare Sätze" dennoch weiter zu verwenden, wie dies ja auch – zumal bei evangelischen Autoren – bis zum heutigen Tage gelegentlich vorkommt.

heit, die Gott ist, immer mehr unähnlich als ähnlich. Auch die Schuldogmatik kenne keine „unfehlbaren Sätze".[69]

Schließlich blieb Küngs positive These vom „Bleiben in der Wahrheit trotz aller immer möglichen Irrtümer", also die Ersetzung der Infallibilität durch Indefektibilität: L. Scheffczyk faßte den Haupteinwand zusammen, wenn er erklärte, gerade was Küng schroff unterscheide, gehöre zusammen: Die Seinswahrheit im Sinne des Urgrunds aller Wahrheit, die Wahrheit also, die Jesus Christus ist und die Satzwahrheit im Sinne der Übereinstimmung eines Urteils oder Satzes mit dem intendierten Sachverhalt. Wer auch sagen wolle, wer Jesus Christus als diese letzte Wahrheit ist, müsse an der Verbundenheit von Seinswahrheit und Satzwahrheit festhalten.[70] Unfehlbarkeit dürfe nicht jenseits der Sprache etabliert werden, betonte Heinrich Stirnimann, da sie sonst zu einem reinen Prädikat Gottes werde.[71] Und Peter Knauer: Weil sie Wahrheit und Irrtum nicht unterscheiden könne, sei Küngs Formel eine „Leerformel", gelte sozusagen immer und könnte allenfalls „durch ein gänzliches Verschwinden der Kirche falsifiziert werden".[72] Die Fixation auf die Kritik am „römischen System" und auf die „Satzproblematik" hindere Küng zu sehen, daß es doch aus der Sicht Gottes kaum angemessener sei und aus der Sicht des Menschen kaum leichter zu glauben, daß Gott die Kirche trotz aller Irrtümer in der Wahrheit hält, als daß Gott, wo es darauf ankommt, Irrtümer verhindert. So hielt sich die ausdrückliche Zustimmung Küng gegenüber in den Grenzen seines Schülerkreises, auch wenn Küng selbst anderes bilanzierte. Vor allem

---

[69] Dies ein Hinweis Lehmanns, aaO., 364, auf den Küng leider nicht eingeht. Küng selbst scheint in seiner „Bilanz" an diesem Punkt hinter „Unfehlbar?" zurückzugehen und von den Sätzen, die *aus philosophischen Gründen* gar nicht unfehlbar sein *können,* hinüberzuwechseln zu einer eigentlich simplen, dabei aber auch erfreulich klaren These: „Die Unmöglichkeit unfehlbarer Sätze bedeutet nämlich ... daß nicht von vornherein vorausgesetzt werden kann, daß ein Satz wahr ist, nur weil ihn eine bestimmte Instanz unter bestimmten Bedingungen gesagt hat: Bilanz, 391. Dabei zeigt sich, daß Küngs Alternative zur Unfehlbarkeit tatsächlich die Schriftgemäßheit ist: „Der christologische Satz von Nicäa ist ... wahr, weil er dem ursprünglichen Christuszeugnis entspricht. " aaO., 392.

[70] Satz-Wahrheit, 169-172.

[71] Bleiben in der Wahrheit, 477.

[72] P. Knauer, Besprechung: Hans Küng, Unfehlbar?, in: ThPh 46 (1971), 282-285, hier 284.

jedes Abgehen von einem unhistorischen Dogmenverständnis stellt er als Ablehnung eben jener „unfehlbaren Sätze" und *insofern* als Zustimmung zu seiner Alternative zur Unfehlbarkeitslehre dar.[73] Dennoch: Häufig meint man, es hätte nur eines kleinen Schrittes bedurft, um aus der großen Distanz zwischen Küng und seinen Gesprächspartnern eine spürbare Nähe werden zu lassen, etwa dann, wenn Küng schreibt: „Gewißheit, Zuverlässigkeit und Getrostheit schenkt in allem nicht der einzelne Glaubenssatz, sondern ... der verkündigte Jesus Christus selbst, der in Sätzen und wahren Sätzen (!H.F.) verkündigt wird, der sich aber auch durch vieldeutige und unter Umständen (!) sogar falsche Sätze hindurch Achtung zu verschaffen weiß."[74] Sagt die Unfehlbarkeitslehre mehr, als daß Christen darauf vertrauen dürfen, daß Gott nicht zuläßt, daß in einer Situation, die höchste Gewißheit fordert (und nur dort) von den Lehrern der Kirche Sätze gesprochen werden, die ihre Hörer über Jesus Christus täuschen? Eben das wollte Küng nicht konzedieren. Stattdessen wollte er ein Schriftwort beigebracht sehen für das, was sich für seine Kollegen aus der Indefektibilität der Kirche notwendig ergab. Damit offenbart sich der Streit um die Unfehlbarkeit als das, was er eigentlich ist: als ein Streit um die Prinzipien katholisch-theologischer Hermeneutik.

Was hat der enorme Aufwand an Kraft und Zeit in dieser z. T. äußerst verwickelten Debatte für die katholische Theologie und Kirche ausgetragen? Die Antwort ist: Was die Substanz angeht – sehr wenig, was die Erhellung der Problemlage angeht – sehr viel: Die These Küngs, daß die ganze Unfehlbarkeitslehre einer Überprüfung nicht standhalten könne, wird durch Fachkollegen aber auch durch das Lehramt selbst zurückgewiesen. Entgegen der Einschätzung Küngs, ein auch ökumenischer Konsens im Sinne der Ersetzung der Infallibilität durch Indefektibilität sei nach dem Verlauf der Debatte durchaus möglich, bemerkte O. H. Pesch lakonisch, von

---

[73] Hier wäre vor allem auf den Umgang mit den Beiträgen von M. Löhrer und W. Kasper in Bilanz, 398-400 aufmerksam zu machen.
[74] AaO., S. 447.

einem Konsens könne in den Punkten „wo es wirklich weh tut“ keine Rede sein.[75]

6. Hinwendung zum Vatikanum I

In einem Aufsatz aus dem Jahre 1962 hatte Walter Kasper bemerkt, die Erforschung des Vatikanum I stehe erst am Anfang.[76] Daß diese Einschätzung zumindest für die Apostolische Konstitution „Pastor aeternus“ zutraf, war nun, am Beginn der 70er Jahre, vor aller Augen. Deshalb war es folgerichtig, daß sich die Forschung nunmehr dem Dogma von 1870 zuwandte. Die Arbeiten galten der Definitionsformel, der Konzilsdebatte und der Rezeption.

6.1. Bereits 1967 machte Heinrich Fries mit einer umfassenden Untersuchung der Definitionsformel den Anfang[77]: Was bedeutet die Feststellung, wonach die endgültigen Entscheidungen des römischen Bischofs aus sich und nicht durch die Zustimmung der Kirche („ex sese, non autem ex consensu ecclesiae“) irreformabel seien, für die Bindung des Papstes an die Kirche und die Tradition? Fries versuchte zu zeigen, daß zu der Besorgnis, das Konzil erlaube dem Papst, ggf. auch gegen die Kirche, ja gegen das Evangelium zu lehren, kein Anlaß bestehe. Zunächst sei ja nicht von der Unfehlbarkeit des Papstes, sondern von der seines Lehramtes die Rede, und dieses sei von der Kirche her beschrieben, wenn es heiße, er erfreue sich jener Unfehlbarkeit, mit der Christus seine Kirche ausgestattet wissen wollte: „Auch und gerade nach dem Vatikanum I wird der Papst und sein Amt von der Kirche her beschrieben und nicht die Kirche vom Papst her.“[78] Die Abgrenzung „non ... ex consensu ecclesiae“ richte sich gegen die Gefahr des Gallikanismus und schließe einen „consensus ecclesiae antecedens und concomittans“ nicht aus, sondern setze ihn beim Lehramt des

[75] AaO., 206.
[76] Primat und Episkopat, 47.
[77] Ex sese, non ex consensu ecclesiae, in: Bäumer u. Dolch (Hg.), Volk Gottes, Freiburg 1967, 480-500.
[78] AaO., 486.

Papstes geradezu voraus. So habe dieser sich an den Glaubenssinn der Kirche zu halten und könne keinesfalls gegen diesen wirksam werden.

Fries' Analyse diente in der Folgezeit vielen, denen es darum ging, dem Unfehlbarkeitsdogma seinen „Schrecken" zu nehmen. Die Arbeit an der Definitonsformel ging aber noch weiter. Sie wurde durch den Hinweis vorangebracht, gemäß Vatikanum I müsse von einer Gleichsetzung von päpstlicher Unfehlbarkeit und Unfehlbarkeit der Kirche geredet werden. Unermüdlich stellten es die Kommentatoren, auch die evangelischen[79] heraus: Der ex cathedra lehrende Papst hat die Unfehlbarkeit der Kirche, weshalb das so papal erscheinende Dogma in Wahrheit geradezu das Tor für eine umfassende Reinterpretation der Unfehlbarkeitslehre aufstoße. Dies war und ist, sofern auch heute noch vorgetragen, ein Irrtum. In einem Beitrag von 1974[80] beschreibt Michael Seybold diesen euphorischen Zustand: „Vielfach wird nun aus ökumenischen oder innerkatholischen Harmonisierungsversuchen interpretiert in der Richtung, ... der Papst besitze bei Kathedralentscheidungen jene Unfehlbarkeit, mit der Christus seine Kirche ausgerüstet wissen wollte. Es steht aber da: jene Unfehlbarkeit, mit der Christus seine Kirche bei endgültigen Entscheidungen ausgerüstet wissen wollte."[81] Weder werde also der Papst von der Kirche her interpretiert, noch diese vom Papst her, sondern „Pastor aeternus" beschreibe den Papst von der Hierarchie her. Das Dogma besagt demnach, daß der Papst die Unfehlbarkeit, die dem Bischofskollegium zukommt, auch ganz allein beanspruchen kann. Seybold sieht insofern den Papst selbstverständlich an die Offenbarung gebunden. Dies sei durch das „ex sese" keinesfalls berührt. Zu klären, inwieweit er

---

[79] Vor allem H. Ott, der ganz anders als sein Vorgänger in Basel, K. Barth, nicht vom „vatikanischen Frevel" (in: ders., Kirchliche Dogmatik I/2, S. 634) sprach, sondern eine erstaunlich wohlwollende Analyse der Beschlüsse von 1870 vorlegte: Die Lehre des I. Vatikanischen Konzils. Ein evangelischer Kommentar, Basel 1963.

[80] Unfehlbarkeit des Papstes – Unfehlbarkeit der Kirche, in G. Denzler (Hg.), Das Papsttum in der Diskussion, Regensburg 1974, 102-122.

[81] Seybold hat recht und könnte auf viele entsprechend irreführende Zitationen verweisen, so z. B. bei B. Thierney, aaO., 133; Kasper, aaO., 80; auch H. Ott stützt seine wohlwollende Analyse auf diese lückenhafte Zitation: aaO., 164.

auch an die Kirche gebunden sei, habe das Vatikanum I nicht die theologischen Mittel gehabt. Erst „Lumen Gentium“ habe in Art. 12 einen Weg angedeutet. Schließlich fand auch das berüchtigte „ex sese“, namentlich in einem Beitrag von Gisbert Greshake[82], eine positive Würdigung: Es garantiere nämlich die Freiheit des Evangeliums gegenüber allen menschlichen Kontrollen und dem momentanen Stand des Glaubensbewußtseins in den Gemeinden. Dem Kontrolldenken entgegen habe das Konzil vom Beistand des Hl. Geistes gesprochen – was wegen der Integration einer gänzlich unjuridischen Kategorie in ein juridisches Modell so sachgemäß wie schwierig sei. Der Nachvollzug der Konzilsdebatte erlaubte sodann, die Absichten sowohl der „Infallibilisten“ als auch ihrer Gegner deutlicher zu beschreiben. Die Essenz dieser Arbeiten[83]: Die Diskussion ging im Grunde nicht um die Unfehlbarkeit des Papstes an sich, auch die Minorität hatte diese ja nicht geleugnet. Im Zentrum des Streites standen vielmehr die Bedingungen dieser Unfehlbarkeit. Anliegen der Minorität war es, eine Loslösung des Papstes aus der Gemeinschaft der Bischöfe zu verhindern. Nie sollte der Papst „allein ... den Glauben der Kirche normieren (können), sondern immer auf das Zusammenwirken mit der Kirche angewiesen (sein)“.[84] Da in einem juridischen Denken dies immer auf eine Art Gallikanismus hinausgelaufen wäre, konnte die Majorität dem nicht nachkommen, so sehr ihre besseren Vertreter eine moralische Ver-

---

[82] Die Tragweite der Entscheidungen des I. Vatikanischen Konzlils über den Primat des Papstes, in: US 34 (1979), 56-78. Vgl. auch J. Ratzinger, Das neue Volk Gottes, Düsseldorf 1969, 144: Der Papst müsse sich u. U. „gegen die Statistik“ und gegen die „Macht der Stimmung“ stellen.

[83] Wichtig sind: R. Aubert, Vatikanum I, Mainz 1965; W. Beinert, Die Exzentrizität des Papstes, in: Cath 25 (1971), 271-302; U. Horst, Unfehlbarkeit und Geschichte, Mainz 1982 K. Schatz, Päpstliche Unfehlbarkeit und Geschichte in den Diskussionen des Ersten Vatikanums, in: W. Löser u. a. (Hg.), Dogmengeschichte und katholische Theologie, Würzburg 1980, 187-250.

[84] Schatz, aaO., S. 246f – anders Küng, Unfehlbar?, 82, der „papalistische Infallibilisten“ und „gallikanische Antiinfallibilisten“ kennt.

pflichtung des Papstes und sogar die Möglichkeit eines häretischen Papstes ohne Umschweife einräumten.[85]

6.2. Vor allem eine umfassende zeitgeschichtliche Analyse Hermann Joseph Pottmeyers brachte das Verständnis des Dogmas noch ein Stück weiter voran.[86] Pottmeyer unternahm es zu zeigen, daß das Dogma an ein bestimmtes, damals neues ekklesiologisches Denken gebunden sei. Dieses Konzept habe zur Stärkung der Autorität der Kirche zeitgenössische Vorstellungen von der Souveränität des Herrschers aus dem politischen Raum in den kirchlichen überführt. Dazu habe die Idee eines souveränen, von allen Instanzen unabhängigen Oberhauptes gehört. Auf die Kirche bezogen habe man aber konsequenterweise nicht nur nach sicherer Leitung, sondern auch nach sicherer Lehre fragen müssen. Die Unfehlbarkeitsfrage sei deshalb vor dem Vatikanum I nur als Aspekt der Primatsfrage im Sinne einer Gesetzgebungsgewalt im Bereich der Lehre diskutiert worden, und das Konzil habe sie deshalb als im Jurisdiktions primat enthalten geglaubt und entsprechend definiert. Dem Konzil sei es entsprechend der Stimmung zur Mitte des 19. Jahrhunderts allein darum gegangen, eine Art „Notstandsregelung" für die Stunde der unmittelbaren Bedrohung der Kirche zu begründen. So glaubt Pottmeyer, der Interpretation des Dogmas einen wichtigen Dienst geleistet und es davor gerettet zu haben, als bedauerlicher Irrtum abgetan oder einem zeitgenössischen Papalismus untergeordnet zu werden. Er bestätigt Küng, insofern er die Unfehlbarkeit jedenfalls für 1870 engstens an die Souveränität gebunden sieht. Er widerspricht Küng, insofern er dies für die Zeit davor und danach nicht sehen kann und deshalb anders als dieser die Konstellation des Vatikanums I nicht auf möglichst alle früheren oder späteren Situationen überträgt.

---

[85] Hier wird häufig auf den Beitrag des zur Majorität gehörenden Dominikanerkardinals Guidi hingewiesen, der betont hatte, der Papst könne nicht unfehlbar entscheiden, ehe er nicht „Nachforschungen bezüglich der Überlieferung der übrigen Kirchen" angestellt und „bei einer je nach Wichtigkeit der Frage größeren oder kleineren Zahl von Bischöfen Rat eingeholt", auch „selbst die Sache geprüft" und „den Heiligen Geist angerufen" habe. – Text bei U. Horst, aaO., 186.

[86] Unfehlbarkeit und Souveränität, Mainz 1975.

6.3. Ein Text aus der frühen Rezeptionsgeschichte des Konzils bestätigte alle jene, denen an einer strikten Interpretation der Vollmachten des Papstes gelegen war: Bereits 1875 hatten die deutschen Bischöfe auf eine Zirkulardepesche Bismarcks geantwortet, nach der sie, die Bischöfe, nach dem Konzil „den Regierungen gegenüber Beamte eines fremden Souveräns geworden (seien) ... , der vermöge seiner Unfehlbarkeit ein vollkommen absoluter ist, mehr als irgendein absoluter Monarch der Welt".[87] In ihrer von Pius IX. approbierten Erwiderung betonen die deutschen Bischöfe, es handle sich hier um einen „durchaus irrigen Begriff von dem Dogma der päpstlichen Unfehlbarkeit", denn dessen Lehramt erstrecke sich lediglich auf dasselbe Gebiet wie das unfehlbare Lehramt der Kirche überhaupt und sei an den Inhalt der Hl. Schrift wie der Überlieferung gebunden.[88] Eine Aussage gegen die seit alters bestehenden Rechte des Episkopats enthalte die Definition nicht. Die Wiederentdeckung dieser Erklärung[89] war wichtig und bestätigte den Weg der neueren Konzilsexegese. Erst im Verlauf des 20. Jahrhunderts habe sich „die ultramontanen Vorstellungen und Absichten in der maximalistischen Interpretation ... faktisch in der kirchlichen Theorie und Praxis ... durchgesetzt". Eine Wende habe – unfreiwillig – Humanae Vitae eingeleitet.[90]

6.4. Zur Rezeption gehört ebenso die Beobachtung, daß in der kirchlichen Praxis die Zahl der als unfehlbare Urteile geltenden Dokumente immer mehr abnahm. Eine zunächst stattliche Liste[91] schrumpfte allmählich auf die beiden Mariendogmen von 1854 und 1950 zusammen. Sämtliche derartigen Li-

[87] Eine Zusammenfassung der Zirkulardepesche bietet der Begleittext zu DH 3112-3117.

[88] DH 3112-1217.

[89] Wohl zuerst durch D. O. Rousseau, La vraie valenz de l´episcopat dans l´Eglise, in: Irenikon 29 (1956), S. 121-142, dt. (in Auszügen) in: US 12 (1957), 219-228.

[90] Päpstliche Unfehlbarkeit bei Newman und Döllinger, Innsbruck 1980, 326.[91] Für die Zeit nach 1870 wertete man zeitweilig als unfehlbar: „Apostolicae curae et caritatis" (Leo XIII., 1896), Testem benevolentiae (Leo XIII., 1899), „Pascendi dominici gregis" (Pius X.,1907), den ersten Teil des Antimodernisteneides (Pius X., 1910), „Casti connubii" (Pius XI., 1930), „Sacramentum ordinis" (Pius XII., 1947).

sten waren Produkte aus Theologenhand. Das Lehramt selbst hat sich nie zu dieser Frage geäußert ...

Angesichts der offenkundig geringen tatsächlichen Wirksamkeit bei aller gelegentlichen „Gier" nach unfehlbaren Entscheiden, gehört zur Arbeit am Dogma von 1870 auch die Frage, ob es nicht geradezu zu dessen Wirkunsgeschichte gehöre, daß man zwar die Definition unangetastet ließ, den Geltungsbereich des Dogmas aber – auch rückwirkend (!) – immer mehr einschränkte. W. Klausnitzer erkannte darin eine Möglichkeit, mit dem Dogma fertig zu werden: „Das Problem der Unfehlbarkeit wird dadurch gelöst, daß es als bedeutungslos erscheint." Tatsächlich werteten nicht wenige Theologen es als ausgesprochen positiv, daß es nach 1870 nur eine Ex-cathedra-Entscheidung gegeben habe. Mit solchen Überlegungen, die nun sicher nicht im Blick der Konzilsväter gelegen hatten und auch kaum auf der Linie der Bestimmungen des CIC, der ja gerade auf die eindeutige Erkennbarkeit solcher Entscheidungen abhob, nahm die Arbeit am Unfehlbarkeitsdogma eine eigenartige Wendung.

6.5. Eine Arbeit des Schweizers August Bernhard Hasler stellte diesen Konsens allerdings grundsätzlich in Frage. In seinem Buch „Pius IX., päpstliche Unfehlbarkeit und 1. Vatikanum"[92] untersucht Hasler die Vorbereitung und den Verlauf der Unfehlbarkeitsdebatte, die Auseinandersetzung auf dem Konzil und schließlich die Annahme des Dogmas durch die Bischöfe der Minorität und zieht dabei eine Fülle bislang nicht verwendeter Quellen zu Rate. So gelangt er zu gänzlich anderen Urteilen als die bisherige Forschung.[93] Haslers erkennt Druck und Manipulation, illegitime Einflußnahme des Papstes, Einschüchterung und Unfreiheit: „Das Ausmaß der Manipulation während und nach dem Konzil war viel größer, als die katholischen Darstellungen vermuten lassen."[94] Deshalb könne, so Haslers erste Hauptthese, wegen der mangeln-

[92] Stuttgart 1977. Eine populäre Kurzfassung erschien zwei Jahre später: Wie der Papst unfehlbar wurde, München 1979.

[93] Dies betrifft vor allem die Absetzung von der im allgemeinen als „gültig" angesehenen Konzilsgeschichte Auberts.

[94] AaO., 575.

den physischen, moralischen und inneren Freiheit der Konzilsväter das Konzil nicht als frei bezeichnet werden. Dekrete eines nicht freien Konzils hätten aber nach traditioneller Auffassung keine Gültigkeit. Dies war bislang immer anders gesehen worden.[95] Hasler scheut sich ferner nicht, auch die geistige Zurechnungsfähigkeit des Papstes in Frage zu stellen: War das Konzil von einem Geisteskranken abhängig, der den Bischöfen eine Lehre aufgezwungen habe? Die Dogmatisierung des unfehlbaren päpstlichen Lehramtes sei jedenfalls „als Musterbeispiel der Dogmatisierung und Durchsetzung einer Ideologie"[96] anzusehen, die in der Folgezeit durch immensen Druck auf die Minorität in der katholischen Kirche verankert worden sei. Hasler hielt die gesamte Unfehlbarkeitslehre nicht für interpretationsbedürftig, sondern für eine Ideologie, die dem Evangelium zuwiderlaufe und deshalb abzulehnen sei. Die Zuspitzung auf den Papst sei darüber hinaus bewußt so konzipiert, daß einerseits keine seiner Entscheidungen sicher als Kathedralentscheidung erkannt, andererseits der Bereich des unfehlbaren päpstlichen Lehramtes beliebig ausgeweitet werden könne.[97]

Diese Untersuchung brachte die gesamte Diskussion neu in Gang. Entsprechend engagiert und zahlreich fielen die Reaktionen aus.[98] Dabei war zu berücksichtigen, daß Hasler einerseits die Falsifizierung des Dogmas mit Hilfe des Nachweises der Unfreiheit des Konzils versuchte – ein geradezu neuscholastisches Argument – andererseits aber, ohne Parallele in der

---

[95] Aubert, aaO., 289-292.

[96] AaO., 530: Fast alle Phänomene, die die Ideologiekritik herausgearbeitet habe, seien im Zusammenhang mit der Unfehlbarkeitsdefinition aufgetreten.

[97] Brian Thierey faßt dies in dem Bonmot zusammen, nach dem Vatikanum I sei zwar „jede unfehlbare Aussage sicher wahr, aber keine Aussage sicher unfehlbar".

[98] Als wesentliche Beiträge können gelten: Bantle, F. X., Offenbarungswahrheit oder Ideologie?, in: Annuarium historiae conciliorum, 1979, 182-219; J. Blank (und G. Voss), Pius IX. – Päpstliche Unfehlbarkeit – Erstes Vatikanisches Konzil, in: US 33 (1978), 72-82; V. Conzemius, Erstes Vatikanum und Unfehlbarkeit, in: Orientierung 41 (1977), 207-209; G. Denzler, Zur Diskussion um Halsers Arbeiten zum I. Vatikanum, in: Conc 17 (1981), 680-685; P. Fransen, Pius IX. und die päpstliche Unfehlbarkeit, in: ThdG 22 (1979), 43- 49; K. Schatz, Totalrevision der Geschichte des I. Vatikanums, in: ThPh 53 (1978), 248-276.

Tradition, das Dogma wegen Ideologieverdachts zurückwies. Abgesehen von dem offenkundigen Fehlen eines Verfahrens zur Verwerfung eines Konzils wegen Unfreiheit wiesen Haslers Kritiker darauf hin, daß dieser die kaum größere Freiheit früherer, allgemein anerkannter Konzile nicht in Rechnung stelle.[99] So blieb auch nach Hasler Tenor der Forschung: Das Vatikanum I war hinreichend frei, seine Dekrete insofern gültig und, wo sie feierliche Definitionen darstellen, ohne Irrtum.

Immerhin drängte sich nun der Rezeptionsgedanke auf: Die Tatsache der gesamtkirchlichen Rezeption sei „ein theologisch relevantes Faktum selbst dann, wenn sie nicht ohne erheblichen Druck und Manipulation zustande gekommen ist", so Klaus Schatz.[100] Schließlich verkenne Hasler das Dogma, wenn er es im papalistischen Sinne interpretiere. Er konstruiere eine Frontstellung zwischen den Verfechtern von Ein-Mann-Entscheidungen und Vertretern eines offenen, Freiheit gewährenden Verhältnisses zur Wahrheit. Die Verhältnisse auf dem Konzil seien aber ganz andere.

Dennoch brach in der Diskussion um Haslers Buch noch einmal der Steit um das rechte Verständnis des „ex sese" auf: War nicht tatsächlich auch der „consensus antecedens" ausgeschlossen? Hasler mochte, anders als Fries, nicht zwischen einem juristisch festzumachenden Konsens und einem Konsens im Glauben unterscheiden. Schließlich wurde Hasler ähnlich wie Küng vorgeworfen, dieser gehe betreffs der Begründbarkeit des Dogmas von einem völlig unkatholischen hermeneutischen Ansatz aus und versuche, seine historisch-kritisch ausgerichtete Hermeneutik der Konzilsminorität unterzuschieben. Hasler halte die gesamte Unfehlbarkeitslehre letztlich *deshalb* für falsch, weil er sie nicht in den Buchstaben des Neuen Testaments finden könne. In Wahrheit, so Schatz und andere[101], sei aber gerade dieses Herangehen unhistorisch,

---

[99] Conzemius aaO., 208. Fransen, aaO., 49 nennt diese Argumentation allerdings „leichtsinnig".

[100] AaO., 255f. Schatz urteilt eine womöglich nachweisbare Unfreiheit des Konzils habe ohnehin „spätestens ein halbes oder ein Jahr nach dem 18. Juli 1870" ihre dogmatische Relevanz verloren.

[101] Schatz dazu ausführlich aaO., 265-268; Bantle weist hier auf die Unterscheidung zwischen Literalsinn und sensus plenior hin, die Hasler nicht beachte.

und so sehr er berechtigterweise auch ideologiekritische Argumente vorbringe, sorge Hasler doch dafür, daß letztlich alles zu Ideologie werde, was sich nicht mit den verfeinerten Methoden der historischen Forschung im Munde Jesu oder der Apostel nachweisen lasse.[102]

7. Untersuchungen zur Dogmengeschichte

Im Blick auf Haslers Thesen bemerkte U. Horst in einem dogmengeschichtlichen Beitrag, diese lieferten „kein präzises Bild von der Tiefe und dem Umfang der Unfehlbarkeitsdiskussion seit dem Ende des 15. Jh.“.[103] Dies muß aber für die nachkonziliare Unfehlbarkeitsdebatte generell gesagt werden: Immer wieder wurden materiale Lücken in der Erforschung der Geschichte der Unfehlbarkeitslehre offenbar und Verteidiger wie Kritiker mußten sich nicht selten mit Vermutungen begnügen. Dogmengeschichtliche Bemühungen waren dringend angezeigt. Dabei konnte es nicht um ein Urteil gehen in dem Sinne, daß das späte Aufkommen einer expliziten Unfehlbarkeitslehre etwas gegen deren Wahrheit austrage.[104] Die angestellten Forschungen ergeben dennoch ein interessantes Bild. Wir fassen die Ergebnisse der vielen und oft sehr umfänglichen, aber nur selten aufeinander bezogenen Beiträge kurz zusammen:[105]

---

[102] Eine kurze Zusammenfassung der Hasler-Debatte gibt G. Denzler, Zur Diskussion um Haslers Arbeiten zum I. Vatikanum, in: Conc 10 (1981), 680-685. Hans Küng sieht sich und Hasler ganz auf einer Linie, obwohl beider Argumentationen außer ihrem Ziel nur wenig gemeinsamen haben: H. K., Zum Geleit. Der neue Stand der Unfehlbarkeitsfrage, in: Hasler, Wie der Papst ..., XIII-XXXVII.

[103] Unfehlbarkeit, 251, Anm. 120.

[104] In diesem Sinne äußern sich auch Kritiker wie B. Thierney: „It may be, that every pope since St. Peter has in fact been infallible ... I was trying to find out when and how a *doctrine* of papal infallibility first came to be asserted.“ On the history, Sp. 185.

[105] Neben anderen beziehen wir uns vor allem auf: R. Bäumer, Um die Anfänge der päpstlichen Unfehlbarkeitslehre, in: ThRev 69 (1973), Sp. 441-450; F. X. Bantle, Unfehlbarkeit der Kirche in Aufklärung und Romantik, Freiburg 1976; N. Brox, Das Papsttum in den ersten drei Jahrhunderten, in: Gestalten der Kirchengeschichte, hg. von M. Greschat, Bd. 11, Stuttgart 1984, 25-42; Y. Congar, Die Lehre von der Kirche vom

Die Gemeinden der ersten Generation, denen wir in ihren Schriften begegnen, lassen sehr wohl erkennen, daß die Frage nach der kirchlichen Lehrautorität bekannt war. Die Jünger erscheinen als von Jesus mit Lehrautorität ausgerüstet, und auch Paulus nimmt eine solche Autorität in Anspruch. Die christliche Heilswahrheit des NT ist Zeugniswahrheit, die man nicht ohne zuverlässige Zeugen haben kann. In späteren Schriften ist von der Notwendigkeit ordnungsgemäß beauftragter Zeugen die Rede, damit die „gesunde Lehre" (1. Tim 4) nicht versiege. Der erhobene Befund wird deutlich von der (viel) späteren Unfehlbarkeitslehre unterschieden – was keinesfalls bedeutet, daß er im Sinne Küngs gegen sie verwendet würde: „Im NT gibt es die Überzeugung von der Unfehlbarkeit nicht dem Wort, aber der Sache nach."[106]

In der nachapostolischen Zeit fällt – etwa bei Irenäus von Lyon – das Bemühen auf, eine Antwort auf die Frage zu finden, wo und wie das Evangelium jeweils (sicher) gefunden werden könne. Irenäus behauptete, daß dies in der Trias „Schrift, Glaubensregel, Amt" garantiert sei. Dabei ist, bei

---

abendländischen Schisma bis zur Gegenwart, Freiburg 1971; ders., Die Normen der Ursprungstreue und Identität der Kirche im Verlaufe ihrer Geschichte, in: Conc 9 (1973), 156-173; L. Hödl, Die Lehre des Petrus Johannes Olivi OFM von der Universalgewalt des Papstes, München 1969; U. Horst, Papst-Konzil-Unfehlbarkeit. Die Ekklesiologie der Summenkommentare von Cajetan bis Billuart, Mainz 1978; ders., Unfehlbarkeit (s. Anm. 149); A. Houtepen, Lehrautorität in der ökumenischen Diskussion, in: Verbindliches Lehren der Kirche heute, Frankfurt 1978, (=Beiheft zur ÖR 33), 120-208; K. Schatz, Der päpstliche Primat. Seine Geschichte von den Ursprüngen bis zur Gegenwart, Frankfurt/M., 1990; B. Schimmelpfennig, Das Papsttum, Darmstadt 1984; H. J. Sieben, Zur Entwicklung der Konzilsidee. Werden und Eigenart der Konzilsidee des Athanasius von Alexandrien, in: ThPh 45 (1970), 353-389; ders., Zur Entwicklung der Konzilsidee II. Die fides Nicaena als Autorität nach dem Zeugnis des vorephesinischen Schrifttums, in: ThpH 46 (1971), 40-70; ders., Die Konzilsidee der Alten Kirche, Paderborn 1979; ders., die Konzilsidee des lateinischen Mittelalters 847-1378, Paderborn 1984; ders. Traktate und Theorien zum Konzil, Ffm. 1983; B. Thierney, Origis of papal infallibility (1150-1350), leiden 1972; ders., On the history of papal infallibility, in: ThRev 69 (1973), Sp. 185-194.

[106] W. Löser, Art. Unfehlbarkeit, in: Lexikon der katholischen Dogmatik, hg. von W. Beinert, Freiburg 1987, S. 526f – Vgl. auch A. Kolping, Fundamentaltheologie Bd. III/1: Münster 1981, S. 700: „In Paulus und seinem Umgang mit dem Glossolalieproblem ... beobachten wir die ersten Betätigungen (! H. F.) der kirchlichen Unfehlbarkeit.

allen Bewertungsdifferenzen im Detail wichtig, daß diese drei Kriterien eine Einheit bilden und nicht gegeneinander ausgespielt werden dürfen. Auch das Amt erscheint nicht als vom Strom der Überlieferung unterschiedenes Formalkriterium. Immerhin hatte Irenäus diesen Sachverhalt auch mit dem Hinweis verbinden können, die Bischöfe hätten „das sichere Charisma der Wahrheit" empfangen: Der Streit der Ausleger ging und geht nun darum, ob mit dieser vielzitierten Formulierung mehr gemeint sei, als die in der Überlieferung gegebene Heilswahrheit. Es ist ein Streit an einer Schlüsselstelle. Anton W. J. Houtepen sieht in der Deutung des Begriffes „charisma veritatis" sowohl die katholische wie die evangelische Grundposition in der Kontroverse um das Lehramt „vorfestgelegt".[107]

Spätestens angesichts der Etablierung der Konzilsinstitution im 4. Jh. wird die Frage nach der Unfehlbarkeit dieser Versammlungen bzw. ihrer folgenreichen Lehrentscheidungen akut. Dies im Detail und ausführlich untersucht zu haben, ist Verdienst Hermann Josef Siebens. Sieben sieht die Herausbildung einer Theorie der Konzilsautorität gebunden an die Erfahrung mit den ersten Konzilen: Erst als man erkannt habe, daß diese Versammlungen nicht nur die Paradosis gewahrt, sondern selbst Paradosis gebildet hatten, sei deutlich geworden, daß die Konzilsväter in der Lage gewesen waren bzw. gewesen sein mußten, die Überlieferung unverfälscht zu bewahren. So habe sich zuerst die Vorstellung von einer quasi beständig zur Verfügung stehenden Konzilsinstitution, sodann eine Theorie über deren Autorität gebildet. Diese habe sich zunächst auf den Zusammenfall eines doppelten Konsenses gestützt: nämlich des horizontalen und vertikalen Konsenses bzw. auf das Zusammenfallen von antiquitas und universitas – so Augustinus und Vinzenz von Lerinum.

Mit dieser Verbindung von Formal – und Materialkriterien blieb die altkirchliche Ekklesiologie auf der Linie des Irenäus.

---

107 AaO., 147, Anm. 97. H. weist hin auf H. Stirnimann, Bleiben in der Wahrheit im Bereich der Sprache, in: FZPhTh 18 (1971), 475-498, der S. 492f den Begriff „Unfehlbarkeit" durch „charisma veritatis" ersetzt sehe möchte.

Immerhin wird auf die Tendenz hingewiesen, besondere Formalkriterien der Wahrheit zusätzlich zu benennen: eine direkte Erleuchtung Konstantins (!) durch den Heiligen Geist oder eine mystische Anwesenheit Christi auf dem Konzil gemäß Matth. 18,20. Ein festes Bewußtsein von der „Wahrheitsfähigkeit" der Bischofsversammlungen darf also nach Sieben angenommen werden. Die traditionelle Fundamentaltheologie – aber nicht nur sie[108] – deutete das Wahrheitsbewußtsein der Alten Kirche im Sinne einer implizit gewußten aber bald auch bewußt reflektierten Unfehlbarkeit. Die Forschungsergebnisse Siebens zwangen hier zu Korrekturen. Deshalb ist es verwunderlich, wenn H. Küng, im Blick auf Sieben meint, der Leser begreife nun, „in welchem Ausmaß sich der Verfasser (nämlich Küng) durch diese ... Forschungen bestätigt sieht"[109] – nämlich in seiner Ablehnung der Konzilsunfehlbarkeit. Dagegen Sieben: „Die Frage einer möglichen Fallibilität oder Infallibilität der Kirche (wir würden sagen: der Konzile) steht noch nicht zur Debatte."[110]

Auch der Unfehlbarkeit des Papstes widmeten sich umfassende Untersuchungen: Der Gedanke, daß den Bischöfen von Rom ein besonderes Wahrheitscharisma eigne, gewann spätestens mit dem Pontifikat Damasus' († 384) Raum. Zumal Leo I. genoß großes Ansehen, und sein Urteil in Lehrfragen war gesucht – wobei seine Entscheidungen offensichtlich nicht ob seines Amtes, vielmehr ob ihrer Schriftgemäßheit Annahme fanden.[111] Für eine explizite Unfehlbarkeitsaussage zugunsten der Päpste bedurfte es eines gänzlich veränderten Kontextes, der sich mit dem Streit um die höchste Autorität in Gesellschaft und Kirche im 13. Jh. ergab. Es fällt nämlich auf, daß noch ein so ambitioniertes Dokument wie der „Dictatus Papae" Gregors VII. keinerlei Unfehlbarkeitsanspruch enthält. Gerade in der Zeit des Aufstiegs des Papsttums sind Primat

---

108 Z. B. Y. Congar, Die Tradition und die Traditionen, Mainz 1964, 79: „Es ist bekannt, wie sehr ihn (sc. Augustin) die Unfehlbarkeit der „ecclesia catholica" beschäftigt hat. "

109 Fehlbar, 422.

110 AaO., 89, Anm. 130.

111 „Petrus hat durch Leo gesprochen" – dieses Votum der Bischöfe auf dem Konzil von Chalcedon wurde oft im Sinne der Unfehlbarkeit des Papstamtes gewertet. S. aber Wojowitsch, aaO., 337.

und Unfehlbarkeit in keiner Weise gekoppelt. Ganz offensichtlich war man sich zutiefst des Unterschiedes zwischen einem Primat in der Jurisdiktion und dem Privileg der Unfehlbarkeit in der Lehre bewußt.

Mit Thomas von Aquin begannen Verschiebungen: Der Papst könne und müsse ggf. im Namen des Glaubens der Gesamtkirche sprechen und repräsentiere dabei auch Christus, ihr Haupt. In *ihm,* also nicht im Konzil ruhe die Lehrautorität prinzipaliter. Doch von Unfehlbarkeit spricht auch Thomas nicht, so sehr dies ständige Meinung der katholischen Theologie – auch in der Kritik Hans Küngs – gewesen sein mag: Primat und Lehrautorität werden auch noch bei Thomas durchaus ungleich behandelt, der Hinweis auf ein persönliches Charisma fehlt und ein denkbarer Konflikt zwischen Papst und Konzil wird jedenfalls nicht diskutiert. Dennoch markiert die Ekklesiologie Thomas' den Beginn eines Übergangs: „Thomas hat wichtige Schritte in Richtung auf ein persönliches Privileg des Papstes gemacht, auch wenn er ... die letzten Konsequenzen nicht hat zu ziehen brauchen."[112]

Anscheinend war es der Streit um die franziskanische Bewegung, der zu bleibenden Veränderungen führte: Der Franziskaner Petrus Olivi wollte verhindern, daß die für die Franziskaner günstige Bulle „Exiit" Nikolaus' III. durch einen künftigen Papst geändert würde. Ob er aber nur das Problem formuliert oder tatsächlich von „Exiit" als unfehlbarem Lehrentscheid gesprochen habe, ist umstritten. U. Horst sieht in der Herausarbeitung dieses Problems den eigentlichen Beitrag Olivis zum Unfehlbarkeitsproblem. B. Thierney dagegen deutet es so, daß um der Festlegung aller Päpste auf „Exiit" willen die von der Kirche unabhängige päpstliche Unfehlbarkeit erstmals formuliert worden sei – und dies gerade nicht um der Steigerung der Macht des Papsttums, sondern um deren Einschränkung willen.[113] Je nachdem, stellt sich die Herausbildung der Lehre von der päpstlichen Unfehlbarkeit entweder als geradezu paradoxer Bruch oder als allmählicher Prozeß dar.

---

112 U. Horst, Unfehlbarkeit, 219.

113 Küng, Fehlbar, S. 422ff begrüßte die Arbeiten Tierneys ausdrücklich, obwohl sie seiner ständig beschworenen Verbindung von Unfehlbarkeit und päpstlicher Machtsteigerung rundweg widersprachen.

Bis in die Mitte des 14. Jh. jedenfalls bedeutete potestas keineswegs infallibilitas. Andererseits hatte die Überzeugung, zwischen der Lehre des Papstes und dem Glauben der Kirche herrsche ohnehin Harmonie, Risse bekommen. Insofern verwundert nicht, daß eine weitere Lehrentwicklung im Zusammenhang mit dem konziliaristischen Streit stand, wo das Ende der Harmonie von Papst und Kirche vor aller Augen war. Zunächst wurde die Lehre von der Konzilsunfehlbarkeit weiter ausgebildet: Theologen wie Michael Cesena leiteten die Unfehlbarkeit des Konzils aus der Unfehlbarkeit der allgemeinen Kirche ab.[114] Nunmehr ging es um *prospektive* Unfehlbarkeit, für die formale Faktoren eine zunehmend große Rolle spielten – das Ende der altkirchlichen Balance aus universitas und antiquitas war gekommen.

Mit dem Aufkommen der Forderungen John Wyclifs und Jan Hus', alles an der Bibel zu prüfen, wurde deutlich, daß es sich bei der Unfehlbarkeitsfrage eigentlich um ein Problem der Hermeneutik handelte. Diesen Thesen gegenüber galt es zu betonen, daß die Kirche durch einen besonderen Beistand vor Irrtum geschützt werde. Dies war der Horizont, in dem die Lehren von der „Konzilsunfehlbarkeit" und der „Unfehlbarkeit des Papstes" enstanden: „Beide haben sich miteinander und gegeneinander entwickelt."[115] Die Unfehlbarkeit der Konzile wurde auf dem Konzil von Basel ausdrücklich behauptet. Dagegen war die Unfehlbarkeit des Papstamtes auch um 1500 noch keine sichere Überzeugung. Die radikale Unterscheidung von Souveränität und Unfehlbarkeit war allerdings dahin. Ob die Lehre von der Konzilsunfehlbarkeit allerdings jemals formell dogmatisiert worden ist, kann nicht sicher gesagt werden ...[116] Damit verbunden ist ein Problem jedweder

---

[114] Nicht also auf der Grundlage einer Theologie des Episkopats oder abgeleitet aus dem Gedanken der successio apostolica!

[115] K. Schatz, aaO., 151.

[116] Die Antwort richtet sich nach der Bewertung der Konstanzer Dekrete „Haec Sancta" und „Frequens" – wobei der Verpflichtungsgrad dieser Dekrete ebenso ungeklärt bleibt wie die Frage, ob die Unfehlbarkeit der Konzile darin überhaupt – mindest implizit – gelehrt wird. Dazu Brandmüller, Besitzt das Konstanzer Dekret „Haec Sancta" dogmatische Verbindlichkeit, in: R. Bäumer, Die Entwicklung des Konziliarismus, Darmstadt 1976, 247-271.

Unfehlbarkeitslehre, die auf letzte Sicherheit zielt und zugleich erklären muß, woraus sich dieses Vertrauen speist. Im Ergebnis dürfte wohl der Gedanke einiges für sich haben, daß – anders als die Unfehlbarkeit des päpstlichen Lehramtes – die Lehrunfehlbarkeit des allgemeinen Konzils nie formell definiert wurde – nicht vor und nicht nach 1870.

Die wichtigsten ekklesiologischen Entwürfe des 16. Jh. neigten zu einer Bekräftigung der Unfehlbarkeit des Papstes und begründen sie mit dessen Stellung als Oberhaupt der Universalkirche: „Impossibile est ... universalem ecclesiam errare in fide, ergo impossibile est Papam in iudicio definitivo auctoritative errare in fide."[117] In der Ekklesiologie Cajetans fehlte die Unfehlbarkeit der Konzile gänzlich, ebenso die Unfehlbarkeit dder Gesamtkirche als Grundlage aller Unfehlbarkeit, und die Möglichkeit eines häretischen Papstes wurde nicht mehr diskutiert. Weil der Papst die Kirche verpflichte, sei sie unfehlbar: K. Schatz findet hier eine zukunftsträchtige „Umkehr der traditionellen Argumentation".[118] Schließlich wurde auch jedes menschliche Vorgehen – auch ein Konzil – gegen einen offenkundig häretischen Papst ausgeschlossen, und A. Pigge († 1542) konnte gar behaupten, Gottes Fürsorge werde den Papst auch als Privatperson vor jeder Häresie schützen.[119] Seinen Niederschlag fand dieser Prozeß in der Ekklesiologie Melchior Canos († 1560): „Mit dem praktischen Ende der konziliaristischen Theorien ... erscheint die systematisch voll ausgebildete Unfehlbarkeitslehre."[120] Canos Ekklesiologie kannte die Überordnung des Papstes, räumt aber ein, auch der Papst

---

[117] Thomas de Vio Cajetan, De comparatione Papae et Concilii, bei Klausnitzer, aaO., 183, Anm. 2.

[118] AaO., 152f. Herman von Schildesche etwa war 200 Jahre früher der Überzeugung, daß der Papst in Dingen der Glaubenswahrheit niemals irren könne, „wenn er gut dem Leib der Kirche eingegliedert ist" AaO., 15.

[119] Neuerdings hat T. Prügl bestätigt, daß sich nach dem Schock der „Basler Ereignisse" die Stimmen derer gemehrt hätten, die die Häresieklausel als „letzte Möglichkeit, die Kirche gegen ein unberechenbar gewordenes Oberhaupt zu Notstandsmaßnahmen zu ermächtigen", aufgeben wollten. Doch erst mit A. Pigge habe sie breitere Zustimmung gefunden, in: ders., Der häretische Papst und seine Immunität im Mittelalter, in: MThZ, 47 (1996), S. 197 -215, hier 214.

[120] U. Horst, Papst, Konzil, 338.

müsse zur Vorbereitung eines Lehrurteiles „facere, quod est in se“[121]. Zwar übernahm er nicht die These, ein häretischer Papst sei unmöglich, aber nun hieß es eindeutig, der Papst sei unfehlbar, wenn er „e Petri cathedra“ spreche „mit dem Willen eine Glaubensentscheidung zu treffen“.[122] U. Horst weist mehrfach auf die „erstaunliche Vorsicht“ hin, mit der man in vortridentinischer Zeit bei der Lehre über die Unfehlbarkeit des Papstes zu Werke gegangen sei.[123]

Im 17. Jh. wurde dagegen rigoros daran gearbeitet, alle einschränkenden Klauseln zu eliminieren. Dies führte zu solch erstaunlichen Thesen, auch ein häretischer Papst könne nichts als die Wahrheit definieren – ggf. gegen seinen eigenen Willen.[124] Damit waren Plenitudo potestatis und Summum Magisterium zur völligen Deckung gekommen. Zwar wurde im Gallikanismus dem römischen Bischof das letzte Urteil in Glaubensdingen wieder explizit streitig gemacht[125], als allerdings das Papsttum nach 1800 allmählich wieder erstarkte, „gab es nirgends eine lebendige konziliare Idee“ als „Kraft des Ausgleichs“.[126] Andererseits hatte es die katholische Theologie mit massiven Einwänden gegen die Unfehlbarkeitslehre von seiten der Aufklärung zu tun bekommen, die in ihr den Versuch sah, eine machthungrige Hierarchie zu befriedigen. Gegen diese Vorwürfe boten die traditionellen apologetischen Schriftbeweise keinen Schutz. Vor allem Johann Sebastian Drey und Johann Adam Möhler hätten aber deren Mängel erkannt und das historische Zeugnis für die Wahrheit der Offenbarung durch das äußere Zeugnis der Autorität ersetzt.[127]

---

[121] Die theologisch höchst interessante Übernahme von Kategorien aus der Gnadenlehre in die Erkenntnislehre war bereits im 15. Jh. vorgenommen worden.

[122] Der Begriff „ex cathedra“ läßt sich nach Congar, aaO., 65 zurück bis zu Humbert von Silva Candita und in das Jahr 1054 verfolgen.

[123] Vgl. Unfehlbarkeit, 241.

[124] Juan de La Pena, Kommentar zur Summa Theol. II-II, 1559, zitiert bei Horst, Papst, Konzil, 88.

[125] „Auch in Fragen des Glaubens ist der Anteil des Papstes vorrangig ... ; sein Urteil ist jedoch nicht unveränderlich, wenn nicht die Zustimmung (consensus) der Kirche hinzukommt. “Declaratio cleri Gallicani de ecclesiastica potestate, Art. 4.

[126] Bantle, aaO., 240.

[127] Vgl. J. A. Möhler, Symbolik, Bd. II, hg., eingeleitet und kommentiert von J. R. Geiselmann, Köln 1958.

Durch diese Verlagerung der Unfehlbarkeit in den dogmatischen Bereich hinein sei, so Bantle, auch eine mögliche Definition der Unfehlbarkeit des Papstes wahrscheinlicher geworden.

Die Angelegenheit wurde schließlich zur Mitte des 19. Jh. wieder in die Suche nach der höchsten Gewalt in der Kirche und in vielfältige kirchenpolitische Zwänge hineingezogen. Im Jahre 1854 definierte Pius IX. die „Immaculata conceptio Mariae" nach einer Befragung der Bischöfe und in Ausübung des unfehlbaren Lehramtes der Kirche. Es gab noch kein Dogma von der Unfehlbarkeit des Papstes – aber es war auch schon lange nicht mehr von der Unfehlbarkeit des Konzils die Rede, als ein solches einberufen wurde ...

8. Fundamentaltheologische und dogmatische Vertiefungen

Die im Umfeld des Vatikanum II einsetzende Abkehr von der Neuscholastik führte auch zu Bemühungen um eine vertiefte Darstellung der Unfehlbarkeitslehre.

8.1 Das unfehlbare Lehramt und die unfehlbare Kirche

In vielen Beiträgen der 70er und 80er Jahre wird die Einbindung des Lehramtes in die Glaubensgemeinschaft herausgestellt und gefragt, was daraus im Blick auf die lehramtliche Unfehlbarkeit abzuleiten sei. So bei W. Kasper: „Der Papst kann nur insoweit unfehlbar sein, als ihn die Kirche als sprechenden Mund ihrer eigenen Unfehlbarkeit bekennt."[128] Nur wenige Jahre nach einer Zeit ausgesprochener Fixation auf den Bischof von Rom schien sich nun die Fragestellung beinah umzukehren, denn dieses Problem eines Lehramtes, das Konsens fordern soll und will und doch nur aus einem Konsens heraus Lehrentscheidungen treffen kann, wurde an verschie-

[128] Zur Diskussion um das Problem Unfehlbarkeit, in: H. Küng, Fehlbar?, 74-89, hier 84.

denen Stellen erkannt und reflektiert.[129] Und K. Rahner: „Der reale Glaube in den Menschen der Kirche hat auch eine normative Bedeutung für den offiziellen Glauben der Amtskirche. Natürlich hat auch dieser Glaube eine normative Bedeutung für jenen Glauben."[130] Die nachkonziliare Theologie artikulierte an dieser Stelle ein Problem: Das Vatikanum I hatte nur das päpstliche Lehramt vom Lehramt des Bischofskollegiums her beschrieben, das Vatikanum II dagegen das gesamte Lehramt vom Glauben der Kirche her – war aber zu einem geschlossenen Modell nicht gekommen. Wollte man nun, um hier einen Ausweg zu finden, das Lehramt nicht ausdrücklich oder faktisch „entmachten" – und so weit ging eigentlich niemand[131] –, so sah man sich doch jedenfalls vor die Notwendigkeit gestellt, die Stellung des Lehramtes innerhalb der Gesamtkirche neu zu beschreiben.

Als Beitrag zu einer solchen Neubeschreibung des Lehramtes ist offensichtlich die Arbeit an der Problematik der Rezeption und am Phänomen des „sensus fidei" zu sehen: Am Anfang der 70er Jahre hatte Y. Congar eine Forschungslücke festgestellt: „Ich bin seit Jahrzehnten interessiert an der Rezeption. ... Bis auf den heutigen Tag gibt es fast nichts über sie."[132] Congar war auf die Rezeption im Zusammenhang mit der Kirche als Communio zu sprechen gekommen und hatte betont, in einer nichtjuridischen Ekklesiologie müsse die Einsicht zurückgewonnen werden, „daß der Glaube und die Überlieferung von der gesamten Kirche getragen werden ... unter der Souveränität des Geistes ...: Ecclesia universalis non potest er-

---

[129] So finden wir etwa bei J. Ratzinger die Feststellung, nur das „was im gläubigen Leben der Kirche an Erkenntnis gereift" sei, könne „im außerordentlichen Spruch des Papstes ‚spruchreif' werden". Vgl. auch K. Rahner, Offizielle Glaubenslehre der Kirche und faktische Gläubigkeit des Volkes, in: ders., Schriften zur Theologie XVI, 217-230 (zuerst veröffentlicht 1981).

[130] AaO., 224.

[131] Ein Sonderfall ist sicher mit der Ersetzung der lehrenden Bischöfe („leadership") durch lehrende Theologen („scholarship") bei H. Küng, Unfehlbar? gegeben.

[132] Infallibilität, 193, Anm. 50 – Freilich hatte bereits in der Vorbereitung des Konzils P. Fransen darauf hingewiesen, daß die Gläubigen in Rezeptionsprozessen an der Wahrung des christlichen Glaubens beteiligt seien.

rare'."[133] Diese, die ekklesiologische Sicht des ersten Jahrtausends, könne zurückgewonnen werden, wenn Rezeption an die Stelle des Gehorsams trete.

Dieser Impuls Congars wurde vielfach aufgenommen, Rezeption schon bald ein wichtiges theologisches Modell für eine erneuerte Ekklesiologie. Bald konnte H. J. Urban lapidar bemerken: „Man kann ... sagen, daß das lebendige Lehramt von der Rezeption überhaupt lebt."[134] Um in diesem Sinne auch die Unfehlbarkeitslehre zu erneuern, wurde vielfach LG 12 mit der überraschenden Erwähnung der Irrtumsunfähigkeit der Gesamtkirche und des Glaubenssinns aufgegriffen. Die starre Unterscheidung von lehrender und hörender Kirche sollte aufgehoben, die Unfehlbarkeit der Gesamtkirche nicht länger als bloße Wirkung der lehramtlichen Unfehlbarkeit begriffen werden. Das Glaubensverständnis des Gottesvolkes galt es als autonome Wirklichkeit zu begreifen – und all dies, ohne das Lehrstück von der Unfehlbarkeit des kirchlichen Lehramtes anzugreifen. Dabei konnte man sich auf eine seit den fünfziger Jahren wesentlich vorangetriebene Arbeit zur Erforschung des Glaubenssinns stützen.[135]

Nun konnte von einer „Wahrheitsfindung von unten"[136] ebenso gesprochen werden wie davon, daß die Orthopraxie „einen besonderen Ort der Erkenntnis"[137] darstelle. Jedesmal

---

[133] In: Die Rezeption als ekklesiologisches Problem, in: Conc 8 (1972), 500-514, original: „Reception" come réalité ecclesiologique, in: RSPhTh 56 (1972), 362-403.

[134] Verbindliches Lehren in der römisch-katholischen Kirche, in: Verbindliches Lehren der Kirche heute, FfM 1978 (= Beiheft zur ÖR 33), 30-42, hier 38.

[135] Seit der Diskussion um M. D. Kosters Überlegungen zur Begründung des Mariendogmas aus dem sensus fidei war die lange Geschichte der Lehre vom „sensus fidei" erhellt worden, so z. B. bei W. Beinert, Bedeutung und Begründung des Glaubenssinns (sensus fidei) als eines dogmatischen Begründungskriteriums, in: Cath 25 (1971), 271-302; H. Hammans, Die neueren katholischen Erklärungen der Dogmenentwicklung, Essen 1965; W. Kasper, Die Lehre von der Tradition in der Römischen Schule, Freiburg 1962; H. Vorgrimler, Vom „sensus fidei" zum „consensus fidelium", in: Conc 21 (1985), 237-242.

[136] W. Kasper, Zum Problem der Rechtgläubigkeit in der Kirche, in: Kirchliche Lehre – Skepsis der Gläubigen, Freiburg 1970, 37-96, hier 53.

[137] H. Fries, Gibt es ein Lehramt der Gläubigen?, in: Conc 21 (1985), 288-293, hier 276.

ging es um eine besondere Kompetenz der Gläubigen, wie sie z. B. in Südamerika bei der Entstehung der Dokumente von Medellin und Puebla zum Ausdruck gekommen sei.[138] K. Lehmann sieht den authentischen Glaubenssinn „bei den Stillen im Lande, den Einfachen ... den Leidenden und Bedrängten".[139] Er und andere[140] versuchten, den Gedanken der Rezeption und die Überlieferung vom Glaubenssinn so zu verbinden, daß dem Lehramt in der Kirche ein echter Partner entstehen sollte. Freilich hatte bereits Congar in seinem frühen Beitrag schließlich einräumen müssen, daß für die Rechtsgültigkeit eines Entscheides die Rezeption nicht konstitutiv sein könne.

Wie sollte also eine eigene Rolle der Gläubigen bei der Wahrheitsfindung festgehalten werden, wenn doch die Prärogativen des Lehramtes unangetastet bleiben mußten. Und was schließlich bedeutete die in LG 25 einfach vorausgesetzte ständige Konsonanz zwischen Lehramt und Gläubigen? Einige Autoren versuchten sich hier in dialektischen Zuordnungen: „Da beide die Wahrheit erkennen können und diese unfehlbar ist, kommt keinem Kriterium eine grundsätzliche Priorität vor dem anderen zu. In praxi freilich ist zu unterscheiden: in ordine executionis ist das Lehramt als Kriterium vorzuziehen ... in ordine intentionis aber verdient der sensus fidei den Vorzug ... kann doch aus ihm in voller Weise festgestellt werden, ‚was die Kirche ist, was sie glaubt'."[141]

---

[138] Die Theologie und Praxis der Kirche in Lateinamerika spielten für den Gang der Überlegungen vor allem in den 70er Jahren eine enorme Rolle.
[139] Verbindliche Lehraussagen und Geschichtlichkeit, in: US 31 (1976), 285-295.
[140] Hinzuweisen wäre noch auf L. Sartory, Was ist das Kriterium für den „sensus fidelium", in: Conc 17 (1981), 658-662; M. Seybold, Kirchliches Lehramt und allgemeiner Glaubenssinn, in: ThGl 65 (1975), 266-277; H. Wagner, Glaubenssinn, Glaubenszustimmung, Glaubenskonsens, in:ThGl 68 (1978), 263-271.
[141] AaO., 300; K. Lehmann: „Das Dogma ist in seinem Wesen. . ärmer als das Leben. Es ist ständig zurückverwiesen und angewiesen auf den lebendigen ‚Glaubenssinn' und sein Wirken ...", aaO., 294. Ganz zweifellos beförderten parallel laufende Bemühungen um Fragen der Demokratie in der Kirche, um die Frage des Zölibats usw. die Bemühungen um eine theologische „Heimholung" des sensus fidei. Dazu: D. Hattrup, Amt und Volk in der Kirche. Zum Sinn des Sensus Fidei, in: ThGl 85 (1995), 337-364.

Wir begegnen demnach in den späten 70er und frühen 80er Jahren Versuchen, eine nichtjuridische Ekklesiologie zu konzipieren, in der das Gottesvolk auch in Fragen der Wahrheitsfindung eine aktive Rolle erhält. Die Grenzen, auf die dieses Bemühen stößt, sind: die Schwierigkeit, einen Glaubenssinn der Gläubigen und auch Rezeption oder verweigerte Rezeption zuverlässig festzustellen[142] und das anscheinend unlösbare Problem der Überführung der juridisch-hierarchischen Konzeption des Lehramtes in eine vom Dialog bestimmte Struktur. Deshalb konnten auch Fragen wie die, was es eigentlich bedeuten würde, wenn in der Kirche eine Kathedralentscheidung offenkundig nicht rezipiert würde, nicht mit Aussicht auf befriedigende Klärung behandelt werden.[143]

8.2 Die Funktion des Lehramtes und der hermeneutische Zirkel

Betrafen die eben genannten Arbeiten das sog. *Subjekt* der Unfehlbarkeit, so erwies sich als vielleicht noch drängender eine Beschäftigung mit dem Verhältnis des unfehlbaren Lehramtes zu seinem *Objekt*, zur Offenbarung, zur biblischen Überlieferung und zur Glaubenstradition der Kirche. Wesentliche Arbeiten aus der Zeit nach dem Vatikanum II[144] fordern und konzipieren auf verschiedene Weise ein Zusammenwirken

---

[142] Dies schließt auch das Problem ein, in der Geschichte Vorgänge zu finden, in denen der consensus fidelium dem Lehramt sozusagen „zurechtgeholfen“ hat: Verdächtig oft wird die Treue der Gläubigen zur Lehre von Nicäa im Unterschied zum Versagen der Bischöfe in der arianischen Krise des 4. Jh. angeführt. Dies war bereits das Musterbeispiel J. H. Newmans 1859 gewesen.

[143] Rahner geht aaO., 217 davon aus, daß „viele Christen“ nicht nur „diese oder jene Glaubenswahrheit nicht mit einem absoluten Glaubensassens“ bejahen, „sondern nicht selten gerade auch die absolute Autorität des Lehramtes (auch bei endgültigen Entscheidungen) ... “ Die Diskussion um den Glaubenssinn ist auch später nicht zur Ruhe gekommen: vgl. D. Wiederkehr (Hg.), Der Glaubenssinn des Gottesvolkes – Konkurrent oder Partner des Lehramtes?, Freiburg 1994 (= QD 151).

[144] Aufschlußreich ist ein Vergleich von: J. Ratzinger, Maßstäbe der Evangeliumsverkündigung heute, in: ders., Dogma und Verkündigung, München 1973, 27-42; Kern/Niemann, Theologischer Erkenntnislehre, s. Anm. 238; W. Beinert, Das Finden der Wahrheit in der Gemeinschaft der Kirche, in: Cath 43 (1989), 1-29.

von Hl. Schrift, Tradition und kirchlichem Lehramt (verbunden mit Theologen und Glaubenssinn).[145] Man bemüht sich, den sachlichen Vorrang des Evangeliums vor der Kirche festzuhalten und auf autoritativ urteilsfähige Instanzen dennoch nicht zu verzichten. Sie seien nötig wegen der in der Geschichte je und je aufkommenden Ungewißheit über den wahren Sinn der biblischen Botschaft. Das Lehramt sei aber als Teil eines gesamtkirchlichen Kommunikationsprozesses zu verstehen. Möglichkeiten, Prinzipien und Grenzen katholischer Theologischer Erkenntnislehre nach dem Vatikanum II lassen sich hier gut erkennen. Das Lehramt erscheint sowohl in die Kirche eingebettet als auch dem Evangelium untergeordnet. Wer dies nun institutionalisieren möchte, kommt wohl zwangsläufig zu einer Position, die nahe bei der H. Küngs zu suchen wäre.[146] Wer aber den Vorrang des Evangeliums theologisch sichern will, ohne in die hierarchische Struktur mit ihren Verwiesenheiten und Abhängigkeiten einzugreifen, müßte wohl dazu einladen, K. Rahners Diktum zu meditieren: „Die Herkunft des Lehramtes von der Kirche und von Christus sind zwei Seiten derselben Sache.“[147]

8.3 Anleihen bei der neueren Philosophie

Die Einsicht in die Notwendigkeit innerkirchlicher Kommunikation des Evangeliums führte zu dem Versuch einer Vertiefung der Communio-Theologie durch Heranziehung zeit-

---

[145] W. Beinert spricht aaO., 24 von „kriteriologischer Interaktion der Bezeugungsinstanzen“.

[146] Küng verlagert letztlich alle Wahrheit hinein in das Evangelium selbst als primäre und einzige Bezeugungsinstanz – neben der Theologie. Für das Lehramt bleiben dann im Extremfall Urteile wie das über Pius XII. und das Dogma von 1950: „Mit welchem Recht kann irgendjemand (! H. F.) das, was ihm im Kopf herumspukt (! H. F.) als verbindlichen Glauben für alle erheben?“ in: Tübinger Oberseminar zur Unfehlbarkeit, IX, Dok. 6.

[147] Das kirchliche Lehramt in der heutigen Autoritätskrise, in: ders., Schriften zur Theologie, IX, 339-365, hier 349. – Die Beziehung zwischen Lehramt und Schrift, aber auch zwischen Lehramt, Theologie und Glaubenssinn sind auch in der jüngeren Vergangenheit häufig untersucht worden, so z. B. bei C. Böttigheimer, Lehramt, Theologie und Glaubenssinn, in: StZ 215 (1997), 603-614.

genössischer philosophischer Ansätze. J. May vor allem wies darauf hin, daß die Konsenstheorie der Wahrheit „eine beachtliche Rolle in der heutigen wissenschaftstheoretischen Diskussion“ spiele und daß dies zu einer Auseinandersetzung mit diesen Entwürfen herausfordere.[148] Dies unternahmen nun mehrere katholische Theologen[149], indem sie Überlegungen zur Wahrheitsfrage, wie sie vor allem durch J. Habermas und K. O. Apel in den 60er und 70er Jahren vorgetragen wurden, für die theologische Reflexion nutzbar zu machen versuchten.[150] Dabei wurde die Unfehlbarkeitsfrage insofern berührt, als durch eine relativ höhere Bewertung der Kommunikationsprozesse innerhalb der kirchlichen Gemeinschaft die Rückbindung des Lehramtes an diese konkrete Gemeinschaft ihren abstrakten Charakter verlor.

J. Habermas hatte die Wahrheitsfrage mit einem begründeten Konsens in Verbindung gebracht. Dabei hielt er als Argumentationsverfahren einen Diskurs für nötig, bei dem die Kraft des besseren Arguments zum Zuge kommen und in dem der Widerspruch zwischen einer Behauptung und deren Einlösung aufgehoben werden konnte. Für einen solchen Diskurs hatte Habermas die „ideale Sprechsituation“ als Verwirklichung „herrschaftsfreier Kommunikation“ gefordert. Wahre und falsche Aussagen sollten dabei durch Bezugnehmen des

---

[148] Vorbereitende Überlegungen zu einer Konsenstheorie der Konziliarität, in: US 32 (1977), 94-104, hier 102. ; vgl. auch F. Haarsma, Empirische Untersuchungen über den Konsens in der Kirche, in: Conc 8 (1972), 54-59.

[149] Wichtig sind J. Wohlmuth, Konsens als Wahrheit? in: ZkTh 103 (1981), 309-323. N. Copray, Kommunikation und Offenbarung, Düsseldorf 1983; H. J. Höhn, Glaube im Diskurs, in: ThPh 60 (1985), 213-238; K. Bauer, Der Denkweg von Jürgen Habermas zur Theorie des kommunikativen Handelns. Grundlage einer neuen Fundamentaltheologie?, Regensburg 1987; P. Scharr, Consensus fidelium. Zur Unfehlbarkeit der Kirche aus der Perspektive einer Konsenstheorie der Wahrheit, Würzburg 1992 gibt eine vorläufige Zusammenfassung.

[150] Diskutiert wurden vor allem: K. O. Apel, Transformation der Philosophie, Bd. 2, Frankfurt/M. 1973; J. Habermas (und N. Luhmann), Theorie der Gesellschaft, Frankfurt/M. 1971; ders., Erkenntnis und Interesse, Franfurt/M. (9) 1988; ders., Wahrheitstheorien, in: H. Fahrenbach (Hg.), Wirklichkeit und Reflexion, FS W. Schulz, Pfullingen 1973 – Vgl. zur Auseinandersetzung mit Habermas insgesamt E. Arens (Hg.), Habermas und die Theologie, Düsseldorf (2) 1989.

Behauptenden auf das Urteil aller potentiellen Gesprächspartner unterschieden werden: „Der Sinn, in dem eine Aussage wahr oder falsch sein kann, besteht ... in der Möglichkeit der argumentativen Begründung eines kritisierbaren Geltungsanspruches."[151]

Indem nun Wahrheit mit den Kategorien „Konsens" und „Gespräch" in Verbindung gebracht wurde, bot sich eine Erprobung dieses Ansatzes für die katholische Ekklesiologie geradezu an. „Die Einsicht in die gesellschaftliche Vermitteltheit der Wahrheit kann ... eine Hilfe sein ... Denn in dieser Perspektive erscheint Institution ... als Voraussetzung von Wahrheit."[152] Rahner hatte bereits 1964 bemerkt, es gäbe Wahrheiten, die „nur im Gespräch zum Vorschein kommen", in einem Gespräch, das seinem Wesen nach als ein „an sich unendliches" zu begreifen sei.[153]

Nach Wohlmuth eignet auch der fides christiana fundamental ein Behauptungscharakter. Der damit verbundene Geltungsanspruch müsse „im je neu begründeten Konsens theologisch durch die Geschichte der Kirche aufrecht erhalten werden".[154] Wegen dieses Geltungsanspruches führe der christliche Glaube in eine Diskurslogik – weshalb die bei Habermas entwickelten Kriterien für die Herstellung eines begründeten Konsenses zur Anwendung kommen könnte. So seien bei den altkirchlichen Konzilen Diskurse im Sinne Habermas' zu finden. Auch das Konzil von Basel habe nach einer möglichst idealtypischen Repräsentation der Gesamtkirche gesucht. Werde dieses Modell verallgemeinert, dann komme der Rezeption die Aufgabe der nötigen Universalisierung des repräsentativen Konsens' zu. Zu diesen formalen Kriterien sei der argumentative Nachweis von Schrift- und Traditiosgemäßheit getreten, um – auch dies ein Wahrheitskriterium bei Habermas – die

151 J. Habermas, Erkenntnis und Interesse, Nachwort, 383.

152 W. Kasper, Freiheit des Evangeliums und dogmatische Bindung in der katholischen Theologie, in: ders., Theologie und Kirche, Mainz 1987, 43-71, hier 60. Habermas sieht Institution als „Ermöglichung herrschaftsfreier Kommunikation", vgl. M. Kehl, Kirche als Institution, Frankfurt/M. (2) 1978, 37-41.

153 Kleines Fragment „Über die kollektive Findung der Wahrheit", in: ders., Schriften zur Theologie VI, 104-110, hier 105.108.

154 AaO., 313.

Kohärenz der Summe aller bisher erzielten Konsense aufzuweisen.

Wohlmuth sieht sich hier als Interpret des Konzils: Wir „nehmen ernst, was das Zweite Vatikanum in ‚Lumen gentium' Nr. 12 vom Subjekt der Inerranz und somit der ekklesialen Wahrheit sagt ... : Subjekt der Wahrheit ist allein die ‚ecclesia universalis' als Gemeinschaft der Glaubenden von Adam bis zum letzten Tag der Geschichte."[155] Unabhängig davon, ob Wohlmuth u. a. sich zurecht auf Habermas berufen[156], bieten sie doch einen höchst wichtigen Beitrag für die Bearbeitung der Unfehlbarkeitsproblematik in Fortsetzung der Arbeiten zu „Rezeption" und „sensus fidei".

Wenn Wohlmuth meint, seine Beschreibung der Kirche erlaube es, „das Aufrechterhalten der Ursprungsbehauptung durch die Jahrhunderte von deren Preisgabe zu unterscheiden"[157], so ist damit ja zunächst exakt das Anliegen jeder Unfehlbarkeitsdoktrin beschrieben. Indem aber die gesamte Kirche in den Prozeß der Wahrheitsgewährleistung hineingenommen wird, ist der Ort, an dem ein Lehramt zu agieren hätte, nicht mehr so leicht auszumachen und die Tendenz, die Wahrheit des Glaubens ohne eine solche Instanz zu bewahren, ist offenbar. Daß dieses Vorgehen das Anliegen der Unfehlbarkeitslehre praktisch aufhebt, findet sich denkbar klar formuliert im Urteil K. Bauers: „Weil der ‚Geltungsanspruch' der Glaubensaussagen nur in der rationalen Prüfung, in sog. Glaubensdiskursen ... legitimiert zu werden vermag, kann der Unfehlbarkeitsanspruch eines Verkündigers nur in dem Sinne zur Geltung gebracht werden, daß alle Beteiligten, analog wie in der ‚idealen Sprechsituation', symmetrisch die gleiche Unfehlbarkeit eingeräumt wird."[158]

---

[155] AaO., 323.

[156] Man wird dies bezweifeln müssen. Habermas' Konsensbegriff dürfte nicht nur jede Art von Infallibilismus ausschließen, sondern auch mit dem Wesen der Glaubenswahrheit nur schwer zusammengehen, da diese ja auf eine vorgegeben Wahrheit abhebt, während Habermas mit seiner Theorie auf Konstituierung von Wahrheit zielt; vgl. Beckermann, Die realistischen Voraussetzungen der Konsenstheorie von J. Habermas, in: Zeitschrift für allgemeine Wissenschaftstheorie 2 (1972), 63-80, hier 67.

[157] AaO., 323.

[158] AaO., 3.

Die Erinnerung an die altkirchlichen Synoden hatte etwas Faszinierendes. Freilich waren diese von einer Harmonie aus universitas und antiquitas ausgegangen, auf deren Zerbrechen u.a. die Unfehlbarkeitslehre eine Antwort sein sollte. Deshalb half die Bezugnahme auf den Konsens als philosophisches Prinzip zweifellos zur Weiterentwicklung einer Communio-Ekklesiologie, die Unfehlbarkeitslehre aber wurde auf diese Weise nicht verbessert, vielmehr in ihrem Kern in Frage gestellt.

8.4 Theologie und Lehramt

Daß die Unfehlbarkeitsfrage letztlich auf einen Streit um hermeneutische Prinzipien hinausläuft, wird wohl nirgendwo deutlicher als in den Auseinandersetzungen um die Freiheit und Gebundenheit der katholischen Theologie angesichts der Vollmachten des Lehramtes. Darin ging es einerseits wiederum um die richtige Austarierung des Beziehungsdreiecks „Schrift – Tradition – Lehramt“, andererseits um den Ort des Lehramtes in einer Kirche, in der alle Gläubigen Anteil an der Wahrheitsfindung haben sollten. Dies war mehr als die Forderung nach Einführung bestimmter Standards freier Forschung. Vielmehr war die Grundlage für Verkündigung, Lehre und Leitung in der katholischen Kirche berührt.

Dies macht die harsche Reaktion des Lehramtes auf durchaus zurückhaltende Kritik aus den Reihen der deutschsprachigen Theologieprofessoren an kirchlichen Entwicklungen am Ende der 80er Jahre verständlich, die sie in der sog. „Kölner Erklärung“ vom 6.1.1989 zusammenfaßten.[159] Bereits im Februar 1989, unmittelbar nach Veröffentlichung der „Kölner Erklärung“, war eine neue Formel der „Professio fidei et Iusiurandum fidelitatis in suspiciendo officio nomine Ecclesiae exercendo“ veröffentlicht worden[160], des Glaubensbekenntnisses, das alle abzulegen haben, die ein kirchliches Amt übernehmen, unter ihnen auch Universitätsprofessoren, soweit deren Lehrgebiet sich auf Glauben und Sitten bezieht. Dem Nicäno-Konstantinopolitanischen Glaubensbekenntnis waren

[159] „Wider die Entmündigung – für eine offene Katholizität“, vgl. HK 43 (1989), 127-129.

[160] AAS, 81/1989, 104-106: Die Professio löste die Formel von 1967 ab.

dabei drei Zusätze mitgegeben, welche „diejenigen Wahrheiten des katholischen Glaubens darlegen sollen, die die Kirche unter Führung des Heiligen Geistes ... im Lauf der Jahrhunderte erforscht hat und immer tiefer erforschen muß".[161] Der zweite dieser Zusätze nennt alles, was bezüglich der „Lehre des Glaubens und der Sitten von der Kirche endgültig" („definitive") vorgelegt wird. Eine „Lehramtliche Stellungnahme" der Glaubenskongregation zur „Professio Fidei" aus dem Jahr 1998 macht deutlich, daß damit auch und gerade Lehren gemeint sind, die als solche nicht geoffenbart sind, wohl aber mit der Offenbarung in notwendigem Zusammenhang stehen und somit zum sog. „sekundären Unfehlbarkeitsobjekt" zu rechnen wären.[162]

Damit wurde lehramtlich festgeschrieben, was Vatikanum I und Vatikanum II allenfalls angedeutet hatten. Man liest: „Bei Wahrheiten (Plural ! H.F.) des zweiten Absatzes stützt sich die Zustimmung auf den Glauben an den Beistand, den der Heilige Geist dem Lehramt schenkt, und (!H.F.) auf die katholische Lehre von der Unfehlbarkeit des Lehramtes." [163] Ebenfalls 1990 erschien eine „Instruktion über die kirchliche Berufung der Theologen" („Donum Veritatis").[164] Die Instruktion schärfte die wesentlichen Aspekte der Unfehlbarkeitslehre ein und versäumte ebenfalls nicht, darauf hinzuweisen, daß auch Fragen der Moral und solche, die mit Glaubenswahrheiten „innerlich verknüpft" sind, dem Urteil des Lehramtes zugänglich seien.[165] Dessen nicht-unfehlbare Äußerungen wurden faktisch der Diskussion entzogen, die Möglichkeit unfehlbarer Entscheide für praktisch alle strittigen Fragen dagegen eingeschärft.

Im Sommer 1998 ergänzte Papst Johannes Paul II. durch das Motu Proprio „Ad Tuendam Fidem"[166] das Kirchenrecht

---

[161] So Johannes Paul II. erläuternd in „Ad Tuendam Fidem", Abschnitt 2, vgl. Verlautbarungen der Apostolischen Stuhls 144 (1998), 11f.
[162] Verlautbarungen des Apostolischen Stuhls 144 (1998), 17-25, hier 20.
[163] AaO., 21.
[164] HK 44 (1990), 365-373. – Dazu: Streitgespräch um Theologie und Lehramt, hg. von P. Hünemann und D. Mieth, Frankfurt/M.: Knecht 1991.
[165] AaO., Abschnitte 14-16 und 40-46.
[166] In: Verlautbarungen des Apostolischen Stuhls 144 (1998), 11-15.

im Sinne der in der „Professio" vorgenommenen Aufgliederung von Entscheidungen des Kirchlichen Lehramtes. Von nun an soll „mit einer gerechten Strafe belegt werden", wer etwas ablehnt, „was vom Lehramt der Kirche in der Glaubens- und Sittenlehre definitiv vorgelegt wird, also das, was zur heiligmäßigen Bewahrung und zur getreuen Darlegung des Glaubensgutes erforderlich ist".[167] Nun bezeugt auch das gültige kirchliche Recht, daß in den genannten Zusätzen zum NC tatsächlich Entscheidungen hinsichtlich des sekundären Objektes kirchlicher Lehre gemeint sind.[168] Entwicklungen wie diese verwickelten die Theologie in mühsame Auseinandersetzungen um die Kriterien und Anwendungsmöglichkeiten der Unfehlbarkeitslehre, und sie hinderten sie praktisch bis heute daran, die einst von H. Küng formulierte Aufgabe anzupacken, zu klären, was das eigentlich sei – Unfehlbarkeit.[169]

9. „Ordinatio Sacerdotalis"

Zur Mitte der 90er Jahre begegneten einander erneut die Problematik des Weihesakramentes und die Unfehlbarkeitslehre. Es ging um die schon seit längerem engagiert diskutierte Frage, ob nicht auch Frauen zu Priester(inne)n geweiht werden könnten. Papst Johannes Paul II. äußerte sich dazu im Frühsommer 1994 in dem apostolischen Schreiben „Ordinatio sacerdotalis" (OS)[170]: Die Kirche habe „keinerlei Voll-

---

[167] So can. 1371,1 CIC in Verbindung mit can. 750,2 gemäß der mit „Ad Tuendam Fidem" verfügten Änderung (aaO., 13 und 14).

[168] Zur Entwicklung in der jüngsten Vergangenheit vgl. A. Franz (Hg.), Bindung an die Kirche oder Autonomie?, Freiburg: Herder 1999.

[169] Wenigstens verwiesen sei auf eine Arbeit von W. Kasper, in der dies tatsächlich versucht wird: „Freiheit des Evangeliums und dogmatische Bindung in der katholischen Theologie", in: ders., Theologie und Kirche, Mainz 1987, 43-71.

[170] Die „Kongregation für die Glaubenslehre" hatte sich bereits im Jahre 1976 mit dem Schreiben „Inter Insigniores" (DH 4590-4606) klar gegen eine Zulassung von Frauen zum Priesteramt ausgesprochen. Johannes Paul II. hatte diese Position in seiner Enzyklika „Mulieris dignitatem" aus dem Jahr 1988 (DH 4830-4841) bekräftigt.

macht ..., Frauen die Priesterweihe zu spenden“[171] und an diese Entscheidung hätten sich „alle Gläubigen endgültig zu halten“. Die Aufregung war groß, aber trotz der für das Miteinander von Frauen und Männern in der Kiche weitreichenden Entscheidung rückte schon bald die Frage nach der lehramtlichen Qualität des Dokuments in den Mittelpunkt: Hatte man es hier mit einem unfehlbaren Akt des kirchlichen Lehramtes zu tun?

Die sich hier anschließende Debatte zeigte, was die Bemühungen um ein genaues Verständnis der Unfehlbarkeitslehre und ihrer Geschichte wert gewesen waren. Erstaunt bemerkt der Beobachter die augenfällige Uneinigkeit der Kommentatoren. Deutsche Bischöfe kommen bei der Deutung des Vorgangs zu durchaus gegensätzlichen Vermutungen, und die Glaubenskongregation sieht sich zu einer Erläuterung veranlaßt, die auf das Ende der Debatte zielt und diese doch erst recht entfacht.

Auch Johannes Paul II. läßt ausgedehnte Mutmaßungen über seine vermeintlichen Absichten anstellen zu, ohne sich selbst klärend zu äußern. Konnte er der zunehmenden Unsicherheit über den Charakter des Schreibens kein Ende bereiten? Kannte er am Ende den Grad der Verbindlichkeit seiner Lehre selbst nicht? Das Schreiben jedenfalls, das „jeden Zweifel beseitigen“ wollte, entfachte eine Debatte[172], die ihre Dynamik aus der behandelten Sachfrage zog, die etliche gern endgültig entschieden, viele aber um jeden Preis offengehalten sehen wollten. Befriedigung etwa spricht aus der Bemerkung Kardinal Meisners, er sei dankbar, daß der Papst „falschen Hoffnungen die Grundlage entzogen“ habe.[173] Andererseits fanden sich Theologen und nicht wenige Bischöfe, die nach Lücken oder Fehlern bei der Anwendung der Kriteriologie der

---

[171] Diese Ausdrucksweise begegnete zuvor in der Sakramentenlehre: vgl. Tridentinum, Sessio 21, cap. 2; „Sacramentum Ordinis“; Erklärung „Inter Insigniores“. Zum Ganzen: W. Groß, Einleitung, in: ders. (Hg.) Frauenordination. Stand der Diskussion in der katholischen Kirche, München 1996, 7-10.

[172] Diese Diskussion ist ausführlich dargestellt bei N. Lüdecke, Also doch ein neues Dogma?, in: Trierer ThZ 105 (1996), 164-189, kurz bei K. Nientiedt, Wie verbindlich?, in: HK 50 (1996), 461-466.

[173] In: Klerusblatt 74 (1994), 148.

Unfehlbarkeitslehre suchten, um das brennende Thema Frauenordination nicht als entschieden ansehen zu müssen.[174] Hierzu war es vor allem nötig zu zeigen, daß der in OS verwendete Begriff „definitive“[175] nicht allein unfehlbaren Lehrentscheidungen vorbehalten sei. Ferner meinten etliche Interpreten davon ausgehen zu können, daß das Thema „Frauenordination“ ja gar nicht direkt zum Glaubensgut, sondern nur in sein Umfeld gehöre, über das das Lehramt möglicherweise gar nicht unfehlbar urteilen könne: „Offenbar zögert man (!H.F.), diese Lehrentscheidung im engsten Bereich der Offenbarung selbst anzusiedeln.“[176] Demgemäß gab es dann auch Stimmen, die meinten, das Lehramt habe ja gerade durch diesen Akt, quasi im Vollzug, gezeigt, daß gemäß der Schultradition das sog. „sekundäre Unfehlbarkeitsobjekt“ tatsächlich existiere und deshalb auch eine Entscheidung in der Offenbarung nahen Bereichen möglich sei.[177]

Natürlich ist zu fragen, wie all dies möglich war in Anbetracht des Wortlautes des Dokumentes und im Blick auf den offiziösen Kommentar, der seine Veröffentlichung begleitete[178] und wo es hieß: „Es handelt sich also ... um eine vom ordentlichen päpstlichen Lehramt in endgültiger Weise gelehrte Doktrin“, um eine „mit Sicherheit wahre Lehre“. Das Gegenteil zu lehren komme „der Verführung ihrer (sc. der Gläubi-

---

[174] Karl Lehmann: „Der Papst hat in der Erklärung unter sehr hohem Einsatz seiner Lehrautorität gesprochen ... Der Papst spricht verbindlich für die Kirche, da führt kein Weg dran vorbei“, in: Die neue Furche 51 (1995) vom 26. 1. 1995 – Der Papst bleibe „nur knapp unterhalb einer unfehlbaren Lehrentscheidung“, so in einer Stellungnahme vom 27. 5. 1994. Auch die „Erklärung der Deutschen Bischofskonferenz“ vom 20. 9. 1994 formuliert kryptisch: „Sie (sc. die Frage der Priesterweihe von Frauen) ist mit hoher (!) lehramtlicher Autorität beantwortet. “ (als Faltblatt veröffentlicht).

[175] „... erkläre ich ... daß alle Gläubigen sich endgültig („definitive“) an diese Entscheidung zu halten haben. “ OS, Nr. 4.

[176] K. Lehmann bei Waldenfels, aaO., 147. In diesem Sinne ist wohl auch G. Koch, Das Heil aus den Sakramenten, in: W. Beinert (Hg.), Glaubenszugänge, Bdd. 3, Paderborn 1995, 309-523 zu verstehen, der 498 bemerkt: „Die Frage, ob diese Ablehnung (sc. der Weihe von Frauen in der nachneutestamentlichen Tradition) im Glauben verankert oder nur soziologisch bedingt ist, wird auch nach ... „Or dinatio Sacerdotalis“ ... noch vertiefter Überlegung und Begründung bedürfen.“

[177] Belege dafür bei Lüdecke, aaO., 170f (Anm. 42).

[178] OR vom 30. /31. 5. 1994, abgedruckt in: HK 48 (1994), 356-358.

gen) Gewissen zum Irrtum gleich".[179] Freilich vermeidet der Kommentar die bei einem unfehlbaren Entscheid zu erwartenden Begriffe und redet z. B. von der „volle(n) und bedingungslose(n) Zustimmung der Gläubigen" statt von „fides divina et catholica". Auch eine „mit Sicherheit wahre Lehre"[180] hat den überkommenen Leseregeln gemäß nicht das Gewicht, das sie auf den ersten Blick wohl zu haben scheint und könnte durch eine „definitiv verpflichtende" Lehre überboten werden, deren Leugnung dann auch Häresie bedeuten würde und nicht nur „eine Verführung zum Irrtum". Besonders verwirrend ist die Verbindung des zur Unfehlbarkeit gehörenden Begriffs „definitive" mit dem ordentlichen Lehramt des Papstes, das sich nach allen einschlägigen Dokumenten nicht des Unfehlbarkeitscharismas erfreut. So war die unpräzise Redeweise dieses an prominenter Stelle plazierten Kommentars wenig geeignet, Klarheit zu schaffen. War dies so beabsichtigt?

Schließlich reagierte – unter dem 28.10.1995 – die Glaubenskongregation auf die tatsächliche oder selbstgestellte Anfrage „ob die Lehre, nach der die Kirche nicht die Vollmacht hat, Frauen die Priesterweihe zu spenden – wie sie im Apostolischen Brief ‚Ordinatio Sacerdotalis' als endgültig zu haltende vorgelegt ist – als zum Glaubensgut (depositum fidei) gehörend zu betrachten ist".[181] Antwort: „Affirmative" – denn diese Lehre gründe sich auf dem geschriebenen Wort Gottes, sie sei in der Überlieferung der Kirche von Anfang an beständig gewahrt und angewandt und vom ordentlichen und universalen Lehramt vorgetragen worden und also Teil des depositum fidei, des christlichen Glaubensgutes.

Die Glaubenskongregation sieht also einen unfehlbaren Entscheid gegeben und wählt aus den drei nach LG 25 möglichen Varianten unfehlbarer Urteile jenes des magisterium ordinarium et universale: Demnach bezieht sich der Papst in OS

---

[179] AaO., 357.

[180] Die Formulierung „mit Sicherheit wahr" ist darüber hinaus ausgesprochen unglücklich und erweckt den Eindruck, sie sei eigens erfunden worden, um OS einen besonders gewichtigen Platz zu geben ohne von Unfehlbarkeit reden zu müssen. Die Schultheologie kennt „sententiae certae", aber keine „veritas certa"!

[181] OR (dt.) vom 24. 11. 1995, 3 (mit einem ausführlichen ungezeichneten Kommentar) – Es ist generell unüblich mitzuteilen, wer die zu beantwortende Frage gestellt hat.

auf die Unfehlbarkeit der Bischöfe, die über den Erdkreis verstreut, aber miteinander und mit dem Nachfolger des Petrus verbunden sind. Tatsächlich benutzt das Zweite Vatikanische Konzil exakt in diesem Zusammenhang die Formulierung „tamquam definitive tenendam"! Dennoch verwundert es, daß weder im Schreiben selbst noch im offiziösen Begleitkommentar darauf hingewiesen wurde. Insgesamt ist es bezeichnend, daß es überhaupt einer solchen Erläuterung bedurfte, um nicht etwa Außenstehende, sondern katholische Bischöfe und Theologen in der Frage der Verbindlichkeit von OS aufzuklären. Hieß es nicht im CIC: „Als unfehlbar definiert ist eine Lehre nur anzusehen, wenn dies offensichtlich (manifesto) feststeht."[182] Wie kann es sein, daß unfehlbare Entscheide erst nach ausführlicher Erklärung überhaupt erkannt werden können?

Nun fanden sich radikale Gegner und Anhänger der Unfehlbarkeitslehre und solche der Frauenordination zusammen, um entweder der Frauenordination für alle Zeiten eine Absage zu erteilen oder die endgültige Diskreditierung des Lehramtes durch Mißbrauch der irrigen Lehre von der Unfehlbarkeit für den ebenso irrigen Ausschluß der Frauen vom Priesteramt zu konstatieren.[183] Zugleich wurde auch jetzt noch über eine Ex-Cathedra-Entscheidung des Papstes spekuliert oder ganz gegen den Wortlaut des „Responsum" und gegen „Lumen Gentium" das ordentliche Lehramt des Papstes mit der unfehlbaren Entscheidung in Verbindung gebracht.[184] L. Scheffczyk bedauerte, daß der Papst nicht durch einen unfehlbaren Urteilsakt dem

---

[182] Can 749, § 3.

[183] Dies tut vor allem H. Küng in der Süddeutsche Zeitung vom 2./3. 12. 1995. Hierher gehört auch das resignierte Resümee aus evangelischer Feder: J. Haustein, Unfehlbar, aber nicht unwiderrufbar?. Zum Diskurs um die Ablehnung der Frauenordination, in: MdKI 47 (1996), 21f: „Wer weibliches Priestertum wirklich will, findet es nur außerhalb der römisch-katholischen Kirche. Wer in ihr bleibt ... der sollte sich eingestehen, daß er sich mit dem Ausschließlichkeitsanspruch männlichen Klerikertums abgefunden hat", aaO., 22.

[184] So liest erstaunlicherweise Haustein aaO., 21. Auf katholischer Seite interpretiert M. Hauke vor allem die offiziösen Kommentare in diesem Sinne, in: ders., „Ordina tio Sacerdotalis": das päpstliche Schreiben zum Frauenpriestertum im Spiegel der Diskussion, in: Forum KathTh 11 (1995), 270-298, hier 281.

„unfehlbaren Traditionszeugnis ... die höchstmögliche Verbindlichkeit" verliehen habe.[185]

Andererseits versuchen viele weiterhin, der Glaubenskongregation zu widersprechen: Sie habe bei ihrer Berufung auf die Unfehlbarkeit des magisterium ordinarium et universale die entscheidende Bedingung für eine Unfehlbarkeit desselben nicht beachtet: Denn nur wenn die Bischöfe zwar getrennt, aber übereinstimmend etwas *als* (tamquam) endgültig zu halten vortrügen, komme ihrer Lehre Irreformabilität zu, sei ihr Lehrentscheid also unfehlbar. Und ob dies im fraglichen Fall wirklich geschehen sei, müsse eben nachgewiesen und könne nicht einfach behauptet werden.[186]

Tatsächlich ist dies eine der Kernfragen des Streites: Steht das umstrittene Faktum wegen der Feststellung der Glaubenskongregation fest oder steht es erst fest, nachdem Historiker dies *materialiter* aufgezeigt haben. Einen solchen Beweis fordert z. B. H. Waldenfels[187], der obendrein daran erinnert, daß auch frühere als letztverbindlich angesehene Entscheidungen zurückgenommen worden seien. Die „Antwort" Roms bezieht sich aber auch auf die Hl. Schrift und die altkirchliche Tradition. Entsprechend fordert P. Hünermann in seinem Kommentar einen Nachweis dafür, daß „Jesus Christus – und die Apostel – Frauen vom Leitungsamt in den Gemeinden und damit vom später sich herausbildenden Priesteramt ausgeschlossen haben" und daß sie dies gegebenenfalls aus Gründen taten, die tatsächlich bis heute Bestand haben.[188] Überall dort,

---

[185] Das Responsum der Glaubenskongregation zur Ordinationsfrage und eine theologische Replik, in: ForumKathTh 12 (1996), 127-133, hier 133.

[186] So z. B. J. Pottmeyer, Rede- und Denkverbote wurden nicht erlassen, in: Rheinischer Merkur vom 8. 12. 1995, 25: Der Papst habe nicht von seinem außerordentlichen Lehramt Gebrauch gemacht, weil eben noch zu erforschen sei, ob die Lehre tatsächlich immer ausdrücklich und formell *als* endgültig zu halten vorgetragen wurde.

[187] Unfehlbar. Überlegungen zur Verbindlichkeit christlicher Lehre, in: StZ 214 (1996), 147-159.

[188] Dogmatische Reflexionen anläßlich der Antwort der Glaubenskongregation vom 28. Oktober 1995, in: W. Groß (Hg.), aaO., 129-146, hier 134f. Pottmeyer bemerkt dazu aaO., der Ausschluß der Frauen vom Priesteramt sei unter Berücksichtigung der zeitgenössischen Kommunikationsbedingungen wohlüberlegt gewesen.

wo also auf Gegenargumente in der Bibel oder in der Tradition hingewiesen wird oder auf sehr divergierende Bewertungen der Verbindlichkeit (die sog. dogmatischen „Zensuren“) in der Vergangenheit, wird unterstellt, das Lehramt müsse auch beweisen können, was es behaupte. Die Unfehlbarkeitsdiskussion wurde also bei vielen Kritikern wesentlich als *hermeneutische* Diskussion geführt. Zugleich mußte ihnen alles daran gelegen sein, auch formal aufzuzeigen, daß die Bedingungen für unfehlbare Lehre nicht gegeben sind.

So finden sich auch nach wie vor explizite Einwände aus dem Bereich der Kriteriologie der Unfehlbarkeitslehre. Bernhard Häring bezweifelte, daß die Ablehnung der Frauenordination eine von Gott geoffenbarte Heilswahrheit sei – trotz der Zuordnung zum depositum fidei![189] Häring sprach damit wohl vielen Kollegen und vielen Christinnen und Christen in den Gemeinden aus dem Herzen. Auch Hünermann deutete an, daß der Hl. Geist das Lehramt nur in den zentralsten Fragen vor Irrtum schütze, nicht aber bei „allen möglichen peripheren oder abgeleiteten Sachverhalte(n) des Glaubens und der Sitte“[190]. Anders als etwa H. Küng, der das Ende jedes Spielraumes diagnostiziert[191], leiten die genannten Theologen aus ihrer Kritik keinen Bruch mit dem Lehramt ab.

Was aber bestärkt sie darin? Und wie ist es möglich, daß prominente Bischöfe ganz offenbar nur schwer oder nicht mit OS übereinkommen konnten[192] und die Glaubenskongregation dennoch die Unmöglichkeit der Frauenordination im Frühjahr 1997 in ein *Glaubens*bekenntnis aufnahm, das sie dem umstrittenen Theologen Tissa Balasutiya aus Sri Lanka zur Unterschrift zusandte.[193] Im Hintergrund stehen die Aus-

---

[189] In: Haben wir ein neues Dogma?, in: Regensburger Bistumsblatt vom 7. 1. 1996, 5.

[190] AaO., 146.

[191] „Die katholische Theologie kann ... der Überprüfung des Systems und dem Problem der Unfehlbarkeit des Lehramtes nicht länger ausweichen“, aaO.

[192] Vgl. die Hinweise bei Lüdecke, aaO., 167-171, sowie 209f.

[193] Es heißt darin: „Deshalb anerkenne und glaube ich fest, daß die Kirche in keinerlei Weise die Vollmacht hat, Frauen die Priesterweihe zu spenden. “ Heißt es zuvor stets „Ich glaube ...“, findet sich hier die Doppelformel „Ich anerkenne und glaube“, die wiederum orakeln läßt, ob

einandersetzungen und theologischen Bemühungen um die Unfehlbarkeitslehre in der jüngeren Vergangenheit: Man konnte bis „Ordinatio Sacerdotalis“ und angesichts der Diskussion um die Unfehlbarkeitslehre im 20. Jh. den Eindruck haben, daß diese Lehre in ihrer bisherigen Formulierung eine vorläufige gewesen sei und sie von Absolutismus, Doktrinalismus und von einer spezifischen Uneindeutigkeit befreit werden könne – ja, daß über all dem ihr eigentlicher Sinn erst noch freigelegt würde. Man mochte gar meinen, die Unfehlbarkeitslehre sei am Ende auch für die Ökumene mehr eine Chance als ein Hindernis – etwa als Anleitung zur kommunikativen Vergewisserung des Evangeliums. Möglich war nicht weniger die Deutung, wonach die Unfehlbarkeitslehre in der kirchlichen Praxis eigentlich nicht mehr angewendet werden könne und auch dadurch faktisch aufhören würde, ein Problem zu sein.

Die Auseinandersetzung um die Verbindlichkeit von „Ordinatio sacerdotalis“ offenbarte dagegen, daß alle theologischen Bemühungen zwar viel zur Erläuterung der Unfehlbarkeitslehre beigetragen hatten, deren spezifische Schwierigkeiten aber nicht beseitigt hatten.

Man konnte bis OS den Eindruck haben, ein unfehlbares Lehramt sei künftig nur eingebunden in die Kommunikationsgemeinschaft aller Glaubenden denk- und praktizierbar. Nun zeigte „Ordinatio Sacerdotalis“, daß Unfehlbarkeit weiterhin als strikte Prärogative des Lehramtes zu sehen sei. OS bewegt sich ganz im Rahmen des geltenden (und eben ergänzten) Kirchenrechts.[194]

Was die Theologen als Mißverständnis der Unfehlbarkeitsdoktrin aufzuweisen sich bemüht hatten, begegnete ihnen nun als deren selbstverständliche Realisierung. Alles kam so, wie es in „Donum Veritatis“ beschrieben worden war.

Man konnte bis OS den Eindruck haben, fundamentaltheologisch könne Unfehlbarkeit nur in strikter Bindung an

---

damit eine Abmilderung oder eine Verschärfung gegenüber dem bloßen „Ich glaube“ angestrebt ist. Der vollständige Text in: Publik Forum vom 28. 3. 1997.

[194] Dies zeigt deutlich N. Lüdecke, Die Grundnormen des katholischen Lehrrechts in den päpstlichen Gesetzbüchern und in neueren Äußerungen in päpstlicher Autorität, Würzburg 1997.

Schrift und Überlieferung und also in klarer und auch aufweisbarer (!) Unterordnung des Lehramtes unter das Wort Gottes praktiziert werden. „Ordinatio Sacerdotalis“ zeigt, daß die Unterordnung unter das Wort Gottes ein Auslegungsmonopol meint, dessen Wahrheitsanspruch ggf. mit dem Hinweis auf die Unfehlbarkeit immunisiert werden kann.

Man konnte bis OS den Eindruck haben, wenn überhaupt, werde das Lehramt von seiner Unfehlbarkeit nur noch bei Fragen Gebrauch machen, die eindeutig zur Mitte des christlichen Glaubens gehören. „Ordinatio Sacerdotalis“ zeigt, daß die Unfehlbarkeit auch auf Sachverhalte angewendet werden kann, deren Verbindung mit der Offenbarung nicht ohne weiteres auf der Hand liegt.

So bleibt die Einsicht, daß mit systemimanenten Einwänden dem anläßlich des Verbotes der Frauenordination erhobenen Unfehlbarkeitsanspruch nicht beizukommen ist.[195] Und dennoch zeigt die Debatte um OS unübersehbar, wie die Unfehlbarkeitslehre gerade durch die Einbindung in ein System von aufeinander bezogenen Formalkriterien die Fähigkeit einbüßt, Gewißheit zu schaffen: Das (nie unfehlbare) ordentliche Lehramt des Papstes legt in OS eine Lehre vor, deren Wahrheit bald darauf bezweifelt wird. Durch eine Erklärung der (ebenso nie unfehlbaren) Glaubenskongregation wird diese Lehre aber als wahr bezeichnet – weil sie durch das (ggf. unfehlbare) ordentliche und allgemeine Lehramt der Kirche schon lange als endgültig verpflichtend und also unfehlbar gelehrt worden sei. Dies sei durch das (nicht unfehlbare) ordentliche Lehramt des Papstes festgestellt worden, dem zu widersprechen, jedenfalls prinzipiell, auch einfachen Christen, z. B. Theologen, freisteht.[196]

---

[195] Aus katholischer Perspektive zeigt dies N. Lüdecke in seiner eindrücklichen bilanzierenden Untersuchung: Also doch ein neues Dogma, in: Trierer ThZ 105 (1996), 164 ff. hier besonders 189-211: „Gibt es vor dem Hintergrund der Darlegungen eine andere Alternative als die, entweder den Ausschluß der Frau von der Priesterweihe zu bejahen oder die Unfehlbarkeit des ordentlichen und universalen Lehramtes des Bischofskollegiums in dieser Frage zu bestreiten?“

[196] Dies räumt gerade Lüdecke a. a. O. 211 ausdrücklich ein: Der Papst habe in einem solchen Falle „in Ausübung seines ordentlichen Lehramtes irrtümlich eine Lehre für heilsrelevant erklärt ...“

10. Einsichten

1. Unfehlbarkeit ist eine Selbstverständlichkeit, wo sie sich auf Gott und sein Wort bezieht.[197] Die Alte Kirche kannte aber trotz Herausbildung eines bald auch hierarchischen Amtes kein Unfehlbarkeitsprivileg. Eine Vorstellung von Unfehlbarkeit entstand, als die Harmonie von Evangelium und Kirche zerfiel und die Frage aufkam, wie denn die Übereinstimmung der Verkündigung mit dem Evangelium möglich war und künftig möglich sein würde.

2. Daß die Kirche unter bestimmten Umständen im vorhinein an einer Verfälschung des Evangeliums gehindert wird, ist aber eine Glaubensaussage und also ein materiales Kriterium. Der Anspruch, unfehlbar lehren zu können, kann Verkündigung also nicht sicherer machen, denn er ist seinerseits nichts anderes als ein Teilaspekt derselben.

3. Jede Relativierung von Unfehlbarkeitsprivilegien hat deren Auflösung zur Folge. Zudem sind die Schwierigkeiten am Tage, die bei dem Versuch entstehen, den Anspruch, unfehlbar verkündigen zu können, in der Kirche zu verorten: Die Behauptung, die *gesamte* Kirche sei im Glauben (und also auch in ihrer Lehre) unfehlbar, kann nie verifiziert und nie falsifiziert werden und trägt nichts aus. Die Behauptung aber, nur Teile der Glaubensgemeinschaft seien unfehlbar, führt zu deren Dominanz im hermeneutischen Zirkel. Deren Unterordnung unter Schrift und Tradition muß dann zusammen mit der Unfehlbarkeit geglaubt, eine illegitime Überordnung kann aber nie nachgewiesen werden.

4. Die Unfehlbarkeit kann nicht anders als in einer juridischen Ekklesiologie etabliert werden, soll sie nicht pure Behauptung bleiben. Wenn aber Fragen juridischer Über- und Unterordnung mit der Wahrheitsfrage verbunden werden, ist die Freiheit des Evangeliums gegenüber der Kirche nicht länger gesichtert und die grundsätzliche Differenz zwischen ihr und ihrem Herrn gefährdet. Deshalb wurden Leitungs- und Lehramt theologisch so lange deutlich unterschiedlich behan-

[197] In Bezug auf die Bibel ist die Kategorie „Unfehlbarkeit“ allerdings unglücklich. Hier wäre, sofern man dies erläutert, besser von „Irrtumslosigkeit“ zu sprechen.

delt. Deshalb zögerten die Theologen so viele Jahrhunderte damit, eine Unfehlbarkeitslehre tatsächlich ekklesiologisch zu realisieren und so die Evangeliumstreue institutionell zu konkretisieren. Deshalb konnte das Zweite Vatikanum keinen geschlossenen ekklesiologischen Entwurf anbieten. Deshalb blieben die Versuche der nachkonziliaren Theologie, die Unfehlbarkeitslehre durch Interpretation zu „mildern“, vergebens. Deshalb zeigt sich hier nicht ein marginaler, kaum noch relevanter Streitpunkt zwischen den Konfessionen[198] – vielmehr offenbart sich in diesem Zusammenhang ein ernsthaftes fundamentaltheologisches und ekklesiologisches Problem.

5. Die neuere katholische Theologie hat versucht, die Unfehlbarkeit in verschiedene Arten von Kommunikation einzubinden oder durch verschiedene Modelle von Zustimmungsforderungen (Rezeption) oder Sicherungsverfahren vor Mißbrauch zu schützen. Dies ist aber nicht gelungen. Die Unfehlbarkeit, dem Lehramt einmal zugesprochen, ist ein theologisch und kirchenrechtlich unkontrollierbares Werkzeug in dessen Händen.

6. Die Geschichte der Unfehlbarkeitslehre offenbart aber auch deren faktische Wirkungslosigkeit. Nur dort erlangt sie Relevanz, wo das System der Unterordnung der Gläubigen unter das Lehramt funktioniert. Freilich wäre sie gerade dort eigentlich gar nicht nötig. In vielen womöglich wichtigen Fragen blieb ein unfehlbares Urteil des Lehramtes aus, wo doch die Unfehlbarkeitsdoktrin erlauben würde, im Bereich der Glaubenswahrheiten und deren Anwendung unter dem Beistand des Hl. Geistes unbegrenzt häufig endgültig zu entscheiden! Das Lehramt tat dies nicht, nicht einmal in „Humanae Vitae“. Was bleibt, ist der Einsatz als Disziplinierungsmittel z. B. durch Schaffung einer Unfehlbarkeitsaura, die dem Lehramt letztlich alle Freiheiten beläßt, unter den Gläu-

[198] Vgl. S. Wiederhofer, Ekklesiologie, in: T. Schneider (Hg.), Handbuch der Dogmatik, Bd. 2, Düsseldorf 1992, 47-154, hier 123: „Die konfessionelle Kontroverse bezieht sich heute lediglich darauf, wie weit sich die Unzerstörbarkeit, Kontinuität, Irrtumslosigkeit und Unfehlbarkeit institutionell und rechtlich konkretisieren läßt. “

bigen aber die Freiheit des Diskurses einengt.[199] Weil sie die Wahrheit des Evangeliums durch eine formale, dem Glaubenswagnis entzogene Instanz sichern möchte, wo sie doch selbst nichts anderes ist als eine Glaubensaussage, führt die Unfehlbarkeitsdoktrin dort, wo sie in Anspruch genommen wird, entweder in Despotie oder in Verwirrung. Wo sich die Gläubigen der geistlichen Leitung durch das Lehramt anvertrauen, braucht es keine Unfehlbarkeitslehre. Wo es zwischen beiden zum Konflikt kommt, bietet gerade der Anspruch einer Seite, unfehlbar urteilen zu können, keine Hilfe.
Dies macht freilich die Unfehlbarkeitslehre sogar unter ihren Anhängern praktisch wirkungslos, denn sie leistet gerade nicht, was sie doch leisten soll – nämlich in der Evangeliumsverkündigung Sicherheit zu schaffen und die Kirche insgesamt vor Verirrung zu bewahren.

7. Im Evangelisch-Lutherisch/Römisch-katholischen „Malta-Bericht"[200] wird die Frage verhandelt, „wie die Kontinuität der Überlieferung zu ihrem Ursprung konkret festgestellt werden solle". Der Bericht selbst antwortet, der Heilige Geist müsse das Christusereignis als Heilsgeschehen erweisen und fragt, „wie sich die Macht des Heiligen Geistes als Kriterium konkret ausweisen läßt". Es bedürfe hierzu „offenbar sekundärer Kriterien"[201], wobei „weder das Prinzip sola scriptura noch der formale Verweis auf die Verbindlichkeit des Lehramtes" genügen könnten.[202] Von einer Relativierung der Unfehlbarkeitslehre ohne Verzicht auf verbindliche Lehre ist neuerdings auch in dem Dokument „Communio Sanctorum" die Rede[203]: Dort liest man, die katholische Seite sei der Hoffnung, „daß die päpstliche Unfehlbarkeit lediglich in der absoluten Treue zum apostolischen Glauben (Heilige Schrift) ausgeübt werden

---

[199] Zu den Zusammenhängen zwischen Unfehlbarkeit und den innerkirchlichen und innervatikanischen Machtspielen vgl. G. Zizola, Der Nachfolger, Düsseldorf 1996, 321-326.

[200] In: Dokumente wachsender Übereinstimmung, hg. von H. Mayer u. a., Bd. 1, Paderborn und Frankfurt/M. 1983, 248-271.

[201] AaO., 253.

[202] Ebd.

[203] Bilaterale Arbeitsgruppe der Deutschen Bischofskonferenz und der Kirchenleitung der VELKD, Communio Sanctorum. Die Kirche als Gemeinschaft der Heiligen, Paderborn und Frankfurt/M., 2000.

kann, dergestalt, daß ein Papst, der diese Treue nicht wahrt, eo ipso seines Amtes verlustig ginge". In diesem Zusammenhang wird an die Lehre vom „papa haereticus" erinnert.[204] Beide Partner „würden es begrüßen, wenn es zu einer offiziellen Interpretation in dieser Richtung kommen könnte".[205] Dies wäre sicher ein großer Schritt. Wahr ist aber, daß ohne grundsätzliche Revisionen an der gültigen römisch-katholischen Ekklesiologie keinesfalls an der Unfehlbarkeitslehre festgehalten und zugleich die Möglichkeit eines häretischen Papstes konzediert werden kann, denn einerseits ist auch eine noch so erdrückende Mehrheit kein Wahrheitsbeweis und andererseits kann ja keine Instanz angegeben werden, die gegen einen „ex cathedra" lehrenden Papst unter Häresieverdacht vorgehen könnte.[206]

8. In der ökumenischen Diskussion hat sich schon seit geraumer Zeit der Begriff „Verbindlichkeit" etabliert.[207] Damit ist richtigerweise gesagt, daß christliches Zeugnis auf verbindliche Zustimmung aus sein muß – wie es sich ja mit dem Evangelium ohnehin verhält.[208] Indes ist „Verbindlichkeit" kein Ersatz für Unfehlbarkeit, denn ihr eignet keine im vor-

---

[204] So heißt es rückblickend auf das hohe Mittelalter: „Obwohl man auf der einen Seite von der absoluten Stellung des Papstes überzeugt ist ... rechnet man durchaus damit, daß er zum Schismatiker oder Häretiker werden könnte. Das aber vermag nicht mehr er selbst, sondern nur die übrige Kirche festzustellen. " Bezüglich Vatikanum I liest man dagegen, es sei die Absicht des Konzils gewesen, den Papst „für den Konfliktfall als Letztinstanz für das Bleiben der Kirche in der Wahrheit herauszustellen ..." (87).

[205] AaO., 98.

[206] Vgl. aber P. Neuner, Ekklesiologie, in: W. Beinert (Hg.), Glaubenszugänge, Paderborn 1995, 569, der die Möglichkeit des häretischen Papstes als Teil der Interpretation des Unfehlbarkeitsdogmas betrachtet: „Die Tatsache, daß die Kirche keine Instanz kennt, die dies verbindlich erklären könnte, spricht nicht gegen diese These. Wenn sich der Papst durch Häresie aus der Kirche ausschließen würde, wäre eine Situation eingetreten analog zum Tod des Papstes" (aaO., Anm. 396) – Es geht aber nicht um die physische Anwesenheit des Papstes in der Kirche, sondern um die Wahrheit der kirchlichen Lehre.

[207] Vgl. dazu: Verbindliches Lehren der Kirche heute, Frankfurt/M. 1978 (= Beiheft ÖR 33).

[208] Vgl.: Was gilt in der Kirche? Votum des theologischen Ausschusses der Arnoldshainer Konferenz, Neukirchen-Vluyn 1985, 23; Wie lehrt die Kirche heute verbindlich, Werkstattbericht des Bundes der Evangelischen Kirchen in der DDR, Berlin (Ost) 1980.

hinein gegebene institutionalisierte „Wahrheitsgewißheit". Zugleich ist es gefährlich, den Anspruch der Verbindlichkeit ohne Wahrheitsgewißheit zu erheben. Dennoch muß um des glaubwürdigen Zeugnisses der einen Christenheit willen festgehalten werden: Daß die Verbindlichkeit ihrer Verkündigung und die Wahrheit, die Jesus Christus ist, zusammenkommen, kann die Kirche nicht a priori sicherstellen, nicht durch die Proklamation einer unfehlbaren Instanz, nicht durch moralische Forderungen an die Träger des Lehramtes, nicht durch den Verweis auf ein vom Hl. Geist Buchstabe für Buchstabe geschriebenes Buch, aber auch nicht durch die Übertragung des Lehramtes an die Theologen oder durch die Ersetzung des Lehramtes durch institutionalisierte Diskurse. Ihre Verkündigung bleibt ein Wagnis und muß dennoch nicht unverbindlich sein[209], denn sie geschieht auf die Verheißung hin, daß der Heilige Geist „die Christuswahrheit als Heilswahrheit" erweist.[210]

Die Lehre von der kirchlichen Unfehlbarkeit führt dagegen zu mehr Verwirrung als Klarheit. Sie aufzugeben bedeutete deshalb nicht, daß die Kirche nicht mehr der Verkündigung des Evangeliums dienen könnte. Sie tut dies, indem sie immer neu versucht, auf die Heilige Schrift zu hören und ihr ihre Stimme zu leihen, indem sie das Zeugnis der Väter und Mütter im Glauben bewahrt und weitergibt und zu lebensverändernden Erfahrungen in der Nachfolge Jesu ermutigt. Sie tut dies, indem sie Dialoge unter den Christinnen und Christen ermöglicht und begleitet und um Aufmerksamkeit für die Einsichten der Nichtchristen bemüht bleibt. So erweist sie sich als Dienerin des „ewigen Hirten und Bischofs unserer Seelen".[211]

---

[209] Gerade die sehr wirkungsvolle, nicht unfehlbare Verkündigung des Vatikanum II läßt ahnen, wie wichtig in diesem Prozeß demütiges Hören auf die Überlieferung, die Aufmerksamkeit für den Einwand, Geduld und der Mut, Neues zuzulassen sind.

[210] Vgl. hierzu das Modell eines Zusammenspiels verschiedener Kriterien zur Gewährleistung des Bleibens der Kirche in der Wahrheit bei U. Kühn, Wie bleibt die Kirche in der Wahrheit, in: Conc 17 (1981), 630-633. Auch Kühn betont als entscheidende Differenz zum katholischen Modell, die Unverirrlichkeit der Kirche sei „an keiner kirchlichen Institution definitiv festzumachen" (632).

[211] 1. Petr. 2,25 und DH 3050.

Das Papstamt und der Ablaß

Von der Renaissance des Mittelalters[1]

Ferdinand Barth

Als Papst Johannes Paul II. dazu aufrief, das Jahr 2000 als „Heiliges Jahr" zu feiern, erinnerte er daran, daß die römisch-katholische Kirche an der Lehre und Praxis der Ablässe festhält. „Die Tradition des Jubeljahres ist daran gebunden, in weit größerem Maße als in anderen Jahren Ablässe zu gewähren." So hatte es der Papst schon 1995 in seiner Enzyklika „Tertio millennium adveniente"[2] angekündigt und damit sogleich einen wesentlichen Punkt der Lehre vom Ablaß ins Bewußtsein gehoben: Der römische Pontifex beansprucht die Vollmacht, zu bestimmten Zeiten und an bestimmten Orten äußeren Zeichen der Frömmigkeit und der kirchlichen Gesinnung eine höhere Bedeutung und eine weiterreichende Wirkung zuzuordnen als ihnen üblicherweise zukommt. Einen Ablaß gewähren heißt ja folgendes: Unter vom Papst festgesetzten Bedingungen wird dem frommen Verhalten des Menschen – zu der ohnehin damit verbundenen heilsamen Wirkung – eine zusätzliche, durch die Kirche vermittelte heilstiftende und die Folgen der Sünde vermindernde Kraft verliehen, deren Auswirkungen auch auf andere Menschen und sogar auf Verstorbene übertragbar ist. Diese bei jedem Ablaß gegebene Steigerung der heilsamen Folgen eines kirchlicherseits erwünschten bzw. vorgeschriebenen menschlichen Verhaltens wird in einem „Heiligen Jahr" an den dafür ausgewählten Orten „in weit höherem Maße" erreichbar. Wer sich diesem System anvertraut, dem wird also bei gleichem Aufwand im „Heiligen Jahr" ein wesentlich höherer „Ertrag" in Aussicht gestellt als zu anderen Zeiten und er verdankt diese zusätzliche Vergünstigung alleine der Anordnung des Papstes.

---

[1] Überarbeitete und erweiterte Fassung des Aufsatzes: Materialien zu Entstehung und Bedeutung der Ablässe, in: MdKI 18 (1967) 47-54.

[2] AAS 87 (1995) 5-41, deutsch auszugsweise in: MdKI 46 (1995) 19; Zitat: Nr. 14.

Alles, was mit dem Ablaß zusammenhängt, ist unmittelbar dem Papstamt unterstellt. Daher führt die Beschäftigung mit diesem Problemkreis immer wieder zu der Frage nach der Rolle und der Vollmacht, die dem Papstamt in der Theorie und Praxis der Ablässe zugeschrieben werden. Welche Funktionen haben sie für eine römisch verstandene Katholizität? Sind Ablässe ein wesentliches und daher unverzichtbares Element der zentralistischen römischen Kirchenstruktur? Verdanken sie ihre Entstehung, ihre Entwicklung und ihren dauerhaften Fortbestand mehr dem Zweck, den sie erfüllen, als den theologischen Begründungen, die sie stützen sollen?

Durch die demonstrative Hervorhebung der Ablaßpraxis im „Heiligen Jahr“ sind solche Fragen unvermutet im ökumenischen Dialog aufgetaucht. „Mit dem alten Ablaß in das neue Jahrtausend“[3] gehen zu müssen, ist dadurch zu einer Pflichtübung geworden, der sich niemand entziehen kann, der am Gespräch mit der römisch-katholischen Kirche interessiert ist. Davor hat uns auch die Unterzeichnung der „Gemeinsamen Erklärung zur Rechtfertigungslehre“ nicht bewahren können.

Vor dem Hintergrund der Reformationsgeschichte ist kaum eine andere römisch-katholische Eigentümlichkeit so sehr Gegenstand konfessioneller Polemiken gewesen wie Lehre und Praxis der Ablässe. In einer weit verbreiteten römisch-katholischen Dogmatik ist zu lesen: „Die gegnerischen Auffassungen vom Wesen des Ablasses beruhen teils auf Unwissenheit und Entstellung, teils auf Verleumdung und Bosheit.“[4] Ein solches Urteil nötigt dazu, Gedanken über den Ablaß in den Rahmen einer möglichst umfassenden Betrachtung seiner historischen Entwicklung zu stellen.

A. Die geschichtliche Entwicklung

Das Konzil von Trient hat in seinem Dekret über die Ablässe vom 4. Dezember 1563 festgestellt, daß „der Kirche von Christus die Vollmacht zugestanden wurde, Ablässe zu ge-

[3] So der Titel des Beitrags von Jörg Haustein in MdKI 50 (1999) 8 f.

[4] Pohle-Gummersbach, Lehrbuch der Dogmatik III. Bd. Paderborn 1960, 502.

währen, und jene diese ihr von Gott übertragene Vollmacht auch in ältesten Zeiten gebrauchte".[5] Demgegenüber kommt der Historiker zu dem Ergebnis: „Generelle, außerhalb des Bußsakramentes erteilte Ablässe lassen sich erst im 11. Jahrhundert nachweisen."[6] Deshalb „muß man sich hüten, schon in den Bußerlassen der ersten christlichen Jahrhunderte den heutigen Ablaß mit allen seinen «konstitutiven Elementen» finden zu wollen."[7] Auch wenn die durch diese unterschiedliche Betrachtungsweise aufbrechenden Fragen vorerst offen bleiben mögen, ergibt sich für die Betrachtung der Geschichte der Ablässe eine deutliche Zäsur im 11. Jahrhundert und damit die Notwendigkeit, zwischen Vorformen und dem, was bis heute als Ablaß bezeichnet wird, zu unterscheiden.

1. Voraussetzungen und Vorformen

Als sich in der frühen Christenheit das herausbildete, was wir bis heute als das Sakrament der Buße kennen, wurden drei Elemente für diesen Prozeß der Wiederversöhnung eines Sünders mit der Gemeinde als konstitutiv definiert: das mündliche Bekenntnis (confessio oris), die Herzensreue (contritio cordis) und die Wiedergutmachung durch entsprechendes Handeln (satisfactio operum). Für die satisfactio wurde nach reumütigem Bekenntnis eine jeweils angemessene Zeitspanne festgesetzt. Solange hatte der Sünder bestimmte Auflagen zu erfüllen und war von der Abendmahlsgemeinschaft ausgeschlossen (exkommuniziert). Erst wenn alle drei Bedingungen erfüllt waren, einschließlich der praktischen Wiedergutmachung, erfolgte die Lossprechung, die Absolution, und damit die Wiederaufnahme in die Gemeinschaft, die Rekonziliation. Im Laufe der Jahrhunderte, in denen die Kirche die gesamte Gesellschaft umfaßte, erwies sich eine solche rigorose, öffentliche Bußpraxis mehr und mehr als undurchführbar. Die satisfactio operum mußte aus dem sakramentalen Prozeß der Buße

---

[5] DH. 1835.
[6] Nikolaus Paulus: Geschichte des Ablasses im Mittelalter, 2. Auflage (um eine Einleitung und eine Bibliographie von Thomas Lentes erweitert), Darmstadt 2000, 3 Bände; I, 23.
[7] Ebd. I, 1.

ausgegliedert werden. Die Absolution erfolgt seitdem unmittelbar aufgrund von Reue und Bekenntnis, die Wiedergutmachung wird zu einer Aufgabe, die das Gemeindeglied nach der Absolution zu erfüllen hat, zu der es aus Dankbarkeit für die ohne seine Leistung ihm geschenkte Gnade der Sündenvergebung motiviert und befähigt wird. Man kann es als den Ansatz zu einer konkreten Seelsorge verstehen, wenn die Kirche die Satisfaktion in der Weise zu begleiten und zu regeln versuchte, daß sie lehrte, zwischen der Sündenschuld, die in der Absolution vergeben wird, und der Sündenstrafe, die erst durch entsprechendes satisfaktorisches Handeln „abgebüßt" werde, zu unterscheiden. Die theologische Begründung dieser aus Gründen der praktischen Seelsorge verständlichen Unterscheidung erweist sich aber bis heute als höchst umstritten und problematisch. Aus dieser Unterscheidung entstanden die Lehre vom Ablaß und die vom Fegefeuer. Der Ablaß stellt sich dar als ein Angebot der Kirche, als Institution bei den erforderlichen Satisfaktionsleistungen behilflich zu sein. Die Lehre vom Fegefeuer entsteht als die Vorstellung, daß es nach dem Tod einen Reinigungsort, das Purgatorium, gäbe, an dem der durch die Absolution mit Gott versöhnte Christ von den bis zum Tode noch nicht getilgten „Sündenstrafen" befreit werde. Aus der Verbindung beider Theorien entstand die Lehre, daß die Kirche mit dem Ablaß auch den Seelen im Fegefeuer die Reinigung von den Sündenstrafen erleichtern könne. Die mittelalterliche Frömmigkeit ist nicht von der Höllenangst, sondern von der Angst vor dem Fegefeuer bestimmt. Dadurch eröffnete sich der Kirche als Institution und vor allem dem Papsttum, das die Zuständigkeit für alle Ablaßfragen beansprucht, ein weites Feld des Einflusses und der Steuerung vor allem durch die Möglichkeit, die individuelle Frömmigkeit an die römische Zentralgewalt zu binden.

Schon zu den Zeiten, in denen die Absolution erst nach der Satisfaktion erfolgte, regt sich das Bestreben, die oft sehr lange, demütigende Bußzeit abzukürzen. Im 2. und 3. Jahrhundert traute man es der Fürsprache der in hohem Ansehen stehenden Märtyrer zu, einen solchen Straferlaß bei Gott zu erwirken. So entstanden die „libelli pacis", die Friedensbriefe, in denen sich Märtyrer noch vor ihrem Tod gegenüber einem Büßenden verpflichteten, im Himmel für ihn einzutreten. Auf Grund eines solchen Briefes wurde die weitere Strafe erlassen.

Tertullian bekämpfte als Montanist diese Praxis mit der Bemerkung, es solle dem Märtyrer doch genügen, die eigenen Sünden getilgt zu haben, und stellt die bis heute noch nicht überholte, entscheidende Frage: „Quis alienam mortem solvit, nisi solus filius Dei?"[8]

Eine weitere Voraussetzung für die Entstehung der Ablässe ist mit dem Aufkommen der Bußbücher im germanisch-keltischen Raum gegeben. Diese „Poenitentialien" bieten einen kasuistischen Katalog von Strafen, die jeweils für ein bestimmtes Vergehen zu verhängen sind. Daraus ergibt sich die Möglichkeit, zwischen verschiedenen Bußformen zu wählen und statt einer leichten, sich lange hinziehenden Strafe eine harte, dafür aber kurze einzutauschen (Kommutation). Der nächste Schritt führt zu Erleichterungen (Redemptionen): Harte Bußleistungen werden durch leichtere wie Almosengeben und Gebet ersetzt, wogegen – freilich erfolglos – die Synode von Cloveshove (747) ankämpft.[9] So lassen sich eine Fülle von Variationen belegen, in denen Priester, Bischöfe und Päpste Straferleichterung oder -nachlaß gewähren im Vertrauen auf ihre amtliche Fürbitte. Das alles sind aber lediglich Vorformen des Ablasses. „Ein Ablaß liegt erst vor, wenn der kirchliche Obere die volle Buße oder einen bestimmten Teil derselben erläßt in der Voraussetzung, daß Gott diesen Gnadenerlaß anerkennt und auf die entsprechende Sündenstrafe verzichtet."[10] „Das grundsätzlich Neue beim Ablaß gegenüber den bisher üblichen Absolutionen liegt darin, daß die jenseitige Wirkung der Absolution für den Erlaß der Sündenstrafen bei Gott auf die irdisch-kirchliche Buße angerechnet wird. Die Absolution, ehedem wesentlich Gebet, wurde zu einem formellen Erlaß einer festbestimmten kirchlichen Bußstrafe und damit zu einem jurisdiktionellen Akt."[11]

Die ersten Ablässe in diesem Sinn finden sich in der ersten Hälfte des 11. Jahrhunderts in Südfrankreich. Es sind – um die spätere Terminologie zu gebrauchen – unvollkommene

---

[8] Sinngemäß, wenn auch sehr frei übersetzt heißt das: „Wer befreit einen anderen vom Tode, außer allein der Sohn Gottes?" De pudicitia n. 22.
[9] Vgl. Michael Schmaus, Katholische Dogmatik IV, 1, 1952, 543.
[10] Bernhard Poschmann, Der Ablaß im Lichte der Bußgeschichte, Bonn 1948, 43.
[11] Ebd. 45.

Ablässe, erteilt für den Beitritt zu einer Bruderschaft, der finanziellen Unterstützung eines Kirchbaus oder auch nur für einen Kirchenbesuch. Ein Franzose auf dem Papstthron bringt dem Ablaß die erste große Popularität: Urban II. verkündet auf der Synode von Clermont 1095 den ersten Kreuzzugsablaß. Es ist ein vollkommener Ablaß. Wer Jerusalem befreien hilft, dem wird dies „als volle Buße angerechnet“ und verschafft ihm „Vergebung aller Sünden“.[12] Dieser noch völlig unreflektierte Sprachgebrauch wie er sich nicht nur bei Urban II., sondern auch noch in den folgenden Jahrhunderten findet,[13] weist auf eine für die Ablaßgeschichte typische Erscheinung hin: Volksfrömmigkeit und kirchliche Lehre bestimmen die Entwicklung. Erst spät versuchen Theologen, die vorgegebene Praxis systematisch zu erfassen und begrifflich zu klären.

2. Theologische Klärung

Die erste theologische Erörterung, die dem Ablaß zuteil wird, ist „ein ebenso entschiedener wie temperamentvoller Protest gegen das neue Verfahren“.[14] Abälard verurteilt in seiner Ethik[15] den Ablaß als üblen Mißbrauch in der Bußpraxis, als einen „um schnöden Geldgewinnes verübten Verrat an der heiligen Strenge des Bußgesetzes“.[16] Der Ablaß wird von Anfang an durch ein zweifelhaftes Finanzgebaren der kirchlichen Amtsträger korrumpiert, die – so entrüstet sich Abälard – weniger aus Unkenntnis denn aus schlimmster Habgier unter dem Schein der Liebe ihre Untergebenen täuschten, indem sie

---

[12] „pro omni paenitentia reputetur“, „pro remissione omnium peccatorum“. Mansi XX, 816; MSL 151, 483, zit. bei Th. Brieger, Artikel „Indulgenzen“, RE 3. Aufl., IX. Bd., Leipzig 1901, 79.

[13] Gegen J. H. Schoofs, Die Lehre vom kirchlichen Ablasse, Münster 1857, 51, belegt Hinschius mit Zitaten Urbans II., des II. Laterankonzils (1123), Eugens III. (1145), Gregors VIII. (1187) und Cölestins III. (1195), daß bei diesen Ablässen „vom Erlaß der Sünde die Rede (ist), nicht aber wie die heutige katholische Kirche lehrt, von den vor Gott schuldigen, zeitlichen und natürlichen (nicht kirchlichen Rechts-) Strafen“. Hinschius, Kirchenrecht V, 153 ff., spez. 155 f.

[14] Poschmann 69, vgl. zum folgenden ebd. 63-68.

[15] Zwischen 1125 und 1138 verfaßt, auch als „Scito te ipsum“ bekannt. Vgl. Ethica 25, PL 178, 672 f.

[16] Poschmann, 66.

ihnen für Geld die auferlegten Strafen ermäßigten. Nicht nur Priester, auch Bischöfe zeigten sich schamlos dieser Habsucht verfallen. Dabei brüsteten sie sich mit der Gewalt, die sie angeblich gemäß Joh. 20, 23 in Petrus oder in den Aposteln empfangen hätten. Wenn, wie sie behaupteten, der Himmel wirklich in ihre Hände gegeben sei – so fügt Abälard hinzu –, dann sei es unverantwortlich von ihnen, daß sie nicht alle ihre Untergebenen von allen Sünden lossprächen und ihnen den Himmel öffneten.[17]

Während auch noch der Ende des 12. Jahrhunderts in Paris lehrende Petrus von Portiers dem Ablaß keinerlei jenseitige Wirkungen beimißt (allerhöchstens die, daß der hier damit Beschenkte im Jenseits um so schlimmer büßen muß), findet sich die erste positive theologische Würdigung des Ablasses bei seinem Zeitgenossen und Kollegen an der Pariser Domschule, Petrus Cantor († 1197). Aber auch er weiß gegenüber den vielfältigen Bedenken, die er durchaus anerkennt, nichts anderes ins Feld zu führen als die Autorität der Kirche, die nun einmal diese Gewohnheit entwickelt hat.[18]

Die erste große Umbildung in der Geschichte des Ablasses wird von dem Kanonisten Huguccio († 1210) eingeleitet.[19] Er trifft die Unterscheidung zwischen der ewigen Höllenstrafe und der zeitlichen Sündenstrafe dahingehend, daß beide in der Praxis eine total andere Behandlung erforderlich machen.

Nachdem sich die Lehre von den Sakramenten konsolidiert hat (Hugo von St. Victor [† 1141] zählte noch 30 Sakramente, seit Petrus Lombardus [† 1160] wird die Siebenzahl üblich), erfolgt eine Art Rollenverteilung zwischen Bußsakrament und außersakramentalem Ablaß: Das Sakrament löst von den ewigen, der Ablaß tilgt – mehr oder weniger – die zeitlichen Strafen. Bemerkenswert ist dabei, daß das Bußsakrament nicht die Fähigkeit hat, die völlige Versöhnung des Sünders mit Gott zu erwirken, denn bei der bis heute im Katholizismus festgehal-

---

[17] Abälard wurde u. a. wegen seiner Leugnung der bischöflichen Schlüsselgewalt auf Betreiben Bernhards von Clairvaux' von der Synode zu Sens 1140 als Häretiker verurteilt, vgl. Mansi XXI, 568 ff.; Denzinger-Hünermann, Enchiridion symbolorum, 37. Aufl., Freiburg im Breisgau u. a. 1991 (DH) 721-739, spez. 732.

[18] Vgl. Poschmann, 71.

[19] Ebd., 75.

tenen Unterscheidung der Sündenfolgen einerseits nach der Schuld (reatus culpae) und andererseits nach der Strafe (reatus poenae) sind mit den außersakramental abzubüßenden zeitlichen Sündenstrafen nicht nur die juristischen und sozialen Folgen eines Vergehens gemeint, die natürlicherweise jeder Mensch zu tragen hat. Vielmehr sind es Strafen coram Deo, die Gott selbst verhängt hat – wie Michael Schmaus meint „an Stelle der verwirkten ewigen Strafe", die Gott im Bußsakrament erläßt.[20]

Um 1215 stellt die herrschende Ablaßpraxis den Pariser Theologen Wilhelm von Auxerre († 1231 oder 1237) noch vor die Frage, wie denn das Mißverhältnis zwischen dem von der Kirche verheißenen großen Straferlaß und dem geforderten relativ kleinen Ablaßwerk ausgeglichen werden könne. Er ist sich durchaus im Zweifel darüber, „ob die Kirche überhaupt in der Lage sei, für alle Ablaßempfänger, insbesondere für die zahllosen Kreuzfahrer, den entsprechenden Bußersatz zu bieten, da die Verdienste der Kirche kaum für sie selbst ausreichen dürften".[21] 1230 wird diese Frage beantwortet durch die Theorie vom „thesaurus ecclesiae", vom „Schatz der Kirche", die erstmals bei dem Dominikanergeneral Hugo von St. Cher auftaucht. Er formuliert sie so: Das Blut Christi und der Märtyrer „ist ein im Schrein der Kirche niedergelegter Schatz, dessen Schlüssel die Kirche hat. Somit kann sie nach Belieben den Schrein öffnen und von dem Schatz, wem sie will, mitteilen, indem sie Vergebungen und Ablässe gewährt. Auf diese Weise bleibt die Sünde nicht ungestraft, weil sie in Christus und seinen Märtyrern gestraft worden ist."[22] Mit dieser Theorie sind schlagartig alle Verlegenheiten behoben. Der Gedanke, die Hilfe der Märtyrer zugunsten eines Straferlasses in Anspruch zu nehmen, ist schon von den „Friedensbriefen" her alte Tradition. Neu ist, die Verdienste Christi als garantiert sicheren

---

[20] Katholische Dogmatik Bd. IV, 1, 4. Aufl. München 1952, 538. Schmaus ist hier augenscheinlich in der Nähe jener Gedanken der aus dem 11. Jahrhundert stammenden Schrift „De vera et falsa poenitentia", wonach die Beichte das „peccatum mortale" in ein „peccatum veniale" umwandelt. Näheres vgl. Poschmann, 39.

[21] Zit. bei Poschmann, 79.

[22] H. v. Susa, Summa aurea, lib. V, tit. de remissionibus 5-6, zit. bei Poschmann, 82.

Ausgleich der von der Kirche geschenkten Bußleistungen in Anspruch zu nehmen.

Nur durch diesen Werdegang ist es verständlich, warum bis zum heutigen Tage in der Lehre vom Kirchenschatz die Verdienste der Heiligen neben denen Christi ihren Platz haben. Hätte man sich von Anfang an auf die Verdienste Christi bezogen, wäre wohl niemand auf die Idee gekommen, in den Verdiensten der Heiligen eine zusätzliche Sicherung zu sehen. Bliebe noch zu fragen, ob die Berufung auf die Heiligen neben Christus nicht ein sinnloser Anachronismus ist, dem man besser nicht – wie es immer noch geschieht – besonderes theologisches Gewicht beimessen sollte.

Die Theorie vom „thesaurus ecclesiae" hat vor allem drei Folgen: a) Sie macht den Ablaß vom Bußsakrament unabhängig. Er wird zu einer eigenständigen Größe. b) Da es mit der relativ gering eingeschätzten Vollmacht des einfachen Priesters nicht vereinbar schien, daß er das Verfügungsrecht über den „thesaurus ecclesiae" haben könne, beginnt mit dieser Theorie die Tendenz, die uneingeschränkte Ablaßgewalt allein dem Papst zuzusprechen. c) Sie wirft die Frage auf, wieso etwas, das im Rahmen des Bußsakraments nicht möglich ist, außerhalb des Sakraments möglich sein soll. Um die Mitte des 13. Jahrhunderts sind die Grundzüge der Ablaßtheologie vorhanden:

1. Konstitutiv für den Ablaß ist sein Vollzug als kirchlicher Rechtsakt, der vor Gott Geltung hat.

2. Der Ablaß vermindert oder erläßt die zeitlichen Sündenstrafen.

3. Die im Ablaß geschenkten Strafen werden durch die im „thesaurus ecclesiae" verfügbaren Verdienste Christi und der Heiligen getilgt.

In dieser Form wird die Ablaßlehre von Alexander von Hales, Bonaventura und Thomas von Aquin aufgenommen und in den Zusammenhang der kirchlichen Lehre eingegliedert. Mit der theologischen Klärung und Eingrenzung durch die führenden Köpfe der Zeit war aber die allgemeine Lehre und Praxis des Ablasses noch lange nicht von Vergröberungen und Mißverständnissen frei. „Denn mochte die Theologie sich noch so vorsichtig über ihn äußern, so unterliegt es doch nicht dem mindesten Zweifel, daß das Volk in ihm einfach Vergebung der Sünden sah. Das tat nicht nur die törichte Menge, sondern es geschah auch von solchen, die man zu den religiös

Angeregten und Einsichtigen zählen muß. Der Grund lag in der Art und Weise, wie diejenigen, die im Namen der Kirche das Wort führten, die Bedeutung des Ablasses zu erhöhen bemüht waren. [...] Berthold (von Regensburg, gest. 1272) ist voller Klagen über das unwürdige Treiben der Pfennigprediger, dieser allerliebsten Knechte des Teufels. [...] Die Sache war um so bedenklicher, je leichter es aller Orten war, Ablaß zu erlangen. Die Ablaßbriefe im späteren dreizehnten, und im vierzehnten Jahrhundert zählen nicht mehr nach Hunderten, sondern nach Tausenden. Das Wort, daß der Ablaßgebrauch in dieser Zeit ein fortgesetzter Mißbrauch war,[23] ist streng, aber es ist wahr."[24]

Ablaßbriefe (litterae indulgentiales oder confessionalia) konnte man durch einfache Zahlung einer Geldsumme erwerben und hatte damit das Recht, sich durch einen beliebigen Beichtvater einmal im Leben und wiederum in der Todesstunde nach ordnungsgemäßer Beichte von allen Sünden (einschließlich fast aller päpstlicher Reservatfälle) lossprechen und einen vollkommenen Ablaß erteilen zu lassen. Die Kreuzzüge hatten die Ablässe in der Christenheit bekannt gemacht. Auch als man nicht mehr ins Heilige Land zog, wurde für die Teilnahme an kriegerischen Unternehmungen, sei es gegen Sarazenen oder Türken, Albingenser, Waldenser oder Hussiten mit Ablässen geworben. Weitere große Popularität erlangte der Ablaßgedanke durch die Jubiläumsablässe. Einen solchen bot zuerst Bonifaz VIII. zu Beginn des 14. Jahrhunderts an. Wer im Jahr 1300 15 mal (als Römer 30 mal) die Kirchen Petri und Pauli besuchte, erlangte einen vollkommenen Ablaß: „Wir werden gewähren und Wir gewähren [...] nicht nur volle und reichliche, sondern sogar vollste Vergebung aller ihrer Sünden" („non solum plenam et largiorem, immo plenissimam omnium suorum concedemus et concedimus veniam pecca-

[23] Gottlob, Kreuzablaß und Almosenablaß, 270.

[24] A. Hauck, Kirchengeschichte Deutschlands, V, 1, 9. Aufl., Berlin 1958, 3671.

torum").[25] Der große Pilgerstrom, der sich über Rom ergoß, festigt ebenso die Wirtschaftskraft der Stadt wie das Machtbewußtsein des Papstes.[26] Obwohl Bonifaz VIII. nur daran dachte, daß alle 100 Jahre ein solcher Ablaß erteilt werden sollte, haben seine Nachfolger diese Zeitspanne immer weiter verkürzt. So wurden 1350, 1390, 1423, 1450 und von da an jedes 25. Jahr, aber auch z. B. 1983 – zum Gedenken an die Auferstehung vor 1950 Jahren – als Jubiläen gefeiert, ebenso wurden bei besonderen Ereignissen, wegen allgemeiner Bedrängnisse der Kirche (z. B. 1846, 1850, 1854, 1857, 1864, 1869, 1871, 1875, 1881, 1886) und bei Konzilien, zuletzt nach Abschluß des II. Vatikanums,[27] außerordentliche Jubiläen verkündet.

Das Jubiläum von 1350 war der erste Anlaß für eine päpstliche Lehräußerung über den Ablaß: „Der einziggeborene Sohn Gottes […] hat bekanntlich, auf dem Altar des Kreuzes unschuldig geopfert, nicht nur einen Tropfen Blut – der […] für die Erlösung des ganzen Menschengeschlechtes genügt hätte –, sondern in reichem Maße gleichsam einen Strom vergossen. […] Einen solch großen Schatz hat er also deshalb für die streitende Kirche erworben […] Diesen Schatz nun […] hat er zur heilsamen Austeilung an die Gläubigen durch den seligen Petrus, den Schlüsselträger des Himmels, und dessen Nachfolger, seine Stellvertreter auf Erden, hinterlassen und zur barmherzigen Zuweisung für alle, die wahrhaft Reue empfinden und gebeichtet haben, aus gerechten und vernünftigen Gründen, bald für einen vollständigen, bald für einen teilweisen Nachlaß der für die Sünden geschuldeten zeitlichen Strafen beauftragt, (remissio poenae temporalis pro peccatis debi-

---

[25] DH. 868; vgl. Nikolaus Paulus: Geschichte des Ablasses im Mittelalter, 2. Aufl. Darmstadt 2000, II, 79 ff.; Paul Gerhard Schmidt: Das römische Jubeljahr 1300 – Mit einer Übersetzung von Jacobo Gaetani Stefaneschis De anno iubileo, Stuttgart 2000, Sitzungsberichte der Wissenschaftlichen Gesellschaft an der Johann Wolfgang Goethe-Universität Frankfurt am Main, Band XXXVIII, Nr. 4. und J. Miethke: Das „Jubeljahr" Bonifaz' VIII.: Päpstlicher Anspruch auf Weltgeltung, in: L. Gall (Hg.): Das Jahrtausend im Spiegel der Jahrhundertwenden, Berlin 1999.

[26] Vgl. Leclerc, Vienne, Mainz 1965, 9.

[27] Vgl. MdKI 17 (1966), 12 f. u. 51 f.

[28] Clemens Vl. Jubiläumsbulle „Unigenitus Dei Filius" 1343; DH. 1025-1027.

tae) […] Zum Übermaß dieses Schatzes leisten nun bekanntlich die Verdienste der seligen Gottesgebärerin und aller Erwählten vom ersten Gerechten bis zum letzten einen Beitrag; um sein Aufbrauchen bzw. seine Verminderung ist nicht im geringsten zu fürchten […]"[28]

Im Laufe eines Jahrhunderts war aus der Theorie der Theologen päpstliche Lehre geworden. Allerdings weist Nikolaus Paulus nach, „daß man im Mittelalter die Äußerung des Papstes Klemens VI. nicht als eine bindende Lehrentscheidung betrachtet hat".[29] Insofern war Martin Luther wie zahlreiche Theologen seiner Zeit frei, sich speziell gegen die Lehre vom Kirchenschatz auszusprechen. Das wurde erst mit der Ablaßdekretale Leos X. vom 9. November 1518 anders, „die sicher als lehramtliche Kundgebung zu gelten hat".[30]

3. Dogmatische Festigung

Der Augustinismus wehrte sich am entschiedensten dagegen, daß der Sinn der Buße durch die Ablässe untergraben wurde. Theologen, die von Augustin beeinflußt waren, versuchten – zumindest als Voraussetzungen der Ablaßgewinnung –, die aufrichtige Reue und Beichte zu betonen, oder aber sie verwarfen die Ablässe als unbiblische Neuerung. In Abwehr dieser Angriffe wurde die Ablaßlehre dogmatisch festgelegt.

Das Konzil von Konstanz (1414-1418) verurteilte unter den Irrtümern Wyclifs (1320-1384) den Satz: „Es ist albern, den Ablässen des Papstes und der Bischöfe zu glauben",[31] und Papst Martin V. ließ jedem, der als Wyclifit oder Hussit verdächtigt wurde, die Frage vorlegen: „ob er glaube, daß der Papst allen Christen, die wahrhaft Reue erweckt und gebeichtet haben […], Ablässe zur Vergebung der Sünden (indulgentias in remissionem peccatorum) gewähren könne […]".[32]

---

[29] Nikolaus Paulus: Geschichte des Ablasses im Mittelalter, aaO., II, 157.
[30] Ebd.
[31] Sessio VIII vom 4. 5. 1415, Satz 42; DH. 1192.
[32] Bulle „Inter cunctas" vom 22. 2. 1418, Frage 26.; DH. 1266; vgl. auch Fragen 27 u. 28.

Neben Wyclif und Hus sind in diesem Zusammenhang die Ablaßgegner Johann Ruchrat von Wesel (1400-1479) und Wessel Gansfort (1419-1489) zu stellen. Beide lehrten, daß die sogenannten zeitlichen Sündenstrafen nicht tilgbar seien, falls überhaupt – wie Wessel weitergehend fragt – nach Gottes liebender Vergebung dem Menschen noch etwas an Strafen verbliebe. Wenn Papst Sixtus IV. (1471-1484) unter den Irrtümern des Petrus von Osma 1479 den Satz verurteilte: „Der römische Pontifex kann nicht die Strafe des Reinigungsortes nachlassen,“[33] dann ist dies die Konsequenz der Entwicklung, die im folgenden darzustellen ist.

Seine letzte und in mancher Hinsicht folgenreichste vorreformatorische Entwicklungsstufe erreichte der Ablaß in dem System des Kardinals Raimundus Peraudi (1435-1505), das mit dem Ablaß für die Domkirche von Saintes in Südwestfrankreich begann, den Papst Sixtus IV. mit der Bulle „Salvator noster“ am 4. August 1476 ausschrieb.[34] Mit dieser Bulle wurde denen, die „pro reparatione“ der Kirche zu Saintes entsprechende Geldleistungen erbrachten, im Stil eines römischen Jubiläumsablasses („ad instar iubileo“) vierfache Gnaden angeboten: 1. vollkommene Befreiung von Sündenstrafen auch bei extremen Vergehen, 2. Ablaßbriefe, die „totie quoties“, also immer wieder das Recht auf einen Generalablaß einräumten, 3. Ablaß für Verstorbene im Fegefeuer und 4. Teilhabe an der Fürbitte der ganzen Kirche. Damit entstand ein „enormes, ein gewissermaßen perfektes Programm der religiösen Zukunftssicherung […], das geeignet sein konnte, die sonst von der Kirche angebotenen Heilswege belanglos, ja überflüssig erscheinen zu lassen“.[35]

---

[33] Bulle „Licet ea quae de nostro mandato“ vom 9 .8. 1479, n. 6; DH. 1416.

[34] Bulle „Salvator noster“ v. 3. 8. 1476; DH. 1398.

[35] Moeller, Bernd: Die letzten Ablaßkampagnen. Der Widerspruch Luthers gegen den Ablaß in seinem geschichtlichen Zusammenhang, in: Lebenslehren und Weltentwürfe im Übergang vom Mittelalter zur Neuzeit. Politik, Bildung, Naturkunde, Theologie. Berichte über Kolloquien der Kommission zur Erforschung der Kultur des Spätmittelalters. 1983-1987, hg. v. Hartmut Boockmann, Bernd Moeller und Karl Stackmann, Göttingen 1989, 539-567; unveränderter Nachdruck in: Ders.: Die Reformation und das Mittelalter. Kirchenhistorische Aufsätze, hg. v. Johannes Schilling, Göttingen 1991, 53-72; Zitat 61.

Die Möglichkeit, Verstorbenen Ablässe zuzuwenden, wird schon bei Thomas von Aquin[36] erörtert und erklärt, „nicht nur mit der Fürbitte, die ja dem Risiko der Nicht-Erhörung durch Gott ausgesetzt war, sondern «per modum dispensationis» wirke der Papst auf das Fegefeuer ein".[37] Mit „Salvator noster" war die bis dahin umstrittene Frage entschieden. Die Neuigkeit dieser päpstlichen Lehre war aber immerhin so groß, daß Sixtus IV. in der Enzyklika „Romani Pontificis provida" vom 27. November 1477,[38] Mißverständnisse ausräumen mußte. Wenn der Papst den Verstorbenen die Ablässe durch Fürbitte (per modum suffragii) zuteil werden lasse, dann wirke dies nicht so „wie wenn für sie andächtige Gebete verrichtet und fromme Almosen gespendet würden", sondern sei „Hilfe und Unterstützung" (auxilium et suffragium) aus dem Schatz der allgemeinen Kirche.[39] Dies ist die Basis, von der aus Peraudi lehrt, daß „der vollkommene Ablaß, die vorgeschriebenen Bedingungen vorausgesetzt, den Verstorbenen ganz sicher und seinem ganzen Umfange nach zugute komme. Zudem lehrt er, daß man auch im Stande der Todsünde Ablässe für Verstorbene gewinnen könne. Mit aller nur möglichen Bestimmtheit erklärt er, daß zur Gewinnung *dieser* Ablässe reumütige Beichte nicht erforderlich sei; es genüge die vorgeschriebene Geldspende zu entrichten."[40]

Was mit dem Ablaß von Saintes begann, wurde in den folgenden Jahrzehnten in perfekt organisierten Ablaßkampagnen mit großem Erfolg in ganz Europa fortgesetzt, zuerst von Peraudi, dann u. a. auch von Johann Tetzel. „Das Gnadenangebot des Ablasses erscheint als so gut wie lückenlos, es gibt da gewissermaßen nur Gnade, die eine schließt sich an die andere an, ergänzt und vervollkommnet sie, selbst von der Buße ist kaum die Rede. Das unter den Menschen ausgespannte Netz ist fast unzerreißbar, und Fegefeuer und Gericht scheinen beinahe verschwunden."[41]

---

[36] Summa Theol., Suppl. qu. 71 a. 10.
[37] Bernd Moeller aaO., 60.
[38] DH. 1405-1407.
[39] DH. 1406.
[40] Nikolaus Paulus: Geschichte des Ablasses im Mittelalter, aaO., III, 326.
[41] Bernd Moeller aaO., 62. Moellers Darstellung bietet mit faszinierenden Einzelheiten ein farbiges Bild dieser Entwicklung.

4. Reformation

Die Reformation unterscheidet sich von allen früheren und späteren Reformversuchen dadurch, daß sie über Augustin hinaus auf Paulus zurückging und grundsätzlich nach dem biblischen Fundament aller kirchlichen Praxis fragte. Daher wußte sie nicht nur zu zeigen, was sich an Fehlentwicklungen in der kirchlichen Tradition ergeben hatte, sondern auch, wo die Menschen ihren Trost und ihr Heil finden können: im Glauben, daß allein Gottes Gnade den Menschen rechtfertigt. Im großen Zusammenhang betrachtet, ist es nur der Anfang eines großen Aufbruchs, wenn Luther Lehre und Praxis der Ablässe in Frage stellte, weil durch Tetzels Ablaßvertreibung die Seelsorge zerstört und durch den üblen Handel zwischen Papst, Erzbischof und einer Bank, zwischen Leo X., Albrecht von Mainz und den Fuggern, die ganze Kirche korrumpiert wurde. Daß an diesem Punkt „der reformatorische Sturm losbrach, ist im höchsten Sinn symbolhaft und Ausdruck historischer Vergeltung. Denn alle Zersetzung in der damaligen Kirche hatte ihren Hauptgrund im Fiskalismus der Kurie, die ihn gründlich mit Simonie befleckt hatte."[42]

Das mit dem Ablaß verbundene skandalöse Finanzgebaren trug zur Heftigkeit des Sturmes erheblich bei, aber Luthers Ansatz lag im theologischen Bereich. Die Ablaßkäufer waren weithin der Meinung, von allen Sünden, von Strafe und Schuld befreit zu sein. Obwohl heute noch bestritten wird, daß unter den Gläubigen tatsächlich dieses Mißverständnis je aufgekommen sei,[43] zeigen die Quellen,[44] daß die offizielle Ausdrucksweise – von den vergröbernden Werbeparolen der Prediger ganz abgesehen – kaum zu etwas anderem anleitete. Die Ablässe werden „in remissionem omnium peccatorum" oder „a poena et a culpa" verkündet. „Den höchsten Grad von Deutlichkeit erreichte dieses Institut des Ablasses von Strafe und Schuld in den kurz vor Luthers Fragen erschienenen In-

---

[42] Joseph Lortz, Die Reformation in Deutschland, I. Bd., 3. Aufl. Freiburg 1948, 199.

[43] Pohle-Gummersbach, Lehrbuch der Dogmatik, III. Bd., 9. Aufl., Paderborn 1960, 503.

[44] Belege siehe bei Brieger, RE, 3. Aufl., IX. Bd. (1901), 83 ff.

struktionen für den Ablaßvertrieb in Deutschland. [...] Daß hier plenaria omnium peccatorum remissio nicht Erlaß der Sündenstrafen ist, wird mit einer jede Möglichkeit des Zweifels ausschließenden Klarheit zum Ausdruck gebracht, indem 1. diese gratia als justificans beschrieben wird, und indem 2. der Erlaß der Fegfeuerstrafen ausdrücklich als ein besonderes Stück hervorgehoben wird. Dieser Ablaß ist *die Versöhnung mit Gott!*"[45] Eine dieser Instruktionen war die des Erzbischofs Albrecht von Mainz, auf die sich Luther in jenem Brief bezog, mit dem er ihm am 31. 10. 1517 ein Exemplar der 95 Thesen zuschickte. Auf Luthers 95 Ablaß-Thesen kann in diesem Zusammenhang nicht gebührend eingegangen werden.[46] Nur so viel sei herausgestellt:

1. Luther lehnt 1517 die Lehre vom „thesaurus ecclesiae" rundweg ab (Thesen 56-58).

2. Er sieht in den Ablässen nur Nachlaß kanonischer Strafen (Thesen 4, 20, 34) und betont, daß es sich bestimmt nicht um Erlaß aller Sünden oder der Sündenschuld handeln kann (Thesen 75 und 76; vgl. auch 10-12).

3. Den Verstorbenen im Fegfeuer (dessen Existenz Luther vorläufig nicht bestreitet) können die Ablässe nichts nützen, der Papst könnte ihnen nur durch seine Fürbitten Nachlaß erflehen – wie jeder Bischof und Priester auch (Thesen 25 ff.).

Wichtiger als Luthers Ablaßkritik ist sein Bemühen, dem Evangelium den ihm gebührenden Platz einzuräumen (These 62), und die Verkündigung: „Jeder Christ ohne Ausnahme, der wahrhaft Reue empfindet, hat völlige Vergebung von Strafe und Schuld, die ihm auch ohne Ablaßbriefe gebührt" (These 36).

---

[45] Brieger, aaO., 89 f.

[46] WA 1; 233-238; vgl. Martin Luthers 95 Thesen mit den dazugehörigen Dokumenten aus der Geschichte der Reformation, hg. v. K. Aland, Hamburg 1965; Heinrich Bornkamm, Der weltgeschichtliche Sinn der 95 Thesen, in: Luthers geistige Welt, Lüneburg 1947, 39 ff.; Ders., Thesen und Thesenanschlag Luthers. Geschehen und Bedeutung, Berlin (Töpelmann) 1967. (In dieser Schrift finden sich gründliche Auseinandersetzungen mit dem „Ablaß als theologisches Problem" und mit der Ablaßkonstitution Pauls VI. vom Januar 1967.) Lateinischer und deutscher Text bei Ingetraut Ludolphy, Die 95 Thesen Martin Luthers, Berlin, 4. Aufl. 1975.

Es ist hier nicht der Ort, auf die vieldiskutierten Fragen um die historischen Abläufe im Zusammenhang mit dem Thesenanschlag einzugehen. Dazu hat Heinrich Bornkamm mit Akribie alle Details und alle vorgebrachten Argumente gewürdigt und mit der nötigen Klarheit u. a. festgestellt: „Melanchthons Mitteilungen über das Datum (31. Oktober) und den Ort des Thesenanschlags sind aller Wahrscheinlichkeit nach richtig. [...] Die Einladung zu einer Disputation bedeutete keine Übergehung der Bischöfe und ist nicht als solche von ihnen betrachtet worden. Luther nahm damit nur seine Rechte und Pflichten als Universitätslehrer wahr.“[47]

Die rasche und weite Verbreitung der 95 Thesen hat Luther „sehr überrascht und mißfallen“.[48] Es ist für ihre Beurteilung wichtig, zu sehen, daß sie nichts anderes sein sollten als nach Universitätsbrauch zu disputierende und daher scharf zugespitzte Sätze, bei denen Luther noch davon ausging, „nicht ganz mit dem Ablaß brechen zu müssen“.[49] Sie sind keine systematische Darlegung einer Lehre vom Ablaß oder einer Bestreitung der Ablässe. Wie Luther für eine breitere Öffentlichkeit über den Ablaß redete und wie er auch in Predigten dazu Stellung nahm, davon vermittelt die kleine Schrift „Ein Sermon von dem Ablaß und von der Gnade“ vom März 1518 einen Eindruck: „Denn der Ablaß nichts anderes ist noch kann werden denn Nachlassung guter Werke und heilsamer Pein, die man billiger sollte erwählen, denn verlassen.“[50] Erst durch die heftigen Reaktionen auf die 95 Thesen ist Luther dazu gedrängt worden, die damit verbundenen Probleme theologisch zu ordnen und seine Meinung dazu genauer darzulegen. Das geschah in den „Resolutiones disputationum de indulgentiarum virtute“,[51] in denen Luther alle 95 Thesen ausführlich theologisch begründete.

---

[47] Heinrich Bornkamm, Thesen und Thesenanschlag Luthers. Geschehen und Bedeutung, Berlin 1967, 40.
[48] Ebd., 45.
[49] Ebd., 54.
[50] WA 1; 243-246; Martin Luther, Ausgewählte Werke (Münchner Lutherausgabe), 1. Band, München 1938, 111-115; Zitat 112.
[51] WA 1, 522 ff.; deutsch in: Münchner Ausgabe 1, 150-338.

An Cajetan, der im Oktober 1518 in Augsburg erfolglos versuchte, Luther zum Widerruf zu bewegen (wobei Luthers Ablehnung der Lehre vom Kirchenschatz eine große Rolle spielte), richtete der Papst am 9. 11. 1518 ein Dekret, in dem die offizielle Ablaßlehre dargestellt wird: „Der römische Pontifex [...] kann [...] jedem Christen [...] Ablässe gewähren und hat die Gewohnheit, sowohl für Lebende als auch für Verstorbene aus apostolischer Machtvollkommenheit [...] den Schatz der Verdienste Christi und der Heiligen auszuteilen, indem er sie diesen in Form der Absolution erteilt und sie jenen in Form der Fürbitte überträgt."[52] In diesem Dokument wird Luthers Name nicht genannt. Das geschieht erst 1520, als Leo X. in der Bannandrohungsbulle „Exurge Domine" 41 Sätze Luthers verdammt, darunter auch sechs über den Ablaß, z. B. „17. Die Schätze der Kirche, aus denen der Papst die Ablässe austeilt, sind nicht die Verdienste Christi und der Heiligen. – 18. Die Ablässe sind ein frommer Betrug der Gläubigen, eine Befreiung von guten Werken; sie gehören zu dem, was erlaubt, nicht zu dem, was nützlich ist. – 19. Die Ablässe nützen denen, die sie wirklich erwerben, nichts zur Befreiung von Strafen, die sie für ihre begangenen Sünden vor der göttlichen Gerechtigkeit zu tragen haben."[53]

Wie sich aus diesen Sätzen[54] schon erkennen läßt, ist Luther rasch über seine Ausgangsposition hinausgeschritten. Seine Stellungnahme gegen den Ablaß wird immer entschiedener. Hier sei nur aus der Schrift „Wider Hans Worst" von 1541 zitiert, wo er diejenigen, die sich gerne als „Altgläubige" bezeichnen, so anredet: „ [...] ich will beweisen / das jr die Newe / falsche Kirche seid / die jmer von der Alten rechten Kirchen abtrünnig/ des Teufels Hure und Schule wird. Erstliche bleibt

---

[52] Dekret „Cum postquam" vom 9. 11. 1518; DH. 1448. Dieses Dekret geht auf einen Entwurf Cajetans zurück und stimmt mit einem Aufsatz, den er am 15. Oktober 1518, unmittelbar nach Abschluß seiner Gespräche mit Luther in Augsburg verfaßt und nach Rom geschickt hatte, in vielen Passagen wörtlich überein, vgl. Nikolaus Paulus, Geschichte des Ablasses im Mittelalter, aaO., III, 76.

[53] DH. 1467 ff.

[54] Sie stammen aus verschiedenen Lutherschriften, vgl. H. Roos, Die Quellen der Bulle „Exurge Domine", in: Theologie in Geschichte und Gegenwart, Festschrift für M. Schmaus, München 1957, 909-926.

jr nicht bey der ersten alten Tauffe. Denn jr habt euch auffs newe viel andere Tauffe errichtet / vnd leret / die Erste tauffe sey durch sünde hernach verloren / man müsse gnug thun durch eigen werck. [...] Zum andern / habt jr das Ablas in alle Welt getrieben / als eine Tauffe / ja als eine Sindflut / das Sünde abwasche [...] wo stehets geschrieben? Wo findet jr in der alten Kirchen / das jr solche newe Tauffe vnd Abwaschung der Sünden müget stifften? Wer ist hie die ketzerische newe Kirche?"[55]

5. Das Konzil von Trient

Das Konzil von Trient (1545-1563) befaßte sich erst kurz vor seinem Ende mit den Ablässen. Zuerst wurde die Institution der Ablaßverkäufer, der sogenannten Quästoren, abgeschafft und damit eines der größten Übel der seitherigen Praxis beseitigt.[56] Über die Lehre von den Ablässen herrschten unter den Konzilsvätern so weitgehende Meinungsverschiedenheiten, daß sie sich nur zögernd damit befaßten. Unter Zeitdruck einigten sie sich auf das „Decretum de indulgentiis", das in der 25. Sitzung am 4. 12. 1563 erlassen wurde. Darin heißt es: „Da die Vollmacht, Ablässe zu erteilen, von Christus der Kirche gegeben worden ist und sie diese Vollmacht seit den ältesten Zeiten ausübte, so lehrt und gebietet die hochheilige Synode, daß der Gebrauch von Ablässen, der für das christliche Volk höchst segensreich ist und durch die Autorität heiliger Konzilien bestätigt wurde, in der Kirche beibehalten werden muß. Sie verdammt mit dem Bannfluch alle, die sie für unnütz erklären oder der Kirche das Recht absprechen, sie zu erteilen."[57] Damit ist als verbindlicher Glaubenssatz nur festgelegt: Die Kirche hat die Vollmacht, Ablässe zu erteilen, und sie sind segensreich! Die übrigen zur Lehre von den Ablässen gehörenden Stücke – wie ihr Bezug allein auf die ‚Sündenstrafen', ihre Austeilung auf Grund des ‚Kirchenschatzes' usw. – werden weder erwähnt noch gar definiert.

---

[55] WA 51, 487 ff.
[56] Sessio XXI, caput IX.
[57] DH. 1835.

6. Nachtridentinische Diskussionen

Die Zurückhaltung des Konzils von Trient in Bezug auf zentrale Punkte der theologischen Begründung der Ablässe ließ Raum für Diskussionen, und so kam es, daß die bedeutenden Reformbestrebungen innerhalb des Katholizismus auch die Ablaßfrage in ihre kritischen Überlegungen einbezogen haben. Der wallonische Theologe Michel Bajus (1513-1589) meinte als Augustinist, wir würden uns selbst zu Erlösern machen, wenn wir die zeitlichen Sündenstrafen abtragen wollten. Diese und weitere Lehrmeinungen des Bajus – insgesamt 76 „Irrtümer" – wurden von Pius V. (1566-1572) verurteilt.[58] Zwei Jahrhunderte später hat die febronianisch-jansenistische Synode von Pistoja (1786) die Bedeutung der Ablässe auf die Nachlassung der von der Kirche verhängten kanonischen Strafen eingeschränkt, die Lehre vom Kirchenschatz als „Spitzfindigkeit der Scholastiker"[59] völlig verworfen und folgerichtig auch die Möglichkeit, Verstorbenen Ablässe zuzuwenden.[60] Pius VI. (1775-1799) verdammte diese Lehren 1794.[61]

7. Die „neue Ablaßlehre"

Um die Mitte des zwanzigsten Jahrhunderts entstand innerhalb der römisch-katholischen Theologie ein neues Nachdenken über Lehre und Praxis der Ablässe, die sogenannte neue Ablaßlehre, wie sie vor allem von Bernhard Poschmann und Karl Rahner vertreten wurde.[62] Poschmanns grundlegende Untersuchung „Der Ablaß im Licht der Bußgeschichte" kommt zu dem Schluß: „Und so ist der Ablaß trotz seiner

---

[58] Bulle „Ex omnibus afflictionibus" v. 1. 10. 1567, spez. Propositiones 59 und 60; DH. 1959 f.

[59] „Die Scholastiker haben, aufgeblasen von ihren Spitzfindigkeiten, den falsch verstandenen Schatz der Verdienste Christi und der Heiligen eingeführt …" DH. 2641.

[60] „Noch trauriger ist es, daß man diese chimärenhafte Zuwendung auf die Verstorbenen übertragen wollte." DH. 2642.

[61] Konstitution „Auctorem fidei" vom 28. 8. 1794; DH. 2600-2700, spez. 2640 ff.

[62] Vgl. V. Schurr: Die neue Ablaßlehre, in: Theologie der Gegenwart 1960, 251 f. und J. Brinktrine: Zur Theologie des Ablasses und des Kirchenschatzes, in: Theologie und Glaube 51 (1961), 446 ff.

autoritativen Form vor allem doch ein Gebet der Kirche, daß Gott um der Verdienste der Heiligen willen einem Sünder die Strafe schenken möge [...] Haben wir den Wesenskern nicht in der richterlichen Absolution zu sehen, dann stellt der Ablaß keinen auf äußere Umstände zurückzuführenden Neuanfang, erweist sich vielmehr als natürliche Frucht der organischen Entwicklung der kirchlichen Bußpraxis."[63] Im Licht der Geschichte erkannte Poschmann folgende Alternative: Entweder wird der Begriff des Ablasses so weit gefaßt, daß die richterliche Absolution von der jenseitigen zeitlichen Sündenstrafe nicht wesensmäßig zum Ablaß gehört, dann – und nur dann – kann weiterhin mit dem Tridentinum festgestellt werden, daß es „auch in ältesten Zeiten"[64] Ablässe gab. Oder aber unter Ablässen wird das verstanden, was Theologie und Kirchenrecht der neueren Zeit lehren, dann ist der Ablaß eine Neubildung des 11. Jahrhunderts. Die Konsequenz aus dieser Alternative ist eindeutig: Die Feststellung des Konzils von Trient ist verbindliche kirchliche Lehre, die Ablaßtheorien sind nicht lehramtlich definiert. Wer also an der Formulierung von Trient festhalten will, kann nicht zugleich im Ablaß eine richterliche Absolution von jenseitigen Sündenstrafen sehen.

Karl Rahner schloß sich den Argumenten Poschmanns an und stellte heraus, daß mit ihnen eine dogmatische Schwierigkeit der traditionellen Ablaßlehre zu beheben sei. Die Lehre, daß die Kirche im Bußsakrament nicht von den zeitlichen Sündenstrafen befreit, „hat nur dann einen Sinn" – so meint Rahner – „wenn die Kirche durch ihren im Sakrament betätigten jurisdiktionellen Akt diese Strafen [...] nicht nachlassen *kann.*[...] Kann dies die Kirche mit der Wirksamkeit eines jurisdiktionellen Aktes aber nicht im Sakrament, dann kann sie es auch nicht außerhalb des Sakramentes. Sie könnte sonst wenigstens in einer Hinsicht außerhalb des Sakramentes mehr als in ihm."[65] Also kann die Ablaßgewährung nicht als jurisdiktioneller Akt aufgefaßt werden, sondern – wie es Rahner an

[63] Bernhard Poschmann, Der Ablaß im Lichte der Bußgeschichte, Bonn 1948, 119 f.
[64] DH. 1835.
[65] Bemerkungen zur Theologie des Ablasses, in: Schriften zur Theologie, Bd. II, Einsiedeln 1955, 199.

anderer Stelle sagt – „das Wesen des Ablasses besteht [...] in dem besonderen Gebet der Kirche".[66]

8. Die „positio" in der Konzilsaula

Schon vor Konzilsbeginn hatte Johannes XXIII. die Pönitentiarie[67], das Apostolische Bußgericht der Kurie, beauftragt, Vorschläge zu einer Reform der Ablasspraxis auszuarbeiten. Anfang November 1965 lag ein Ergebnis vor, das Paul VI. den Präsidenten der Bischofkonferenzen mit der Bitte um Stellungnahme vorlegte. Pausen zwischen den Konzilsabstimmungen sollten dazu genutzt werden, die Stellungnahmen der einzelnen Bischofskonferenzen zu diesem Entwurf zu verlesen. Es handelte sich also nicht um eine Konzilsdebatte. Als am 9. 11. 1965 den Konzilsvätern in der römischen Peterskirche der Leiter der Pönitentiarie, Kardinal Fernandus Cento, den Text in Form einer „positio" vorlegte, erschien er – so formulierte es Johann Christoph Hampe – „wie der Bote, der ansagen will, daß die Toten noch nicht gestorben sind".[68] Über diese „positio" wurde gesagt, sie erinnere „in erschrekkender Weise an die Dokumente, die vor Beginn des Konzils ausgearbeitet und vom Konzil in der ersten Session verworfen wurden".[69]

Allgemein wurde eine Erneuerung des Ablaßwesens begrüßt, wobei allerdings deutlich wurde, daß man in Polen und Spanien darunter mehr eine Wiederbelebung der Frömmigkeit vergangener Zeiten, in Holland, Österreich und Deutschland mehr tiefgreifende Reformen verstand. Patriarch Maximos IV. Saigh, der für das Patriarchat der mit Rom unierten Melchiten sprach, distanzierte sich am deutlichsten von dem

---

[66] Artikel „Ablaß", in: Lexikon für Theologie und Kirche, 2. Aufl., 1. Bd., Freiburg/Br. 1957, Sp. 51. K. Rahner meint, daß auch M. Schmaus (Katholische Dogmatik IV, 1, 4. Aufl. München 1952, 548 f. und L. Ott (Grundriß der Dogmatik, Freiburg/Br. 1952, 505) der neuen Ablaßlehre zustimmen.

[67] Dieser päpstliche Gerichtshof ist für die Ablaßpraxis zuständig. Die Lehre über die Ablässe gehört in den Bereich der Glaubenskongregation.

[68] Johann Christoph Hampe: Die Autorität der Freiheit, München 1967, Band I, 436.

[69] Daniel J. O'Hanlon SJ in einem Vortrag vor dem Centrum Coordinationis Communicationum de Concilio in Rom am 9. November 1965.

Entwurf. Seine Stellungnahme kam einer grundsätzlichen Ablehnung der Ablässe sehr nahe.[70] Er wies darauf hin: „In Wahrheit gibt es in der ursprünglichen und allgemeinen Tradition der Kirche keinen Beweis dafür, daß Ablässe bekannt und gehandhabt worden wären, wie dies später im abendländischen Mittelalter geschah. Insbesondere finden wir in jenen elf Jahrhunderten der Einheit der morgenländischen und der abendländischen Kirche nicht die geringste Spur von Ablässen im jetzt üblichen Sinn des Wortes. Noch heute weiß die orthodoxe Kirche, die der ursprünglichen Tradition treu geblieben ist, nichts von dem, was das Abendland unter Ablässen versteht. Jenes theologische Denken, das die spätere Einführung der Ablässe im Abendland zu rechtfertigen sucht, bietet nach unserer Meinung nur eine Sammlung unzulässiger Schlußfolgerungen, in der jeder Schluß ein wenig über seine Vordersätze hinausgeht."[71]

In einer gemeinsamen Erklärung, vorgetragen von den Kardinälen Franz König und Julius Döpfner am 11. November 1965, kritisierten die Österreichische und die Deutsche Bischofkonferenz den Entwurf: Die Betonung der kirchlichen Jurisdiktionsgewalt erwecke den Anschein, Ablässe seien wirksamer als das Bußsakrament. Die Aussagen über den Kirchenschatz führten „leicht zu einer materialistischen und händlerischen Auffassung".[72] Darunter sei nicht eine Art verfügbarer Gnadenbesitz zu verstehen, sondern Gott selbst, der das menschliche Mühen annehme. Darum könne man das Wesen der Ablässe in der Fürbitte der Kirche erblicken. Kardinal Alfrink wandte sich ebenfalls gegen das jurisdiktionelle Verständnis der Ablaßgewährung. Die Zahl der Kritiker der Vorlage wäre noch größer geworden, wenn nicht der Generalsekretär des Konzils die Erörterung dieses Themas abgebrochen hätte. Sein Hinweis, gegenüber den vorgetragenen Lehr-

---

[70] „Einen Satz, mit dem er die Abschaffung des Ablasses überhaupt fordern wollte, soll der Patriarch auf höheres Drängen hin noch aus seinem Manuskript gestrichen haben." Gottfried Maron, Evangelischer Bericht vom Konzil, Vierte Session, Göttingen 1966, 61.[71] Hampe, aaO., 440; Hampe merkt an, daß der Redner vom Generalsekretär des Konzils aufgrund des vorher eingereichten Manuskriptes aufgefordert worden war, den letzten der hier zitierten Sätze nicht auszusprechen.

[72] Ebd., 446.

meinungen seien schon jetzt Reserven anzumelden, läßt vermuten, daß diese Maßnahme nicht nur – wie es offiziell hieß – wegen Zeitknappheit getroffen wurde.[73]

9. Die Apostolische Konstitution „Indulgentiarum doctrina"

Da das Ablaßwesen durch den Codex Iuris Canonici bestimmt wird, muß jede Neuregelung in einer Form erfolgen, die das gegebene Recht ändert. Deshalb hat das Dokument, in dem Paul VI. seine Verfügung zur Ablaßreform am 1. Januar 1967 veröffentlichte, den Rang einer Apostolischen Konstitution. Sie beginnt mit den Worten „Indulgentiarum doctrina", nach denen sie im allgemeinen zitiert wird.[74] Sie ist umfangreicher als die Offenbarungskonstitution des Konzils und besteht aus zwei Teilen: einem breit ausgeführten theologischen Traktat, der mit zahlreichen langen Anmerkungen neun Zehntel des Textes ausmacht, und dem praktischen Teil, den 20 „normae".

Was die Konstitution Neues bringt, ergibt sich einerseits aus der Revisionsarbeit der Kurie, andererseits auch aus der Kritik, die während des Konzils an der „positio" laut wurde, aber nur in Einzelfragen einen gewissen Erfolg hatte. Im Grundsätzlichen steht die Ablaßkonstitution „Indulgentiarum doctrina" der Auffassung des Schweizer Kardinals Charles Journet nahe, der in traditioneller Weise die Ablaßgewährung als Teil der jurisdiktionellen Schlüsselgewalt der Kirche (clavis iurisdictionis) versteht.[75] Es ist der Kurie aber gelungen, auch Anregungen der „neuen Ablaßlehre" aufzunehmen. Dadurch entstand ein Text, der in seinen theologischen Darlegungen relativ offen ist.

---

[73] Vgl. außer Gottfried Maron, aaO., auch MdKI 16 (1965) 107f.

[74] Der Osservatore Romano veröffentlichte den lateinischen Text in Nr. 7 vom 9./10. 1. 67, den italienischen in Nr. 10 vom 13. 1. 1967. Eine lateinisch-deutsche Fassung erschien in: Nachkonziliare Dokumentation, Band 2, Trier 1967, 72-127.

[75] Théologie des indulgences, in: Nova et Vetera, April/Juni 1966; abgedruckt in: La documentation catholique 48 (1966) Sp. 1867-1895, spez. Sp. 1885, (Nr. 1481 vom 6. Nov. 1966). – Diese Arbeit Journets wurde von Paul VI. im Zusammenhang mit „Indulgentiarum doctrina" rühmend erwähnt.

Was an wesentlichen Änderungen durch die Normen der Konstitution eingeführt wird, wurde schon von der „positio" im November 1965 berichtet: zahlenmäßige Einschränkung der vollkommenen Ablässe; Verlagerung des Gewichtes von den bisher besonders dafür ausgezeichneten Personen, Altären, Orten und Gegenständen (Kruzifixe, Medaillen, Rosenkränze) auf die Gesinnung desjenigen, der den Ablaß erwerben will; Abschaffung der alten Wertung nach Tagen und Jahren bei den unvollkommenen Ablässen. Es wird also künftig nicht mehr wie seither angegeben werden, daß man z. B. für das Stoßgebet: „Heilige Maria, bewahre uns vor den Strafen der Hölle!" 300 Tage Ablaß erhalten könne.[76]

Statt dessen heißt es nun: Dem Gläubigen „wird durch die Hilfe der Kirche ein ebenso großer Nachlaß der zeitlichen Sündenstrafe gewährt, wie er durch seine Handlung selbst schon empfängt" (Norma 5). Diese Regelung gibt wohl nicht nur dem evangelischen Christen einige Rätsel auf: Einerseits wird die anachronistische Berechnung nach Zeiteinheiten abgeschafft, andererseits verzichtet man aber doch nicht auf das quantitative Denken. Vor allem scheint ein Punkt unklar zu sein: Die traditionelle Ablaßpropaganda wies darauf hin, daß das fromme Werk des Gläubigen für sich genommen recht wenig bei Gott ausrichte im Vergleich mit der Steigerung der Wirksamkeit, die diesem Werk durch den Ablaß der Kirche verliehen werde. Streng genommen hatte das Werk des Gläubigen nur auslösende Funktion für den von der Kirche gewährten Ablaß. Entscheidend war dabei die kirchliche Festsetzung. Für das gleiche Werk konnte an einer Stelle wesentlich mehr Ablaß gewonnen werden als an einem anderen Ort, an einem Tag mehr als an einem anderen. Oder anders betrachtet: Der gleiche Ablaßertrag hatte in einem Fall ein recht opfervolles Tun zur Voraussetzung, in einem anderen aber eine relativ geringfügige Verrichtung. Diese Praxis ist nur erklärbar durch den Grundsatz, daß es außer der Festsetzung der Kirche keine „Berechnungsgrundlage" gibt, die eine direkte Beziehung zwischen dem geleisteten Werk und dem erlangten Ablaß darstellt. Folglich kann das Werk des Gläubigen – ab-

---

[76] Vgl. die deutsche Ausgabe des Enchiridion Indulgentiarum. 2. Aufl., Roma 1952; Ablaßbuch, 3. Aufl. Regensburg 1952, 131.

gesehen von dem, was die Kirche ihm an Ablaßwirksamkeit verleiht – nur einen recht geringfügigen Nachlaß erwirken. Wenn nun nach der neuen Ordnung durch die Hilfe der Kirche dieser Nachlaß verdoppelt wird, dann ist das Resultat immer noch sehr gering. Sollten diese Überlegungen richtig sein, dann käme diese Regelung einer drastischen Entwertung der Teilablässe gleich.

Die theologischen Darlegungen der Ablaßkonstitution halten an den traditionellen Auffassungen fest. Die Revision betrifft nicht die Lehre, sondern „hauptsächlich den Geist, der den Gläubigen beim Erwerb der Ablässe beseelen muß".[77] So ist das Dokument in einem recht erbaulichen Ton gehalten. Es werden besonders die Nebenwirkungen hervorgehoben, die der Ablaß haben soll: die Erkenntnis, daß man unfähig ist, das Übel, das man angerichtet hat, aus eigener Kraft wieder gut zu machen; das Bewußtsein liebevoller gegenseitiger Hilfe der Christen untereinander (Artikel 9); Hoffnung auf eine vollkommene Wiederversöhnung mit Gott, Vertrauen auf die Verdienste Christi und Verabscheuung der Sünde (Artikel 10). Wer – so fragt man sich – wüßte nicht tausend andere Wege, auf denen all dies besser gefördert wird als ausgerechnet durch die Ablässe?

Sieht man die Apostolische Konstitution „Indulgentiarum doctrina" vor dem Hintergrund der in Jahren vor dem II. Vatikanischen Konzil geführten theologischen Diskussion über die Ablässe, dann fallen vor allem drei Punkte ins Auge:

a. Das Verhältnis zur neuen Ablaßlehre

In Artikel 8 heißt es: „In Ausübung ihrer Vollmacht als Dienerin und Ausspenderin der Erlösung Christi, des Herrn, betet die Kirche nicht nur beim Ablaß, sondern verteilt autoritativ an den recht vorbereiteten Gläubigen den Schatz der Genugtuungen Christi und der Heiligen zur Vergebung der zeitlichen Strafe." Dieser Satz betrifft die sogenannte neue Ablaßlehre, wie sie Poschmann und Rahner entwickelt haben (s. o.).

---

[77] Paul VI. in seiner Ansprache an die Kardinäle und die römische Prälatur am 23. 12. 66, zit. OR v. 9./10. Januar 1967.

Nachdem sich die Kardinäle Alfrink, König und Döpfner bei ihrer Kritik an der „positio“ weitgehend der Argumente Poschmanns und Rahners bedienten, ist das Lehramt dieser Interpretation der Ablaßlehre zwar nicht gefolgt, hat sie aber auch nicht ausdrücklich verurteilt. Es ist ein deutlicher Unterschied festzustellen zwischen der Konstitution und dem sehr viel traditionelleren Kommentar des Osservatore Romano, in dem es heißt: „Es wäre eine Entwertung des Ablasses, ihn auf ein einfaches deprecatives Gebet der Kirche zu reduzieren. Man hat in ihm mehr: nämlich die Ausübung der Jurisdiktionsgewalt der Schlüssel, nicht nur um eine von der Kirche verhängte Strafe zu erlassen [...], sondern um [...] einen Anteil am Schatz der Genugtuungen Christi und der Heiligen zu spenden. [...] Es ist daher geboten, zu erkennen, daß die vergebende Wirkung des Ablasses, wenn sie auch nicht der des Meßopfers und der Sakramente der Buße, der Eucharistie und der letzten Ölung gleichgestellt werden kann, dennoch die der Sakramentalien übertrifft.“[78]

Daß mit solchen Formulierungen die theologische Offenheit der Konstitution nicht sachgemäß erfaßt wurde, hat Karl Rahner in seinem Aufsatz „Zur heutigen kirchenamtlichen Ablaßlehre“[79] in aller Deutlichkeit und Differenziertheit dargelegt. Gegenüber allen Kritikern kann er „den Satz wagen, die Konstitution und die «neue» Theorie seien nicht als unvereinbar nachzuweisen“.[80] So ist es denn in der Tat nicht zu Lehrverurteilungen gegenüber Bernhard Poschmann und Karl Rahner gekommen, auch nicht in den Punkten, wo sie – wie Heinrich Bornkamm aufgezeigt hat[81] – der Sache nach die gleichen Positionen gegenüber dem Ablaß vertreten wie Luther.

---

[78] Tradizione e novità (ohne Verfasserangabe) in OR v. 9./10. Januar 1967.

[79] Karl Rahner: Schriften zur Theologie Band VII, Einsiedeln u. a. 1967, 488-518; zuerst veröffentlicht in: Catholica 21 (1967) Heft 4; italienisch in: „La penitenza della chiesa. Saggi teologici e storici“, zweite Auflage Rom 1968.

[80] Ebd. 501.

[81] Heinrich Bornkamm, Thesen und Thesenanschlag Luthers, Berlin 1967, 60 ff.

Rahner hat es im Blick auf den ökumenischen Dialog so formuliert: „Die Apostolische Konstitution gibt Wege frei für ein besseres Verständnis des Ablasses, ja sie eröffnet selber solche Wege. So gibt sie indirekt dem ökumenischen Gespräch einen Anstoß, den man auch – trotz aller bleibenden Hindernisse – nicht zu gering veranschlagen sollte. Wenn die Konstitution z. B. erklärt, Christus der Erlöser, sei der «thesaurus ecclesiae», dann nimmt sie damit fast wörtlich Elemente der frühlutherischen Ablaßtheologie auf, auch wenn bei näherer Deutung dieser Bestimmung nochmals tiefere Differenzen aufbrechen sollten. Von einer vertieften katholischen Ablaßtheorie her ist nicht nur ein angemesseneres theologisches Verständnis mindestens des jungen Luther möglich, sondern damit wandelt sich insgesamt auch ein wenig die grundsätzlich kontroverse Situation zu einem wirklichen Gespräch.“[82]

b. Der Streit um „absolutio" oder „solutio"

Die Konstitution verwendet nicht mehr den traditionellen Ausdruck, der sich noch im Canon 911 des CIC von 1917 fand, daß die Spendung der Ablässe an Lebende in der Form der *Lossprechung* (per modum absolutionis) erfolge. Gegen diese Formulierung hat sich Paul Galtier gewandt.[83] Er möchte statt von „absolutio“ lieber von „solutio“ reden und meint damit besser zum Ausdruck zu bringen, daß die Kirche bei der Ablaßgewährung in einem jurisdiktionellen Akt den Kirchenschatz nur zur Verfügung stellt, so daß der Gläubige selbst (nicht die Kirche) damit seine zeitlichen Sündenstrafen tilgen könne. Es soll dabei offen bleiben, wieweit Gott diese „Zahlung“ annimmt. Was dieser Austausch der Begriffe bedeutet und ob er wirklich weiterführt, ist umstritten. Karl Rahner meint, daß Galtier „in einer komplizierten Terminologie“ dasselbe sagt wie Poschmann.[84] Hingegen betont Charles Journet, der ebenfalls den Ausdruck „solutio“ bevorzugt, daß damit nichts anderes gemeint sei als in dem Schreiben Leos X. an Ca-

---

[82] Rahner, aaO., 518. Rahner verweist in diesem Zusammenhang ausdrücklich auf das Urteil Heinrich Bornkamms.
[83] De paenitentia, ed. nova, Roma 1950, n. 610 ff.
[84] Bemerkungen zur Theologie des Ablasses, aaO., 202.

jetan mit „absolutio“.[85] Die Apostolische Konstitution redet weder von „absolutio“ noch von „solutio“. Sie greift in diesen terminologischen Streit nicht ein.

c. Zur biblischen Begründung

Während traditionellerweise als Schriftbeweis für die Ablaßgewalt der Kirche Matthäus 16 und 18 angeführt wurden,[86] verzichtet Paul VI. in der Apostolischen Konstitution „Indulgentiarum doctrina“ darauf, diese Bibelstellen zu erwähnen. Augenscheinlich trägt er damit den Bedenken Karl Rahners Rechnung, der schrieb: „diese Texte (als klassische Texte für das Bußsakrament) würden, wenn sie etwas für den Ablaß beweisen würden, beweisen, daß im Bußsakrament judiziell alle Sündenstrafen nachgelassen werden können, was eine Häresie ist“.[87] – Allerdings schließt sich der bereits erwähnte Kommentar des Osservatore Romano nicht diesem Verzicht Pauls VI. an, sondern folgt dem Beispiel Journets, der sich unbeirrt auf Matthäus 16,19 bezieht.

Die Frage nach der biblischen Begründung ist aus evangelischer Sicht der kritischste Punkt der Ablaßlehre. Rahners Ablehnung von Matthäus 16 und 18 als Schriftbeweis für die Ablaßgewalt der Kirche führt zu weiteren Fragen: Diese Schriftstellen dürfen nicht angeführt werden, weil sie – wie Rahner feststellt – der Lehre von den im Bußsakrament nicht vergebbaren Sündenstrafen widerstreiten. Aber welche Argumente sprechen so stark für diese Lehre, daß sie diese (und nicht nur diese) biblischen Zeugnisse entkräften? In Artikel 3 der Konstitution heißt es: „Daß auch nach Vergebung der Schuld Strafen, die noch abzubüßen, oder Sündenreste, die noch zu läutern sind, bleiben können und tatsächlich häufig verbleiben, beweist uns klar die Lehre vom Fegfeuer.“ Soll die Fegfeuer-

[85] Théologie des indulgences aaO., Sp. 1890.
[86] So z. B. bei Diekamp/Jüssen, Katholische Dogmatik III. Bd., 11. und 12. Aufl., Münster 1954, 327; Pohle-Gummersbach, Lehrbuch der Dogmatik, IL Bd., 9. Aufl. Paderborn 1960, 506; M. Schmaus, Katholische Dogmatik IV, 1, 4. Aufl., München 1952, 541.
[87] Artikel „Ablaß“, aaO., Sp. 47.

lehre[88] die Beweislast übernehmen und also ein Traditionselement das andere stützen? Eine Anmerkung zu dem zitierten Satz verweist vor allem auf die Dogmatisierung des Tridentinums[89] und bringt auch drei alttestamentliche Stellen bei (4. Mose 20, 12; 27, 13 f. und 2. Sam 12, 13 f.), die aber nicht das Geringste zur Sache beitragen. Liegt hier etwas anderes vor als spekulative Konklusionstheologie, die Bibelstellen nur als schmückendes Beiwerk verwendet? Noch nachdenklicher macht der Anfang des Artikels 5, wo (mit Bezug auf Christus) Jesaja 53,5 im Text der Konstitution vorkommt. Der Vers wird ganz wiedergegeben bis auf eine Zeile, die durch drei Pünktchen ersetzt wird, nämlich die Worte: „die Strafe liegt auf ihm, auf daß wir Frieden hätten!" Mußten diese Worte aus dem Text getilgt werden, damit kein Katholik auf den Gedanken kommt, die Bibel widerspreche römisch-katholischer Lehre? Läßt diese Auslassung vielleicht erkennen, daß man in Rom den Gegensatz zwischen Schriftaussagen und traditioneller römischer Lehre wenigstens bemerkt?

Die Art des Umgangs mit der Bibel, wie ihn das päpstliche Lehramt bei dieser Konstitution pflegt, läßt fragen, ob damit nicht die Sätze der Offenbarungskonstitution „Dei Verbum" zu praktisch bedeutungslosen Floskeln entwertet werden. Dort heißt es, das Bibelstudium solle die Seele der Theologie sein (n. 24) und das Lehramt sei nicht über dem Wort Gottes, sondern diene ihm (n. 10). Wird auf diese Weise authentisch interpretiert, was es bedeutet, wenn „Dei Verbum" lehrt, „daß die Kirche ihre Gewißheit über alles Geoffenbarte nicht aus der Heiligen Schrift allein schöpft" (n. 9)? – Führt „Indulgentiarum doctrina" nicht deutlich vor Augen, daß die enge Verknüpfung von „heiliger" Überlieferung, Heiliger Schrift und kirchlichem Lehramt, von der die Offenbarungskonstitution spricht (n. 10), sich auch so auswirken kann, daß die Schrift von Lehramt und Tradition gleichsam überstimmt wird?

---

[88] Zur römisch-katholischen Lehre vom Fegefeuer, auf die hier nicht näher eingegangen werden kann, sei verwiesen auf: G. Maron, Entmythologisierung des Fegfeuers, in: MdKI 11 (1960), 21ff.

[89] DH. 1580, 1689, 1693; die ebenfalls hierher gehörenden Stellen 1542 und 1712 fehlen seltsamerweise.

10. Die gegenwärtig geltende Praxis

Es kann als typisch für die bei den Ablässen vorliegende enge Verknüpfung von Lehre und Praxis gelten, daß bei der Kodifizierung des römisch-katholischen Kirchenrechts, wie sie durch den Codex Iuris Canonici (CIC) von 1917 geleistet wurde, erstmals eine klare und kurze Zusammenfassung über den Ablaß formuliert wurde. In diesem bis 1983 gültigen Gesetzeswerk wurde festgelegt: „Canon 911. Alle sollen die Ablässe hochschätzen. Sie sind der vor Gott gültige Nachlaß zeitlicher Sündenstrafen, die für Sünden zu tragen sind, deren Schuld bereits vergeben ist. Die kirchliche Autorität gewährt sie aus dem Schatz der Kirche den Lebenden in der Form der Lossprechung, Verstorbenen in der Form der Fürbitte." Durch das Zweite Vatikanische Konzil und – soweit es den Ablaß betrifft – durch „Indulgentiarum doctrina" wurde eine neue Kodifizierung des Kirchenrechts notwendig. Der neue CIC trat am 21. November 1983 in Kraft. Der CIC von 1983 definiert in Canon 992 den Ablaß als „Nachlaß zeitlicher Strafe vor Gott für Sünden, deren Schuld schon getilgt ist; ihn erlangt der entsprechend disponierte Gläubige unter bestimmten festgelegten Voraussetzungen durch die Hilfe der Kirche, die im Dienst an der Erlösung den Schatz der Sühneleistungen Christi und der Heiligen autoritativ verwaltet und zuwendet."[90]

Der „Katechismus der katholischen Kirche", der sog. „Weltkatechismus", der mit der Apostolischen Konstitution „Fidei depositum" von Papst Johannes Paul II. am 11. Oktober 1992 veröffentlicht wurde, zitiert die Formulierung des CIC und faßt abschließend das Thema mit folgendem Kurztext zusammen: „Durch die Ablässe können die Gläubigen für sich selbst und auch für die Seelen im Läuterungszustand den Erlaß der zeitlichen Strafen erlangen, welche Folgen der Sünden sind."[91]

Im „Enchiridion indulgentiarum"[92] faßt die Apostolische Pönitentiarie die jeweils gültigen Regelungen zusammen, die

[90] Codex Iuris Canonici, 2. Auflage Kevelaer 1984. Dem Ablaß sind die Canones 992-997 gewidmet.

[91] Katechismus der katholischen Kirche, München u. a. 1993, 406 (Kurztext Nr. 1489).

[92] Dritte Auflage Romae 1986; 4. Auflage Romae 1999.

in deutscher Übersetzung dann als „Handbuch der Ablässe" vom Sekretariat der Deutschen Bischofskonferenz herausgegeben werden.[93] Dem „Enchiridion indulgentiarum" vom 1999 ist z. B. zu entnehmen, daß ein vollkommener Ablaß gewonnen werden kann, wenn man sich mit dem über Radio oder Fernsehen übertragenen Rosenkranzgebet des Papstes oder der vom Papst vorgetragenen Kreuzwegandacht vereinigt.[94]

In einer merkwürdigen Spannung nicht nur zu diesem Beispiel aus der langen Liste der 33 „Gewährungen" (concessiones) von vollkommenen Ablässen im römischen Enchiridion von 1999 steht die Meinung des 1985 von der Deutschen Bischofskonferenz herausgegebenen „Katholischen Erwachsenenkatechismus", der feststellt: „Ein besonderes Problem stellt sich beim sogenannten vollkommenen Ablaß, also der Nachlassung aller zeitlichen Sündenfolgen. Er setzt, soll er in dieser vollkommenen Weise wirksam werden, eine so vollkommene Disposition voraus, wie sie normalerweise wohl sehr selten gegeben sein wird – es sei denn in der Stunde des Todes [...]."[95] Vermutlich weht durch den Erwachsenenkatechismus noch ein Hauch des Geistes der Konzilszeit, der die Apostolische Pönitentiarie entweder nie erreicht hat oder von dort inzwischen wieder vertrieben wurde.

B. Auf dem Wege zu einem ökumenischen Dialog

1.

Im 19. Jahrhundert stellte sich der Ablaß für die evangelische Dogmengeschichte so dar, wie ihn Adolf von Harnack, an dessen 150. Geburtstag in diesem Jahr zu erinnern ist, in sei-

[93] Handbuch der Ablässe. Normen und Gewährungen; zuletzt erschien die Übersetzung der dritten Auflage von 1986, Bonn 1989.
[94] Peter Christoph Düren: Der Ablass in Lehre und Praxis. Die vollkommenen Ablässe der katholischen Kirche, Buttenwiesen 2. erweiterte Auflage 2000, 24. Es ist bemerkenswert, daß diese ganz auf die Praxis zielende Veröffentlichung innerhalb eines Jahres zwei Auflagen erlebte.
[95] Katholischer Erwachsenenkatechismus. Das Glaubensbekenntnis der Kirche, hg. v. der Deutschen Bischofskonferenz, Kevelaer u. a. 1985, 374.

nem „Lehrbuch der Dogmengeschichte“ beschrieb, dessen erster Band 1886, im Gründungsjahr des Evangelischen Bundes, erschien:

„Es war eine raffinierte Praxis der Kirche, die sich allmählich herausgebildet hatte, die Menschen durch die Gnade (Bußsakrament) über die Hölle in bequemer Weise zu trösten, aber sie andererseits durch das Fegfeuer zu schrecken. [...] An die Hölle glauben sie im Grunde nicht, weil ihnen die Schwere der Sünde nicht aufgegangen ist, und weil sie demgemäß zu einem Leben in Gott nicht zu bewegen sind. *Daher schließt die Kirche durch das Bußsakrament die Hölle.* Aber daß es ihnen einst eine lange Zeit hindurch sehr schlecht gehen werde, und sie ihre Sünden sämtlich einmal abbüßen müssen, das glauben sie. Darum *eröffnet die Kirche das Fegfeuer.* Daß dieses Fegfeuer abgemildert und verkürzt werden kann, das glauben diese homines attriti[96] ferner sehr gern; denn sie leben sämtlich in der Vorstellung, daß gute Leistungen Verfehlungen einfach compensieren, und die ‚Galgenreue‘ ist auch nicht so nachhaltig, daß sie die Menschen bestimmen könnte, ernsthafte Buße – auch nur im Sinne anhaltender Enthaltungen und heroischer Werke – zu tun. *Daher eröffnet die Kirche die Ablässe.* In ihnen zeigt sie dem gemeinen Mann ihre eigentlichen Kräfte; denn die Magie des Bußsakraments beruhigt ihn doch nicht ganz. Er hat den Rest moralischer Empfindung, daß etwas von seiner Seite geschehen muß, damit die Vergebung glaublich und sicher werde. Fides und contritio kann und will er nicht leisten; aber irgend etwas will er gerne tun. Hier tritt nun die Kirche ein und sagt ihm, daß seine Leistung durch die Macht der Kirche in eine sehr hohe umgesetzt und verwandelt wird, in eine so hohe, daß damit die Sündenstrafen im Fegfeuer getilgt werden. [...] So wurde der Ablaß eine Persiflage des Christentums als der Religion der Erlösung durch Christus.“[97]

---

[96] Menschen, die nicht zu echter Buße zu bewegen sind, vgl. Hes. 3, 7.

[97] Lehrbuch der Dogmengeschichte, III. Band, 4. Aufl. Tübingen 1910, 604 ff.

2.

Im 20. Jahrhundert dominierte in der evangelischen Theologie stärker eine christologisch zentrierte Rechtfertigungslehre und führte damit den ökumenischen Dialog zu so zentralen Fragen, wie sie schon Tertullian (s. o. A 1) gestellt hatte. Der reformatorischen Erkenntnis, daß die Rechtfertigung allein aus Glauben den Kern der biblischen Botschaft darstellt, hat die römisch-katholische Kirche den Kanon 12 der tridentinischen Rechtfertigungslehre entgegengesetzt: wenn jemand sagt, der rechtfertigende Glaube sei nichts anderes als Vertrauen auf die göttliche Barmherzigkeit, welche die Sünden um Christi willen nachläßt, oder daß dieses Vertrauen es allein sei, wodurch wir gerechtfertigt werden, der sei im Bann."[98] Karl Barth – in vieler Hinsicht Antipode zu Adolf von Harnack – bemerkte dazu: „Indem sie (die römische Kirche) gerade diesen Satz unter Anathem gestellt hat, hat sie sich selbst unter jenes anathema esto gestellt, mit dem sich Paulus Gal. 1,8 f. sogar gegen einen Engel vom Himmel verwahrt haben wollte, dem es beikommen möchte, ‚anderes Evangelium' zu verkündigen als das, das er in jenem Brief gegen die galatischen Irrtümer verteidigt hat. Es ist schwer, in der Rechtfertigungslehre des Tridentinums etwas Besseres als ein im Sinne des Paulus ‚anderes Evangelium' zu erkennen."[99]

Zum Rechtfertigungsdekret von Trient gehört auch Kanon 30, der sich folgerichtig aus Kanon 12 ergibt: „Wenn jemand sagt, jedem büßenden Sünder werde nach empfangener Gnade der Rechtfertigung die Schuld dergestalt nachgelassen und die verwirkte ewige Strafe ausgetilgt, daß keine zeitliche Sündenstrafe weder in dieser Welt noch in der künftigen im Fegfeuer zu bezahlen übrig bleibe, bevor er in das Himmelreich eingehen könne, der sei im Bann."[100] Durch sehr „evangelische" Interpretationen des tridentinischen Rechtfertigungsdekretes – vor allem von Hans Küng[101] – wurde die Frage aufgeworfen,

---

[98] DH. 1562.
[99] Kirchliche Dogmatik IV, 1, Zollikon-Zürich 1953, 699.
[100] DH. 1580.
[101] Rechtfertigung, Einsiedeln 1957, vgl. dazu Ferdinand Barth: Römisch-katholische Stimmen zu dem Buch von Hans Küng „Rechtfertigung", in: MdKI 11 (1960) 81-87.

ob die Unterschiede in der Rechtfertigungslehre nach wie vor der Hauptgrund der konfessionellen Trennung sein können. Karl Gerhard Steck schrieb dazu: „Es fehlt nicht an protestantischen und katholischen Sachverständigen, die hier heute eine so starke Annäherung der Meinungen glauben feststellen zu können, daß es sich hier nur noch um Unterschiede der Begriffe, aber nicht mehr um ausschließende Gegensätze zu handeln scheint. Man braucht das nach meiner Meinung nicht in Abrede zu stellen, wenn man gleichzeitig darauf hinweist, daß bestimmte Grundgedanken der römisch-katholischen Lehre auch heute noch betont werden, die es von den Voraussetzungen der biblisch-reformatorischen Erkenntnis aus verbieten, eine Übereinstimmung zu konstatieren. Solange die Ideen von Verdienst und Lohn, vom Mitwirken des Christen an seinem Heil nicht verschwinden, ist es nicht geraten, einen voreiligen Frieden, einen Ausgleich zu behaupten."[102] Gerade am Ablaß wird deutlich, daß die römisch-katholische Rechtfertigungslehre – mag sie auch streckenweise annehmbar erscheinen – ein Gefälle hat, das in den Abgrund der „Ideen von Verdienst und Lohn" hineinführt.

Zu Zeiten des Zweiten Vatikanischen Konzils konnten Berichterstatter die Meinung vertreten: „Der Ablaß ist keine wichtige Frage mehr."[103] Oder: „Der Vorschlag der Kurie über den Ablaß, der in der vierten Sitzung vorgelegt wurde, muß in diesem Zusammenhang erwähnt werden, aber auch nicht mehr, wirklich nur «erwähnt» werden. Wie sehr das Zweite Vatikanische Konzil einen entscheidenden Schritt vorwärts im Selbstverständnis und in der Proklamation solchen Verständnisses in der römisch-katholischen Kirche darstellt, erwies sich deutlich daran, daß dieses Dokument des Rückfalls in eine überholte Theologie zurückgewiesen wurde."[104] In keinem der vom Konzil verabschiedeten sechzehn Dokumente kommt das Wort „Ablaß" vor. Lediglich in den Anmerkungen zu Artikel

---

[102] Was trennt uns heute von der römischen Kirche?, Wuppertal-Barmen 1958, 21.
[103] Johann Christoph Hampe: Die Autorität der Freiheit, München 1967, Band I, 436.
[104] Hagen Staack: „Ökumenische Besinnung über die Konzilslehre von der Heiligung der Christen", in: Hampe aaO., 416-425, Zitat 424.

13 der Liturgiekonstitution,[105] der sehr allgemein die „pia populi christiani exercitia“ (die Andachtsübungen des christlichen Volkes) sehr empfiehlt, wird auf die Praxis hingewiesen, Andachtsübungen mit Ablässen auszustatten. In den Anmerkungen zum Ökumenismusdekret[106] wird im Zusammenhang mit der „Rangordnung oder Hierarchie der Wahrheiten“ daraufhin gewiesen, daß der Ablaß zu den sekundären oder tertiären Zügen der katholischen Lehre gehört.
Mit der Apostolische Konstitution „Indulgentiarum doctrina“ vom 1. Januar 1967 hat Paul VI. deutlich gemacht, daß die römische Kirche nicht gedenkt, sich vom Ablaß zu verabschieden, sondern an ihm – wenn auch modifiziert – in Lehre und Praxis festhält.

Das 20. Jahrhundert ging mit zwei in diesem Zusammenhang bedeutsamen Ereignissen zu Ende: Die „Gemeinsame Erklärung zur Rechtfertigungslehre“ wurde von Vertretern der römisch-katholischen Kirche und des Lutherischen Weltbundes am 31. Oktober 1999 in Augsburg unterzeichnet, und die römisch-katholische Kirche feierte das Jahr 2000 als „Heiliges Jahr“ mit der Gewährung außerordentlicher Ablässe. Beides nebeneinander zu sehen, ist für das Verständnis beider Ereignisse hilfreich. Die jahrelangen Gespräche über die Rechtfertigungslehre und der differenzierte Konsens, zu dem sie schließlich führten, haben ihren spezifischen Wert für den ökumenischen Dialog. Doch kein realistischer Ökumeniker wird von dem, was in Augsburg unterschrieben wurde, konkrete Veränderungen im Bereich traditioneller römisch-katholischer Frömmigkeit erwarten. Dennoch hat die Bulle „Incarnationis Mysterium“ Johannes Pauls II. vom 29. November 1998[107] mit ihrer Ablaßpropaganda auch gute Kenner des Katholizismus überrascht. So haben z. B. die Waldenserkirche in Italien und der Reformierte Weltbund als Protest gegen Form und Inhalt

[105] Das Zweite Vatikanische Konzil. Dokumente und Kommentare, hg. v. Heinrich Suso Brechter u. a., 3 Bände, Lexikon für Theologie und Kirche Bd. 12-14, Freiburg u. a. 1966, I, 26.
[106] Ebd. II, 88.
[107] Deutscher Text in: Verlautbarungen des Apostolischen Stuhls 136, Bonn 1999, 1-19; vgl. auch die damit zusammen veröffentlichten „Anweisungen für die Erlangung des Jubiläumsablasses“ der Apostolischen Pönitentiarie, ebd. 21-24.

der Bulle alle gemeinsamen Aktivitäten und Gespräche, die im Blick auf das Jahr 2000 geplant waren, abgesagt.

3.

Im 21. Jahrhundert ist damit zu rechnen, daß weniger die dogmengeschichtlichen Aspekte des 19. und wohl noch weniger die dogmatischen Positionen des 20. Jahrhunderts – ob es sich um Karl Barth oder um Karl Rahner handelt – in den ökumenischen Gesprächen eine Rolle spielen werden. Es sieht eher so aus, als ob eine kulturhistorische Betrachtungsweise das neu erwachte Interesse am Ablaß dominieren wird.

a. Kulturhistorische Apologie

Als ein Indiz für diese Einschätzung mag die ausführliche Einleitung gelten, die Thomas Lentes zu der Neuauflage der dreibändigen Geschichte des Ablasses im Mittelalter von Nikolaus Paulus beigesteuert hat.[108] Allein schon die Tatsache, daß die umfangreichste Quellendarstellung zum Ablaß im Mittelalter, die zuerst 1922 erschien, nun mit einer zweiten Auflage gewürdigt wurde, läßt aufhorchen. Aus der breiten Erschließung von Quellen aller Art erarbeitete Nikolaus Paulus eine Darstellung, die weit über die offiziellen und theologisch reflektierten Zeitzeugnisse hinaus in die „Niederungen" der Flugblätter, Briefe, Urkunden und Bilder vorstieß und die Medienwelt des späten Mittelalters in ihrer ganzen Vielfalt erschloß. Diese Perspektive verleiht dem Werk eine forschungsgeschichtliche Besonderheit, die durchaus als innovativ bezeichnet werden kann. Kirchengeschichte wird als Kulturgeschichte dargestellt. Hinter diesem Aspekt treten theologie- und dogmengeschichtliche Fragen zurück. In der bis heute unübertroffenen Materialfülle verschwindet mit der Betonung der Kontinuität kirchlicher Lehre auch jede Frage nach der

[108] Nikolaus Paulus: Geschichte des Ablasses im Mittelalter, 2. Auflage (um eine Einleitung und eine Bibliographie von Thomas Lentes erweitert) Darmstadt 2000, 3 Bände in Kassette, zus. CIX, 1427 S. 1. und 2. Band: Vom Ursprunge bis zur Mitte des 14. Jahrhunderts; 3. Band: Geschichte des Ablasses am Ausgang des Mittelalters.

theologischen Legitimität der Ablaßentwicklung. Was die römische Kirche über den Ablaß lehrt, ist bei aller entfaltenden Veränderung im Laufe der Jahrhunderte grundsätzlich und durchgehend mit der göttlichen Offenbarung in Übereinstimmung. Aufgetretene Probleme sind lediglich als praktische Fehldeutungen und Mißbräuche anzusehen, die nicht auf theologische Mängel der Ablaßlehre oder Fehlentscheidungen der kirchlichen Institutionen schließen lassen. Ziel der Arbeit von Nikolaus Paulus war es – wie Lentes in seiner Einleitung herausstellt –, „die göttliche Kraft und die segensvolle Tätigkeit der Kirche und des Papsttums" darzustellen und im Rahmen der Geschichtswissenschaft „eine Apologie unseres Glaubens, eine Verteidigung unserer Institutionen" zu bieten.[109]

Der interessanteste Teil der Einleitung von Thomas Lentes liegt allerdings in dem, was er in Weiterführung der Intentionen von Nikolaus Paulus als kulturgeschichtliche Darstellung der Ablaßdiskussion bis in die jüngste Zeit entwickelt. Er kritisiert die Darstellung der Ablaßprobleme zu Luthers Zeit, die Joseph Lortz in seiner „Geschichte der Reformation" vorgelegt hat. Durch Lortz wurde Paulus – so Lentes – „in seinen Verdiensten geschwächt, um gleichzeitig die Dekadenz des Ablasses zu betonen".[110] Lortz räumte u. a. ein, daß die „unmäßige Vermehrung der Ablässe und ihre fiskalische Funktion […] den tiefen Gedanken des Ablasses religiös stark entleert und ihn sogar öfters praktisch ins Unchristliche verkehrt" haben.[111] Lortz stellt beim Ablaß ein „Abgehen von den urchristlichen Gewohnheiten und auch Vorstellungen" fest. Demgegenüber läßt Lentes erkennen, daß er sich von Lortz distanziert, weil damit der Eindruck entsteht, der Ablaß sei „gänzlich aus dem Urgrund des Christentums verbannt".[112] Charakteristischerweise geht Lentes auf die sogenannte neue Ablaßlehre nicht ein. Er notiert zu Bernhard Poschmann lediglich: „eine neue Sicht des Ablasses trug er freilich nicht vor".[113] Von Karl Rahner ist überhaupt nicht die Rede.

---

109 Thomas Lentes, aaO., Bd. 1, XIV.
110 Ebd., XXVII.
111 Joseh Lortz: Geschichte der Reformation, 6. Auflage Freiburg 1982, 196.
112 Thomas Lentes, aaO., Bd. 1 XXVII.
113 Ebd.

Neben vielen anderen kulturhistorischen Beobachtungen ist an der Darstellung von Lentes besonders bemerkenswert, was er unter der Überschrift „Die Communio sanctorum und der Papst. Ablaß und Institution" vorlegt. Unter Berufung auf Niklas Luhmann[114] bringt er institutionstheoretische Überlegungen ins Spiel und stellt fest: „Der Ablaß als Rechtsinstrument dürfte zudem wohl die größte Offensive zur Bindung des Individuums an die Institution Kirche und das Papsttum überhaupt gewesen sein. Nicht zufällig sollte ein Papst wie Bonifaz VIII., Jurist und auf die Stärkung des Papsttums bedacht, durch den Jubiläums-Ablaß von 1300 dem Ablaß seine erste große Polularität verleihen. [...] Das Rechtsinstrument, mit dem das Verhältnis von Individuum und Transzendenz geregelt werden sollte, wird umgekehrt zum Medium der religiös-sozialen Integration sowie zur Stabilisierung der Institution. Dabei ist die zunehmende Fokussierung auf die päpstliche Zentrale kaum übersehbar. [...] Wer – gleich auf welche Weise – einen Ablaß erwarb, unterstellte sich geradezu zwangsläufig der päpstlichen Autorität."[115]

b. Die sogenannte gregorianische Reform oder die Geburt der Hierokratie

Wer den von Lentes vorgetragenen Ansatz ernst nimmt, wird dadurch auf die grundlegenden Veränderungen hingewiesen, die im Abendland zu Beginn des zweiten Jahrtausends zu einer völlig neuen Konzeption von Kirche führten. In nationaler und konfessioneller Perspektive wurde die Kirchengeschichte des 11. und 12. Jahrhunderts in ihrer engen Verflechtung mit der Weltgeschichte überwiegend als die Geschichte des Investiturstreites zwischen dem deutschen Königtum und dem Papsttum dargestellt. Damit wurde aber nur ein Teilaspekt eines tiefgreifenden Umbruchs erfaßt.

Der cluniazensischen Reform ging es um die Freiheit der Kirche von den politischen Kräften, um den Kampf gegen Ämterkauf und Bestechung und gegen die moralische Laxheit des Klerus. Ihre Impulse zu einer Erneuerung der Kirche

---

[114] Niklas Luhmann: Funktion der Religion, Frankfurt am Main 1982.
[115] Thomas Lentes, aaO., XXXIII f.

wandelten sich im Laufe eines Jahrhunderts zu einer Kraft, die eine epochale Wende herbeiführte. Aus dem Kampf gegen Übergriffe weltlicher Herrscher wurde auf dem Wege über den sogenannten Investiturstreit das Streben nach Weltherrschaft des Papsttums, das mit Innozenz III. dieses Ziel weitgehend erreichte. Aus dem Kampf gegen ein undiszipliniertes Priestertum wurde das Zölibatsgesetz.

Der Aufbruch und Umbruch, der etwa um die Mitte des 11. Jahrhunderts begann, wird zumeist als „gregorianische Reform" bezeichnet, gelegentlich auch als Revolution[116] oder als Reformation.[117] Nach dem Urteil von F. Kempf vollzog sich damit vielleicht der entscheidendste Durchbruch römisch-katholischer Wesensart in der Geschichte.[118] Obwohl „mancher Wandel mit Gregors Namen verbunden ist, ohne daß sein Anteil äußerlich und numerisch immer deutlich wird"[119] und die von ihm ausgehenden Veränderungen sich noch lange nach seiner zwölfjährigen Regierungszeit vollzogen, wird die epochale Innovation dieser Zeit mit Recht an seinen Namen geknüpft. Er war es, der mit dem berühmten „Dictatus Papae" an die sogenannte „Konstantinische Schenkung" anknüpfte. Er hat dieses Dokument, das wahrscheinlich in der zweiten Hälfte des achten Jahrhunderts als geschichtsträchtige Fälschung in Rom entstand, zu der Bedeutung erhoben, die später dazu führte, daß jeder als Ketzer angesehen wurde, der das Dokument zurückwies.[120] Damit beanspruchte Gregor „in Nachfolge der kaiserlichen Herrschaft" die alleinige Oberhoheit über das westliche Abendland.[121] Von da an kann mit Fug und Recht behauptet werden, daß der Papst für den Westen des alten römischen Reiches nicht mehr als der Nachfolger des

---

[116] Z. B.: K. J. Leyser : The Polemics of the Papal Revolution, in :Trends in Medieval Political Thought, hg. V. B. Smalley, Oxford 1965, 42-64.

[117] Z. B.: G. Constable: The Reformation of the Twelfth Century, Cambridge/Engl., 1996; G. Fornasciari: Medioevo Riformato del secolo XI: Pier Damiano e Gregorio VII, Nuovo Medioevo 42, Napoli 1996.

[118] F. Kempf: Die Kirche im Zeitalter der gregorianischen Reform, in: Handbuch der Kirchengeschichte, hg. v. Hubert Jedin, III. Bd., 1 (1966), vgl. 399-539.

[119] Horst Fuhrmann: Gregor VII., „Gregorianische Reform" und Investiturstreit, in: Einladung ins Mittelalter, München 4. Aufl. 1989, 165.

[120] Ebd. 196, 216.

[121] Ebd. 126.

Apostels Petrus sondern als der Nachfolger Kaiser Konstantins zu betrachten ist, wie es die Silvester-Legende behauptet.[122]

„Der sendungserfüllte Hierokrat", so überschreibt Horst Fuhrmann einen Abschnitt seiner Darstellung Gregors VII. und nennt seine Haltung „hierokratisch".[123] Was damit im Kern der Sache gemeint ist, beschreibt Yves J.-M. Congar, wenn er darauf hinweist, daß mit dem Satz 26 des Dictatus Papae („Derjenige ist nicht katholisch, der nicht mit der römischen Kirche übereinstimmt") eine weitreichende theologische Auswirkung verbunden ist: An die Stelle des Glaubens tritt der Gehorsam! „Allein auf Grund der Tatsache seiner Nichtunterwerfung ist man Häretiker. Häresie wird Mangel an Unterwerfung gegenüber dem römischen Stuhl [...]."[124] Beginnt mit Gregor VII. der „Aufbruch zur Moderne"?, fragt Horst Fuhrmann. „Die Stadt als Siedel- und Rechtsform bildete sich heraus, das Feudalrecht erhielt neue Formen, die Idee des Heiligen Krieges mündete in den Ersten Kreuzzug [...]."[125] Deutlich treten die Veränderungen der abendländischen Kirche hervor in ihrer Trennung von der Ostkirche, die 1054 besiegelt wurde. Charakteristisch ist die bis heute in Ost und West völlig unterschiedliche Beziehung der Kirche zu Staat und Gesellschaft. Das interessante Beispiel eines Staatswesens,

---

[122] Der Text der „Konstantinischen Schenkung" ist von Horst Fuhrmann herausgegeben in: Monumenta Germaniae historica, Fontes iuris Germanici antiqui 10 (1968) „Das Constitutum Constantini"; vgl. Horst Fuhrmann; Art. Constitutum Constantini, in: TRE 8, 1981, 196-202; zur Auslegung vgl. Gerhard Laehr: Die Konstantinische Schenkung in der abendländischen Literatur des Mittelalters bis zur Mitte des 14. Jahrhunderts, in: Historische Studien 16, 1926; zur Silvesterlegende vgl. die inhaltlich sehr zurückhaltende Fassung in der „Legenda aurea" des Jacobus de Voragine (entstanden um 1270) übersetzt von Richard Benz, Heidelberg 1975, 82 ff.; ihre bildliche Darstellung fand die Konstantinische Schenkung in den Fresken der Silvester-Kapelle der Basilica SS. Quattro Coronati in Rom 1246 auf dem Höhepunkt des Propagandakrieges gegen Friedrich II.

[123] Fuhrmann, aaO., 92.

[124] Yves J.-M. Congar: Der Platz des Papsttums in der Kirchenfrömmigkeit der Reformer des 11. Jahrhunderts, in: Sentire ecclesiam. Das Bewußtsein von der Kirche als gestaltende Kraft der Frömmigkeit, hg. v. J. Daniélou, Freiburg u. a. 1961, 196-217; Zitat 202; vgl. auch: O. Hageneder: Die Häresie des Ungehorsams und das Entstehen des hierokratischen Papsttums, Römische Historische Mitteilungen 20, 1978, 29-47.

[125] Fuhrmann aaO., 78 und 81.

das sich in wesentlichen Zügen von den hierokratischen Tendenzen des Abendlandes bis zum Ende des 18. Jahrhunderts freihalten konnte, bietet die „Republik“ Venedig. Die immer eigenständiger werdende Kulturentwicklung des Westens ließ – um nur zwei Beispiele zu erwähnen – aus dem Gottesdienst mit den geistlichen Spielen Theaterformen entstehen,[126] und in der bildenden Kunst hat der Kirchenbau die vollplastische Skulptur neu entdeckt und damit vor der Renaissance Ausdrucksformen der Antike wiederbelebt, die bis heute in der Orthodoxie abgelehnt werden. Der kirchliche Reformeifer Roms brauchte das Recht als Instrument, zentrale Leitung und Lenkung umzusetzen, und so entstand – wie sich in Bologna beispielhaft zeigt – die „universitas studiorum“, um in der Form der Universität die Rechtswissenschaft zu entwickeln und zu pflegen.[127] Dies war eine der wesentlichen Voraussetzungen dafür, daß die Entscheidungen der päpstlichen Kirchenzentrale auch überall durchgesetzt wurden. „Mit gutem Grund spricht man von einer «zweiten Christianisierung» während dieser Zeit, als man die bislang lässig gehandhabten kirchlichen Vorschriften ernst zu nehmen begann.“[128]

In das hier nur andeutungsweise skizzierte Panorama einer tiefgreifenden kulturellen Veränderung sind als die bedeutendsten Neuerungen unter den Phänomenen christlicher Frömmigkeit die „Geburt des Fegefeuers“[129] und die Entstehung der Ablaßpraxis einzuzeichnen. Papst Bonifaz VIII. (1294-1303) hat mit seiner Bulle „Unam sanctam“ vom 18. November 1302 konsequent die hierokratische Linie Gregors VII. ausgebaut: „Wir erklären, sagen und definieren nun aber, daß es für jedes menschliche Geschöpf unbedingt notwendig zum Heil ist, dem Römischen Bischof unterworfen zu sein.“[130] Mit der Ankündigung des ersten „Heiligen Jahres“ durch die

---

[126] Vgl. Ferdinand Barth: Art. Theater, in: TRE 33 (im Druck).

[127] Vgl. Giuseppe Alberigo, Art.: Italien, in: TRE 16, 402. Als Gründungsdatum der Universität Bologna wir häufig 1088 angegeben. Damit wäre sie die älteste aller Universitäten.

[128] Fuhrmann aaO., 83.

[129] Vgl. das weitverbreitete, wenn auch nicht unumstrittene Werk von Jacque Le Goff: Die Geburt des Fegefeuers. Vom Wandel des Weltbildes im Mittelalter, dt. München 1991[2].

[130] DH. 875.

Bulle „Antiquorum habet“[131] hat er nicht nur den Pilgern „vollste Vergebung aller ihrer Sünden“ per Ablaß verheißen, sondern auch die Möglichkeit in Aussicht gestellt, durch den Ablaß Verstorbene aus dem Fegefeuer zu befreien. Indem Bonifaz VIII. „die außerordentliche Macht über das Jenseits“ in Anspruch nahm, gelang ihm die „Einbindung der Ablässe ins Fegefeuersystem“.[132]

Damit ist das, was mit Gregor VII. begann und was als Hierokratie bezeichnet werden kann, perfekt ausgebildet. Die Vollmacht des Papstamtes, die über die Todesgrenze hinausreicht, verknüpft alle Christen, die ihm gehorsam sind, zu einer Solidargemeinschaft der Lebenden und der Toten. Die Alltagsfrömmigkeit ist über den römischen Bichof mit dem Ergehen im Jenseits, dem eigenen und dem anderer, in juristisch faßbarer Form verbunden. Hierokratie definiert sich damit als die Herrschaft über das Heilige: Durch die Verfügungsgewalt eines kirchlichen Amtes, nämlich das des Bischofs von Rom, über die Tilgung der in der Regel jedem Menschen anhaftenden Sündenfolgen, sind alle Christen darauf angewiesen, sich diesem Amt gehorsam zu unterwerfen, damit es ihnen den Zugang zum ewigen Leben erleichtert. Auf diesem Hintergrund ist es zu verstehen, wenn Thomas Lentes von der „Ubiquität und Totalität des Ablasses“ redet: „Der Ablaß war zugleich ein religiöses, theologisches, ökonomisches, juristisches, moralisches, ästhetisches, mediales und sozio-morphologisches Phänomen. Ihn zu studieren bedeutet mithin keineswegs, irgendein religiöses Rechtsinstrument zu erläutern, sondern dessen Totalität für das Verstehen mittelalterlicher Gesellschaften fruchtbar zu machen.“[133] In seiner Studie über Ablaß-Medien stützt Hartmut Bookmann diesen Eindruck: „Der Ablaß war im Deutschland des frühen 16. Jahrhunderts offensichtlich allgegenwärtig. Er war fast überall regelmäßig zu haben und fand trotzdem lebhaften Zuspruch.“[134]

---

[131] DH. 868; vgl. oben A 2.
[132] Le Goff, aaO., 403.
[133] Thomas Lentes, aaO., Bd. 1 XXVIII.
[134] Hartmut Bookmann: Über Ablaß-Medien, in: Geschichte in Wissenschaft und Unterricht 34, 1983, 709-721; Zitat 709.

Der Ablaß erwies sich in seiner „Ubiquität und Totalität" als das breitenwirksamste Medium für die totalitären Tendenzen der päpstlichen Hierokratie. Er war der Sauerteig, der im Laufe eines halben Jahrtausends den ganzen Brotlaib der abendländischen Christenheit durchsäuert hatte, als Luther daranging, ihn zu beseitigen.[135] Alle Bilder sind mehr oder weniger unpassend, aber man kann schon den Eindruck haben, der Ablaß sei die Spitze des Eisbergs der päpstlichen Hierokratie gewesen, an dem die kirchliche Einheit des Abendlandes zerschellte. Zu Zeiten des Zweiten Vatikanischen Konzils konnte darauf hingewiesen werden, daß der Ablaß zu den sekundären oder tertiären Zügen der katholischen Lehre gehört.[136] Die Chancen für einen theologischen Dialog mit der neuen Ablaßlehre, speziell mit Karl Rahner, wurden zwar von Heinrich Bornkamm erkannt, aber nicht genutzt.[137] Diese Phase scheint zu Beginn des dritten Jahrtausends abgeschlossen zu sein. Die Renaissance des Mittelalters hat begonnen und wir kommen nicht umhin, festzustellen: „Tetzel und Luther stehen sich 2001 ebenso in unvereinbarem Dissens gegenüber wie 1517."[138] Und: die Sympathisanten des einen wie des anderen haben sich immer noch etwas zu sagen.

c. Der Ablaß als ökumenischer Testfall

Fazit: Der Ablaß ist in spezifischer Weise ein ökumenischer Testfall. Und zwar nicht deswegen, weil wir alle Energien in den ökumenischen Begegnungen darauf richten müßten, das ganze Phänomen des Ablasses zu überwinden. Auch nicht in der Weise, daß es in diesem Punkt vor jedem weiteren Fortschritt eine „Einigung", einen Konsens geben müßte, bei dem entweder die römische Tradition oder das reformatorische Schriftprinzip mehr oder weniger dominiert. Vielmehr ist der Ablaß als ein besonders markantes Beispiel für die Auswirkun-

---

135 Vgl. 1. Kor 5, 7 f. und Ex 12, 20.

136 Das Zweite Vatikanische Konzil. Dokumente und Kommentare, hg. v. Heinrich Suso Brechter u. a., 3 Bände, Lexikon für Theologie und Kirche Bd. 12-14, Freiburg u. a. 1966, II, 88.

137 Vgl. oben A 10 a.

138 Jörg Haustein: Mit dem alten Ablaß in das neue Jahrtausend, in: MdKI 50 (1999), 9 – im Original heißt es 1999 statt 2001.

gen des hierokratischen Systems, dem sich die römisch-katholische Kirche seit der gregorianischen Reform unterworfen hat, wahrzunehmen und zu respektieren. In der kulturhistorischen Perspektive erweist sich, daß der Ablaß kein ornamentaler Schnörkel am äußersten Rand der römisch-katholischen Frömmigkeitsformen ist, auf den auch verzichtet werden könnte. Der Ablaß ist ein zentrales Ferment für das Gesamtphänomen, das uns in der römisch-katholischen Kirche gegenübersteht, und ist mit ihr zu akzeptieren.

Insofern ist der Ablaß der Testfall für eine dialogische Ökumene, wobei Dialog im Sinne Martin Bubers zu verstehen ist als die Begegnung von grundlegend Unterschiedenem in einem fruchtbaren Mit- und Füreinander. In dieser Dialogik gibt es keine Dialektik, die von These und Antithese zur Synthese strebt, die dann sofort wieder zur These für eine neue Antithese wird usw. ad infinitum. Dieser Dialog lebt von zwei Voraussetzungen: 1. Davon, daß die Partner – es können zwei und mehr sein – ihre Eigenheiten unverkürzt und unverschleiert einbringen und im Gegenüber zu dem jeweils anderen sich ihrer spezifischen Prägung deutlicher bewußt werden, als es in einer „splendid Isolation“ möglich ist. 2. Davon, daß beide Partner einander nicht nur als gleichrangig achten, sondern ihre Freude an der Andersartigkeit des anderen haben und nicht bestrebt sind, die Spannung der Verschiedenheit abzubauen, sondern als Gegensatz fruchtbar zu entfalten.

Wir haben uns als Evangelische gerade darin zu bewähren, daß wir sehr aufmerksam wahrnehmen, warum der Ablaß für die römisch-katholische Kirche so wichtig ist. Wir müssen hören und begreifen, wie der römische Kosmos lebt, und lernen, das, was uns anvertraut ist, in diesem Gegenüber besser zu erfassen und zur Geltung zu bringen. So können wir nebeneinander, miteinander und füreinander uns entwickeln und unsere jeweiligen Aufgaben erfüllen, ohne uns wechselseitig zur Angleichung zu drängen. Eine Reduktionsökumene, bei der jede Kirche auf alles verzichtet, was nicht auch bei den anderen Kirchen gelehrt und praktiziert wird, ist weder erreichbar noch wünschenswert. Das gleiche gilt auch für eine Konsensökumene, in der alle alles so lange interpretieren, bis alle allem zustimmen. Wir werden uns in beiden Richtungen kräftig bewegen müssen, um in unserem Tun und Lassen vor der nichtchristlichen Welt glaubwürdiger zu werden. Aber die

Grenzen, in denen dies geschehen kann, zeichnen sich ab.

Unsere protestantische Aufgabe in einem dialogischen Gegenüber und Miteinander muß also sein, in ebensolcher Klarheit und Entschiedenheit, wie sie z. B. das oben zitierte Urteil Harnacks auszeichnen, aber auch mit aller geschwisterlichen Freundlichkeit darzulegen, daß der Ablaß mitsamt dem hierokratischen System, das ihn geboren hat und das er stützt, mit dem Evangelium nicht vereinbar ist. Wir werden – um auf ein berühmtes literarisches Beispiel zu verweisen, das Dante in seiner „Göttlichen Komödie" erzählt – unserer Überzeugung Ausdruck geben, daß es den Ablaßgläubigen einst, wenn sie ins Paradies kommen, so gehen wird wie dem Papst Gregor I., der dort feststellen mußte, daß er über die Zuordnung der Engelshierarchien zu den Himmelssphären (und das war damals eine höchst bedeutsame Sache) sich gründlich geirrt hatte – und darüber lachen mußte.[139]

[139] Vgl. Dante Alighieri: Göttliche Komödie, Paradiso 28, 133 ff.

Anhang

Texte zur lehramtlichen und kirchenrechtlichen Stellung des Papstamts in der römisch-katholischen Kirche

I

1. Vatik. Konzil: Dogmatische Konstitution „Pastor aeternus" über die Kirche Christi, in: Heinrich Denzinger, Kompendium der Glaubensbekenntnisse und kirchlichen Lehrentscheidungen, Lateinisch-Deutsch, hg. von Peter Hünermann, Freiburg im Breisgau 1991, 37. Aufl.

[...] [*Kanon.*] Wer also sagt, der selige Apostel Petrus sei nicht der von Christus, dem Herrn, eingesetzte Fürst aller Apostel und das sichtbare Haupt der ganzen streitenden Kirche, oder derselbe habe nur den Ehren-, nicht aber den wahren und eigentlichen Jurisdiktionsprimat von ebendiesem unserem Herrn Jesus Christus direkt und unmittelbar empfangen: der sei mit dem Anathema belegt. [...]

[*Kanon.*] Wer also sagt, es sei nicht aus der Einsetzung Christi, des Herrn, selbst bzw. göttlichem Recht, daß der selige Petrus im Primat über die gesamte Kirche fortdauernd Nachfolger hat: oder der Römische Bischof sei nicht der Nachfolger des seligen Petrus in ebendiesem Primat: der sei mit dem Anathema belegt. [...]

Wenn der Römische Bischof „ex cathedra" spricht, das heißt, wenn er in Ausübung seines Amtes als Hirte und Lehrer aller Christen kraft seiner höchsten Apostolischen Autorität entscheidet, daß eine Glaubens- oder Sittenlehre von der gesamten Kirche festzuhalten ist, dann besitzt er mittels des ihm im seligen Petrus verheißenen göttlichen Beistands jene Unfehlbarkeit, mit der der göttliche Erlöser seine Kirche bei der Definition der Glaubens- oder Sittenlehre ausgestattet sehen wollte; und daher sind solche Definitionen des Römischen Bischofs aus sich, nicht aber aufgrund der Zustimmung der Kirche unabänderlich.

[*Kanon.*] Wer sich aber – was Gott verhüte – unterstehen sollte, dieser Unserer Definition zu widersprechen: der sei mit dem Anathema belegt. [...]

II

Codex des kanonischen Rechtes, Lateinisch-Deutsch, Kevelaer 1994, 4. Aufl.

Can. 330 – Wie nach der Weisung des Herrn der heilige Petrus und die übrigen Apostel ein einziges Kollegium bilden, so sind in gleicher Weise der Papst als Nachfolger des Petrus und die Bischöfe als Nachfolger der Apostel untereinander verbunden.

Can. 331 – Der Bischof der Kirche von Rom, in dem das vom Herrn einzig dem Petrus, dem Ersten der Apostel, übertragene und seinen Nachfolgern zu vermittelnde Amt fortdauert, ist Haupt des Bischofskollegiums, Stellvertreter Christi und Hirte der Gesamtkirche hier auf Erden; deshalb verfügt er kraft seines Amtes in der Kirche über höchste, volle, unmittelbare und universale ordentliche Gewalt, die er immer frei ausüben kann.

Can. 332 – § 1. Volle und höchste Gewalt in der Kirche erhält der Papst durch die Annahme der rechtmäßig erfolgten Wahl zusammen mit der Bischofsweihe. Deshalb besitzt ein zum Papst Gewählter, der schon die Bischofsweihe empfangen hat, diese Gewalt vom Augenblick der Wahlannahme an. Wenn der Gewählte noch nicht Bischof ist, ist er sofort zum Bischof zu weihen.

§ 2. Falls der Papst auf sein Amt verzichten sollte, ist zur Gültigkeit verlangt, daß der Verzicht frei geschieht und hinreichend kundgemacht, nicht jedoch, daß er von irgendwem angenommen wird.

Can 333 – § 1. Der Papst hat kraft seines Amtes nicht nur Gewalt in Hinblick auf die Gesamtkirche, sondern besitzt auch über alle Teilkirchen und deren Verbände einen Vorrang ordentlicher Gewalt, durch den zugleich die eigenberechtigte, ordentliche und unmittelbare Gewalt gestärkt und geschützt wird, die die Bischöfe über die ihrer Sorge anvertrauten Teilkirchen innehaben.

§ 2. Der Papst steht bei Ausübung seines Amtes als oberster Hirte der Kirche stets in Gemeinschaft mit den übrigen Bischöfen, ja sogar mit der ganzen Kirche; er hat aber das Recht, entsprechend den Erfordernissen der Kirche darüber zu bestimmen, ob er dieses Amt persönlich oder im kollegialen Verbund ausübt.

§ 3. Gegen ein Urteil oder ein Dekret des Papstes gibt es weder Berufung noch Beschwerde.

Can. 334 – Bei der Ausübung seines Amtes stehen dem Papst die Bischöfe zur Seite, die mit ihm auf verschiedene Weisen zusammenarbeiten können, wozu die Bischofssynode zählt. Hilfe bieten ihm außerdem die Kardinäle sowie andere Personen und ebenso verschiedene, den Zeiterfordernissen entsprechende Einrichtungen; alle diese Personen und Einrichtungen walten in seinem Namen und in seiner Autorität des ihnen übertragenen Amtes zum Wohl aller Kirchen gemäß den im Recht festgelegten Normen.

Can. 335 – Bei Vakanz oder völliger Behinderung des römischen Bischofsstuhles darf in der Leitung der Gesamtkirche nichts geändert werden; es sind aber die besonderen Gesetze zu beachten, die für diese Fälle erlassen sind. [...]

III

Papst Johannes Paul II.: Enzyklika „Ut unum sint", Verlautbarungen des Apostolischen Stuhls Nr. 121 vom 25. Mai 1995, S. 67f.

94. [...] Er kann auch – unter ganz bestimmten, vom I. Vatikanischen Konzil klargestellten Bedingungen – *ex cathedra* erklären, daß eine Lehre zum Glaubensgut gehört. Durch dieses Zeugnis der Wahrheit dient er der Einheit.

95. Das alles muß sich jedoch immer in Gemeinsamkeit vollziehen. Wenn die katholische Kirche beteuert, daß das Amt des Bischofs von Rom dem Willen Christi entspricht, trennt sie dieses Amt nicht von der Sendung, die allen Bischöfen anvertraut ist, die gleichfalls „Stellvertreter und Gesandte Christi" sind. Der Bischof von Rom gehört zu ihrem „Kollegium", und sie sind seine Brüder im Amt.

Was die Einheit aller christlichen Gemeinschaften betrifft, gehört natürlich in den Bereich der Sorgen des Primats. Als Bischof von Rom weiß ich sehr wohl, und habe das in der vorliegenden Enzyklika erneut bestätigt, daß die volle und sichtbare Gemeinschaft aller Gemeinschaften, in denen kraft der Treue Gottes sein Geist wohnt, der brennende Wunsch Christi ist. Ich bin überzeugt, diesbezüglich eine besondere Verantwortung zu haben, vor allem wenn ich die ökumenische Sehnsucht der meisten christlichen Gemeinschaften feststelle und die an mich gerichtete Bitte vernehme, eine Form der Primatsausübung zu finden, die zwar keineswegs auf das Wesentliche ihrer Sendung verzichtet, sich aber einer neuen Situation öffnet. [...]

97. Die katholische Kirche hält sowohl in ihrer Praxis wie in den offiziellen Texten daran fest, daß die Gemeinschaft der Teilkirchen mit der Kirch von Rom und die Gemeinschaft ihrer Bischöfe mit dem Bischof von Rom ein grundlegendes Erfordernis – im Plan Gottes – für die volle und sichtbare Gemeinschaft ist. In der Tat muß die volle Gemeinschaft, deren höchste sakramentale Bekundung die Eucharistie ist, ihren sichtbaren Ausdruck in einem Amt finden, in dem alle Bischöfe sich vereint in Christus anerkennen und alle Gläubigen die Stärkung ihres Glaubens finden. Der erste Teil der Apostelgeschichte stellt uns Petrus als den vor, der im Namen der Apostelgruppe spricht und der Einheit der Gemeinschaft dient – und das unter Achtung der Autorität des Jakobus, des Oberhauptes der Kirche von Jerusalem. Diese Aufgabe des Petrus muß in der Kirche bestehen bleiben, damit sie unter ihrem einzigen Haupt, das Christus Jesus ist, in der Welt die sichtbare Gemeinschaft aller seiner Jünger ist. [...]

Anschriften der Autoren

Professor Ferdinand Barth
Pankratiusstraße 22, 64289 Darmstadt

Oberkirchenrat Dr. Michael Bünker
Severin-Schreiber-Gasse 3, 1180 Wien

Universitätsprofessor Dr. Günter Eßer
Jahnallee 3, 53173 Bonn

Pfarrer Dr. Walter Fleischmann-Bisten M.A.
Kirchweg 5, 64625 Bensheim-Auerbach

Pfarrer Dr. Heiko Franke
Gnandsteiner Hauptstraße 1, 04655 Kohren-Sahlis

Vikar Peter Gemeinhardt
Niederrheinische Straße 13, 35274 Kirchhain

Universitätsprofessor Dr. Jörg Haustein
Ernst-Ludwig-Straße 7, 64625 Bensheim

Universitätsprofessor Dr. Grigorios Larentzakis
Johann-Fux-Gasse 30, 8010 Graz